베스트★

프리토킹
일본어표현

FL4U컨텐츠 지음

Bansok

즉석에서 바로바로 활용하는
베스트 프리토킹 일본어표현

저 자 FL4U컨텐츠
발행인 고본화
발 행 반석출판사
2016년 8월 20일 초판 5쇄 인쇄
2016년 8월 25일 초판 5쇄 발행
반석출판사 www.bansok.co.kr
이메일 bansok@bansok.co.kr
블로그 blog.naver.com/bansokbooks

157-779 서울시 강서구 양천로 583번지 B동 904호
　　　(서울시 강서구 염창동 240-21번지 우림블루나인 비즈니스센터 B동 904호)
대표전화 02) 2093-3399 **팩 스** 02) 2093-3393
출 판 부 02) 2093-3395 **영업부** 02) 2093-3396
등록번호 제315-2008-000033호

Copyright ⓒ FL4U컨텐츠

ISBN 978-89-7172-673-0 (13730)

프리토킹 일본어표현

흔히 일본어 학습자가 착각하기 쉬운 점은 일본어는 한국어와 어순이 비슷하기 때문에 간단한 문법과 단어만 알고 있으면 일본인과 쉽게 대화할 수 있을 것이라고 생각합니다. 하지만, 직접 일본인과 대화를 나누게 되면 아주 쉬운 표현도 입에서 나오지 않아 당황하는 경우가 많습니다.

예를 들면, 손님으로 초대되어 식사를 한 후에 우리말로 직역하여 よく食べました(잘 먹었습니다)라고 하면 일본인은 전혀 이해하지 못할 것입니다. 이럴 때는 ごちそうさまでした라고 해야 합니다. 이처럼 한국어로 직역해서는 안 되는 관용적인 표현들이 엄연히 존재하므로 유창하고 자연스러운 회화를 위해서는 무엇보다 일본어다운 표현을 많이 익혀야 합니다.

필자는 우리나라 사람들이 일본어를 공부할 때, 잘못 사용하는 일본어 표현과 모르는 단어를 하나하나 찾아가면서 공부하듯이 회화도 그때그때 상황에 따라 필요한 말을 찾아서 활용할 수 있으면 좋겠다는 생각에서 사전 형식을 취해 이 책을 쓰게 되었습니다. 이 책은 일본어 회화를 본격적으로 시작하려는 학습자를 대상으로 〈기본 회화편〉, 〈실용 회화편〉으로 나누어 회화의 모든 것을 총망라한 학습서로서 사전처럼 활용할 수 있습니다. 또한 일본어 회화를 정확하고 다양하게 익히고 어떤 장면이나 상황에서도 응용이 가능하도록 체계적으로 엮었습니다.

☐ 국내 최대 일본어 표현 25,000문장 수록
☐ 응용력을 길러주는 체계적인 표현력 확장 프로그램
☐ 일본어 프리토킹을 위한 구성과 편집
☐ 한권으로 끝내는 일본어 첫걸음에서 실용회화까지

끝으로 이 책이 세상에 나오기까지 기획에서 편집, 제작에 이르기까지 정성을 다해 주신 여러분께 감사를 드립니다. 아무쪼록 이 책이 독자 여러분의 학습에 많은 도움이 되었으면 더 이상 바랄 것이 없으며, 아낌없는 성원과 질정을 간곡히 부탁드립니다.

2012년 6월
FL4U컨텐츠

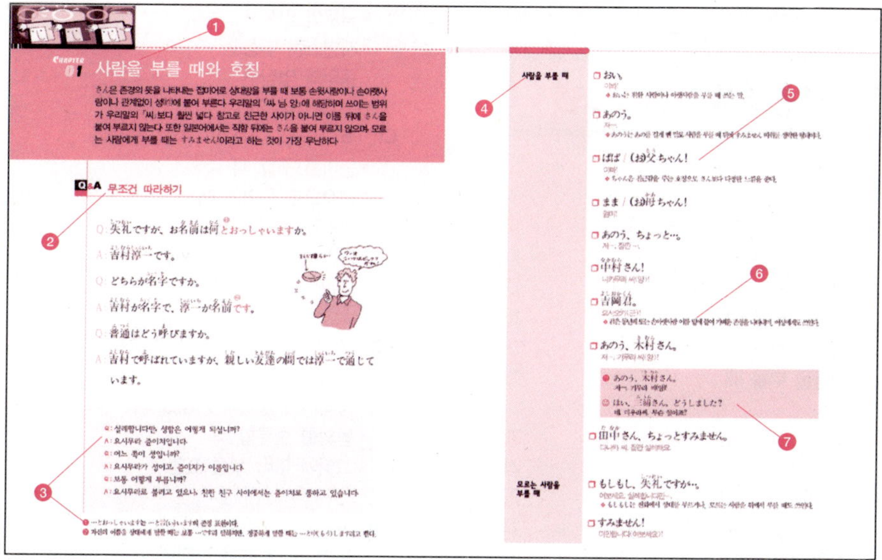

이 책은 보다 자연스럽고 일본어다운 일본어 회화를 위해 언제 어디서든 즉석에서 사전처럼 바로바로 활용할 수 있습니다.

❶ Chapter의 구성
Part-1의 〈기본 회화편〉은 35개의 Chapter, Part-2의 〈실용 회화편〉은 45개의 Chapter로 구성되어 있습니다.

❷ 무조건 따라하기
각 Chapter 학습에 들어가기 전, 먼저 CD를 통해 현지 일본인의 생생한 대화를 듣습니다. 이들 표현이 실제 상황에서 어떻게 쓰이는가를 확인할 수 있습니다.

❸ 대화 해석과 해설
〈무조건 따라하기〉에 실린 일본어 대화의 우리말 해석과 까다로운 어법·어휘를 골라 간단한 해설을 실었습니다.

❹ 각 장면의 사전식 구성
오른쪽 페이지에는 각 장면과 상황을 설정하여 학습자가 원하는 회화 표현을 쉽게 찾아볼 수 있도록 사전식으로 세분화하여 분류하였습니다.

❺ 풍부하고 자연스러운 예문
예문을 쉽게 익힐 수 있도록 간단하고 일본어다운 자연스러운 표현만을 엄선하였습니다.

❻ 명쾌한 해설
예문에 나오는 까다롭고 꼭 짚고 넘어가야 할 어법과 어휘는 간단하게 풀이하여 학습자의 이해를 돕습니다.

❼ 대화문
주로 많이 사용되는 예문은 주고받는 대화문을 통해 정확하고 자연스럽게 익힐 수 있습니다.

Part-1

기본 회화 [Basic편]

Ch 01_ 사람을 부를 때와 호칭　16
- 사람을 부를 때　17
- 모르는 사람을 부를 때　17
- 직함을 부를 때　18
- 단체 호칭　18
- 이름을 부를 때　19

Ch 02_ 질문과 의문에 대한 응답　20
- 긍정적인 응답　21
- 그밖에 긍정 응답　22
- 긍정에 해당하는 부정 응답　22
- 부정 응답　23
- 그밖에 부정 응답　24
- 부정에 해당하는 긍정 응답　25

Ch 03_ 되물음　26
- 되물을 때　27
- 잘 알아듣지 못했을 때　27
- 다시 한 번 말해달라고 할 때　28
- 천천히 말해달라고 할 때　28
- 상대의 목소리가 분명하지 않을 때　29
- 특정한 말을 알아듣지 못했을 때　29

Ch 04_ 설명의 요구와 이해　30
- 말을 재촉할 때　31
- 설명을 요구할 때　32
- 이해 여부를 확인할 때　33
- 이해를 했을 때　33
- 이해를 못했을 때　34

Ch 05_ 자연스런 맞장구　36
- 긍정도 부정도 아닌 맞장구　37
- 의문의 맞장구　38
- 자연스런 맞장구　39
- 동의의 맞장구　41

Ch 06_ 긍정과 동의의 의지 표현　42
- 동의를 구할 때　43
- 전적으로 동의할 때　43
- 가볍게 동의할 때　45
- 동감·찬성을 나타낼 때　46
- 부분적으로 동의할 때　47

Ch 07_ 부정과 반대의 의지 표현　48
- 강하게 부정할 때　49
- 동의하지 않거나 반대할 때　50
- 동의를 보류할 때　51
- 그밖에 여러 부정 표현　52

Ch 08_ 확답을 피하는 응답　54
- 불확실한 추측을 나타낼 때　55
- 완곡하게 대답할 때　56
- 추측을 나타낼 때　57
- 확답을 피할 때　58
- 애매하게 대답할 때　59
- 대답을 유보할 때　61

Ch 09_ 감탄과 칭찬　62
- 입에서 바로 나오는 감탄의 말　63
- 감탄의 기분을 나타낼 때　63
- 능력을 칭찬할 때　65
- 외모를 칭찬할 때　66
- 패션을 칭찬할 때　67
- 칭찬을 받았을 때　68
- 소지품을 칭찬할 때　68

Ch 10_ 놀라움과 두려움　70
- 깜짝 놀랄 때　71
- 믿겨지지 않을 때　72
- 두려울 때　74

Ch 11_ 동정과 위로 — 76
- 동정할 때 — 77
- 깊은 동정을 나타낼 때 — 78
- 위로할 때 — 79
- 격려할 때 — 80

Ch 12_ 축하와 기원 — 82
- 축하할 때 — 83
- 축하와 함께 기원할 때 — 84
- 축하를 받을 때 — 85

Ch 13_ 희로애락의 감정 — 86
- 기쁠 때 — 87
- 화낼 때 — 88
- 슬플 때 — 91
- 즐거울 때 — 92

Ch 14_ 불평과 불만 — 94
- 불평·불만의 표현 — 95
- 귀찮을 때 — 97
- 지루하고 심심할 때 — 97
- 싫증나고 짜증날 때 — 98
- 실망할 때 — 99

Ch 15_ 비난과 험담 — 100
- 말을 중지시킬 때 — 101
- 참견을 저지할 때 — 102
- 비난할 때 — 103
- 말싸움을 할 때 — 104
- 욕설과 험담을 할 때 — 105

Ch 16_ 고마움을 나타낼 때 — 106
- 일반적인 감사 표현 — 107
- 수고·노고에 대한 감사 표현 — 107
- 행위나 배려에 대한 감사 표현 — 108
- 칭찬과 호의에 대한 감사 표현 — 109
- 선물을 주고받을 때 — 109
- 친절에 대한 고마움을 나타낼 때 — 110
- 정중하게 감사를 나타낼 때 — 111

Ch 17_ 사과·사죄를 할 때 — 112
- 실례할 때 — 113
- 사과·사죄를 나타낼 때 — 114
- 행위에 대한 사죄를 할 때 — 115
- 용서를 구할 때 — 116

Ch 18_ 감사와 사죄의 응답 — 118
- 감사에 대한 응답 — 119
- 사과에 대한 응답 — 121

Ch 19_ 일상적인 인사 — 124
- 만났을 때의 인사 — 125
- 안녕을 물을 때 — 125
- 안부와 건강에 대해 인사할 때 — 128
- 오랜만에 만났을 때의 인사 — 130

Ch 20_ 헤어질 때의 인사 — 132
- 밤에 헤어질 때 — 133
- 헤어질 때의 기본 인사 — 133
- 오랫동안 헤어질 때 — 134
- 방문을 마치고 헤어질 때 — 135
- 안부를 전할 때 — 136
- 전송할 때 — 137

Ch 21_ 부탁과 의뢰 — 138
- 일반적으로 부탁할 때 — 139
- 의뢰의 표현 ❶「…てくれる」— 140
- 의뢰의 표현 ❷「…てくださる」— 141
- 의뢰의 표현 ❸「…てもらう」— 142
- 의뢰의 표현 ❹「…ていただく」— 142
- 의뢰의 표현 ❺「…てほしい」— 143

Ch 22_ 부탁과 의뢰의 응답 — 144
- 쾌히 승낙할 때 — 145
- 조건부로 승낙할 때 — 147
- 거절할 때 — 148

Ch 23_ 허락과 허가 요구 — 150
- 허가·허락을 구할 때 ❶「…てもいい?」151

■허가·허락을 구할 때 ❷
　「…てもいいですか?」 　151

■허가·허락을 구할 때 ❸
　「…てもいいでしょうか?」 　153

■허가·허락을 구할 때 ❹
　「…てもよろしいでしょうか?」 　153

■허가·허락을 구할 때 ❺
　「…させてください」 　154

■허가·허락을 구할 때 ❻
　「…たいのです」 　155

Ch 24_ 승낙과 거절 　156
■흔쾌히 승낙할 때 　157
■개의치 않고 승낙할 때 　158
■거절할 때 　159

Ch 25_ 제안과 권유 　162
■제안할 때 ❶「…はどう?」 　163
■제안할 때 ❷「…たらどう?」 　164
■제안할 때 ❸「…ませんか?」 　165
■권유할 때 ❶「…ようじゃない?」 　166
■권유할 때 ❷「…ましょう」 　166

Ch 26_ 제안과 권유의 응답 　168
■제안·권유에 응할 때 　169
■제안·권유에 거절할 때 　170

Ch 27_ 조언과 충고 　172
■조언을 할 때 　173
■주의를 줄 때 　174
■충고할 때 　177
■꾸짖을 때 　179

Ch 28_ 예정과 결심·결정 　180
■확정된 예정 「…予定だ」 　181
■확정되지 않은 예정 「…つもりだ」 　182
■결심의 표현 ❶ 　183
■결심의 표현 ❷「…ようと思う」 　183
■결정의 표현 　184

■의지결정의 표현 「…ことにする」 　185
■무의지결정의 표현 「…ことになる」 　185

Ch 29_ 희망과 욕구 　186
■희망의 표현 「…たい」 　187
■제삼자의 희망 표현 「…たがる」 　188
■욕구의 표현 「…ほしい」 　188
■제삼자의 욕구 표현 「…ほしがる」 　189
■바람을 나타낼 때 　189

Ch 30_ 질문과 의문 　190
■질문을 주고받을 때 　191
■이유를 물을 때 　192
■방법을 물을 때 　192
■의향·의견을 물을 때 　193
■정도를 물을 때 　194
■때를 물을 때 　194
■방향·장소를 물을 때 　195

Ch 31_ 대화의 시도 　196
■말을 걸 때 　197
■알지 못하는 사람에게 말을 걸 때 　198
■상황에 따라 말을 걸 때 　199

Ch 32_ 대화의 연결 　200
■다음 말을 이을 때 　201
■말하면서 생각할 때 　202
■적당한 말이 생각나지 않을 때 　204

Ch 33_ 대화의 진행 　206
■화제의 주제로 돌아갈 때 　207
■대화를 일단 중지하고 다시 시작할 때 　208
■화제를 바꿀 때 　209
■대화를 정리할 때 　210

Ch 34_ 자신의 생각과 관심 　212
■의견을 말할 때 　213
■실례를 피하기 위해 전제를 둘 때 　215
■관심사에 대해 말할 때 　216

Ch 35_ 일본어 특유의 표현 　218
- 외출할 때의 관용표현　219
- 폐를 끼쳤을 때　219
- 수고를 말할 때　220
- 초대와 방문할 때　220

Part - 2
실용회화 [Advanced편]

Ch 01_ 하루의 일과　224
- 일어날 때까지　225
- 외출을 준비할 때　227
- 외출할 때　227
- 집에 돌아왔을 때　229
- 집에 돌아와서 외출할 때　230
- 저녁을 먹을 때　231
- 저녁에 쉴 때　232
- 잠자리에 들 때　233
- 휴일을 보낼 때　234

Ch 02_ 초대면의 인사와 소개　236
- 처음 만났을 때　237
- 타인을 소개할 때　239
- 헤어질 때　241

Ch 03_ 자기 소개　242
- 자기 소개를 할 때　243
- 이름을 물을 때　245
- 상대를 알기 위한 질문　246

Ch 04_ 식사·가정·파티에 초대　248
- 초대를 할 때　249
- 초대에 응할 때　251
- 초대에 응할 수 없을 때　252

Ch 05_ 가정 방문　254
- 방문한 곳의 현관에서　255
- 방문한 곳에서의 배려　256
- 방문을 마치고 돌아갈 때　258

Ch 06_ 방문객의 안내와 대접　260
- 방문객을 맞이할 때　261
- 방문객을 안으로 안내할 때　262
- 방문객을 대접할 때　264
- 방문객이 돌아갈 때　266

Ch 07_ 시간과 연·월·일　268
- 시각을 묻고 답할 때　269
- 시계에 대해서 말할 때　272
- 년(年)에 대해서 말할 때　273
- 월(月)에 대해서 말할 때　274
- 요일(曜日)에 대해서 말할 때　274
- 일(日)에 대해서 말할 때　275

Ch 08_ 약속 시간과 장소　276
- 만날 약속을 할 때　277
- 만날 시간을 정할 때　278
- 만날 장소를 정할 때　279

Ch 09_ 약속 제의에 대한 응답　280
- 약속을 승낙할 때　281
- 약속하기에 사정이 안 좋을 때　282
- 예정이 분명하지 않을 때　283
- 약속의 변경 및 취소를 할 때　283

Ch 10_ 날씨와 기후　284
- 날씨에 관한 인사　285
- 일기를 물을 때　287
- 일기예보　288
- 맑음·비·바람·기타　288
- 비가 올 때 도움이 되는 말　290
- 따뜻함을 나타낼 때　291
- 무더움을 나타낼 때　291
- 시원함을 나타낼 때　292

■추위를 나타낼 때　292
■기온을 나타낼 때　293

Ch 11_ 사계절　294
■봄에 관한 표현　295
■여름에 관한 표현　296
■가을에 관한 표현　298
■겨울에 관한 표현　298

Ch 12_ 가족과 친척　300
■형제자매에 대해서 말할 때　301
■가족에 대해서 말할 때　302
■결혼과 자녀에 대해서 말할 때　303
■부모·조부모·친척에 대해 말할 때　304

Ch 13_ 외모와 신체의 특징　306
■신장에 대해서 말할 때　307
■체중에 대해서 말할 때　307
■얼굴이나 용모에 대해 말할 때　309
■신체의 특징에 대해 말할 때　311

Ch 14_ 사람의 성격　312
■자신의 성격을 말할 때　313
■다른 사람의 성격을 물을 때　314
■바람직한 성격을 말할 때　316
■바람직하지 못한 성격을 말할 때　316

Ch 15_ 친구·사랑과 연애　318
■지인·친구와의 교제　319
■연애에 대해 말할 때　321
■데이트를 신청할 때　323
■사랑을 고백할 때　324

Ch 16_ 결혼에 관한 화제　326
■좋아하는 타입의 배우자를 말할 때　327
■청혼을 할 때　328
■청혼을 거절할 때　329
■결혼에 대해 말할 때　329
■결혼생활에 대해 말할 때　330

■임신·출산에 대해 말할 때　331
■부부싸움·이혼에 대해 말할 때　332

Ch 17_ 가벼운 음료를 마시면서　334
■커피·차를 마실 때　335
■다방에 들어가서　337
■다방에서의 대화　338
■그밖에 음료를 마실 때　339

Ch 18_ 음식과 식사　340
■배가 고플 때와 부를 때　341
■식욕에 관한 표현　341
■음식의 맛을 말할 때　342
■음식의 취향을 말할 때　343
■음식을 권할 때　344
■식사를 마칠 때　345
■아침식사 표현　346
■점심식사 표현　347
■저녁식사 표현　348

Ch 19_ 식당에서의 대화　350
■식사를 제의할 때　351
■식당을 찾을 때　352
■식당을 예약할 때　353
■식당에 들어서서 자리를 잡을 때　354
■메뉴를 보면서　355
■음식을 주문하면서　356
■주문에 문제가 있을 때　358
■음식에 문제가 있을 때　358
■무엇을 부탁할 때　359
■식비를 계산을 할 때　360

Ch 20_ 술과 담배　362
■술을 마시러 가지고 할 때　363
■술을 권할 때　364
■술집에서　365
■술을 마시면서　367
■술에 취했을 때　368
■담배에 대해서　369

■금연에 대해서　370

Ch 21_ 쇼핑에 관한 대화　372
■가게를 찾을 때　373
■물건을 고를 때　374
■가격을 흥정할 때　378
■물건값을 계산할 때　378
■슈퍼를 이용할 때　380
■백화점을 이용할 때　381
■포장과 배달　382
■교환·반품·환불을 제기할 때　383

Ch 22_ 식료품 구입　384
■식품을 구입할 때　385
■야채를 구입할 때　385
■과일을 구입할 때　386
■고기를 구입할 때　387
■생선을 구입할 때　388
■빵을 구입할 때　388
■과자·케이크를 구입할 때　389

Ch 23_ 의복류 구입　390
■남성복을 구입할 때　391
■여성복을 구입할 때　392
■모자를 구입할 때　394
■신발을 구입할 때　395

Ch 24_ 주거와 정원　396
■주거에 대한 화제　397
■주택에 대한 화제　399
■정원에 대한 화제　401

Ch 25_ 학생과 학교생활　402
■출신학교에 대해서　403
■전공에 대해서　404
■동아리활동에 대해서　405
■아르바이트에 대해서　405
■학교생활에 대해서　406
■시험에 대해서　408

■성적에 대해서　409
■수업시간에 주로 쓰이는 표현　410

Ch 26_ 전화를 받을 때　412
■걸려온 전화를 받을 때　413
■전화를 바꿔줄 때　414
■전화를 받을 상대가 없을 때　415
■전화가 왔다고 전할 때　417
■잘못 걸려온 전화를 받았을 때　418

Ch 27_ 전화를 걸 때　420
■전화를 걸 때　421
■상대가 없을 때　423
■국제전화를 할 때　424

Ch 28_ 팩스·휴대전화·이메일　426
■팩스를 주고받을 때　427
■휴대전화에 대해서　428
■이메일에 대해서　429

Ch 29_ 우체국과 은행　430
■우표를 살 때　431
■편지를 부칠 때　431
■소포를 부칠 때　433
■우편환을 이용할 때　433
■전보를 칠 때　434
■은행에서 돈을 바꿀 때　434
■구좌개설과 예금의 입출금　435

Ch 30_ 건강과 운동　436
■건강에 관한 화제　437
■운동에 관한 화제　438
■상대의 건강을 배려할 때　439
■상대의 건강 배려에 대한 응답　441
■감기에 걸렸을 때　443

Ch 31_ 병원에서의 화제　444
■병원에 가기 전에　445
■병원에 들어가서　445

■ 증상을 설명할 때	447
■ 통증을 호소할 때	448
■ 진찰을 받을 때	449
■ 병문안을 할 때	452

Ch 32_ 다양한 진료과목 ... 454
■ 내과에서	455
■ 외과에서	456
■ 산부인과에서	457
■ 소아과에서	458
■ 피부과에서	459
■ 비뇨기과에서	460
■ 치과에서	460
■ 안과에서	461
■ 이비인후과에서	462
■ 정신과에서	463
■ 신경외과에서	463

Ch 33_ 약의 조제와 구입 ... 464
■ 약을 조제받을 때	465
■ 약을 구입할 때	466

Ch 34_ 스포츠와 레크리에이션 ... 468
■ 여가활용에 대해	469
■ 스포츠를 화제로 할 때	470
■ 스포츠 관전과 중계	471
■ 축구를 즐길 때	473
■ 야구를 즐길 때	474
■ 골프를 즐길 때	476
■ 수영을 즐길 때	477
■ 승마를 즐길 때	477
■ 스키를 즐길 때	478
■ 해양스포츠를 즐길 때	479
■ 등산을 즐길 때	480
■ 야유회를 즐길 때	480
■ 해수욕을 즐길 때	481

Ch 35_ 취미와 오락 ... 482
■ 취미를 말할 때	483
■ 오락에 대해서 말할 때	484

Ch 36_ 일상의 문화생활 ... 486
■ 독서에 관한 화제	487
■ 신문과 잡지에 관한 화제	488
■ 텔레비전에 관한 화제	489
■ 비디오와 라디오에 관한 화제	490
■ 음악에 관한 화제	491
■ 영화와 연극에 관한 화제	492
■ 그림과 골동품 수집에 관한 화제	493

Ch 37_ 길안내와 묻기 ... 494
■ 길을 물을 때	495
■ 길을 가르쳐줄 때	496
■ 길을 잘 모를 때	498
■ 길을 잃었을 때	499

Ch 38_ 대중교통의 이용 ... 500
■ 역이나 차내에서 안내	501
■ 열차를 이용할 때	502
■ 전철·지하철을 이용할 때	505
■ 버스를 이용할 때	507
■ 관광버스를 이용할 때	508
■ 택시를 이용할 때	509
■ 국내선 비행기를 이용할 때	510

Ch 39_ 드라이브와 여객선 이용 ... 512
■ 렌터카를 빌릴 때	513
■ 차를 운전하면서	515
■ 주차를 할 때	516
■ 주유·세차를 할 때	517
■ 고장이 났을 때	517
■ 사고가 났을 때	518
■ 교통법규를 위반했을 때	520
■ 여객선을 이용할 때	521

Ch 40_ 호텔에서의 숙박 ... 522
■ 호텔을 찾을 때	523
■ 호텔을 예약할 때	523

■ 호텔 체크인할 때　525
■ 호텔 프런트에서　527
■ 룸서비스를 이용할 때　529
■ 클리닝을 부탁할 때　530
■ 호텔 방에서 국제전화를 할 때　531
■ 호텔에서의 트러블　531
■ 호텔 체크아웃할 때　534

Ch 41_ 일본 여행　536
■ 비행기 안에서　537
■ 입국심사를 받을 때　539
■ 짐을 찾을 때　540
■ 세관검사를 받을 때　541
■ 공항 안에서　542
■ 관광안내소에서　543
■ 투어를 이용할 때　544
■ 관광을 할 때　545
■ 사진을 찍을 때　547
■ 여행을 마치고 귀국할 때　548

Ch 42_ 긴급 상황의 대처　550
■ 난처한 상황에 빠졌을 때　551
■ 자연재해에 대해서　552
■ 화재와 사고　553
■ 위험한 상황에서 외치는 소리　554
■ 사건·사고에 대한 변명과 사과　555
■ 경찰에게 잡혔을 때　556
■ 강도를 만났을 때　556
■ 도둑을 맞았을 때　557
■ 분실물을 찾을 때　558

Ch 43_ 직장에서의 커뮤니케이션　560
■ 스케줄을 확인할 때　561
■ 일의 진행상황을 점검할 때　562
■ 도움을 요청할 때　564
■ 회의에 관해서　566
■ 출퇴근에 대해서　568

■ 휴가에 대해서　569
■ 동료와 대화를 나눌 때　569
■ 컴퓨터 조작에 대해서　571
■ 인터넷 활용에 대해서　573

Ch 44_ 거래처와의 커뮤니케이션　574
■ 거래처를 방문할 때　575
■ 회사를 소개할 때　576
■ 제품을 소개할 때　577
■ 제품을 권할 때　578
■ 판매 대응할 때　579
■ 가격과 조건의 교섭　581
■ 계약을 할 때　583
■ 문의할 때　585
■ 클레임을 제기할 때　585
■ 클레임에 대해 대응할 때　586

Ch 45_ 인사이동·면접과 취직　588
■ 직장에서의 평가　589
■ 일에 몰두할 때　590
■ 인사이동에 대해서　593
■ 승진에 대해서　593
■ 해고에 대해서　594
■ 퇴직에 대해서　594
■ 구인광고를 보고 응모할 때　595
■ 면접을 받을 때　596
■ 응모자를 면접할 때　598
■ 입사조건을 설명할 때　600

베스트
프리토킹
일본어표현

PART 1

즉석에서 활용하는 기본 회화

Basic편

맨처음에 일본어로 현지인과 대화를 나눈다는 것은 두렵기도
하지만, 한편으로는 무척 흥미로운 일이 아닐 수 없습니다.
결코 당황하지 않고 자신감을 가지고 대화에 임하려면 무엇보다
회화의 기본 표현을 익혀 두지 않으면 안 됩니다.
따라서 PART 1에서는 일본어 회화를 시작하였으나 가닥을 잡지 못하고 망설이는 학습자를 위해
35개의 Chapter로 나누어 회화를 하는데 있어서 가장 기본이 되는 「사람을 부를 때와 호칭」의
표현에서부터 「자신의 생각과 관심」을 피력하는 표현에 이르기까지 기본과 교양이 되는 회화
표현을 총망라했습니다.

CHAPTER 01

사람을 부를 때와 호칭

さん은 존경의 뜻을 나타내는 접미어로 상대방을 부를 때 보통 손윗사람이나 손아랫사람이나 관계없이 성(姓)에 붙여 부른다. 우리말의 「씨, 님, 양」에 해당하며 쓰이는 범위가 우리말의 「씨」보다 훨씬 넓다. 참고로 친근한 사이가 아니면 이름 뒤에 さん을 붙여 부르지 않는다. 또한 일본어에서는 직함 뒤에는 さん을 붙여 부르지 않으며, 모르는 사람에게 부를 때는 すみません!이라고 하는 것이 가장 무난하다.

Q&A 무조건 따라하기

Q : 失礼ですが、お名前は何とおっしゃいますか。❶

A : 吉村淳一です。

Q : どちらが名字ですか。

A : 吉村が名字で、淳一が名前です。❷

Q : 普通はどう呼びますか。

A : 吉村で呼ばれていますが、親しい友達の間では淳一で通じています。

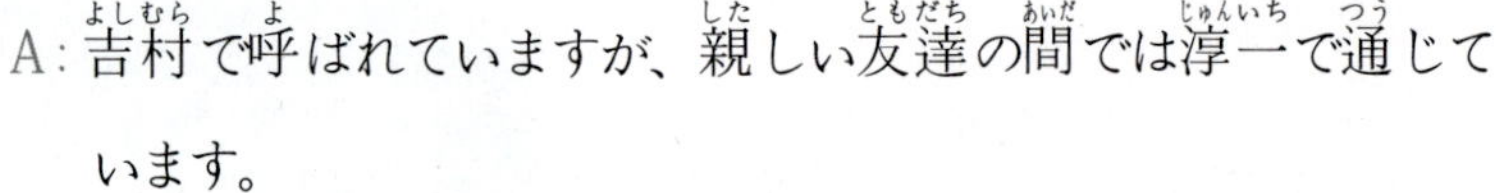

Q : 실례합니다만, 성함은 어떻게 되십니까?

A : 요시무라 준이치입니다.

Q : 어느 쪽이 성입니까?

A : 요시무라가 성이고, 준이치가 이름입니다.

Q : 보통 어떻게 부릅니까?

A : 요시무라로 불리고 있으나, 친한 친구 사이에서는 준이치로 통하고 있습니다.

❶ …とおっしゃいます는 …と言(い)います의 존경 표현이다.
❷ 자신의 이름을 상대에게 말할 때는 보통 …です라 말하지만, 정중하게 말할 때는 …と申(もう)します라고 한다.

□ **おい。**
이봐!
❖ おい는 친한 사람이나 아랫사람을 부를 때 쓰는 말.

□ **あのう。**
저—.
❖ あのう는 あの를 길게 뺀 말로 사람을 부를 때 뒤에 すみません 따위를 생략한 형태이다.

□ **ぱぱ / (お)父ちゃん！**
아빠!
❖ ちゃん은 친근감을 주는 호칭으로 さん보다 다정한 느낌을 준다.

□ **まま / (お)母ちゃん！**
엄마!

□ **あのう、ちょっと…。**
저—, 잠깐 ….

□ **中村さん！**
나카무라 씨(양)!

□ **吉岡君。**
요시오카(군)!
❖ 君은 동년배 또는 손아랫사람 이름 밑에 붙여 가벼운 존칭을 나타내며, 여성에게도 쓰인다.

□ **あのう、木村さん。**
저—, 기무라 씨(양)!

> 😊 **あのう、木村さん。**
> 저—, 기무라 씨(양)!
> 🙂 **はい、三浦さん。どうしました？**
> 네, 미우라씨. 무슨 일이죠?

□ **田中さん、ちょっとすみません。**
다나카 씨, 잠깐 실례해요.

□ **もしもし、失礼ですが…。**
여보세요, 실례합니다만….
❖ もしもし는 전화에서 상대를 부르거나, 모르는 사람을 뒤에서 부를 때도 쓰인다.

□ **すみません！**
미안합니다(여보세요)!

□ ちょっとすみませんが、…。
잠깐 실례합니다만….
❖ すみません은 사람을 부르거나 불러서 부탁할 때도 많이 쓰인다.

□ すみません、○○ホテルへの道を教えてください。
미안합니다, ○○호텔로 가는 길을 가르쳐 주세요.

□ ちょっとすみませんが、これは上野行きのバスですか。
잠깐 실례합니다만 이건 우에노 행 버스입니까?

□ 失礼ですが、ちょっとお話ししたいのですが。
실례합니다만, 잠깐 말씀드리고 싶은데요.

□ お嬢さん、財布を落としましたよ。
아가씨, 지갑을 떨어뜨렸어요.

직함을 부를 때

□ ウエーター(ウェートレス)さん!
웨이터(웨이트리스)!
❖ さん은 인명이나 직업명 등의 뒤에 붙어 가벼운 경의나 친애를 나타내는 말이다.

□ お巡りさん/守衛さん!
순경 아저씨 / 경비 아저씨!

□ 先生!
선생님!
❖ 先生는 그 자체가 존칭이기 때문에 우리말처럼 さん이나 さま를 붙이지 않는다.

□ 社長/部長/課長!
사장님 / 부장님 / 과장님!
❖ 일본어에서는 직함 자체가 존경의 뜻을 가지고 있기 때문에 존경의 뜻을 나타내는 접미어 さん이나 さま 따위를 붙여 말하지 않는다.

단체 호칭

□ 皆さん、静かにしてください。
여러분, 조용히 해 주세요.

□ 場内の皆さん!
장내 여러분!

□ この場においての皆様!
이 자리에 계신 여러분!

□ <ruby>来賓<rt>らいひん</rt></ruby>の<ruby>皆様<rt>みなさま</rt></ruby>!
내빈 여러분!
❖ 様는 인명, 신분을 나타내는 호칭에 붙어 그 사람을 존경하는 마음을 나타낸다.

□ レディース・アンド・ジェントルマン!
신사 숙녀 여러분!
❖ Ladies and Gentlemen!

□ <ruby>議長<rt>ぎちょう</rt></ruby>、ならびにご<ruby>来場<rt>らいじょう</rt></ruby>の<ruby>皆様<rt>みなさま</rt></ruby>。
의장님, 그리고 참석하신 여러분!

이름을 부를 때

□ やあ、<ruby>吉村<rt>よしむら</rt></ruby>。
야―, 요시무라!
❖ やあ는 사람을 부를 때나 놀랐을 때 내는 말이다.

□ おはよう、<ruby>池田<rt>いけだ</rt></ruby>。
안녕, 이케다.

□ さようなら、<ruby>佐藤<rt>さとう</rt></ruby>さん。
잘 가세요. 사토 씨(양).

□ お<ruby>名前<rt>なまえ</rt></ruby>は?
성함은요?

□ <ruby>失礼<rt>しつれい</rt></ruby>ですが、お<ruby>名前<rt>なまえ</rt></ruby>は<ruby>何<rt>なん</rt></ruby>とおっしゃいますか。
실례합니다만, 성함은 어떻게 되십니까?

□ あなたをどう<ruby>呼<rt>よ</rt></ruby>べばいいですか。
당신을 어떻게 부르면 될까요?

□ <ruby>私<rt>わたし</rt></ruby>の<ruby>名字<rt>みょうじ</rt></ruby>はキムです。
제 성은 김입니다.
❖ 名字는 姓(せい)라고도 한다.

□ <ruby>私<rt>わたし</rt></ruby>のこと<ruby>木村<rt>きむら</rt></ruby>と<ruby>呼<rt>よ</rt></ruby>んでください。
저를 기무라라고 불러 주세요.

□ お<ruby>互<rt>たが</rt></ruby>いに<ruby>敬称<rt>けいしょう</rt></ruby>を<ruby>略<rt>りゃく</rt></ruby>しましょう。
서로 존칭을 생략합시다.

□ <ruby>呼<rt>よ</rt></ruby>び<ruby>捨<rt>す</rt></ruby>てにして<ruby>話<rt>はな</rt></ruby>しましょう。
말을 놓고 이야기합시다.

CHAPTER 02 질문과 의문에 대한 응답

상대의 질문이나 의문에 대한 긍정의 감탄사로는 はい→ええ→うん이 있으며, 부정의 감탄사로는 いいえ→いや→ううん이 있다 이것은 화살표 순으로 존경의 경중을 나타낸 것이다 또한 다른 사람의 말을 긍정할 때는 そうです, 부정할 때는 ちがいます라고 한다 흔히 そうです의 부정형인 そうではありません이라고 하기 쉬우나 そうではありません은 좀 더 구체적으로 지적해서 부정할 때 쓰며, 단순히 사실과 다르다고 할 때는 ちがいます라고 한다

Q&A 무조건 따라하기

Q : なまの魚って好きじゃないでしょう？

A : うん、❶あんまり。

Q : 調理した魚も好きじゃないでしょう？

A : いや、好きだよ。なまでなけりゃ❷、肉より❸魚のほうが好きなんだ。

Q : それなら、私はおさしみ、あなたには焼きサバ、ひと皿ずつ注文してもいい？

A : うん、それがいい。君の分もちょっと試食してみるかも。

Q : 날생선은 안 좋아하죠?
A : 응, 별로.
Q : 조리된 생선도 안 좋아하겠네요?
A : 아냐, 좋아해. 날것만 아니면 고기보다 생선을 좋아해.
Q : 그렇다면, 나는 생선회, 당신은 구운 고등어 한 접시씩 주문해도 되겠어요?
A : 응, 그게 좋겠어. 네 것도 조금 먹어 볼게.

❶ あんまり는 あまり를 강조한 형태로 뒤에 부정어가 오면 「그다지, 별로」의 뜻이 된다.
❷ …なけりゃ = …なければ
❸ …より…のほうが好きだ …보다 …을 좋아하다

☐ はい、そうです。
네, 그렇습니다.
❖ はい는 호출에 대답하거나 질문이나 부탁 등에 긍정하거나 대답할 때 쓰인다.

☐ はい、分かりました。
네, 알겠습니다.

> 😊 ご家族によろしく。
> 가족 여러분께 안부 전해 주세요
>
> 😊 はい、分かりました。
> 네, 알겠습니다.

☐ はい、見たことがあります。
네, 본 적이 있습니다.

> 😊 海外旅行をしたことがありますか。
> 해외여행을 한 적이 있습니까?
>
> 😊 はい、あります。昨年の夏に日本へ行きました。
> 네, 있습니다. 작년 여름에 일본에 갔습니다.

☐ はい、本当です。
네, 정말입니다.

> 😊 本当に寒くはないですか。
> 정말로 춥지는 않습니까?
>
> 😊 はい、本当です。ありがとう。
> 네, 정말입니다. 고마워요.

☐ ええ。全部分かりますよ。
예, 전부 알아요
❖ ええ는 긍정이나 승낙을 나타낼 때 쓰이는 말로 はい보다 다소 가벼운 말이다.

☐ ええ、自分でもそう思ってるようです。
네, 스스로도 그렇게 생각하고 있는 것 같습니다.

☐ ええ、向こうへ着きしだい、電話します。
네, 거기에 도착하는 대로 전화할게요
❖ しだい는 동사의 중지형에 접속하여 「…하는 대로, …하자마자」의 뜻을 나타낸다.

☐ うん、そうだ!
응, 그래!
❖ うん은 아랫사람이나 동등한 사람에 대해 긍정이나 승낙을 나타낸다.

□ うん、そうするよ。
응, 그렇게 할게.

□ うん、大丈夫だよ。
응, 괜찮아.

□ うん、するよ。
응, 할게.

□ そう思うけど。
그럴 걸.

□ そうですとも。
그렇고말고요.
❖ …とも는 「…고말고」의 뜻으로 의문이나 반대의 여지가 없음을 나타낸다.

□ 一口で言って、そうだよ。
한 마디로 말해서, 그래.

□ まったくおっしゃるとおりです。
전적으로 말씀하신 대로입니다.
❖ とおり는 「대로」의 뜻으로 같은 방법과 상태임을 나타낸다.

□ そのとおり。
맞아.

□ 君がそう言うのなら、そうだろう。
네가 그렇게 말한다면, 그럴 거야.

□ そうみたい。
그런 것 같아.
❖ みたい는 잘 모르는 것을 아마 그럴 것이라고 생각하는 뜻을 나타낸다.

□ ええ、違います。
예, 아닙니다.

☺ 中国の方ではありませんね。
중국 분이 아니시죠?
☺ ええ、違います。韓国人です。
예, 아닙니다. 한국인입니다.

❖ 단순히 사실과 다르다고 할 때는 ちがいます라고 한다.

□ はい、知りません。
네, 모릅니다.

> 😊 彼の名前を知らないんですか。
> 그의 이름을 모릅니까?
>
> 😊 ええ、忘れてしまいました。
> 예, 잊어버렸습니다.

❖ わかる는 이해를 나타낼 때 쓰이고, 知る는 사실의 인지를 나타낼 때 쓰인다.

□ ええ、もう結構です。
예, 이제 됐습니다.

> 😊 もう一杯いかが?
> 한 잔 더 드시겠습니까?
>
> 😊 ええ、もう結構です。十分いただきました。
> 예, 이제 됐습니다. 많이 마셨습니다.

❖ 정중히 거절할 때 結構는 「괜찮음」을 나타낸다.

□ だめでしょうね。
안 되겠죠?

> 😊 彼は試験にパスしないでしょうね。
> 그는 시험에 통과하지 못하겠죠?
>
> 😊 ええ、自分でもそう思っているようです。
> 예, 자신도 그렇게 생각하고 있는 것 같습니다.

부정 응답

□ いいえ、まだです。
아뇨, 아직입니다.

> 😊 ハワイに行ったことがありますか。
> 하와이에 간 적이 있습니까?
>
> 😊 いいえ、まだですが、いつかは行きたいと思います。
> 아뇨, 아직 없습니다만, 언젠가는 가고 싶습니다.

❖ いいえ는 はい에 대응하는 말로 いや보다 정중한 표현이다.

□ いいえ、違います。
아뇨, 다릅니다.

□ いいえ、もう結構です。
아뇨, 이제 됐습니다.

□ いいえ、そうじゃありません。
아뇨, 그렇지 않습니다.
❖ そうではありません은 좀 더 구체적으로 지적해서 부정할 때 쓰인다.

□ いいえ、分かりません。
아뇨, 모릅니다.

> ☺ 本当に分かりますか。
> 정말 알겠습니까?
> ☺ いいえ、分かりません。
> 아뇨, 모르겠습니다.

□ いや、違うよ。
아냐, 달라.
❖ いや는 질문에 부정할 때 쓰일 뿐만 아니라 자신이 한 말을 바로 부정할 때도 쓰인다.

□ ううん。
아니.
❖ 부정 응답 정중의 정도에 따라 いいえ→いや→ううん로 쓰인다.

그밖에 부정 응답

□ そうは言ってないよ。
그렇게는 말하고 있지 않아.

□ とんでもない。
당치도 않아.
❖ とんでもない는 상대의 말 등에 강하게 부정할 때 쓰인다.

□ ええ、ちっとも。
예, 조금도.
❖ ちっとも는 뒤에 부정의 말이 붙어 「조금도, 전혀」의 뜻을 나타낸다.

□ 絶対に違うよ。
절대로 아냐.

□ 決してそうではない。
결코 그렇지 않아.

□ それじゃだめだよね。
그렇다면 안 되겠네.

□ 私じゃないよ。
내가 아냐.

□ 私は言っておりません。
저는 말하지 않았습니다.
❖ …ておりません은 …ていません의 겸양표현이다.

□ 私は否定します。
저는 부정합니다.

□ いいえ、好きです。
아뇨, 좋아합니다.

😊 生の魚は食べないでしょう？
날생선은 먹지 않겠죠?

☺ いいえ、寿司やさしみは大好きです。
아뇨, 초밥이나 회는 무척 좋아합니다.

❖ 大好きだ(무척 좋아하다) ↔ 大嫌いだ(무척 싫어하다)

□ いいえ、行きたいです。
아뇨, 가고 싶습니다.

😊 私と一緒に行きたくないですか。
나와 함께 가고 싶지 않습니까?

☺ いいえ、行きたいです。
아뇨, 가고 싶습니다.

□ いいえ、忙しいです。
아뇨, 바쁩니다.

😊 あしたの午後は忙しくないんでしょう？
내일 오후는 안 바쁘겠죠?

☺ いいえ、会合の準備で忙しいんです。
아뇨, 모임 준비로 바쁩니다.

□ まだですか。
아직입니까?

😊 まだ決めてないんですか。
아직 정하지 않았습니까?

☺ いや、決めましたよ。
아뇨, 정했어요

CHAPTER 03 되물음

일본어로 상대와 대화를 하다 보면 말이 빨라서, 혹은 모르는 단어가 있거나, 여러 가지 이유로 인해 제대로 이해하지 못할 경우가 있기 마련이다. 이럴 때는 되물음에 관한 표현을 잘 익혀두면 상대의 말을 보다 정확하게 이해할 수 있을 것이다. 따라서 모르는 말이 나왔을 때는 何と言いましたか(뭐라고 했습니까?), 상대의 말을 이해하지 못할 때는 よくわかりません(잘 모르겠습니다), 다시 말해 달라고 할 때는 もう一度おっしゃってください라고 하면 된다.

Q&A 무조건 따라하기

Q : すみません。現代デパートへは、この出口でいいですか。

A : え、何ですか。

Q : 現代デパートを探しているんです。この出口でいいですか。

A : ごめんなさい。日本語はあまりできないんです。もうちょっとゆっくり話してくれませんか。

Q : ああ、失礼。現代デパートへの出口はここですか。

A : ああ、現代デパートですね。そう、階段を上がって右に曲がればいいんです。

Q : どうもありがとう。

Q : 실례합니다. 현대백화점으로 가려면 이 출구가 맞나요?
A : 에, 뭐라고요?
Q : 현대백화점을 찾고 있습니다. 이 출구가 맞습니까?
A : 미안합니다. 일본어는 잘 못합니다. 좀더 천천히 말해 주겠어요?
Q : 아, 실례했습니다. 현대백화점 출구는 여기입니까?
A : 아, 현대백화점 말씀이군요. 그래요, 계단을 올라가 오른쪽으로 돌면 됩니다.
Q : 감사합니다.

---

❶ デパート는 department store를 줄여서 표현한 것으로 지금은 百貨店이라는 말을 쓰지 않는다.
❷ …ばいいんです …면 됩니다

□ 何（なに）?
뭐?
❖ 의문을 나타낼 때 쓰이는 말이다.

□ 何（なん）ですか?
뭡니까?
❖ た・な・ら行 및 반탁음으로 시작되는 단어에 붙어서 쓰일 때는 보통 なん으로 읽는다.

□ 何（なん）か言（い）った?
무슨 말 했니?

> ☺ 何（なん）か言（い）った?
> 무슨 말 했니?
> ☺ いや、何（なん）でもないよ。
> 아니, 아무 것도 아냐

□ 何（なん）の話（はなし）ですか。
무슨 얘깁니까?

> ☺ おめでとう! よくやったね。
> 축하해! 잘했어.
> ☺ 何（なん）の話（はなし）?
> 무슨 말이야?

□ 何（なん）のために?
무엇 때문에?
❖ ために는 원인과 이유를 나타낼 때는 「때문에」의 뜻이 된다.

□ 何（なん）て言（い）ったの?
뭐라고 했니?

□ 何（なん）ですって?
뭐라고요?
❖ …って는 상대의 말을 반문하면서 「그 따위 일은 있을 수 없다」는 뜻을 나타낸다.

□ すみません、何（なん）と言（い）ったのですか。
미안합니다, 뭐라고 했습니까?

□ 何（なに）か言（い）いたいんですか。
무슨 말을 하고 싶나요?

□ えっ、何とおっしゃいましたか。
엣? 뭐라고 하셨습니까?
❖ えっ은 의외의 일로 놀라거나 의심할 때 내는 소리이다.

□ よくわからないのですが。
잘 모르겠는데요.

□ よくわかりませんでした。
잘 몰랐습니다.

□ それはどういう意味ですか。
그건 무슨 뜻입니까?

**다시 한번
말해달라고 할 때**

□ もう一度言ってくれますか。
다시 한번 말해 주겠어요?

□ すみません、もう一度言ってくださいませんか。
죄송합니다, 다시 한번 말씀해 주시지 않겠습니까?

□ もう一度説明してくださいませんか。
다시 한번 설명해 주시지 않겠습니까?

**천천히
말해달라고 할 때**

□ ゆっくり話してください。
천천히 말해 주세요.

□ もう少しゆっくり話していただけますか。
좀더 천천히 말해 주시겠습니까?

□ ゆっくりおっしゃっていただけますか。
천천히 말씀해 주시겠습니까?
❖ おっしゃる는 言う의 존경어로 「말씀하시다」의 뜻이다.

□ 速すぎてわかりません。ゆっくり話してくれませんか。
너무 빨라서 모르겠습니다. 천천히 말해 줄래요?
❖ すぎる는 형용사의 어간에 접속하여 「너무 …하다」의 뜻을 나타낸다.

□ もっとゆっくり説明していただけますか。
더 천천히 설명해 주시겠어요?

□ もう少し分かりやすく言っていただけますか。
좀더 알기 쉽게 말해 주시겠어요?
❖ やすい는 동사의 중지형에 접속하여 「…하기 쉽다, 편하다」의 뜻을 나타낸다.

□ お話がよく聞えないんですが。
말씀이 잘 들리지 않는데요.

□ お話がはっきり聞こえませんが。
말씀이 또렷이 들리지 않는데요.
❖ はっきり(분명히, 똑똑히, 확실히, 틀림없이)

□ 聞き取れません。もう一度お願いします。
못 알아듣겠습니다. 다시 한번 부탁합니다.

□ もっとはっきり話してくれますか。
더 확실히 말해 줄래요?

□ すみませんが、その言葉がよく聞き取れません。
미안하지만, 그 말을 잘 알아들을 수 없습니다.

□ 聞こえません。もっと大きな声でお願いできますか。
안 들립니다. 더 큰 소리로 말씀해 주시겠어요?

□ どういう意味ですか。
무슨 뜻입니까?

□ …の次は何ですか。
… 다음은 뭡니까?

□ …だということですか。
…라는 뜻입니까?
❖ …ということだ …라는 이야기(내용)이다

□ 一つ、聞いてもいいですか。
하나 물어봐도 됩니까?

□ …って何の意味ですか。
…란 무슨 뜻입니까?

CHAPTER 04

설명의 요구와 이해

상대에게 알기 쉽게 설명을 요구할 때는 보통 わかりやすく説明してください라고 하며, 자세한 설명을 원할 때는 くわしく説明してください라고 하면 된다. 이처럼 상대의 설명을 잘 이해하지 못하거나 구체적인 설명이 필요할 때는 상대에게 분명하게 의뢰하여 의사소통에 오해의 소지가 없도록 해야 한다. 상대의 설명을 이해했을 때는 わかりました를 쓰지만, 보다 정중하게 承知しました나 かしこまりました를 쓰는 것이 좋으며, 이해하지 못했을 때도 わかりません보다는 わかりかねます로 하는 게 좋다.

Q&A 무조건 따라하기

Q : たった今ロンドンから届いたこの手紙のことでちょっとお尋ねしてもいいですか。

A : どうぞ。何ですか、聞きたいことって❶。

Q : ええと、まずこの言葉なんですけど。読めますか。私にはさっぱりわからないんです。

A : どれ、ちょっと見せて。「彼は少し…maverick」。ああ、このmaverickですね。

Q : どういう意味ですか。

A : maverickな人っていうのは❷、周りの人たちがどう思っているかあまり気にしない人を言うんですよ。

Q : 방금 런던에서 도착한 이 편지에 대해 좀 여쭤도 되겠습니까?

A : 좋아요. 뭡니까? 묻고 싶은 게.

Q : 저, 먼저 이 말인데요. 읽을 수 있습니까? 저는 도무지 모르겠습니다.

A : 어디 좀 보여 주세요. 「그는 조금 …maverick」. 아, 이 maverick 말이군요.

Q : 무슨 뜻입니까?

A : maverick한 사람이란 주위 사람들이 어떻게 생각하는지 별로 개의치 않는 사람을 말해요.

---

❶ …って ＝ …というは …란, …라는 것은
❷ …っていうのは ＝ …というのは …라고 하는 것은

□ 話してよ。
말해 줘요.

> ☺ 落ち込んじゃうなぁ。
> 마음이 칩칩한데.
> ☺ 何があったの？ 話してよ。
> 무슨 일 있었니? 말해 봐.

❖ …じゃう는 완료를 나타내는 …でしまう의 회화체이다.

□ もっと詳しく話して。
더 자세히 말해 줘.
❖ 요구나 의뢰를 나타내는 …てください는 줄여서 …て(よ)의 형태로 쓰인다.

□ その話、聞きたいな。
그 이야기 듣고 싶군.

□ 何か言ってよ。
무슨 말 좀 해봐.

□ どうだった？
어땠니?

> ☺ 新しいイタリア料理店に行ったんだよ。
> 새로운 이탈리아 식당에 갔었어.
> ☺ どうだった？
> 어땠니?

□ どうなった？
어떻게 됐니?

> ☺ 昇給の件で上司と話をしたよ。
> 승진 건으로 상사와 이야기를 했어.
> ☺ どうなった？
> 어떻게 됐니?

□ 気に入った？
마음에 들었니?

> ☺ あなたからの花束、受け取ったわ。ありがとう。
> 네가 준 꽃다발 받았어. 고마워.
> ☺ 気に入った？
> 마음에 들었니?

□ 質問してもいいですか。
질문해도 되겠습니까?
❖ …てもいい는「…해도 된다」의 뜻으로 허가나 허락의 표현으로 쓰인다.

□ もっと詳しく説明してください。
좀더 자세히 설명해 주세요

□ 分かりやすく説明してくれますか。
알기 쉽게 설명해 주겠어요?

□ 別の言い方で説明していただけますか。
다른 표현으로 설명해 주시겠어요?

□ この点を解明していただきたいのですが。
이 점을 해명해 주셨으면 합니다만.
❖ …ていただきたい는「…해 받고 싶다」의 뜻으로 완곡하게 의뢰할 때 쓰인다.

□ 素人にもわかるように言ってくれますか。
초보자도 알 수 있도록 말해 줄래요?
❖ …ように는 가능동사에 접속하여「…할 수 있도록」의 뜻을 나타낸다.

□ この文は正確にはどういう意味ですか。
이 글은 정확히 무슨 뜻입니까?

□ 日本語では何と言いますか。
일본어로는 뭐라고 합니까?

□ よく使う言い方ですか。
자주 쓰는 표현입니까?

□ 具体的に説明していただけますか。
구체적으로 설명해 주시겠습니까?

□ 説明してみましょう。
설명해 봅시다.

☺ 説明してくれませんか。
설명해 주겠어요?

☺ そうですね ちょっと説明しにくいんですが、やってみましょう。
글쎄요, 좀 설명하기 힘들지만, 해 봅시다.

❖ …にくい는 동사의 중지형에 접속하여「…하기 힘들다」의 뜻을 나타낸다.

☐ 言っていることがわかりますか。
말하는 것을 알겠습니까?

☐ 聞こえてますか。
들립니까?

☐ 声を大きくしましょうか。
목소리를 크게 할까요?

> 😊 先生、よく聞こえません。
> 선생님, 잘 안 들려요
> 😊 声を大きくしましょうか。
> 목소리를 크게 할까요?

❖ 형용사…くする …하게 하다

☐ 話し方が速すぎますか。
말이 너무 빠릅니까?
❖ 동사의 중지형에 方가 접속하면 「…하는 방법」을 뜻한다.

☐ 変に聞こえますか。
이상하게 들립니까?

☐ これで分かりますか。
이제 알겠습니까?

☐ いろいろ話しましたが、分かってもらえましたか。
여러 가지 이야기했는데, 알아들었습니까?

☐ なるほど、分かります。
그렇군요, 알겠습니다.
❖ なるほど는 남의 주장을 긍정할 때나 상대방 말에 맞장구 칠 때 쓰인다.

☐ なるほど、よく分かりました。
그렇군요, 잘 알았습니다.

☐ よくわかったよ。
잘 알았어.

☐ わかったと思うよ。
알 것 같아.

□ おっしゃることがわかりました。
말씀하시는 것을 알겠습니다.

□ そんなことは十分承知している。
그런 것은 충분히 알고 있어.
❖ 흔히「알겠습니다」의 표현으로 わかりました를 쓰지만, 상사나 고객에게는 承知しました나 かしこまりました를 쓰는 것이 좋다. 또한 그 반대 표현인「모르겠습니다」도 わかりません이 아니라 わかりかねます라고 하는 것이 좋다.

□ 君の言い分はわかる。
네가 말한 취지는 알겠어.

□ なるほど、そうなのか。
과연, 그런가?

□ それくらいは知っているよ。
그 정도는 알고 있어.

□ ああ、そのことは耳にしたよ。
아, 그건 들었어.

☺ きのう木村がソウルへ行ったって。
어제 기무라가 서울에 갔대.
☺ ああ、そのことは耳にしたよ。
아, 그건 들었어.

❖ 耳にする＝聞く 듣다

□ 理解しています。
이해하고 있습니다.

이해를 못했을 때

□ 分かりません。
모르겠습니다.

□ 本当に知らないんです。
정말로 모르겠어요.

□ さっぱり分かりません。
도무지 모르겠습니다.

□ わたしも知らないんです。
저도 모르겠습니다.

□ はっきりとはわからないよ。
확실히는 모르겠어.

□ おっしゃっていることがわかりません。
말씀하시는 것을 모르겠습니다.

□ 君の言っていることが理解できたかわからないよ。
네가 말하는 것을 이해했는지 모르겠어.

□ 何が何だかさっぱりわからない。
뭐가 뭔지 도무지 모르겠어.
❖ さっぱりは 뒤에 부정어거 오면 「도무지, 전혀, 조금도, 통」의 뜻으로 쓰인다.

□ 確かなことは誰にもわからないんだ。
확실한 것은 아무도 몰라.

□ 調べてみないと分かりません。
조사해 봐야 알겠습니다.

□ 聞いたこともありません。
들은 적도 없습니다.
❖ …たことがないは 「…한 적이 없다」의 뜻으로 미경험을 나타낸다.

□ それは初耳ですね。
그건 금시초문인데요.

☺ 先月、吉村先生が亡くなったそうですね。
지난달 요시무라 선생님이 돌아가셨다더군요
☺ それは初耳ですね。
그건 처음 듣는데요

❖ 初耳는 처음 듣는 것, 즉 금시초문을 나타낸다.

□ よく分からないのです。
잘 모르겠어요.

□ ぼんやりとしか分かりません。
어렴풋이 밖에 모르겠습니다.

□ それがあまりよく分からないんだ。
그게 그다지 잘 모르겠어.

자연스런 맞장구

대화는 반드시 상대가 있기 마련이다. 상대와의 호흡을 맞추기 위해서는 상대방의 의견을 존중하며 그에 동의를 표시하는 것이 맞장구이다. 맞장구는 상대의 이야기를 잘 듣고 있으니 계속하라는 의사 표현이기 때문이다. 주로 쓰이는 자연스런 맞장구로는 そうですか, なるほど, そのとおりです 등이 있으며, 의문을 갖거나 믿어지지 않을 때 사용하는 맞장구로는 ほんと?와 うそ? 등이 있다.

Q&A 무조건 따라하기

Q : ぼくたちこの夏はほとんどマレーシアで過ごしたんだ。

A : ほんと? 私たちもよ。❶

Q : ウソみたいな話だね。マレーシアのどちら辺にいたの？

A : ペナン。西海岸沖の島よ。

Q : 知ってる。ホントかよ！ ぼくたちがいたところだよ。

A : びっくりしちゃうわね。ホテルはどこだったの？❷

Q : 우리들 이번 여름은 거의 말레이시아에서 보냈어.
A : 정말? 우리들도 그랬어.
Q : 거짓말 같은 이야기군. 말레이시아 어디에 있었니?
A : 페낭. 서해안에서 멀리 떨어진 섬이야.
Q : 알아. 정말! 우리들이 있었던 곳이야.
A : 놀라운 일이야. 호텔은 어디였니?

❶ たち(들)는 사람이나 생물이 복수임을 나타내며, ら・ども보다 어감이 좋다.
❷ 동작의 완료를 나타내는 …てしまう는 회화체에서 흔히 …ちゃう로 줄여서 표현한다.

☐ そうでしたか。
그랬어요?

> 😊 先週ディズニーランドに行ったんだ。
> 지난 주 디즈니랜드에 갔었어.
> 😊 そう、どうだったんだ?
> 그래. 어땠는데?

☐ そうですか。なるほど。
그렇습니까? 과연.

☐ あら、そう?
어머, 그래.

> 😊 いま国立公園の上を飛んでるんだ。
> 지금 국립공원 위를 날고 있어
> 😊 あら、そう。行ってみたいわ。
> 어머, 그래? 가보고 싶어.

❖ あら는 놀라거나 감동했을 때 내는 소리로 우리말의 「어머(나)」에 해당한다.

☐ そうですか。
그렇습니까?

> 😊 この夏両親に会いにソウルへ帰る予定なの。
> 이번 여름에 부모님을 뵈러 서울에 갈 예정이야
> 😊 そう。ご両親がさぞかしお待ちかねでしょう。
> 그래요. 부모님이 틀림없이 기다리실 거예요

❖ 동사의 중지형에 に를 접속하고 이어 이동을 나타내는 동사 오면 「…하러」의 뜻으로 동작의 목적을 나타낸다.

☐ 本当ですか。
정말이세요?

> 😊 部長が仕事をどっさりくれたよ。
> 부장님이 일을 잔뜩 주었어.
> 😊 本当なの?
> 정말이니?

☐ そうなの?
그러니?

☐ そうなんですか。
그렇습니까?

□ えっ、そうですか。
어, 그러세요?

☺ 誰かあなたを呼んでますよ。
누가 당신을 부르고 있어요
☺ そうですか。どうも。
그래요? 고마워요

□ そうでしょうね。
그렇겠군요.

□ えっ、本当ですか。
엣, 정말이세요?
❖ 회화에서는 흔히 줄여서 ほんと라고도 한다.

□ 本当ですか。
정말이세요?

☺ 背中が痛いんです。
등이 아파요.
☺ 本当ですか。ちょっと休んだらどうです?
정말이세요? 좀 쉬면 어떨까요?

□ そうですか、いけませんね。
그러세요 안 됐군요.

☺ ひどい風邪をひきました。
감기가 심하게 걸렸습니다.
☺ そうですか。それはいけませんね。
그렇습니까, 그거 안 됐군요

❖ いけない는 「나쁘다」의 완곡한 표현으로 공손하게는 いけません이라고 한다. 또한 여기서처럼 「안 됐다, 딱하다」의 뜻으로 동정할 때도 쓰인다.

□ そう?
그래?

☺ ああ、頭が痛い。
아, 머리가 아파.
☺ そう、少し座りませんか。
그래요, 좀 앉을래요?

□ あら、そう？
어머, 그래?

□ そうですか、知りませんでした。
그래요, 몰랐습니다.

> ☺ 事務所へ行けばコピーがとれますよ。
> 사무실에 가면 복사를 할 수 있어요
>
> ☺ そうですか、知りませんでした。
> 그래요, 몰랐습니다.

❖ コピーを取る 복사를 하다

□ 本当に？
정말로?

> ☺ 考えてみると、木村のご主人には一度も会ってないんだ。
> 생각해보니, 기무라 남편을 한번도 만나지 않았어.
>
> ☺ 本当に？
> 정말로?

□ そうですか？
그래요?

> ☺ 必ず行くほうがいいですよ。
> 반드시 가는 게 좋겠어요
>
> ☺ そうですか？
> 그래요?

자연스런 맞장구

□ なるほど。
그렇고 말고
❖ なるほどは「그렇고 말고, 아무렴」의 뜻으로 상대의 말에 동감을 나타낸다.

□ なるほど、そういうことですね
아, 그런 거로군요

□ そのとおりですね。
바로 그겁니다.
❖ とおりは「대로」의 뜻으로 같은 방법과 상태임을 나타낸다.

□ おっしゃるとおりです！
말씀하신 대로입니다!

□ そう思いますか。
그렇게 생각하세요?

□ わたしもそう思いますね。
저도 그렇게 생각해요.

□ まあ、そうも言えるでしょうね
글쎄, 그렇게도 말할 수 있겠군요.
❖ まあ는 만족스럽지 못하나「그런대로, 아쉬운 대로, 그럭저럭」의 뜻이다.

□ そう思いますか。
그렇게 생각하세요?

□ 知ってましたよ。
알고 있었어요.

□ 別にかまわないね。
별로 상관없어.

□ やっぱりね。
역시.
❖ やはり는 회화에서 그 뜻을 강조하기 위해서 やっぱり, やっぱし라고 한다.

□ ほら、ねえ。
그거 봐!
❖ ほら는 주위를 환기시킬 때 내는 소리로「저 말이야, 이봐, 자」의 뜻이다.

□ それで?
그래서?

□ そうなんですよね。
그렇군요.

□ 確かにそうだよね。
확실히 그렇지.

□ そうだといいね。
그러면 좋겠어.

□ 私も。
나도.

> ☺ きのうは図書館に行ってました。
> 어제는 도서관에 가 있었어요
> ☺ 私も行ってたんです。
> 나도 갔었어요

□ 私もそうなんです。
나도 그래요

> ☺ 空腹のときコーヒーを飲むとおなかの具合が悪くなるんです。
> 공복시에 커피를 마시면 배가 안 좋아져요
> ☺ 私もそうなんです。
> 나도 그래요.

□ 私だって同じです。
나 역시 마찬가지입니다.

> ☺ 日本のことをもっといろいろと知らなくては。
> 일본에 대해 여러 가지로 더 알아야겠어.
> ☺ 私だって同じです。
> 나 역시 마찬가지입니다.

❖ だっては「…라도, …일지라도」의 뜻으로 강조의 뜻을 나타낸다.

□ 私にもできません。
저도 못합니다.

□ そうですか、私もです。
그래요, 저도요.

> ☺ ゴルフはまったく興味がありません。
> 골프는 전혀 흥미가 없어요
> ☺ そうですか、私もです。
> 그래요 저도요

□ 私にもわかりません。
저도 모르겠어요

CHAPTER 06

긍정과 동의의 의지 표현

상황에 맞는 적절한 맞장구로 대화를 전개시켜나가는 것은 일본어 회화에서 빠뜨릴 수 없는 기본적인 대화술이다. 여기서는 가벼운 맞장구에서 한걸음 더 나아가 まったくですね, 本当ですね, 大賛成ですよ 등으로 적극적인 긍정의 의지 표현을 하는 경우의 요령을 익힌다.

일본인은 상대의 입장을 고려하여 자신의 의지를 적극적으로 표현하지는 않지만, 필요에 따라서는 정확하게 또는 적극적으로 긍정의 의지 표현을 해야 한다.

Q&A 무조건 따라하기

Q : すてきな映画だったね。

A : ほんとだね。今まで見たうちで最高っていう部類だと思うよ。

Q : そうね。特撮もすごかったけど、いちばんよかったのは演技だと思う。

A : うん、言えてる。特殊効果に頼りきっちゃっていて俳優がどうしようもない演技は気にくわないからね。

Q : 私もよ。でも、とにかくこの映画には当てはまらないわね。

A : うん、確かに。

Q : 멋진 영화였어.
A : 정말이야. 지금까지 본 것 중에서 최고인 것 같아.
Q : 그래. 특수촬영도 대단했지만, 가장 좋았던 것은 연기인 것 같아.
A : 음, 맞아. 특수효과에 지나치게 의지한 나머지 배우가 묻혀버리는 영화는 마음에 안 드니까.
Q : 나도. 하지만, 아무튼 이 영화는 그렇지 않아.
A : 음, 맞아.

❶ …たうちで …한 것 중에서
❷ きる는 동사의 중지형에 접속하여 「너무…하다」의 뜻을 나타낸다. 頼りきっちゃって＝頼りきってしまって
❸ どうしようもない 어쩔 도리(방법)가 없다

□ **分かりますか。**
알겠습니까?

□ **分かりましたか。**
알았어요?

□ **私の言っていることが分かる?**
내가 말하는 걸 알겠니?

□ **だいたい飲み込みましたか。**
대충 이해되었나요?
❖ 飲み込みがはやい 이해가 빠르다

□ **私どもにご賛成いただけますか。**
저희들과 함께 찬성해 주시겠습니까?
❖ …ども는 복수를 나타내지만, 특정의 1인칭대명사에 붙어 겸양의 뜻을 나타낸다.

□ **あなたは賛成ですか、それとも反対ですか。**
당신은 찬성입니까, 아니면 반대입니까?

□ **そのとおりですね。**
그렇군요

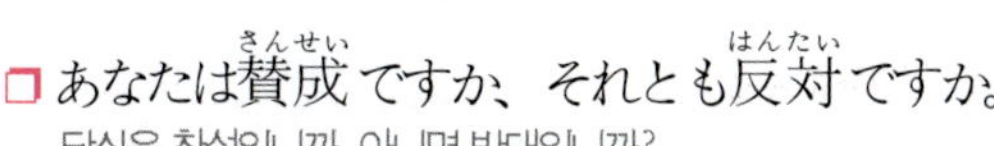

☺ いい天気ですね。
날씨가 좋군요
☺ ええ、そうですね。
예, 그렇군요

□ **ええ、まったくですね。**
예, 정말 그렇군요

☺ それはきれいだ。
그거 예쁜데.
☺ ええ、まったくですね。
예, 정말 그래요

❖ まったく는 상대의 말에 전적으로 동감할 때도 쓰이며, 뒤에 부정어가 오면「전혀,
조금도」의 뜻을 나타낸다.

□ **ええ、確かに。**
예, 확실히.

□ まったくですね。
맞아요

😊 いい日 ですね。
날씨가 좋군요

☺ まったくですね。
정말 그렇군요

□ ええ、本当に。
예. 정말로.

😊 おいしい食事でしたね。
맛있는 식사였지요?

☺ ええ、本当においしかったですね。
예, 정말로 맛있었어요

□ あっ、そうですね。
앗. 그렇군요

😊 もう夜中の12時を過ぎたね。
벌써 밤 12시가 지났어.

☺ あっ、そうですね。
앗, 그렇군요

□ あれっ、そうですね。
어머, 그렇군요.

😊 もしもし、荷物がほどけてますよ。
이봐요. 짐이 풀어졌어요

☺ あっ、そうですか。どうも。
앗, 그렇습니까? 감사합니다.

❖ あれっ는 놀라거나 의외로 여길 때 내는 소리이다.

□ 本当ですね。
정말이군요

😊 ほら、見てごらんなさい。向こうに大きな船が見えますよ。
어머, 보세요. 저기에 큰 배가 보여요

☺ あっ、本当ですね。
앗, 정말이군요

□ なるほど、そうですね。
과연 그렇군요.

가볍게 동의할 때

☐ おっしゃるとおりです。
말씀하신 대로입니다.

☐ もちろん。
물론이지.

☐ もちろんですとも。
물론이고말고요.

☐ 当然ですよ。
당연하지요.

☐ そうそう、まさにそれですよ。
그래그래, 바로 그거예요.
❖ まさに 틀림없이, 확실히, 정말로

☐ それそれ。
그래 맞아.
❖ 흔히 それはそれは의 꼴로 「아이고 저런, 어쩌면」 등의 뜻으로 감동을 나타낸다.

☐ そうそう、まさにそれですよ。
그래, 정말 그래요.

☐ そう、それです。
그래, 그거예요.

□ ええ、私もそう思います。
예, 저도 그렇게 생각합니다.

> 😊 紅茶よりコーヒーのほうがうまいと思います。
> 홍차보다 커피가 맛있을 것 같습니다.
> 🙂 ええ、私もそう思います。
> 예, 저도 그렇게 생각합니다.

□ 同感です。
동감입니다.

□ ご提案に賛成します。
제안에 찬성입니다.

□ この点については同感です。
이 점에 대해서는 동감입니다.
❖ …については …에 대해서는, …에 관해서는

□ ご意見に賛成ですよ。
의견에 찬성입니다.

□ 計画に大賛成ですよ。
계획에 대찬성입니다.

□ 私の言いたいことはまさにそのとおりです。
제가 말하고 싶은 것이 바로 그겁니다.

□ 私もそう考えていたんですよ。
저도 그렇게 생각하고 있었어요.

□ ちょうどそう思っていました。
마침 그렇게 생각하고 있었습니다.

> 😊 コーヒーはいかがですか。
> 커피는 어떠세요?
> 🙂 ちょうどそう思っていました。
> 마침 마시고 싶었습니다.

❖ ちょうど 마침, 알맞게 = おりよく

□ ちょうどそう言おうと思っていたところです。
마침 그렇게 말하려고 하던 참입니다.

□ あなたの言うことにも一理があります。
당신 말에도 일리가 있어요.

□ そうとも考えられますね。
그렇게도 생각할 수 있겠네요.

□ あまり気が向きませんが、同意します。
별로 마음은 내키지 않지만, 동의합니다.

> ☺ 彼の計画はどう思いますか。
> 그의 계획은 어떻게 생각하세요?
>
> ☺ あまり気が向きませんが、同意します。
> 별로 마음은 내키지 않지만, 동의합니다.

❖ 気が向く 마음이 내키다

□ 場合によっては、正しいとも言えます。
경우에 따라서는 옳다고 말할 수 있습니다.

□ まんざら悪くはないですね。
과히 나쁘지는 않군요.

□ たぶん、そうかもしれません。
아마 그럴지도 모르겠네요.

CHAPTER 07

부정과 반대의 의지 표현

대개 일본인은 NO라고 분명하게 말하지 않는 경향이 있다. 따라서 상대의 말의 진의를 잘 파악하는 게 중요하다. 예를 들면 そうですね는 어감에 따라 「그렇군요」라는 긍정의 의미가 되기도 하고 「글쎄요」라는 부정의 의미가 되기도 한다. 아무튼 분명하게 부정을 할 필요가 있을 때는 だめです, 또는 反対です라고 해야 하고 상대의 감정을 거슬리지 않게 부정할 때는 먼저 残念ですが를 쓰는 게 좋다.

Q&A 무조건 따라하기

Q : ちょっとこれに塩、入れすぎじゃない？❶

A : いや、料理の本に書いてある量を入れただけだよ。❷

Q : そう？ 間違ってるんじゃない？

A : 見てよ。50グラムって書いてあるから、50グラム入れたんだ。

Q : ちょっと、その本見せてみて。…ほうら、50グラムなんて書いてないわよ。5グラムよ。10倍も入れちゃったんだ。

A : まさか。ほんとかい？

Q : 이거 소금을 너무 많이 넣은 게 아냐?
A : 아냐, 요리책에 나온 대로 양을 넣었을 뿐이야.
Q : 그래? 틀린 거 아냐?
A : 봐, 50그램이라고 적혀 있어서 50그램을 넣었어.
Q : 잠깐, 그 책을 보여줘. …거봐, 50그램이라고 안 쓰였잖아. 5그램이야. 10배나 넣어버렸잖아.
A : 설마. 정말이야?

❶ …すぎじゃない？ 너무 …한 거 아냐?
❷ …ただけだ …했을 뿐이야

☐ **だめです。**
안 됩니다.
❖ だめ는 해서는 안 되는 것으로 강한 부정을 할 때 쓰인다.

☐ **まったく違<ruby>違<rt>ちが</rt></ruby>います。**
전혀 다릅니다.

☐ **たぶん違<ruby>違<rt>ちが</rt></ruby>うでしょ。**
아마 다르겠죠.

☐ **とんでもない。**
당치도 않아.
❖ とんでもない는 상대의 말 등을 강하게 부정할 때 쓰인다. 천만에 말임

☐ **いや、とんでもありません。**
아니, 당치도 않습니다.

> 😊 お<ruby>邪魔<rt>じゃま</rt></ruby>でしょうか。
> 방해가 되지 않을까요?
> ☺ いや、とんでもありません。
> 아니, 당치도 않습니다.

☐ **まさかそんなことないでしょう。**
설마 그럴 리야 없겠죠.
❖ まさか는 뒤에 부정어가 붙으면 「설마, 아무리 그렇더라도」의 뜻이다.

☐ **まさか<ruby>信<rt>しん</rt></ruby>じられません。**
설마 믿을 수 없어요.

☐ **まさか、<ruby>冗談<rt>じょうだん</rt></ruby>でしょう？**
설마, 농담이겠죠?

> 😊 <ruby>信<rt>しん</rt></ruby>じられるかい。あの<ruby>娘<rt>むすめ</rt></ruby>はまだ10<ruby>代<rt>だい</rt></ruby>なんだってよ。
> 믿겨지니? 저 아가씨가 아직 10대라니.
> ☺ まさか、<ruby>冗談<rt>じょうだん</rt></ruby>でしょう？
> 설마, 농담이겠죠?

❖ 冗談を言う(とばす) 농담을 하다

☐ **そんなばかな。<ruby>冗談<rt>じょうだん</rt></ruby>でしょう。**
그런 엉터리. 농담이겠지요.

☐ **ばかな、そんなことしてはいけないよ。**
엉터리, 그런 짓을 해서는 안 돼.

□ いいえ、そうは思いません。
아니오, 그렇게는 생각하지 않습니다.

□ 本当にそうは思いません。
정말로 그렇게는 생각하지 않습니다.

□ そうでなければいいのですが。
그렇지 않으면 좋겠습니다만.
❖ …なければいい …하지 않으면 좋겠다

□ 違うんではないでしょうか。
다르지 않을까요?

□ 同意しかねます。
동의하기 어렵습니다.
❖ …かねる는 동사의 중지형에 접속하여 「…하려고 해도 할 수 없다, …하기 어렵다」의 뜻을 나타낸다.

동의하지 않거나 반대할 때

□ あいにく同意しかねますが。
아쉽게도 동의하기 힘들겠는데요.

□ お考えには同意できません。
생각에 동의할 수 없습니다.

□ どうもあなたが間違っていると思います。
아무래도 당신이 틀린 것 같습니다.

□ その点では同意できません。
그 점에서는 동의할 수 없습니다.

□ そうですね、賛成というわけにはいきません。
글쎄요, 찬성할 수는 없습니다.
❖ …わけにはいかない …할 수는 없다

□ それはだめでしょう。
그건 안 되겠어요.

□ 私の考えとは違います。
저의 생각과는 다릅니다.

□ いい考えではないように思いますが。
좋은 생각이 아닌 것 같은데요.

□ どうして? 止めなさい。
왜 그래? 그만둬.

> 😊 私、ダイエットしようと思うの。
> 나, 다이어트하려고 해.
>
> 😊 なんでまたそんなことを? 止めときなさい。
> 왜 또 그런 짓을? 그만 둬.

❖ どうしては 이유를 물을 때 쓰는 말로 なぜ와 같은 뜻이다.

동의를 보류할 때

□ その問題はしばらく保留にしましょう。
그 문제는 잠시 보류합시다.

□ おっしゃることは理解できますが。
말씀하시는 것은 이해하겠습니다만.

□ 今のところ、はっきりした返事はできません。
지금으로서는 분명한 대답을 할 수 없습니다.

□ 今すぐ賛成するわけにはいきません。
지금 당장 찬성할 수는 없습니다.
❖ …わけにはいかない는 가볍게 부정할 때 쓰인다.

□ もう一度検討してみましょう。
다시 한번 검토해봅시다.

□ 考える時間を持つようにしましょう。
생각할 시간을 갖도록 합시다.
❖ 동사의 기본형에 …ようにする가 접속하면「…하도록 하다」의 뜻이 된다.

□ もちろん、その意見は間違いではないのですが。
물론, 그 의견은 틀리지는 않습니다만.

□ あなたの見解は正しいと思いますが。
당신의 견해는 옳다고 생각합니다만.

□ まだだめです。
아직 안 돼요.

☺ 散歩に行かない?
산책을 안 갈래?

☺ まだだめよ。支度をしなくては。
아직 안 돼. 준비를 해야 해.

□ まったくそのとおりというわけじゃない。
전적으로 그런 건 아냐.
❖ わけじゃない는 부드러운 부정을 나타낸다.

□ 特にそういうわけではわりません。
특별히 그런 건 아닙니다.

☺ 忙しすぎる?
무척 바쁘니?

☺ 特に忙しくはないけど、やることはあるわ。
특별히 바쁘지는 않지만, 할 일이 있어.

□ 全然(…ではありません)。
전혀(…이 아닙니다).

□ ちっとも(…じゃありません)。
조금도(…이 아닙니다).

□ いつもというわけではありません。
항상 그런 건 아닙니다.

☺ 仕事に満足してる?
일에 만족하니?

☺ ええ、でもいつも楽しいわけじゃないの。
예, 하지만 항상 즐거운 건 아냐.

□ ちっともわかりません。
전혀 모르겠습니다.

☺ わかりますか?
알겠습니까?

☺ いいえ、あの人が何を言っているのかちっともわかりません。
아뇨, 저 사람이 무엇을 말하는지 전혀 모르겠습니다.

❖ ちっとも는 すこしも의 강조된 표현이다.

□ わかりませんよ。
모르겠어요.

□ 彼に頼んでもしようがないよ。
그에게 부탁해도 소용없어.

□ 誰も信じないよ。
아무도 안 믿어.

□ そんなことできませんよ。
그런 거 할 수 없어요.

□ おかしいですね。
이상하군요.

확답을 피하는 응답

상대의 질문에 언제나 딱 부러지게 확답만은 할 수 없다 まあそうでしょう라든가 何とか言えませんね 등으로 얼버무리는 것도 대화의 중요한 요령이다 여기서는 확실한 긍정과 부정의 중간에 해당하는 응답의 표현을 배운다 또한 즉석에서 확실한 응답을 피할 때는 考えておきます라든가 檢討してみます라고 하면 된다

Q&A 무조건 따라하기

Q : 10月に試験あると思う？

A : さあ、どうかな。でも、あるんじゃないの。

Q : 山中先生って、ふつう学期のまん中に試験するんじゃない？

A : 場合によるさ。やるときもあるし、やらないときもある。

決まってないよ。

Q : あの先生って、少しも学生のこと考えてないんじゃない？

あるかないか知りたいだけなのに。❶

A : そんなこと僕にはわからないよ。わからないほうがかえって

油断しないでいられるんじゃないかな。❷

Q : 10월에 시험 있을 것 같니?
A : 글쎄, 어떨지. 하지만, 있지 않겠니?
Q : 야마나카 선생님은 보통 학기 중에 시험을 치르지 않니?
A : 경우에 따라 달라. 치를 때도 있고 안 치를 때도 있어. 정해진 건 아냐.
Q : 그 선생님, 조금도 학생들을 고려하지 않는 것 아냐? 있는지 없는지 알고 싶을 뿐인데.
A : 그런 건 나는 몰라. 모르는 게 오히려 방심하지 않고 있을 수 있잖아.

❶ …たいだけなのに …고 싶을 뿐인데
❷ …ないでいられるんじゃない …지 않고 있을 수 없잖아

불확실한 추측을
나타낼 때

□ たぶん。
아마도

> 😊 あした、いい天気だと思う?
> 내일, 날씨가 좋을 것 같니?
>
> 😊 たぶんね。
> 아마 그럴 거야.

❖ たぶん은 뒤에 추측의 말이 오면 「대개, 아마」의 뜻이 된다. = たいてい, おそらく

□ ひょっとするとね。
혹시 말이야.
❖ ひょっと는 뜻밖에 갑작스런 모양을 나타내는 말로 ひょいと의 힘줌말이다.

□ どうもそうらしい。
아무래도 그런 것 같아.
❖ どうも는 확실히는 모르겠지만 「왠지, 어쩐지, 아무래도」의 뜻을 나타낸다.

□ まあ…でしょうね。
글쎄…이겠죠

> 😊 木村は試験に受かると思う?
> 기무라는 시험에 합격할 것 같니?
>
> 😊 まあ、受かるでしょうね。
> 글쎄, 합격할 거예요

❖ まあ는 만족스럽지는 못하나 「그런대로, 아쉬운 대로, 그럭저럭」의 뜻을 나타낸다.

□ きっとね。
꼭 그럴 거야.

□ たぶんだめでしょうね。
아마 안 되겠군요.

> 😊 ジャイアンツは勝つと思いますか。
> 자이언트는 이길 것 같습니까?
>
> 😊 たぶんだめでしょうね。
> 아마 못 이길 것 같아요

□ まあ、そうでしょうね。
글쎄, 그렇겠군요.

> 😊 たぶん彼はもう二度とそんなことはしないでしょう。
> 아마 그는 이제 두 번 다시 그런 짓은 하지 않을 거예요
>
> 😊 そうでしょうね。
> 글쎄요

□ おそらくだめでしょう。
아마 안 되겠죠.
❖ おそらくは 뒤에 추측의 말이 붙어 「아마, 필시」의 뜻을 나타낸다.

□ そうですね。たぶん来ないでしょう。
글쎄요. 아마 오지 않을 거예요.

완곡하게 대답할 때

□ そうでしょうね。
그렇겠군요.

□ きっとそうでしょう。
분명 그럴 거예요.
❖ きっと 꼭, 반드시, 확실히

□ そうですね。
그렇군요.

😊 高すぎると思いませんか。
너무 비싼 것 같지 않아요?
☺ そうですね。
그렇군요.

❖ …すぎる는 동사의 중지형에 접속하여 「너무 …하다」의 뜻을 나타낸다.

□ そう思ってるんですが。
그렇게 생각하는데요.

😊 今晩、書き終えられると思いますか。
오늘밤 다 쓸 수 있을까요?
☺ そう思ってるんですが。
그렇게 생각하는데요

□ そうだといいですね。
그렇다면 좋겠어요.

□ そうじゃないでしょうか。
그렇지 않겠어요?

□ そうじゃないといいですね。
그렇지 않으면 좋겠어요.

□ そうじゃないと思いますが。
그렇지 않을 거예요.

□ ええ、残念です
예, 아쉽지만요.

> 😊 こんなに早く行かなければならないんですか。
> 이렇게 일찍 가야 합니까?
> 😊 ええ、残念ですが。
> 예, 아쉽지만요.

❖ 残念은 바라지 않던 결과가 된 경우에 쓰이며, 惜(お)しい는 결과가 이루어지지 않은 경우에 쓰인다.

□ 大丈夫だと思いますよ。
괜찮을 거예요.

> 😊 木村は試験にしくじらないでしょうね。
> 기무라는 시험에 실패하지 않겠죠?
> 😊 ええ、大丈夫だと思いますよ。
> 예, 괜찮을 거예요.

□ 残念ながらだめです。
유감스럽지만 안 됩니다.

> 😊 道を教えてもらえますか。
> 길을 가르쳐 주실래요?
> 😊 残念ながらだめです。私もここははじめてですので。
> 유감스럽지만 안 됩니다. 저도 여기는 처음이라서요.

❖ …ながら는 「…면서도, …지만」의 뜻으로 앞의 사실과 모순됨을 나타낸다.

추측을 나타낼 때

□ …と思いますよ。
…라고 생각해요.

□ …でしょうね。
…이겠죠.

□ …らしいですね。
…일 것 같군요.

□ 憶測ですけれど…。
억측입니다만….

□ あまりいい人ではないと思いますよ。
별로 좋은 사람은 아닌 것 같아요.

　　　　　　　　　　□ ええ、…と思いますよ。
　　　　　　　　　　예, …라고 생각해요.

　　　　　　　　　　😊 午後、天気は晴れるでしょうか。
　　　　　　　　　　오후에 날씨는 개일까요?
　　　　　　　　　　😊 ええ、晴れると思いますよ。
　　　　　　　　　　예, 개일 거예요.

확답을 피할 때

□ さあ、どうでしょうか。
글쎄, 어떨까요?

😊 中華料理がいちばんだと思うけど、あなたは?
중국요리가 제일인 것 같은데, 너는?
😊 さあ、どうでしょうか。
글쎄, 어떨까요?

❖ さあは 분명하게 대답할 수 없거나 대답을 주저할 때 하는 말이다.

□ そう思いますか。私にはよく分かりませんが。
그렇게 생각합니까, 저는 잘 모르겠는데요.

□ そうですね、疑わしいな。
글쎄요, 의심스럽군.

□ 分かりませんね。
모르겠군요.

□ そのことは言いたくありませんね。
그것은 말하고 싶지 않군요.

□ まあまあですね。
그저 그렇군요.

😊 満足してますか。
만족합니까?
😊 そうですね。まあまあです。
글쎄요. 그저 그렇습니다.

❖ まあまあ(그럭저럭임)는 그런대로 만족할 만한 정도인 모양을 나타낸다.

□ どちらとも言えませんね。
어느 쪽이라고도 말할 수 없군요.

□ そうですね、実際はそうかもしれませんね。
글쎄요, 실제로는 그럴지도 모르겠군요.
❖ …かもしれない …일지도 모른다

□ 場合によりけりでしょうね。
경우에 따라 다르겠군요.

> ☺ どのくらいデートしますか。
> 어느 정도 데이트합니까?
> ☺ 場合によります。
> 경우에 따라서요.

❖ …によりけりだ …에 따라 다르다(달렸다), 통틀어 말할 수 없다, 나름이다

□ ええ、でも疑わしいですね。
예, 하지만 의심스럽군요.

□ かまいません。
상관없습니다.
❖ かまう는 흔히 뒤에 부정어가 붙어 「상관없다, 지장이 없다, 괜찮다」의 뜻을 나타낸다.

애매하게 대답할 때

□ そうとも言えないけどね。
그렇다고 말할 수 없지만.

□ そうみたいだね。
그런 것 같아.

□ そうじゃないかな。
그렇지 않겠나.

□ そうかもしれない。
그럴지도 몰라.

□ はっきりとはわかりません。
확실히는 모르겠습니다.

> ☺ 何時に家に帰るの?
> 몇 시에 집에 올 거니?
> ☺ はっきりわかりません。
> 확실히 모르겠어요.

□ そうだといいんだけどね。
그렇다면 좋겠는데.

□ まあ、大きいって言えば大きいね。
글쎄, 크다면 크지.
❖ …って言えば = …と言えば …라고 하면

□ うん、まあそんなところだよ。
응, 아마 그럴 거야.
❖ ところは 그러한 정도나 사항의 뜻을 나타낸다.

□ そうかもしれないが、そうでないかもしれない。
그럴지도 모르겠지만, 그렇지 않을지도 모르겠어.

□ そうなるといいね。
그렇게 되면 좋겠어.

□ 保証はないけれどね。
보장은 없지만.

□ そうだと思うよ。
그렇다고 생각해.

□ 何とも言えませんね。
뭐라고 말할 수 없군요.

<table>
<tr><td>☺ 私たちが勝つと思う？
우리들이 이길 것 같니?
☺ 何とも言えないね。
뭐라 말할 수 없군.</td></tr>
</table>

□ 一口には言えませんね。
한마디로는 말할 수 없군요

□ まあ、どっちつかずだ。
글쎄, 애매한데.
❖ どっちつかずは 애매하거나 모호함을 나타낸다.

□ 努力はしてみるよ。
노력은 해볼게.

□ 返事に困るな。
대답하기가 곤란한데.

□ むずかしいな。
어려운데.

□ **考えさせてください。**
생각 좀 하겠습니다.
❖ …させてください는 직역하면 「…시켜 주세요」라는 뜻이지만, 자신의 의지를 나타낼
때는 「…하겠습니다」의 뜻이 적합하다.

□ **ちょっと考える時間をください。**
좀 생각할 시간을 주세요

□ **よく考えておきます。**
잘 생각해 보겠습니다.

☺ この仕事を引き受けてくれないか?
이 일을 맡아주지 않겠나?
☺ 考えておくよ。
생각해 볼게.

❖ …ておく …해두다(놓다)

□ **考えてみるよ。**
생각해 볼게.

□ **検討しましょう。**
검토할게요.

□ **一晩、考えさせてくれ。**
하룻밤 생각하게 해 줄래.

☺ この車を買いませんか。
이 차를 안 살래요?
☺ そうですね。一晩考えさせてください。
글쎄요 하룻밤 생각해 보고요

□ **検討してみます。**
검토해 보겠습니다.

☺ 一層の値引きを考えていただきたいのですが。
더 할인을 해 주셨으면 하는데요
☺ どうしたらいいかを検討してみます。
어떻게 하면 좋을지 검토해 보겠습니다.

CHAPTER 09

감탄과 칭찬

적당한 감정의 표현은 대화에 생동감을 불어넣어 준다 うわっ, すばらしい! かっこいい! すてき! うまい! 등 감탄의 기분을 나타내는 말도 풍부하게 익혀두기 바란다 또한 일본인은 상대에 대한 칭찬에 대해서는 말을 아끼지 않는다 더듬거리는 일본어로 말을 걸어도 日本語はお上手ですね라고 칭찬한다 이처럼 일본인은 사소한 것이라도 칭찬을 하는 습관이 몸에 배어 있으므로 액면 그대로 받아들이면 오해하기 쉬운 경우도 종종 있다

Q&A 무조건 따라하기

Q : すばらしい食事だったわ。お料理すごく上手ね。

A : そうおっしゃっていただくと嬉しいわ。でも、あなたみたいな❶
腕前になるにはまだまだよ。

Q : ご冗談でしょう？

A : ほんとよ。この間のディナー・パーティーなんか、もう最高の
お食事だったわ。

Q : 楽しんでいただけたのなら❷嬉しいわ。でも、白状すると、私
が全部作ったんじゃないの。

A : ほんと？ ご主人もお料理の達人ってこと？

Q : 멋진 식사였어. 요리를 무척 잘하는데.

A : 그렇게 말해 주니 기뻐. 하지만, 너처럼 잘하려면 아직 멀었어.

Q : 농담이겠지?

A : 정말이야 요전에 디너파티에서는 최고의 식사였어.

Q : 맛있게 먹었다니 기뻐. 하지만, 고백하자면 내가 전부 만든 게 아냐

A : 정말? 남편도 요리를 무척 잘한다면서?

---

❶ …みたいな ＝ …ような …와 같은
❷ …て(で)いただけたのなら …해 주신 것이라면, …해 주셨다면

<table>
<tr><td>

**입에서 바로 나오는
감탄의 말**

</td><td>

❑ 素晴(すば)らしいですね。
훌륭하군요.

❑ 素敵(すてき)！
멋져!
❖ 素敵는「매우 근사함, 매우 훌륭함」의 뜻으로 すばらしい는 객관성을 요구하지만 すてき는 주관적인 판단으로 족하다.

❑ おいしい!
맛있다!

❑ よくやった。
잘 했어.

❑ すごい!
대단해!
❖ すごい는 속어적으로는「굉장하다, 대단하다」의 뜻을 나타내며, 거칠게 말할 때는 동경 방언으로 すげい라고도 한다.

❑ うわっ!
우와!

</td></tr>
<tr><td>

**감탄의 기분을
나타낼 때**

</td><td>

❑ なんと素晴(すば)らしい。
어쩌면 이렇게 멋있어.

❑ なんて綺麗(きれい)なんでしょう。
어쩌면 이렇게 예쁘죠.

❑ 素晴(すば)らしい絵(え)ですね。
멋진 그림이군요

</td></tr>
</table>

> ☺ 素晴(すば)らしい絵(え)ですね。
> 멋진 그림이군요
> ☺ そうですか、ありがとう
> 그렇습니까, 고맙습니다.

❑ とっても素敵(すてき)！
너무 멋있어!

❑ 面白(おもしろ)いですね!
재미있군요!

❑ へえ、これはすごい!
에ー, 이거 대단하군!

□ うわあ、素晴^すらしい。
우와, 멋지다.

□ 美^{うつく}しいなあ。
아름답구나.

□ なんていい眺^{なが}めでしょう。
어쩌면 이렇게 전망이 멋지죠.
❖ なんては「무어라고, 어쩌면」의 뜻으로 의문이나 영탄을 나타내기도 한다.

□ いい景色^{けしき}ですね。
경치가 좋군요.

□ なんていい天気^{てんき}なんでしょう。
어쩌면 이렇게 날씨가 좋죠.

□ 美^{うつく}しい花^{はな}ですね。
아름다운 꽃이군요.

☺ 美^{うつく}しい花^{はな}ですね。
아름다운 꽃이군요.
☺ 本当^{ほんとう}ですね。
정말이에요.

□ すごいですね。
대단하군요.

□ よくやった。
잘 했어.

□ えらいぞ!
대단하군!

□ 立派^{りっぱ}なことですね。
훌륭한 일이군요.

□ 申^{もう}し分^{ぶん}ありませんね。
나무랄 데가 없네요.
❖ 申し分(が)ないは 매우 좋아서 더 이상 바랄 게 없는 완벽한 상태를 나타낸다.

□ さすがですね。
과연 다르군요.

□ まったく君の手柄だよ。
전적으로 네 공로야.
❖ 手柄を立てる 공(적), 공훈, 공로를 세우다

□ 君の努力は高く買うよ。
네 노력은 높이 살게.

□ よくやりましたね。
잘 했어요.

□ 彼は君を高く評価しているよ。
그는 너를 높이 평가하고 있어.

□ 彼って勇気があるねえ。
그 사람 용기가 있네.

□ 賢いですね。
현명하군요.

□ 頭がいいですね。
머리가 좋군요.

□ 日本語がお上手ですね。
일본어를 잘 하시군요.

☺ 日本語がお上手ですね。
일본어를 잘 하시는군요.
☺ いいえ、まだまだです。
아뇨, 아직 멀었습니다.

□ あなたは生き字引ですね。
당신은 박식하군요.
❖ 生き字引는 살아 있는 사전, 걸어다는 사전, 즉 모든 것을 잘 알고 있는 것을 말한다.

□ お考えがしっかりしていますね。
생각이 확고하시군요.

□ あなたとはとても気が合います。
당신과는 마음이 잘 맞습니다.

□ お料理がお上手ですね。
요리를 잘하시군요.

□ 本当に真面目な方ですね。
정말로 성실한 분이군요.

□ 優しい方ですね。
상냥한 분이군요
❖ 優しい 상냥하다, 易(やさ)しい 쉽다, 수월하다

□ お見事です。
훌륭해요.

😊 お見事です。
훌륭해요
😊 ご冗談でしょう。特に誇りにもなりません。
농담이겠죠. 특별히 자랑할 것도 못 됩니다.

□ あなたはとてもいい人ですね。
당신은 매우 좋은 사람이군요.

□ ユーモアのセンスがある人ですね。
유머 센스가 있는 사람이군요.

□ 彼は楽天的です。
그는 낙천적입니다.

□ 彼は我慢強い人です。
그는 참을성이 많은 사람입니다.
❖ 我慢強い 참을성이 많다

□ 彼はとても心の暖かい男です。
그는 매우 마음이 따뜻한 남자입니다.

외모를 칭찬할 때

□ 若く見えますよ。
젊어 보여요

□ 可愛いお子さんですね。
아드님이 귀엽군요
❖ お子さんは 상대방의 자녀를 말할 때 쓰인다.

□ とても魅力的な女性ですね。
매우 매력적인 여성이군요

□ かわいいですね。
귀엽군요.

□ 格好いいですね。
근사하군요.
❖ かっこいいは 모습이나 모양, 외모가 「멋지다, 근사하다, 잘생겼다」의 뜻이다.

□ きれいですね。
예쁘군요.

□ 美しいですね。
아름답군요.

□ すばらしい!
멋져!

□ 最近、洗練されてきれいになりましたね。
요즘 세련되고 예뻐졌어요.
❖ 洗練される 세련되다

□ 肌が雪のように白くてきれいですね。
피부가 눈처럼 하얗고 깨끗하군요.
❖ …のようには 「…처럼」의 뜻으로 비유를 나타낼 때도 쓰인다.

패션을 칭찬할 때

□ 素敵なドレス!
멋진 드레스야!

□ 素敵なネクタイですね。
멋진 넥타이이군요.

□ その洋服を着ると、とてもきれいですよ。
그 옷을 입으면 무척 예뻐요.
❖ 洋服는 和服(わふく)의 반대 개념으로 서양식의 모든 옷을 말한다.

□ 似合ってるよ。
어울려.

□ とても似合いますよ。
잘 어울려요

😊 その水着はとても似合いますよ。
그 수영복은 잘 어울려요
😊 そうお、うれしい。
그래, 좋아라.

□ そのシャツはよくお似合いですよ。
그 셔츠는 잘 어울리세요.
❖ 似合う는 「어울리다」, 비슷한 뜻을 가진 ふさわしい는 「적합하다」에 가깝다.

□ そのヘアスタイル、よく似合っていますね。
그 헤어스타일 잘 어울려요.

□ その色はとても似合いますね。
그 색은 잘 어울려요.

□ ネクタイが背広とよく似合いますね。
넥타이가 양복과 잘 어울려요.
❖ 背広는 남성정장을 말하며, 우리가 말하는 양복에 해당한다.

□ ファッションセンスがおありですね。
패션 감각이 있으시군요.

□ いい時計をはめてますね。
좋은 시계를 차고 있군요

😊 いい時計をはめてますね。
좋은 시계를 차고 있군요
😊 ありがとう。日本へ来てから買ったんですよ。
고마워요. 일본에 와서 샀어요

□ いい車をお持ちですね。
좋은 차를 가지고 계시는군요.
❖ お…です는 존경 표현의 하나로 동사의 성질에 따라 상태의 지속을 나타내기도 하고 현재의 동작 상태나 미래를 나타낼 수 있으며, 과거를 나타내기도 한다.

□ すごいパソコンですね。
대단한 컴퓨터이군요

□ どうもありがとう。
고마워요.

□ どういたしまして。
천만에요.

❖ どういたしましては 남에게 칭찬의 말을 들었을 때 겸손하게 부정하는 인사말이다.

□ いいえ、まだまだです。
아뇨, 아직 멀었습니다.

□ 大したことないです。
대단한 일이 아니에요.

□ お誉めにあずかって、どうも。
칭찬해 주시니 고마워요.
❖ お…にあずかる (남에게 평가나 호의적인 대우를) 받다

□ 誉められると照れくさいですね。
칭찬을 받으니 쑥스럽네요.

□ そうおっしゃっていただいて嬉しいですね。
그렇게 말씀해 주시니 기쁘군요.

□ そう思っていただけて嬉しいですね。
그렇게 생각해 주시니 기쁘군요.

□ 一生懸命やっただけです。
열심히 했을 뿐입니다.

□ あまり自慢になりません。
별로 자랑할 게 못 돼요.

□ あまり煽てないでください。
너무 치켜세우지 마세요.

□ ゴマをすらないでください。
아첨하지 마세요
❖ ごまをする (깨를 갈다) 아첨하다, 비위를 맞추다

놀라움과 두려움

놀랐을 때 외마디 외치는 감탄사로는 わあ!가 있으며, 구체적으로 표현할 때는 びっくりした!나 驚いた! 등이 있다. 또한 여성은 あら, まあ를 쓰며, 남성은 おやまあ로 놀라움을 표현한다. 두렵거나 무서울 때 쓰이는 형용사로는 おそろしい! こわい! 등이 있다. 이처럼 감정 표현을 풍부하게 하는 수단의 하나로 놀라움이나 두려움에 대한 감정을 적절히 표현하는 것도 회화의 중요한 양념이 될 수 있다.

Q&A 무조건 따라하기

Q : チェック・インした❶ほうがいいですね。パスポートと航空券を出してくれる？

A : ぼくは持ってないぜ。きみが持ってたんじゃないの。

Q : ええっ？ちゃんと見といてね❷って言ったじゃない？

A : 冗談だよ。あるさ、ほら。

Q : そんな真似しないでよ。ほんとにびっくりしたわ。あなたっていつもふざけて❸ばっかりなんだから。

A : ごめんよ。ほんの冗談だったんだ。

Q : 체크인하는 게 좋겠어. 여권과 항공권을 꺼내줄래?
A : 내가 안 가지고 있는데. 네가 안 갖고 있었어?
Q : 뭐? 잘 챙기라고 했잖아?
A : 농담이야. 있어, 봐.
Q : 그런 짓 하지 마. 정말 놀랐어. 너는 늘 장난만 치니까.
A : 미안. 그저 농담이었어.

❶ …たほうがいいですね …하는 게 좋겠군요
❷ …見といてねって = …見ておいてねと
❸ …てばっかり(いる)는 「…기만 하다」의 뜻으로 그것뿐이고 다른 것은 없다는 것을 나타낸다.

☐ **わあ!**
와!
❖ わあ는 뜻밖의 경우 또는 기쁘거나 놀란 경우에 내는 소리이다.

☐ **ああ、びっくりした。**
아, 깜짝이야!
❖ びっくりする 깜짝 놀라다, びっくり仰天（ぎょうてん） 깜짝 놀람

☐ **びっくりするじゃないか!**
깜짝 놀랐잖아!

☐ **いやあ、その知らせにはびっくりした。**
아, 그 소식을 듣고 깜짝 놀랐어.

☐ **それを聞いてびっくりしました。**
그것을 듣고 깜짝 놀랐어요.

☐ **ちょっとびっくりしただけです。**
좀 놀랐을 뿐입니다.

> ☺ **大丈夫ですか。**
> 괜찮습니까?
> ☺ **ええ、ちょっとびっくりしただけです。**
> 예, 좀 놀랐을 뿐이에요.

☐ **びっくりさせないでよ。**
깜짝 놀라게 하지 말아요.

☐ **これは、驚きですね。**
이거 놀랍군요.

☐ **これは驚きましたね。**
이거 놀랐어요.

☐ **驚くべきことです。**
놀랄 만한 일입니다.
❖ …べき는 동사나 일부 조동사의 기본형에 접속하여 「…해야 할, …하기 적절한, …이 온당한」의 뜻을 나타낸다.

☐ **やあ、君に会うとは驚いたね。**
야, 너를 만나다니 놀랍군.

☐ **驚いて言葉も出ないよ。**
놀라서 말도 안 나와.

□ ショック!
소크야!

□ しまった!
아뿔싸!
　❖ しまった는 실패하여 몹시 분해할 때 내는 말로「아차, 아뿔싸, 큰일났다」의 뜻이다.

□ やれやれ!
저런, 저런!
　❖ やれやれ는 매우 감동하여 내는 소리로도 쓰이며, 안도하거나 실망 또는 피로했을 때
　　내는 소리로도 쓰인다. 아이고 맙소사!

□ こりゃあ、大変だ!
이거, 큰일 났군!
　❖ こりゃ는 これは를 줄여서 표현한 것이다.

□ 大したもんだ!
대단하군!

믿겨지지 않을 때

□ 本当!
정말!

□ 本当ですか!
정말이세요!

☺ 木村氏は辞職したそうですよ。
기무라 씨는 사직한대요.
☺ え、本当ですか。そんなことになるとは思ってもいませんでした。
에, 정말입니까? 그렇게 되리라고는 생각지도 못 했습니다.

□ えっ、本当に?
에, 정말로?

□ うそ!
거짓말!

□ 本気!
진심이야!

□ まさか!
설마!

□ まさか、そんなことないでしょう。
설마, 그런 일 없겠죠

□ まったく意外だったよ。
정말 의외였어.

□ 君がそんなことをするなんて、まったく意外だね。
네가 그런 짓을 하다니 정말 의외야.
❖ なんては 뜻밖이거나 어처구니없음 등의 기분을 나타낼 때도 쓰인다.

□ 信じられない。
못 믿겠어.

> ☺ テレビは大嫌いなんだ。
> 텔레비전은 무척 싫어해.
> ☺ え、本当? 信じられないよ。
> 에, 정말? 못 믿겠어.

□ まさか信じられませんよ。
설마 믿을 수 없어요.

> ☺ 妹が入試に失敗しましてね。
> 여동생이 입시에 실패해서요
> ☺ まさか、信じられませんよ。
> 설마, 믿을 수 없어요

□ 冗談でしょう?
농담이죠?

□ まさか! ご冗談でしょう?
설마! 농담이죠?
❖ まさかは 뒤에 부정어가 붙어「설마, 아무리 그렇더라도」의 뜻을 나타낸다.

□ 考えてもみなかったね。
생각도 안 해봤어.

□ 変ですね。
이상하군요
❖ 회화체에서는 変てこ로 표현할 경우도 있다.

□ 耳を疑ったよ。
귀를 의심했어.

□ それは初耳です。
그건 처음 듣습니다.

😊 木村は妊娠しているのよ。
기무라는 임신했어.
🙂 本当? それは初耳だ。
정말? 그거 처음 듣는데.

□ そうなるはずがないですよ。
그렇게 될 리가 없어요.
❖ …はずがない는 동사의 기본형에 접속하여 「…리가 없다」의 뜻을 나타낸다.

□ そんなばかな!
아니 그럴 수가!

😊 木村さんが首になったんだって。
기무라 씨가 해고되었대.
🙂 そんなばかな!
아니 그럴 수가!

두려울 때

□ 恐ろしいねえ。
무서워.

□ その光景は見るにも恐ろしいです。
그 광경은 보기에도 무서워요.

□ ああ、怖い!
아, 무서워!

□ それを思うと怖いです。
그걸 생각하면 두려워요.

□ 何となくぞっとしますね。
왠지 으스스하군요.

□ 冷や汗でちゃったよ。
식은땀이 났어.
❖ でちゃった는 出てしまった를 줄여서 표현한 것으로 회화체이다.

□ 怖くて鳥肌が立ちました。
두려워서 소름이 끼쳤어요.

☐ 背筋が寒かったです。
등골이 오싹했어요.

☐ 怖くて動くことすらできませんでした。
무서워서 움직일 수조차 없었어요.
❖ …ことすらできない는 동사의 기본형에 접속하여「…조차 할 수 없다」의 뜻을 나타낸다.

☐ 彼女は血を見て、ぶるぶる震えているよ。
그녀는 피를 보고 벌벌 떨고 있어.

☐ 幽霊の映画は怖いけど、面白いよ。
유령 영화는 무섭지만, 재미있어.

☺ あの映画、面白かったですか。
그 영화 재미있었습니까?
☺ ええ、怖いシーンには血が凍る思いでしたけどね。
예, 무서운 장면에서는 피가 얼어붙는 듯했지만요

☐ それは思っただけでも、背筋がぞっとします。
그건 생각만 해도 등골이 오싹합니다.

☐ 恐ろしい顔付きをするなよ。
무서운 표정을 짓지 마.

☐ 大した肝の持ち主ですね。
담력이 대단하군요.

☐ 度胸がありますね。
배짱이 있군요.

☺ ゆうべ、一人で山道を歩いて来たよ。
어젯밤, 혼자서 산길을 걸어왔어.
☺ 大した度胸ですね。
대단한 담력이군요

❖ 度胸 담력, 배짱　度胸だめし 담력시험

CHAPTER 11 동정과 위로

상대에 대한 위로는 사회생활을 원활히 하기 위한 첫걸음으로 불의의 사고, 재난, 병 등에 대한 동정을 나타내는 것은 자연스런 감정이기도 하다 희망했던 일이 이루어지지 않았거나 예정이나 기대에 어긋났을 때는 残念ですね를 쓰며, 갑작스런 사고나 불행한 일을 당한 사람에게는 お気の毒ですね라고 위로한다 또한 실의에 빠졌거나 슬픔에 젖어있는 사람에게 용기를 북돋을 때는 頑張ってね가 쓰인다

Q&A 무조건 따라하기

Q : お気の毒に、関西地域での新プロジェクトが打ち切りになったそうだね。

A : ええ。でも、この不景気では、実際 やむをえなかったんじゃないかな。

Q : そうだろうね。しかし、一生懸命してた仕事がすっかりおじゃんになってしまって、残念だよね。

A : まあ、でもまだ仕事があるだけましだよ。ここ2、3年で失職しちゃった人はみんな本当に気の毒だもんね。

Q : そうだね。

A : そのうち、この不景気から脱げ出られるように願いたいものだね。

Q : 아쉽게도 간사이 지역에서의 새 프로젝트가 중단되었다는군

A : 예. 하지만 이런 불경기에서 실제로 어쩔 수 없었지 않겠나.

Q : 그렇겠군 그러나 열심히 한 일이 몽땅 쓸모없게 되어버려서 유감이야

A : 글쎄. 하지만 일이 있는 것만으로도 다행이야 최근 2, 3년에 실직한 사람은 모두 정말 딱하잖아.

Q : 그렇군

A : 그 동안에 이 불경기를 벗어날 수 있기를 바랄 뿐이야

❶ やむをえない ＝ やむをえず 어쩔 수 없이, 할 수 없이
❷ おじゃんになる (모처럼의 계획·예정·기대가) 다 틀어지다, 다 깨지다

□ お気の毒に。
딱하게도.
❖ 気の毒 가엾음, 불쌍함, 폐를 끼쳐서 미안함

□ それはいけませんね。
그거 안 됐군요

☺ 妹は風邪気味なんです。
여동생은 감기 기운이 있어요
☺ それはいけませんね。
그거 안 됐군요

❖ いけない는 동정하는 뜻으로 쓰일 때는 「안됐다, 딱하다」이다.

□ お気の毒です。
딱하게 됐습니다.

☺ 日本へ来てから食欲がないんです。
일본에 와서부터 식욕이 없어요
☺ それはいけませんね。
그거 안 됐군요

□ それはお気の毒に
그거 딱하군.

☺ 失業してしまったよ。
실직했어.
☺ それはお気の毒に。でもあまり悩まないほうがいいよ。
그거 딱하군. 하지만 너무 고민하지 않는 게 좋아.

□ いやあ、残念ですね。
참, 유감이군요.

□ 何てひどいことを。
너무 심한 일을.

□ 可哀そうに!
가엾어라!

□ ついてませんでしたね。
운이 없었군요

□ つらいでしょう。
괴롭겠네요

□ まあ、かわいそうに!
어머, 가엾어라.
❖ 可愛そうは 자기보다 연약한 것에 대한 연민, 気の毒는 동정하는 마음이다.

□ おやおや。お気の毒に。
어머, 딱해라.

☺ 赤ちゃんは誰に似てます?
아기는 누굴 닮았어요?
☺ 父親に似てると言われます。
아빠를 닮았다고 하던데요
☺ おやおや。お気の毒に。
어머, 딱해라.

❖ おやおやは 뜻밖의 일에 놀랐을 때 내는 소리를 강조한 것이다.

□ 運が悪かったね。
운이 나빴구나.

□ 君の気持ちはわかるよ。
네 마음은 알겠어.

**깊은 동정을
나타낼 때**

□ 本当にお気の毒です。
정말로 안 됐습니다.

□ お気持ちはよくわかります。
마음은 잘 알겠습니다.

□ なんて悲しいんでしょう。
정말 슬픈 일이군요

□ 深くご同情申し上げます。
깊은 동정의 말씀을 드립니다.

□ ご家族にお見舞いの気持ちをお伝えください。
가족 여러분께 위로의 마음을 전해 주십시오.
❖ お…くださいは …てくださいの 존경표현이다.

□ 衷心からお悔やみ申し上げます。
충심으로 위로의 말씀을 드립니다.

□ それはよくあることさ。
그건 자주 있는 일이야.

□ それはよくある間違いだよ。
그건 자주 있는 실수야.

□ くよくよするなよ。
끙끙대지 말아요
❖ くよくよは 걱정하여 고민하는 모양을 나타낸다.

□ お気の毒だけど、どうかくよくよしないでください。
딱하지만, 이제 걱정하지 마세요.

□ あなたのやっていることは間違っていませんよ。
당신이 하고 있는 일은 틀리지 않아요.

□ この世の終りというわけでもないでしょう。
이 세상이 끝난 것도 아니잖아요.
❖ …わけでもない는 「…것도 아니다」의 뜻으로 부드러운 부정을 나타낸다.

□ 人生なんてそんなものですよ。
인생이란 그런 거예요.

□ 気にしないで。
걱정하지 말아요(마음에 두지 마세요.).
❖ …ないでは …ないでください를 줄여서 표현한 것으로 부정 의뢰를 나타낸다.

□ また機会はあるから、がっかりしないでよ。
또 기회는 있으니까, 실망하지 말아요

□ 大丈夫だよ。
괜찮아요.

□ 自分を責めないで。
자책하지 말아요

□ いや、君が悪いんじゃないよ。
아냐, 네가 잘못한 게 아냐.

□ 誰にもあることさ。
누구에게나 있는 일이야.
❖ さ는 종조사로 가볍게 단정해서 단언하는 뜻을 나타낸다.

□ <ruby>悩<rt>なや</rt></ruby>むことはないよ。
고민할 건 없어.

□ <ruby>考<rt>かんが</rt></ruby>えすぎないで。
너무 생각하지 마세요.

□ <ruby>仕方<rt>し かた</rt></ruby>ありませんよ。
어쩔 수 없어요
　❖ 仕方ない ＝ しょうがない 어쩔 수 없다, 방법이 없다

□ これしきのこと<ruby>平気<rt>へい き</rt></ruby>さ。
이까짓 것 아무 것도 아냐.

□ そんなにやけを<ruby>起<rt>お</rt></ruby>こさないで。
그렇게 자포자기하지 말아요.
　❖ やけを起こす 자포자기하다, やけになる 자포자기가 되다

□ なんて<ruby>残念<rt>ざんねん</rt></ruby>なことなんだ。
너무 유감스런 일이다.

□ きっとなんとかなるから<ruby>大丈夫<rt>だいじょう ぶ</rt></ruby>だよ。
분명 어떻게 될 테니까 괜찮아.

격려할 때

□ <ruby>元気<rt>げん き</rt></ruby>を<ruby>出<rt>だ</rt></ruby>して!
힘을 내요!

□ <ruby>最善<rt>さいぜん</rt></ruby>を<ruby>尽<rt>つ</rt></ruby>くせ!
최선을 다해라!

□ がんばって!
힘내요!

□ <ruby>応援<rt>おうえん</rt></ruby>するわ。
응원할게.

□ <ruby>今度<rt>こん ど</rt></ruby>はがんばろうね。
이번에는 분발해야지.

□ あきらめるな。
포기하지 마!
　❖ な는 동사의 기본형에 접속하여「…하지 마」의 뜻으로 강한 금지를 나타낸다.

□ 希望を持って!
希망을 가져요!

□ 一生懸命にやれ!
열심히 해!
❖ 一生懸命는 무사가 자신의 땅을 지키기 위해 필사적으로 싸웠다는 데서 나온 말로「목숨을 걸고 최선을 다함. 온 힘을 다함」을 나타낸다.

□ 自分に負けないで!
포기하지 말아요!
❖ 自分に負ける (자신에게 지다) 포기하다

□ 決してあきらめないで!
결코 포기하지 말아요!

□ 君ならできるよ。
너라면 할 수 있어.

□ もっと楽観的に見てごらん。
더 낙관적으로 보렴.

□ そんなに深刻にならないで!
그렇게 심각하게 생각하지 말아요!

□ 弱音を吐かないで!
못난 소리 하지 말아요!
❖ 弱音を吐く 힘없는 소리, 약한 소리, 나약한 말을 하다

□ その気になったら何でもできるんだ。
그런 미음이리면 무엇이든 할 수 있어.

□ 可能性はあるのよ。
가능성은 있어.

□ もう一度やってごらんなさい。
다시 한번 해 보거라.

□ 成功を祈っているよ!
성공을 빌게!

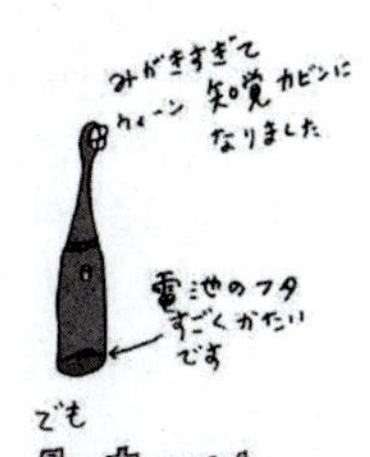

축하와 기원

축하를 할 때 쓰이는 표현으로는 よくやりましたね おめでとう처럼 어떤 성과에 대한 축하와, 誕生日おめでとう나 新年おめでとう처럼 인사로 축하할 때가 있다. 친근한 사이라면 おめでとう라고 해도 무방하지만, 정중하게 말할 때는 ございます를 덧붙여 おめでとうございます라고 한다. 또한 축하에 대한 응답으로는 ありがとう나 おかげさまで로 하면 된다.

Q&A 무조건 따라하기

Q: 医学部に受かったそうだね。

A: ええ、去年はしくじちゃったんですけど、今回は大丈夫でした。

Q: それはすごいね。おめでとう。

A: ありがとうございます。

Q: ぼくが年取ったらお医者さんとして診てもらうのを楽しみにしているよ。

A: そういう話はちょっと早いですよ。

Q: 의대에 합격했다면서?

A: 예. 작년에서는 실패했는데, 이번에는 됐습니다.

Q: 그거 대단하군. 축하해.

A: 고맙습니다.

Q: 내가 나이 먹으면 의사로서 진찰해주기를 기대하겠네.

A: 그런 말씀은 좀 이르군요.

---

❶ しくじる 실패하다, 잘못하다, 실수하다
❷ 楽しみにしている 기대하고 있다

□ よかったね!
잘 됐네!
❖ よかった는 よい의 과거형이지만 관용적으로 「다행이다, 잘 됐다」의 뜻으로도 쓰인다.

□ おめでとう。
축하해요.
❖ おめでとう는 형용사 めでたい(경사스럽다)가 변화된 형태로 축하할 때 쓰이는 인사표현이다.

□ おめでとうございます。
축하합니다.
❖ 형용사의 형태가 …aい의 경우 ございます가 접속할 때는 …oう 형태로 음편을 한다.

□ ご卒業、おめでとう。
졸업, 축하해.

□ ご昇進、おめでとうございます。
승진을 축하드립니다.

□ 合格、おめでとう。
합격을 축하해요.

□ ご誕生を心からお祝い致します。
생신을 진심으로 축하드립니다.

□ ご結婚、おめでとうございます。
결혼을 축하드립니다.

□ おめでとう。良かったですね。
축하해요. 잘 됐네요.

😊 先週、子供が生まれました。
지난 주 아이가 태어났습니다.
😊 おめでとう。良かったですね。男の子、それとも女の子?
축하해요. 잘 됐네요. 남자아이, 아니면 여자아이?

□ いいことがあったんですって。
좋은 일이 있었다면서요.

□ お慶び申し上げます。
경하 드립니다.

□ 心からお祝い申し上げます。
진심으로 축하드립니다.

축하와 함께
기원할 때

☐ おめでとう。プレゼントです。
축하해요. 선물입니다.

> ☺ おめでとう。ささやかなプレゼントです。
> 축하해요. 조그만 선물입니다.
>
> ☺ どうもありがとう。開けてもいいですか。
> 고마워요. 열어도 되겠어요?
>
> ☺ もちろん。気に入ってくださるといいんですが。
> 물론이죠. 마음에 들었으면 좋겠는데요.

❖ お土産는 여행지에서 사온 선물이나 경축일 주는 선물 따위를 말하며, 贈り物나 プレゼント는 일반적으로 주고받는 선물을 말한다.

☐ どうぞお幸せに。
부디 행복하세요.

☐ よかったですね。しあわせを祈ります。
다행이군요. 행복을 빌게요.

> ☺ 来月、妹が木村と結婚するんです。
> 다음 달에 여동생이 기무라와 결혼해요.
>
> ☺ そうですか。よかったですね。しあわせを祈ります。
> 그래요. 잘 됐네요. 행복을 빌게요.

☐ お幸せを祈ります。
행복을 빌겠습니다.

☐ ご成功をお祈りします。
성공을 기원하겠습니다.

☐ 心からご健康をお祈り申し上げます。
진심으로 건강을 기원하겠습니다.
❖ 心から 진심으로

☐ ご健闘をお祈り申し上げます。
건투를 빌어드리겠습니다.

☐ すべてうまくいきますようにお祈りします。
모든 일이 잘 되시기를 빌겠습니다.

☐ 今年もご健康で!
올해도 건강하시기를!

□ <ruby>新年<rt>しんねん</rt></ruby>、おめでとう。
새해 복 많이 받아요.

□ <ruby>明<rt>あ</rt></ruby>けまして、おめでとうございます。
새해 복 많이 받으십시오

□ <ruby>誕生日<rt>たんじょうび</rt></ruby>、おめでとう。
생일 축하해.

□ ありがとう。あなたもおめでとう。
고마워. 너도 축하해.

□ メリー・クリスマス!
메리 크리스마스!

축하를 받을 때

□ ありがとうございます。
고맙습니다.

□ とってもうれしいです。ありがとう。
무척 기쁩니다. 고마워요.

□ <ruby>感謝<rt>かんしゃ</rt></ruby>しています。
감사드립니다.

□ おかげさまで…。
덕분에….

☺ ご<ruby>成功<rt>せいこう</rt></ruby>、おめでとうございます。
성공을 축하드립니다.
☺ お<ruby>力添<rt>ちからぞ</rt></ruby>えいただいたおかげです。
도와주신 덕택입니다.

❖ おかげさまで 덕분에 덕택에

□ <ruby>運<rt>うん</rt></ruby>が<ruby>良<rt>よ</rt></ruby>かっただけだと<ruby>思<rt>おも</rt></ruby>います。
운이 좋았을 뿐입니다.

□ <ruby>私<rt>わたし</rt></ruby>も、<ruby>全然思<rt>ぜんぜんおも</rt></ruby>いませんでした。
나도 전혀 생각지 못했습니다.

□ <ruby>今日<rt>きょう</rt></ruby>の<ruby>光栄<rt>こうえい</rt></ruby>は、あなたのおかげです。
오늘의 영광은 당신 덕택입니다.

CHAPTER 13 희로애락의 감정

기뻐하거나 화를 내거나 슬프거나 즐거운 감정을 표현하는 것은 자신의 감정을 잘 드러내지 않는 일본인에게 있어서 상당히 서투른 표현의 하나로, 때로는 입에 담기 어려운 표현도 있지만, 영화를 보거나 소설을 읽을 때 상식적으로 필요한 것들이므로 잘 익혀 두어야 한다.

희로애락의 대표적인 일본어 감정 표현으로 기쁠 때는 うれしい!라고 하고, 화가 날 때는 みっともない!라고 하며, 슬플 때는 かなしい! 즐거울 때는 たのしい!라고 한다.

Q&A 무조건 따라하기

Q : またお会いできてよかった。来ていただいて、ほんとに嬉しかったわ。

A : 私も。今日は楽しかった。うちのほうにも近いうちおいでください。

Q : なるべく早くうかがうわ。ところで、こちらへいらっしゃる途中で列車が止まってしまって、大変でしたね。

A : ほんとに迷惑でした。列車のストライキにはもううんざり。

Q : そうね。ストはもう終わったから、お帰りは大丈夫ね。

A : ええ、有り難いです。

Q : 다시 만나서 다행이에요. 와 줘서 기뻤어요.
A : 나도요. 오늘 즐거웠어요. 근간 우리 집에도 오세요.
Q : 가능하면 빨리 갈게요. 그런데 여기에 오시는 도중에 열차가 멈춰버려서 힘드셨죠.
A : 정말 괴로웠습니다. 열차 파업은 이제 진절머리가 나요.
Q : 그래요. 파업은 이제 끝났으니까 돌아가실 때는 괜찮을 거예요.
A : 예, 다행입니다.

❶ おいでになる 오시다, 가시다, 계시다
❷ なるべく = できるだけ 가능하면, 될 수 있는 한

☐ **まあ、うれしい。**
어머, 기뻐라.

☐ **それはよかったですね。**
그거 다행이군요.

☐ **よかったあ。**
잘 됐다.

> ☺ **君、試験に受かったよ。**
> 너 시험에 합격했어.
> ☺ **よかったあ。**
> 잘 됐다.

☐ **お目にかかれてうれしいです。**
뵙게 되서 반갑습니다.
❖ お目にかかる는 会う의 겸양어로 「만나뵙다」의 뜻이다.

☐ **われながらよくやったよ。**
내가 자랑스러워.

> ☺ **成功おめでとう。**
> 성공을 축하해.
> ☺ **ありがとう。われながらよくやったよ。**
> 고마워. 내가 자랑스러워.

❖ われながら 내가 생각해도, 나 스스로도

☐ **これほどうれしいことはありません。**
이만큼 기쁜 일은 없습니다.

☐ **ありがたい!**
고맙다!

☐ **ついてる!**
재수가 좋군!
❖ つく가 ついている의 꼴로 단독으로 쓰일 때는 「운이 트이다, 재수가 좋다」의 뜻이다.

☐ **ここで君に会えるなんてついてる。**
여기서 너를 만날 수 있다니 운이 좋아.

☐ **やったあ!**
됐다!

☐ **感動しました。**
감동했습니다.

□ 私は幸せです。
나는 행복해요.

□ うれしくてたまらない。
기뻐 죽겠어.
　❖…てたまらない …해서 못 참겠다, …해서 죽겠다, …해서 더없이 좋다

□ うれしそうだね。
기쁜 것 같군.

> ☺ うれしそうだね。
> 기쁜 것 같아.
> ☺ ええ、木村にデートに誘われたの。
> 응, 기무라가 데이트를 신청했어.

□ こんなにうれしいことはないだろう。
이렇듯 기쁜 일은 없을 거야.

□ それを聞いてうれしいよ。
그걸 들으니 기뻐.

□ ありがとう。最高の気分だぜ。
고마워. 기분이 최고야.
　❖ぜ는 종조사로 주로 남자끼리 친한 사이에 쓰며, 가볍게 다짐을 하거나 상대방을 무시하거나 할 때 문말에 붙여 쓴다.

□ 夢見るようだ。
꿈꾸는 것 같아.
　❖…ようだ는 「…인 것 같다」의 뜻으로 불확실한 단정을 나타낸다.

화낼 때

□ だまれ!
닥쳐!
　❖일본어 동사의 명령형은 그 어감이 거칠어 군대에서의 명령이나 화가 났을 때 이외는 그다지 쓰이지 않는다.

□ 出て行け!
나가!

□ 恥を知れ!
부끄러운 줄 알아!

□ みっともない!
꼴도 보기 싫어!

□ 怒ってるんだ。
화났어.

> 😊 どうかしたの?
> 무슨 일 있니?
> 😊 あなたに腹を立てているのよ。
> 너에게 화를 내고 있는 거야.

□ 言い訳はするな!
변명은 하지 마!

□ どんな言い訳も聞きたくない。
어떤 변명도 듣고 싶지 않아.

□ もう我慢できません。
이제 참을 수 없어요.

> 😊 なぜ僕がこの仕事をしなければならないんだ?
> 왜 내가 이 일을 해야 해?
> 😊 文句を言うのはやめろ! もう我慢できないよ。
> 불평하지 마! 이제 못 참겠네.

□ 君はいったい何を考えているんだ!
너는 도대체 무슨 생각을 하고 있는 거냐?

□ 私に命令しないで。私のお金なんだから。
나에게 명령하지 말아요. 내 돈이니까.

□ 頭にきた!
열 받는군!
❖ 頭に来る 화가 나다, 부아가 치밀다, 약이 오르다

□ むかつくよ。
울화가 치밀어.
❖ むかつく는「메슥거리다, 울렁거리다, 역하다」의 뜻으로도 쓰이지만,「짜증이 나다,
역겹다」의 뜻으로도 쓰인다.

□ ぼくをからかうな。
나를 조롱하지 마.
❖ からかう 놀리다

□ ぼくを見下ろして言うな。
나를 깔보고 말하지 마.

□ ぼくをけなすんじゃない。
나를 헐뜯지 마.

□ 言っただろ!
말했지!

> 😊 言っただろ! そんなに簡単に人を信じちゃダメだよ。
> 말했지! 그렇게 쉽게 사람을 믿어서는 안 된다고
>
> 😊 そうだったわね。失敗だったわ。
> 그랬었지. 잘못했어.

❖ …ちゃだめだ ＝ …てはだめだ …해서는 안 된다

□ なんて厚かましいんだ!
정말 뻔뻔스럽구나!

□ 彼の言い分が気にさわるんだ。
그의 불평이 마음에 걸려.
❖ 気に障る 비위에 거슬리다, 불쾌하게 느끼다

□ 仕返ししてやらなくては。
앙갚음을 해야 해.

□ ぼくの頭は鈍くないんだ!
난 머리가 둔하지 않아!

□ なめるなよ!
깔보지 마!

□ よけいなお世話だ。
쓸데없는 간섭이야.

> 😊 木村と仲直りするべきだと思う。
> 기무라와 화해해야 한다고 생각해.
>
> 😊 よけいなお世話だ。
> 쓸데없이 간섭이야

□ 君はぼくを笑いものにしようとしているのかい?
너는 나를 웃음거리로 만들려고 하니?

□ それは虫のいい話だ。
그건 뻔뻔스런 이야기야.
❖ 虫がいい 얌체 같다, 뻔뻔스럽다

□ 君、頭がおかしいんじゃないの？
너, 머리가 이상한 게 아냐?

□ 後で後悔するぞ。
나중에 후회할 거야.
❖ ぞ는 종조사로 자신의 판단을 강하게 말하거나 주장할 때 쓰인다.

□ ぼくを侮辱するなよ。
나를 모욕하지 마.
❖ 동사의 기본형에 접속하여 강한 부정을 나타내는 な를 좀더 부드럽게 할 때는 なよ의 형태를 쓴다.

□ 彼には仕返しをするぞ。
그에게 복수를 할 테다.

> 🙂 彼には仕返しをするぞ。
> 그에게 복수를 할 테다.
>
> 😊 わかった、わかった、勝手にしろ！
> 알았어, 알았어, 마음대로 해!

슬플 때

□ 悲しいなぁ。
슬퍼.

□ むなしいよ。
허무해.

□ 憂うつだなぁ。
우울해.

□ 悲しそうな顔をしているね。
슬퍼 보이네.
❖ そうな는 성질이나 상태를 나타낼 때는 「마치…와 같이 보이는」의 뜻이 된다.

□ 本当に傷ついたわ。
정말로 상처받았어.

> 🙂 あなた、本当に木村と別れたの？
> 너 정말로 기무라와 헤어졌니?
>
> 😊 ええ、本当に傷ついたわ。
> 응, 너무 마음이 아파.

□ 絶望的な気分だ。
절망적인 기분이야.

□ もう泣きたいよ。
이제 울고 싶어.

> ☺ 元気がないね。どうしたの?
> 힘이 없어 보여. 무슨 일 있니?
> ☺ 財布をなくしたんだ。もう泣きたいよ。
> 지갑을 잃었어. 울고 싶은 심정이야.

□ 寂しいなぁ。
외로워.

□ 夫がいなくてさびしいわ。
남편이 없어서 쓸쓸해.
　❖ わは 주로 여성이 주장・판단이나 가벼운 감동을 나타낼 때 쓰인다.

□ ひとりぼっちになった気分だ。
외톨이가 된 기분이야.
　❖ ひとりぼっち 단 혼자, 외돌토리, 외딴몸

□ あなたがいなくてさびしいわ。
네가 없어서 외로워.

□ 息子を亡くしてむなしいよ。
아들을 잃어서 허무해.

□ あなたには私の気持ちがわからないのよ。
너는 내 기분을 몰라.

> ☺ そんなに落ち込むなよ。大したことじゃないさ。
> 너무 낙심하지 마. 큰일 아냐.
> ☺ あなたには私の気持ちがわからないのよ。
> 너는 내 기분을 몰라.

즐거울 때

□ わあ、楽しい。
와, 즐거워라.

□ とても楽しかったです。
매우 즐거웠습니다.

□ 楽しみにしているよ。
기대할게.

❖ 楽しみにする 기대하다. 楽しい는 자신의 행동을 통해 느끼는 기분 좋은 상태를 말하고, 嬉(うれ)しい는 기대하고 있던 것이나 바라던 것이 실현되었을 때 느끼는 기분 좋은 상태를 말한다.

□ それは愉快だ。
정말 유쾌해.

□ いい気分だ。
기분 좋아.

□ 今日は上機嫌だ。
오늘은 기분이 최고야.
❖ 上機嫌은 매우 기분이 좋은 상태를 말한다.

□ 有頂天だ。
기뻐서 어쩔 줄 모르겠어.
❖ 有頂天 기뻐서 어찌할 줄 모름

□ うそみたいだ。
거짓말 같아.

□ これにまさる喜びはありません。
기쁘기 짝이 없습니다.

□ 私を幸せにしてくれてありがとう。
나를 행복하게 해 줘서 고마워.

□ それはラッキーだ!
정말 행운이야!

□ 大当たりだ!
대성공이야!

□ ただ運がよかったのさ。
단지 운이 좋았던 거야.

불평과 불만

한국 사람은 성질이 급해서 불평이나 불만을 쉽게 표출하고 풀어버리는 경향이 강하지만, 일본 사람들은 겉으로 좀처럼 불평과 불만을 표출하지 않는다. 따라서 일본 사람이 불평과 불만을 하는 경우는 마음속으로 상당히 쌓였다는 증거이다. 흔히 불평과 불만에 사용되는 표현으로는 くそっ! もう我慢できない! もううんざりだ! 등이 있으며, 상대가 투덜거리고 있으면 何をぼやいているの? 또는 どうしてぶつぶつ言うの라고 물을 수 있다.

Q&A 무조건 따라하기

Q : どうしてぶつぶつ言ってるんだい。

A : もう、部長にうんざりするよ。

Q : 何がそんなに不満なの。

A : 小言ばかりで頭が変になりそうだよ。

Q : ぐずぐず言わないで、言われたとおりにしなさい。❶

A : それができないから問題さ。❷

Q : それはそうね。ぼくも君の考えと同じさ。

Q : 왜 투덜대고 있는 거야?
A : 이제 부장에게 질렸어.
Q : 뭐가 그리 불만이니?
A : 잔소리만 하니까 머리가 돌 지경이야
Q : 투덜거리지 말고 시키는 대로 해.
A : 그게 안 되니까 문제야
Q : 그건 그래. 나도 네 생각과 마찬가지야

---

❶ …たとおりに …한 대로
❷ さ는 가볍게 단정해서 단언하는 뜻을 나타낸다.

□ 苦情を言いたいのですが。
불만을 말하고 싶은데요.
❖ 苦情を言う 푸념하다, 苦情を訴(うった)える 불만을 호소하다

□ そのことについては不満です。
그 일에 대해서는 불만입니다.

□ 文句を言うなよ。
불평하지 마.
❖ ぶつぶついう 투덜대다, 小言(こごと)をいう 잔소리를 하다

□ あいつは文句ばかり言ってるんだ。
저 녀석은 불평만 하고 있어.

□ 君に言いたいことがあるんだ。
너에게 하고 싶은 말이 있어.

□ 何か不満があるの?
무슨 불만이 있니?

□ 何が不満なの?
무엇이 불만이니?

□ まじめに言っているのよ。
진지하게 말하고 있어.

😀 君の文句は聞き飽きたよ。
너의 불평을 듣는 것도 질렸어.
☺ 黙って聞きなさい。まじめに言っているのよ。
잠자코 들어. 진지하고 말하고 있어.

□ ちぇっ! テストに落ちた。
젠장! 시험에 떨어졌어.
❖ ちえっ는 기대에 어긋나 마음이 마땅치 않을 때 내는 말이다.

□ ちぇっ! 家に忘れたよ。
젠장! 집에 놓고 왔어.

□ くそっ! 電車に乗り遅れた。
제기랄! 전철을 놓쳤어.
❖ くそっ는 남을 몹시 욕하거나 불끈했을 때 내지르는 말로「제기랄, 빌어먹을」따위로 해석이 가능하다.

□ この仕事は私には荷が重すぎます。
이 일은 나에게는 너무 버거워요.

□ 私の少ない給料ではやっていけないよ。
나의 적은 급료로는 해나갈 수 없어.

□ 君の言うことは腑に落ちない。
네가 말한 것은 납득이 안 돼.
❖ 腑に落ちない 납득이 가지 않다, 이해할 수 없다

□ 口で言うのは簡単だよ。
입으로 말하는 것은 쉬워.

> ☺ すぐに新しい仕事に慣れるよ。
> 금방 새로운 일에 익숙해질 거야.
> ☺ 口で言うのは簡単だよ。
> 입으로 말하는 것은 쉬워.

□ 不公平だよ。
불공평해.

□ 公平にしろ!
공평히 해라!

□ もったいないことをするな。
쓸데없는 짓을 하지 마라.

□ なぜこんなに時間がかかるの?
왜 이렇게 시간이 걸리니?

□ 10分で間に合わせるのは無理だよ。
10분에 맞추는 것은 무리야.

> ☺ 十分で間に合わせるのは無理だよ。
> 10분에 맞추는 것은 무리야.
> ☺ 10分では十分だよ。
> 10분이면 충분해.

□ 君は役立たずだ。
너는 도움이 안 돼.
❖ 役立たず = 役立たない 도움이 안 되다

□ ああ、面倒だ。
아, 귀찮아.
❖ 面倒 귀찮고 성가심, 面倒くさい 아주 귀찮다, 몹시 성가시다, 面倒を見る 돌보아 주다

□ 面倒くさくていやになるよ。
귀찮아서 싫어.

> ☺ おい、近頃も一々辞書を引くのかい?
> 어이, 요즘도 일일이 사전을 찾나?
> ☺ うん、面倒くさがらずに辞書を引くのも勉強だからな。
> 응, 귀찮게 생각하지 않고 사전을 찾는 것도 공부니까.

□ うるさくお節介をやかないで。
귀찮게 참견하지 말아요.
❖ お節介 쓸데없는 참견, 또는 그런 참견을 하는 사람

□ どうか私に付きまとわないでくれ。
제발 집적대지 마.

□ 私、今忙しいんだ。お願いだから、そっちに行って。
나 지금 바빠. 부탁이니까 저리 가.

□ 疲れきって、飯を食うのも煩わしいよ。
피곤해서 밥 먹는 것도 귀찮아.

□ 退屈だ。
지루해.

□ つまらないよ。
심심해.

> ☺ つまらないよ。
> 심심해.
> ☺ そうだね。くだらないよ。
> 그래. 형편없어.

□ 取るに足らないよ。
보잘것없어.
❖ 取るに足らない 중요한 것이 아니다, 하잘것없다

□ 私はあなたには興味がないのよ。
난 너에게 흥미가 없어.

□ たかが知れてるよ。
뻔한 일이야.
❖ たかが知れている 뻔한 일이다, 대수로운 것이 아니다

□ 満足していないの。
만족하고 있지 않아.

□ ありふれた会合だった。
흔한 모임이었어.

> ☺ ゆうべの会合は面白かった?
> 어젯밤 모임은 재미있었니?
>
> ☺ いや、ありふれた会合だったよ。
> 아냐, 흔한 모임이었어.

□ 仕事に気がのらないよ。
일에 마음이 내키지 않아.
❖ 気がのる 마음이 내키다, 할 마음이 생기다

□ それは時代遅れの考えだ。
그거 시대에 뒤떨어진 생각이야.

□ 私は我慢できないわ。
난 못 참겠어.

□ 思ったほど面白くなかった。
생각보다 재미없었어.

싫증나고 짜증날 때

□ いやですねえ。
싫어요

□ いやだなあ。もう我慢できない。
싫어. 이제 못 참겠어.

□ もう、うんざりですよ。
이제 진절머리가 나요.

□ この天気にはうんざりしますね。
이런 날씨는 진절머리가 나는군요.

❑ いいかげんにしてくれよ！
적당히 해!

❖ いい加減に 웬만하게, 어지간히

❑ 聞けば聞くほどうんざりするよ。
들으면 들을수록 진절머리가 나요.
❖ …ば…ほどは「…하면 …할수록」의 뜻으로 정도나 상태가 점점 더해짐을 나타낸다.

❑ 聞きたくないよ。
듣고 싶지 않아.

❑ また始まった。
또 시작이야.

❑ 頭がおかしくなりそうだよ。
머리가 이상해질 것 같아.

실망할 때

❑ がっかりしましたよ。
실망했어요.
❖ がっかり는 실망하는 모양이나 낙담하는 모양을 나타낸다.

❑ 君にはがっかりだ。
너에게 실망이야.
❖ 失望する는 기대했던 대로 되지 않는다는 뜻이므로, 기대하지 않았던 일에는 쓸 수 없다.

❑ 失望しました。
실망했습니다.

❑ 努力がすべて無駄になったよ。
노력이 모두 물거품이 되었어.

CHAPTER 15 비난과 험담

우리말에는 셀 수 없을 정도로 욕설에 관한 표현이 많지만, 일본어에는 손을 꼽을 정도로 적다. 텔레비전 드라마나 영화 등에서 가끔 나오는 ばかやろ!나 このやろ! 등이 고작이며, 심하게 말할 때는 ちくしょう! 정도이다. 또한 상대의 말에 신뢰를 할 수 없어 비난할 때는 주로 うそつき!가 쓰이며, 상대의 비난이나 욕설 등을 제지할 때는 금지를 나타내는 종조사 な를 동사의 기본형에 접속하여 사용한다.

Q&A 무조건 따라하기

Q : おい、若造！

A : 私ですか。

Q : そうだ。ちょっと静かにしてもらえないか。

A : 何ですって。一杯飲んだら自然に大きい声が出るものです。

Q : 何だ！周りの人に迷惑をかけ**てはいけない**❶じゃない？

A : まるで、喧嘩を売る**みたいだ**❷な。

Q : こいつ、ほんとに生意気だな。

❶ …てはいけない는「…해서는 안 된다」의 뜻으로 금지를 나타낸다.
❷ …みたいだ는 불확실한 단정을 나타내는 …ようだ의 회화체이다.

□ 黙れ! 聞きたくないよ!
닥쳐! 듣고 싶지 않아!

□ ごちゃごちゃ口出ししないでよ。
너저분하게 말참견하지 말아요.
❖ ごちゃごちゃ는 이러쿵저러쿵 불평·불만을 나타내는 모양과, 다양한 것이 어수선하게
섞여 있는 모양을 나타내기도 한다.

□ 大声を出すな!
큰소리 지르지 마!

□ 怒鳴らないで!
고함치지 말아요!

□ 声を下げて!
목소리를 낮춰요!

□ ぶつぶつ言うな!
투덜거리지 마!

□ 少しおとなしくしなさい。
좀 얌전히 해라.

□ がみがみ言わないで! するよ。
딱딱거리지 말아요! 할게요.

😊 まだなの? 一日中何をやったの?
아직이야? 하루종일 무얼 했니?

😊 がみがみ言わないで! するよ。
딱딱거리지 말아요! 할게요

❖ がみがみ 딱딱, 시끄럽게

□ うるさく言うな!
시끄럽게 하지 마!

□ 口答えはしないで!
말대꾸하지 말아요!

□ 黙っていろよ。あんたはおしゃべりだな!
잠자코 있어. 너는 말이 많아!
❖ おしゃべり 수다쟁이

□ 出て行け！
나가!

□ 私を放っておいて！
나를 내버려둬요!

□ 邪魔しないで！
방해하지 말아요!
❖ 邪魔する 방해하다, お邪魔する 꼴로 쓰일 때는 「방문하다」의 뜻이 된다.

참견을 저지할 때

□ ほっといてよ！
내버려둬요!
❖ ほっとく는 放(ほう)っておく가 간편하게 변한 형태로 「내버려 두다」의 뜻이다.

□ 君には関係ないよ。
너와는 관계없어.

□ おせっかいは止してくれ。
쓸데없이 참견하지 말아줘!

□ 自分のことだけ気にしてろ！
네 일에나 신경 써!
❖ 気にする 걱정하다, 마음에 두다

□ 君は干渉しないでくれ！
너는 간섭하지 마!

□ 私的なことなんだ！
사적인 일이야!

□ 誰か君に聞いたかよ。
누가 너한테 물어봤니?

□ 君の親切はありがためいわくだ。
너의 친절은 부담스러워.
❖ ありがた迷惑는 친절이나 호의가 오히려 짐이 됨을 말한다.

□ 今さらそんなこと言わないでよ。
새삼스럽게 그런 말 하지 말아요.

□ 恥を知りなさい。
부끄러운 줄 알아.
❖ 恥をかく 창피를 당하다, 恥をかかせる 창피를 주다

□ 彼の言葉を信じるなんて、狂気の沙汰だ。
그의 말을 믿다니 미친 짓이야.
❖ 狂気の沙汰 미친 짓

□ それは卑怯なふるまいです。
그건 비겁한 행동입니다.

□ 嘘つき！
거짓말쟁이!

□ 嘘をつくな。
거짓말을 하지 마.

□ 冗談もいい加減にしろ！
농담 좀 작작 해라!

□ ばかなことはやめろ！
바보 같은 소리 집어치워!

😊 君は金が目当てで僕と付き合ってんだな。
너는 돈을 보고 나와 사귀는 거지.

🙂 ばかなことを言わないでよ。
바보 같은 소리 말아.

□ ばかを言うな！
바보 같은 소리 하지 마!

□ ふざけるな！
까불지 마!

□ うそはもう聞きたくない。
거짓말은 이제 듣고 싶지 않아.

□ 君は話をでっちあげたのか。
너는 이야기를 꾸며냈니?

□ いんちきだ。
속임수다.
❖ いんちきをする 속이다, 부정을 저지르다

□ とぼけるな！
시치미 떼지 마!

□ 君はぼくをかついだだろう。
너는 나를 속였어.

□ だまそうったって、その手には乗らないよ。
속이려고 해도 그런 수법엔 넘어가지 않아.
  ❖ だまそうったって = だまそうとしても，手に乗る 남의 꾀에 속다

□ 私は簡単にだまされないの。
난 쉽게 속지 않아.

□ わがまま言うなよ。
제멋대로 말하지 마.

□ それはこっちのセリフだ。
그건 내가 할말이야.

  ☺ 君にこの仕事ができるのかな。
    네가 이 일을 할 수 있을까?
  ☺ それはこっちのセリフだ。へまをするなよ。
    그건 내가 할말이야. 실수하지 마.

  ❖ 台詞(せりふ) 대사, 언사. へまをする 바보스런 짓을 하다, 경솔한 실수를 하다

□ 偉そうなことを言うなよ。
잘난 척하지 마.

  ☺ このプロジェクトについては、僕が何もかも知ってるから。
    이 프로젝트에 대해서는 내가 모두 알고 있으니까.
  ☺ 偉そうなことを言うなよ。責任者は僕なんだ。
    잘난 척하지 마. 책임자는 나야.

□ 喧嘩を売っているのか？
싸움을 거는 거야?
  ❖ 喧嘩を売る 싸움을 걸다, 喧嘩を買(か)う 걸어온 싸움에 상대하다, 남의 싸움을 떠맡다

□ 八つ当たりしないでよ。
화풀이하지 말아요.

□ あなたって信用できないわ。
넌 믿을 수 없어.

□ 臆病<ruby>おくびょう</ruby>もの！
겁쟁이!
❖ もの는 활용어의 종지형에 접속하여 이유를 설명하는 뜻을 나타내고, 자신의 입장을 이해해 주기를 바라는 경우에 쓰인다.

□ けち！
짠돌이!
❖ けち 구두쇠, 자린고비, 속이 좁음, 비열함

□ この野郎<ruby>やろう</ruby>！
이 녀석!

□ このばか！
이 바보!

□ こんちくしょう！
이 개자식!

□ このけだものめ！
이런 짐승!

□ このおてんば娘<ruby>むすめ</ruby>め！
이 더러운 계집!

□ ずるいやつめ！
교활한 녀석!

□ このぶす！
이런 호박!

□ でぶ！
뚱보!

□ 何<ruby>なん</ruby>て恩<ruby>おん</ruby>知<ruby>し</ruby>らずな奴<ruby>やつ</ruby>だ！
정말 은혜도 모르는 놈이다!

□ この最低<ruby>さいてい</ruby>のやつめ！
이 저질 같은 놈!
❖ め는 체언에 접속하여 한층 낮추어 보는 뜻을 나타내거나, 자신에 대한 겸양의 뜻을 나타내는 말로 우리말의 「놈」에 해당한다.

□ くそ食<ruby>く</ruby>らえ！
똥이나 처먹어라!

고마움을 나타낼 때

고맙다는 말은 아무리 해도 지나치지 않다 일본어에서 흔히 쓰이는 감사의 표현으로 ありがとうございます 또는 과거형인 ありがとうございました가 있다 친근한 사이라면 ございます를 생략하고 ありがとう만으로 표현해도 무방하다 간편하게 말할 때는 「매우, 무척」이라는 뜻을 가진 부사어인 どうも만을 쓰기도 한다 참고로 한자어인 感謝します는 여러 사람 앞에서나 정중하게 감사를 표현할 때 쓰인다

Q&A 무조건 따라하기

Q：この書類、私が書いたのですけれど、アドバイスをいただける
❶
とありがたいのですが。

A：アドバイスってどんな？

Q：主に日本語です。たぶん間違いがたくさんあると思いますので。

A：いいとも。喜んで見てあげるよ。

Q：ありがとうございます。❷お手数をかけてすみません。

A：たいしたことないよ。今晩読んで、明日、返してあげるよ。

Q：이 서류 제가 쓴 것인데, 충고를 해 주시면 고맙겠습니다만.
A：충고라니 어떤?
Q：주로 일본어입니다. 아마 틀린 게 많을 것 같아서요.
A：좋아, 기꺼이 봐 줄게.
Q：고맙습니다. 수고를 끼쳐 드려 죄송합니다.
A：대단한 건 아냐 오늘밤에 읽고 내일 돌려줄게.

❶ …とありがたい …하면 고맙겠다
❷ お手数をかける 수고를 끼치다

☐ ありがとう。
고마워요.

☐ はい、どうも。
네, 고마워요.

> 😊 どうぞお先に。
> 자 먼저 하세요
> 😊 どうも。
> 고마워요

❖ どうも는「매우, 무척」이라는 뜻의 부사어이지만, 감사의 뜻을 나타낼 때는 뒤에 ありが
とう를 생략하여 간편하게 쓰기도 한다.

☐ ありがとうございます。
고맙습니다.

> 😊 どうぞお座りください。
> 자 앉으십시오
> 😊 ありがとうございます。
> 고맙습니다.

☐ 本当にありがとうございます。
정말로 고맙습니다.

☐ 毎度ありがとうございます。
매번 감사합니다.
❖ 가게에서 손님이 물건값을 계산하고 갈 때 주인이 하는 인사말이다.

☐ いろいろとありがとうございます。
여러 가지로 감사합니다.

☐ 先日は、ありがとうございました。
어제는 고마웠습니다.

☐ いつも感謝しています。
늘 감사합니다.

☐ 心から感謝します。
진심으로 감사합니다.

☐ いろいろお世話になりました。
여러 가지로 신세를 많이 졌습니다.
❖ 世話になる 신세를 지다, 世話をする 보살피다, 주선하다

□ ご面倒をおかけしました。
수고를 끼쳐드렸습니다.
❖ 面倒をかける 수고를 끼치다　面倒をみる 돌보다

□ お疲れさまでした。
수고하셨습니다.
❖ 남의 노고에 대한 감사의 인사말로 윗사람이 아랫사람에게 쓰는 말이다. 또한 다른 표현으로는 お世話(せわ)さま와 ありがとうございました가 있다.

□ ご苦労さまでした。
수고하셨습니다.
❖ 남의 노고에 대한 감사와 위로하는 인사말로 윗사람이 아랫사람에게 쓰는 말이다.

□ ご迷惑をおかけして、申し訳ありません。
폐를 끼쳐드려 정말 죄송합니다.

□ こんなにご苦労をおかけして、申し訳ありません。
이렇게 수고를 끼쳐드려 죄송합니다.

행위나 배려에 대한 감사 표현

□ 会いに来てくれてありがとう。
만나러 와 줘서 고마워.
❖ …てくれてありがとう …해 줘서 고맙다

□ 電話をありがとう。さようなら。
전화를 줘서 고마워. 잘 있어.

□ 音楽会の切符、ありがとうございました。
음악회 티켓. 고마웠습니다.

□ 書類をチェックしてくれてありがとう。
서류를 체크해 줘서 고마워요.

□ お心遣い、とても感謝しています。
배려해 주셔서 대단히 감사합니다.

□ お力を貸していただき、ありがとうございます。
힘이 되어 주셔서 감사합니다.

□ 待ってくれて、ありがとう。
기다려 줘서 고마워.

□ 誉めていただいて、どうも。
칭찬해 주셔서 고마워요.
❖ …ていただいて …해 받아서(주셔서)

□ 何はともあれ、ありがとう。
아무튼 고마워요.
❖ ともあれ 어떻든, 어찌 되었든, 하여간

□ でも、ありがとうございます。
하지만, 고맙습니다.

☺ お手伝いしましょうか。
거들어 드릴까요?
☺ いいえ、それには及びません。でもありがとうございます。
아뇨, 그럴 필요 없습니다. 하지만 고맙습니다.

□ ご好意、ありがとう。
호의, 고마워요.

☺ 来ませんか。
안 오겠어요?
☺ 残念だけど、行けません。でも、ありがとう。
아쉽지만 갈 수 없습니다. 하지만 고마워요.

□ お手伝い、ありがとう。
거들어 줘서 고마워.

□ すてきなプレゼントをありがとう。開けてもいいですか。
멋진 선물을 줘서 고마워요. 풀어도 될까요?

□ 私にくださるのですか。どうもありがとう。
저에게 주시는 겁니까? 너무 고마워요.

□ 思いがけないことです。どうもありがとう。
생각지도 못했습니다. 너무 고마워요.
❖ 思いがけない 뜻밖이다, 예상 밖이다

□ こういう物を前から欲しいと思っていました。
이런 것을 전부터 갖고 싶었습니다.

□ それはどうもありがとう。
그거 너무 고마워.

☺ おめでとう! ちょっとしたプレゼントです。
축하해요! 조그만 선물입니다.

☺ それはどうもありがとう。前からこれが欲しいと思ってました。
이거 정말 고마워요. 전부터 이걸 갖고 싶었습니다.

□ ありがとう。そんなことなさらなくてもよかったのに。
고마워요. 이런 것을 하시지 않아도 되는데.
❖ …なくてもよかったのに …하지 않아도 되는데, …하지 않아도 될 텐데

□ うわあ、うれしい! 本当にありがとう。
우와, 기뻐! 정말 고마워.

☺ これをどうぞ。東京で買いました。
이걸 받아요. 도쿄에서 샀어요.

☺ わあ、うれしい! 本当にありがとう。
우와, 기뻐! 정말 고마워.

□ ご親切にどうも。
친절히 대해 줘서 고마워요.

□ ご親切に、たいへん助かりました。
친절히 대해 주셔서 많은 도움이 되었습니다.

□ なんとご親切に!
정말 친절하군요!

□ どうもご親切に、ありがとうございます。
친절하게 대해 주셔서 무척 고맙습니다.

☺ 親切にしていただき、ありがとうございます。
친절히 대해 주셔서 고맙습니다.

☺ お役に立ててうれしいです。
도움이 되어서 기쁩니다.

□ お出迎えいただいて本当にありがとうございます。
마중을 나와 주셔서 정말로 고맙습니다.
❖ お…いただく 는 お…くださる와 같은 뜻으로 완곡한 수급의 표현이다.

□ まことに恐縮でございます。
참으로 죄송합니다.
❖ …でございます는 …です의 정중한 표현이고, あります의 정중한 표현은 ございます이다.

□ そうしていただければ、とてもありがたいのですが。
그렇게 해 주시면 무척 고맙겠습니다만.

□ ご親切に、本当に感謝しております。
친절을 베풀어 주셔서 정말 감사하고 있습니다.

□ ご来社くださり、厚くお礼を申し上げます。
저희 회사에 방문해 주셔서 깊은 감사를 드립니다.
❖ くださる는 명령형인 ください와 정중형인 ます가 접속할 때 이외는 모두 5단활용을
하는 존경의 동사이다.

□ ご招待くださった木村先生に深く感謝したいと思います。
초대해 주신 기무라 선생님께 깊이 감사드리고 싶습니다.

□ 何とお礼を申したらいいのかわかりません。
뭐라고 감사의 말씀을 드려야 좋을지 모르겠습니다.

□ いくら感謝してもしきれないほどです。
아무리 감사를 드려도 부족할 정도입니다.
❖ …きれる는 동사의 중지형에 접속하여 「완전히(끝까지)…할 수 있다」의 뜻을 나타낸다.

□ いろいろと私のためにしてくださって、何ともお礼の申しようもございません。
여러모로 저를 위해 해 주셨는데, 뭐라고 감사를 드려야할지 모르겠습니다.

□ ご清聴を感謝します。
들어 주셔서 감사합니다.

□ ありがた迷惑ですよ。
고맙기는 하지만 부담스러워요.

😊 君の宿題、手伝ってあげる?
네 숙제 거들어 줄까?
😊 ありがた迷惑だよ。
고맙기는 한데 괜찮아.

사과·사죄를 할 때

자신의 실수나 과오에 대해서 사과하고 용서를 구하는 것은 감사의 표현과 함께 사회 생활을 원활히 하는 데 없어서는 안 될 중요한 표현이다 일본어의 대표적인 사죄 표현으로는 すみません과 ごめんなさい가 있다 남성들은 주로 すみません이나 失礼しました로 사죄를 표현하고 여성들은 ごめんなさい를 쓴다 더욱 정중하게 사죄를 표현할 때는 申し訳ありません이라고 하며, 상대에게 용서를 구할 때는 許してください라고 하면 된다

Q&A 무조건 따라하기

Q: きのうの夜はリハーサル欠席しちゃって、ほんとにごめん。

A: どうしたの?

Q: すっかり僕のミスなんだ。メモ帳に日にちを間違って入れちゃって、今朝木村から電話もらう**まで**気が付かなかったんだ。

A: まあ、気にすんな。**しかたがない**よ。とにかく、コンサートまでリハーサルはあと4回残ってるしさ。

Q: すごい**迷惑**かけちゃったんでなければいいけど。

A: たいしたことないよ。集中してデュエットを練習しておいたから。

Q: 어젯밤 리허설에 결석해서 정말 미안해.
A: 무슨 일 있었니?
Q: 완전히 내 실수야 메모장에 날짜를 잘못 적어서 오늘 아침 기무라한테 전화를 받을 때까지 몰랐어.
A: 음, 걱정하지 마. 어쩔 수 없잖아. 아무튼 콘서트까지 리허설은 앞으로 4번 남아 있어.
Q: 너무 폐가 안 되었으면 좋겠는데.
A: 괜찮아. 집중해서 듀엣을 연습해 두었으니까.

---

❶ 동사의 기본형에 まで가 접속하면 「…할 때까지」의 뜻으로 기한을 나타낸다.
❷ しかたがない = しようがない 어쩔 도리가 없다, 어쩔 수 없다
❸ 迷惑をかける 폐를 끼치다

□ 失礼。
실례.

□ 失礼ですが、日本の方ですか。
실례합니다만, 일본 분입니까?
❖ 일본사람이냐고 물을 때는 日本人ですか라고 하는 것보다는 日本の方ですか라고 정중하게 말하는 것이 좋다.

□ 失礼ですが、お名前をうかがってよろしいですか。
실례합니다만, 성함을 여쭤봐도 되겠습니까?

□ ちょっとすみません。通り抜けてもいいでしょうか。
잠깐 실례하겠습니다. 지나가도 될까요?

□ お話の途中ですが、…。
말씀 중이신데, ….

> 😊 お話の途中ですが、…。
> 말씀 중에 죄송합니다만.
> 😊 はい、何ですか。
> 네, 뭡니까?

□ すみません、英語で言います。日本語の単語が思いつきませんので。
미안합니다. 영어로 말하겠습니다. 일본어 단어가 생각이 나질 않아서요.

□ すみませんが、そのことは全然知らないのです。
미안합니다만, 그것은 전혀 모릅니다.

□ 遅くなってすみません。
늦어서 미안합니다.

□ できれば、あしたの会議は失礼させていただきたいのですが。
가능하면 내일 회의는 실례하고 싶습니다만.
❖ …させていただきたい (…시켜서 받고 싶다) 「…하고 싶다」의 완곡한 의지 표현

□ ちょっと失礼します。すぐ戻ります。
잠깐 실례하겠습니다. 곧 돌아오겠습니다.

□ あしたの先生の授業を休ませてもらえますか。
내일 선생님 수업을 빠져도 되겠습니까?

□ **すみません。**
미안합니다.

> 😊 また遅刻だね。
> 또 지각이군.
>
> 😊 すみません。寝過ごしてしまって。
> 죄송합니다. 늦잠을 자서요

❖ すみません은 편하게 すいません이라고도 하며, 사과의 뜻을 나타낼 때는 「죄송합니다」, 사람을 부르거나 불러서 부탁할 때는 「실례합니다」, 감사의 뜻을 나타낼 때는 「고맙습니다, 감사합니다」의 뜻으로 쓰인다.

□ **本当にすみません。**
정말로 미안합니다.

□ **ごめんなさい。**
미안해요.
❖ 더욱 정중하게 말할 때는 ごめんください라고 한다.

□ **どうもすみませんでした。**
너무 죄송했습니다.

> 😊 これは私が注文したものとは違います。
> 이건 내가 주문한 것과 다릅니다.
>
> 😊 それはどうもすみませんでした。
> 이거 너무 죄송합니다.

□ **申し訳ありません。**
죄송합니다.

□ **私の間違いです。**
제 실수입니다.

□ **私が悪かったです。**
제가 나빴습니다.

□ **私がいけなかったんです。**
제가 잘못했습니다.

□ **今後は気をつけます。**
앞으로는 주의를 하겠습니다.

□ **おわびします。**
사과드리겠습니다.

❏ こんなに遅くなってごめん。ずいぶん待った?
이렇게 늦어서 미안해. 많이 기다렸지?
  ❖ …てごめん …해서 미안

❏ 昨日は留守にして、すみませんでした。
어제는 부재중이어서 죄송했습니다.

❏ 失礼、度忘れしちゃって。
미안해. 갑자기 생각이 안 나서.
  ❖ …ちゃって = …てしまって

❏ ご迷惑をおかけして、申し訳ありません。
폐를 끼쳐 드려서 죄송합니다.
  ❖ 迷惑をかける 폐를 끼치다

❏ こんなことになってしまって、ごめんなさい。
이렇게 되어 죄송합니다.

❏ ご面倒をおかけしますが…。
수고를 끼쳐 드리게 되었습니다만….

❏ お話し中、すみません。
말씀 도중에 죄송합니다.

❏ お待たせして、すみませんでした。
기다리게 해서 죄송했습니다.

> ☺ お待たせして、本当にすみません。
> 기다리게 정말로 죄송합니다.
>
> ☺ いいんですよ。ちょうど今から会議を始めようとしていた
> ところです。
> 괜찮아요. 이제 막 회의를 시작하려던 참이었습니다.

❏ 約束を守らないで、すみません。
약속을 못 지켜서 죄송합니다.
  ❖ 約束を守る 약속을 지키다 ↔ 約束を破(やぶ)る 약속을 어기다

❏ カーペットを汚しちゃって、本当に申し訳ありません。
카펫을 더럽혀서 정말로 죄송합니다.

❏ あなたがもっと韓国に滞在できないのが残念です。
당신이 한국에 더 머무를 수 없는 점이 아쉽습니다.

□ 足を踏んでごめんね。私が悪かった。痛くないかい。
발을 밟아서 미안. 내가 잘못했어. 아프지 않니?
❖ 悪いは「나쁘다」는 뜻 이외에 폐를 끼쳐서「미안하다」의 뜻으로도 쓰인다.

□ すみません。不注意でした。
미안해요. 부주의였습니다.

□ 本当にすみません。うっかりしました。
정말로 미안합니다. 깜빡했습니다.

□ そんなつもりじゃなかったんです。
그럴 생각이 아니었습니다.

□ どうもすみません。そんなつもりじゃなかったんです。
너무 죄송해요. 그럴 생각이 아니었어요.

□ ご迷惑をおかけするつもりはなかったのです。
폐를 끼쳐 드릴 생각은 없었습니다.

□ 仕方がなかったんです。
어쩔 수 없었습니다.

□ 冗談のつもりだったんだ。
농담할 생각이었어.

😊 それって失礼よ。
그건 실례야.
😊 ごめんね。冗談のつもりだったんだ。
미안. 농담할 생각이었어.

용서를 구할 때

□ どうか許してください。
제발 용서해 주세요.
❖ どうかは「아무쪼록, 부디」의 뜻으로 남에게 공손하게 부탁하거나 바랄 때 쓰인다.

□ 私のしたことをお許しください。
제가 한 짓을 용서해 주십시오.

□ ばかなことをして、申し訳ありません。
바보 같은 짓을 해서 죄송합니다.

□ お気にさわったら、ごめんなさい。
비위에 거슬렸다면 미안해요.
❖ 気に障る 비위에 거슬리다, 불쾌하게 느끼다

□ お電話もかけずに、申し訳ありませんでした。
전화도 못 드리고 죄송했습니다.
❖ かけずに ＝ かけないで

□ 行き過ぎてたら、ごめんなさい。
지나쳤다면 죄송해요.

□ 何とお詫びしてよいかわかりません。
뭐라고 사죄를 드려야 될지 모르겠습니다.
❖ …てよいかわからない …해야 좋을지 모르겠다

□ 許していただけますか。
용서해 주시겠습니까?

□ この度の失敗でご迷惑をかけ、心からお詫び申し上げます。
이번 실패로 폐를 끼쳐 진심으로 사죄를 드립니다.

□ 謹んで謝罪申し上げます。一切の責任はこちらにございます。
삼가 사죄를 올립니다. 모든 책임은 저에게 있습니다.

□ ぶしつけじゃなければ、いいんですが。
무례가 되지 않는다면 좋겠습니다만.

□ 気にしないでくれると、いいんですが。
마음 두지 않으면 좋겠습니다만.

□ 二度と同じ間違いはしません。
두 번 다시 같은 실수를 않겠습니다.

□ 今回だけ多めに見てください。
이번만 너그럽게 봐 주세요.
❖ 多めに見る 다소의 부정이나 결함을 너그럽게 보아주다

□ 私の顔を見て、彼を許してください。
저를 봐서라도 그를 용서해 주세요.

감사와 사죄의 응답

상대가 감사의 표시를 하거나 사죄를 해올 때 적절하게 대처할 수 있는 감사와 사죄에
대한 응답 요령을 배운다
감사 표현의 하나인 ありがとうございます에 대한 대표적인 응답 표현으로는 どういた
しまして와 こちらこそ 등이 있으며, すみません과 ごめんなさい의 사죄에 대한 응답
표현으로는 いいですよ와 かまいませんよ, 大丈夫です 등이 있다

Q&A 무조건 따라하기

Q: おいでくださって、ありがとうございました。

A: どういたしまして。おしゃべり楽しかったです。もっと早くう
かがえなくてごめんなさい。

Q: いいえ、ちっとも。いつもとてもお忙しいお体ですもの。❶

A: 雑用で忙しいだけですよ。お食事もおいしかったです。❷ 用意
されるのは大変だったでしょう。

Q: いいえ、楽しみなんですよ。料理は好きですから。

A: ほんとうにありがとうございました。じきにまたお会いするの
を楽しみにしています。

Q: 와 주셔서 고마웠습니다.

A: 천만에요. 대화도 즐거웠습니다. 일찍 찾아뵙지 못해서 미안해요.

Q: 아뇨. 전혀요. 늘 무척 바쁘신 몸이시니까요.

A: 잡다한 일로 바쁠 뿐이에요. 식사도 맛있었습니다. 준비하시느라 힘들었겠어요.

Q: 아뇨. 취미예요. 요리를 좋아하니까요.

A: 정말 고마웠습니다. 곧 다시 만날 것을 기대하고 있겠습니다.

❶ もの는 활용어에 접속하여 이유를 설명하는 뜻을 나타내고, 자신의 입장을 이해해 주기를 바라는 경우에 쓴다.
❷ 형용사의 정중한 과거형은 반드시 …かったです의 형태를 취한다.

□ どういたしまして。
천만에요.

☺ ありがとう。
고마워요.
☺ どういたしまして。
천만에요.

❖ どういたしまして는 남에게 감사·칭찬·사과의 말을 들었을 때 그것을 겸손하게 부정
하는 인사말로 「별말씀 다 하십니다, 천만의 말씀입니다」의 뜻으로 쓰인다.

□ お安いご用ですよ。
쉬운 일이에요.
❖ お安いご用だ 쉬운 일이다, 간단한 일이다

□ お役に立ててうれしいです。
도움이 되어서 기쁩니다.

☺ 親切にしていただき、ありがとうございます。
친절히 대해 주셔서 고맙습니다.
☺ お役に立ててうれしいです。
도움이 되어서 기쁩니다.

□ 礼にはおよびません。
감사할 것까지는 없습니다.

□ 喜んでお手伝いしますよ。
기꺼이 도와 드릴게요.

□ ご用があれば遠慮なく言ってください。
용무가 있으면 염려 말고 말하세요.

☺ ありがとう。とても助かったよ。
고마워. 무척 도움이 되었어.
☺ 手伝いが必要なときは、遠慮なく言ってね。
도움이 필요할 때는 염려 말고 말해.

□ おしゃべりができてよかったですよ。
말벗이 되어서 좋았습니다.

☺ すばらしいお茶、ありがとう。おいしかったよ。
훌륭한 차, 고마워. 맛있었어.
☺ どういたしまして。おしゃべりができてよかったですよ。
천만에요. 말벗이 되어서 좋았습니다.

□ 私も楽しかったですよ。
저도 즐거웠습니다.

> 😊 先週末はとても楽しかったです。どうもありがとう。
> 이번 주말은 매우 즐거웠습니다. 고마워요.
>
> 😊 どういたしまして。あちこちご案内して、私もとても楽しかったです。
> 천만에요. 여기저기 안내해서 저도 매우 즐거웠습니다.

□ いいえ、こちらこそ。
아니오, 저야말로

> 😊 ご招待いただき、ありがとう。
> 초대해 주셔서 고마워요.
>
> 😊 こちらこそ。来てくれてうれしいわ。
> 나야말로 와 줘서 기뻐.

❖ こちらは 여기서처럼 말하는 사람 자신을 가리키거나, 또는 말하는 사람과 가까이 있는 사람을 공손하게 가리키기도 한다.

□ こちらこそうれしいです。
저야말로 기쁩니다.

□ こちらこそどうもありがとう。
저야말로 감사합니다.

> 😊 すばらしい食事をありがとう。
> 멋진 식사 고마워요
>
> 😊 いや、こちらこそどうも。来ていただいて楽しく過ごせました。
> 아뇨, 나야말로 고마워요 와 주셔서 즐겁게 지냈습니다.

□ 取り立てて言うほどでもありません。
원 별말씀을 다 하십니다.

□ 気にしないでください。
괘념치 마세요.

□ いいえ、とんでもありません。
아니오, 당치도 않습니다.

□ 仕事のうちですから。
일인데요 뭘.

□ 大したことではありません。
대단한 것은 아닙니다.

- ☺ いろいろとやってくれてありがとう。
  여러 가지로 해 줘서 고마워.
- ☺ いや、大したことじゃないよ。
  아냐, 대단한 건 아냐.

□ 気に入ってもらえてうれしいよ。
마음에 든다니 기뻐.

- ☺ きれいなスカーフ! ありがとう。
  예쁜 스카프! 고마워.
- ☺ 気に入ってもらえてうれしいよ。
  마음에 든다니 기뻐.

❖ 気に入る 마음에 들다 ↔ 気に入らない, 気に食わない 마음에 안 들다

□ いつだって私のことを頼りにしていいわよ。
언제든지 나에게 부탁해도 좋아.

- ☺ 力になってくれてありがとう。
  도움이 되어 줘서 고마워.
- ☺ どういたしまして。いつだって私のことを頼りにしていいわよ。
  천만에. 언제든지 나에게 의지해도 좋아.

□ いいんですよ。
괜찮아요.

- ☺ ごめんなさい。忘れていました。
  미안합니다. 잊고 있었습니다.
- ☺ いいんですよ。
  괜찮아요.

□ 何でもないですよ。
아무것도 아닙니다.

□ たいしたことはありませんよ。
대수로운 것은 아닙니다.

❖ 大した는 뒤에 부정어가 오면 「이렇다 할, 대단한, 별」의 뜻으로 쓰이고, 반대로 긍정어
가 오면 「엄청난, 대단한, 굉장한」의 뜻이 된다.

□ いや、何でもありませんよ。
아뇨, 아무 것도 아니에요.

　　😊 面倒をかけてすみません。
　　　수고를 끼쳐드려 죄송합니다.
　　😊 いや、何でもありませんよ。
　　　아뇨, 아무 것도 아니에요

□ かまいませんよ。
괜찮아요.

　　😊 お待たせしてしまってどうもすみません。
　　　기다리게 해서 너무 미안해요
　　😊 いや、かまいませんよ。
　　　아뇨, 괜찮아요

□ ご心配なく。
걱정 말아.
　❖ 心配する 걱정하다

□ 大丈夫。何でもありませんよ。
괜찮아요. 아무것도 아니에요.

　　😊 あぶない！ あ、コーヒーがこぼれました。
　　　위험해! 아, 커피가 엎질러졌어요
　　😊 失礼。うっかりしました。
　　　미안해요. 실수했습니다.
　　😊 大丈夫。何でもありませんよ。
　　　괜찮아요. 아무것도 아니에요

□ いいんですよ。気にしないでください。
괜찮아요. 괘념치 마세요.

□ 何でもないですよ。ご心配なく。
아무것도 아니에요. 걱정하지 말아요.

□ いえ、こちらこそ。
아니오, 저야말로

□ 私のほうこそごめんなさい。
저야말로 죄송합니다.
　❖ こそは 앞 말을 특히 강조하여 「…(이)야말로」의 뜻으로 쓰인다.

□ 私がいけませんでした。
제가 잘못했습니다.

□ 私こそ悪かったんです。
저야말로 잘못했습니다.

> 😊 私が悪かったです。本当にごめんなさい。
> 제가 잘못했습니다. 정말로 죄송합니다.
> 😊 いえいえ、私こそ悪かったんです。
> 아뇨, 저야말로 잘못했습니다.

□ いいんですよ。誰だって間違えますよ。
괜찮아요. 누구라도 잘못할 수 있어요.
❖ …だっては「…라도, …일지라도」의 뜻으로 강조를 나타낸다.

□ いや、大丈夫。仕方ありませんよ。
아니, 괜찮아요. 어쩔 수 없어요.

> 😊 遅れてすみません。電車が遅れたんです。
> 늦어서 미안합니다. 전철이 늦었습니다.
> 😊 いいんだ。仕方がないよ。
> 괜찮아. 어쩔 수 없지.

□ あなたのせいではないわ。
네 탓이 아냐.

> 😊 謝らなければならないんだけど。
> 사과를 해야겠는데.
> 😊 いいえ、あなたのせいではないわ。
> 아니, 네 탓이 아냐.

❖ 人のせいにする 남의 탓으로 돌리다

□ 誰だって間違いはあるよ。
누구라도 실수는 있어.

> 😊 ばかなことをしてしまってごめんね。
> 바보 같은 짓을 해서 미안.
> 😊 いいんだ。誰だって間違いはあるよ。
> 괜찮아, 누구라도 실수는 있어.

우리는 아는 사람을 만났을 때 일상적으로 쓰는 말이 「안녕하세요?」이지만, 일본어에서는 영어에서처럼 아침(おはようございます), 낮(こんにちは), 저녁(こんばんは) 인사를 구분하여 쓰고 있다. 친한 사이라면 아침에 만났을 때 おはよう라고만 해도 무방하며, 더욱 줄여서 オッス라고도 한다.

근황을 물을 때는 お元気ですか라고 하며, 이에 대한 응답으로는 おかげさまで元気です라고 한다. 또한 오랜만에 만났을 때 하는 인사로는 おひさしぶりですね나 しばらくですね가 있다.

Q&A 무조건 따라하기

Q : やあ、木村。調子はどう？

A : ぼちぼちってとこだ。あんたは？

Q : ああ、変わったことは何もないな。日本旅行はどうだった？

A : ああ、楽しかったよ。国に帰って人に会うのはいいもんだ。

Q : そうだろうな。親戚の人たちは変わりなかったかい？

A : うん、みんな元気だったよ。

Q : 야, 기무라. 컨디션은 어때?
A : 조금씩 풀리고 있어. 너는?
Q : 아, 별다른 일은 전혀 없어. 일본 여행은 어땠어?
A : 아, 즐거웠어. 고향에 가서 사람을 만나는 것은 좋은 일이야.
Q : 그럴 거야. 친척 분들은 별고 없었니?
A : 응, 모두 잘 있었어.

❶ ぼちぼち는 ぼつぼつ라고도 하며 조금씩 나아지고 있는 모양을 나타낸다.
❷ 흔히 회화에서 여성들이 あなた는 あんた로, わたし는 あたし로 간편하게 말한다.

☐ **やあ！**
야!

☐ **オッス！**
안녕!
❖ オッス는 おはようございます의 첫자와 마지막 글자를 따서 힘주어 표현한 것으로 직장에서 동료나 아랫사람에게 아침에 만났을 때 가볍게 하는 인사이다.

☐ **おはようございます。**
안녕하세요. (아침)

☐ **おはよう。**
안녕.
❖ 아침에 만났을 때 동료나 아랫사람에게는 ございます를 생략하여 인사를 한다.

☐ **こんにちは。**
안녕하세요. (낮)

☐ **こんばんは。**
안녕하세요. (저녁)

☐ **よく眠れましたか。**
잘 잤습니까?

> 😊 **よく眠れましたか。**
> 잘 잤습니까?
> 🙂 **はい。おかげさまで**
> 네, 덕분에.

☐ **いいお天気ですね。**
날씨가 좋네요.
❖ 우리말로 직역하여 天気がいい라고 하지 않도록 주의한다.

☐ **お元気ですか。**
잘 지내십니까?

> 😊 **お元気ですか。**
> 잘 지내십니까?
> 🙂 **おかげさまで元気です。あなたのほうは？**
> 덕분에 잘 지냅니다. 당신은요?

☐ **どうしてる？**
어떻게 지내니?

□ 元気かい。
잘 지내니?

> 😊 元気かい。
> 잘 지내니?
>
> 😊 元気だよ。君のほうはどうだい?
> 잘 지내. 너는 어떠니?

❖ かいは 문장 끝에 붙어 질문·반어의 뜻을 강조한다.

□ お元気でしたか。
잘 지내셨습니까?

> 😊 お元気でしたか。
> 잘 지내셨습니까?
>
> 😊 元気でやっています。
> 잘 지내고 있습니다.

□ お変わりありませんか。
별고 없으십니까?

> 😊 お変わりありませんか。
> 별고 없으십니까?
>
> 😊 つつがなく暮しています。
> 별 탈 없이 지내고 있습니다.

□ 何か変わったことは?
무슨 별다른 일이라도?

> 😊 何か変わったことは?
> 무슨 별다른 일이라도?
>
> 😊 いや、別に。
> 아니, 별로

❖ 変わる(변하다, 바뀌다)가 変わった, 変わっている의 꼴로 쓰일 때는 「색다른, 별난, 이상한」의 뜻이 된다.

□ 特別に変わったことはありません。
특별히 별다른 일은 없습니다.

□ 何の変わりもありません。
아무런 변화도 없습니다.

□ 特にこれと言ったことはないよ。
특별히 이렇다 할 일은 없어.

□ いかがお過しですか。
어떻게 지내십니까?

> 😊 いかがお過しですか。
> 어떻게 지내십니까?
> 😊 目が回るほど忙しいんです。
> 눈코 뜰 새 없이 바빠요.

❖ いかがは どう, どのようにの 공손한 말로 상대방에게 무언가 권유할 때 쓰인다.

□ 相変わらず忙しいの?
여전히 바쁘니?

□ 年末でかれこれ忙しいですよ。
연말이라서 이것저것 바빠요.

> 😊 この頃はお暇ですか。
> 요즘은 한가하십니까?
> 😊 年末でかれこれ忙しいですよ。
> 연말이라서 이것저것 바빠요.

□ 相変わらずです。
여전합니다.
❖ 相変わらず 변함없이, 여전히

□ お仕事はうまくいっていますか。
일은 잘 되갑니까?

> 😊 お仕事はうまくいっていますか。
> 일은 잘 되갑니까?
> 😊 よく進んでいます。
> 잘 진척되고 있습니다.

□ どうにかやっています。
그럭저럭 하고 있습니다.

□ 悪くはないよ。
나쁘지는 않아.

□ あまりうまく行かないよ。
그다지 잘 안돼.
❖ あまり는 힘주어 말할 때는 あんまり라고도 하며, 뒤에 부정어가 오면「그다지, 별로」의
뜻으로 쓰이고, 긍정어가 오면「너무, 지나치게」의 뜻으로 쓰인다.

□ 気分はどうですか。
기분은 어떠세요?

□ 奥さんはいかがですか。
부인은 어떠십니까?

□ お父さんはお達者ですか。
아버님은 건강하십니까?
❖ 達者 몸이 건강하고 튼튼함. 어떤 능력이 뛰어나 잘함, 능숙함

□ ご家族の皆さんは元気ですか。
가족 분들은 잘 지내십니까?

□ 無事に過しています。
무사히 지내고 있습니다.

□ 調子はどう？
몸은 어때?

> 😊 調子はどう？
> 몸은 어때?
> 😊 まあまあだよ。
> 그저 그래.

□ 今日は元気なさそうですね。
오늘은 기운이 없어 보이는군요.
❖ 2음절로 된 형용사 ない와 よい에 양태를 나타내는 そうだ가 접속할 때는 어미 い를
さ로 바뀌어 접속된다.

□ 何か心配でもありますか。
무슨 걱정이라도 있습니까?

> 😊 何か心配でもありますか。
> 무슨 걱정이라도 있습니까?
> 😊 このごろは心配事がちょっと多くてね。
> 요즘 걱정거리가 좀 많아서요

❏ どうかしましたか。顔色が悪いですね。
무슨 일 있으세요? 안색이 안 좋군요.

> ☺ どうかしましたか。顔色が悪いですね。
> 무슨 일 있으세요? 안색이 안 좋군요
>
> ☺ そうですね。私もよく分かりませんね。
> 글쎄요 저도 잘 모르겠어요

❏ どこか具合でも悪いんですか。
어디 몸이 안 좋으세요?

> ☺ どこか具合でも悪いんですか。
> 어디 몸이 안 좋으세요?
>
> ☺ ほうっておいてね。ただ疲れているだけだよ。
> 내버려둬. 그저 피곤할 뿐이야

❖ 具合が悪い 사물의 상태나 기능, 건강 상태, 일을 진행하는 방법, 형편이 안 좋다

❏ なぜそんなに疲れて見えますか。
왜 그렇게 피곤해 보이세요?

> ☺ なぜそんなに疲れて見えますか。
> 왜 그렇게 피곤해 보이세요?
>
> ☺ あまりよく眠れませんでした。
> 별로 잘 자지 못했습니다.

❏ 何か困ったことでもありますか。
무슨 곤란한 일이라도 있습니까?

❏ 何を悩んでいるんですか。
무얼 고민하고 있나요?

❏ あまり良くありませんね。
그다지 좋지 않아요

❏ 気分がすぐれません。
기분이 좋지 않습니다.
❖ すぐれる는「뛰어나다, 우수하다」의 뜻이지만, すぐれない의 꼴로 쓰일 때는「좋은 상태가 아니다」라는 뜻이 된다.

❏ 体の具合が悪いです。
몸이 안 좋습니다.

□ やあ、ひさしぶりだね。
야, 오랜만이야.

- ☺ やあ、ひさしぶりだね。その後、元気?
  야, 오랜만이야. 그동안 잘 지냈어?
- ☺ 元気だ。君のほうは?
  잘 지냈어. 너는?

❖ ひさしぶりは 久(ひさ)しい(오래되다)에 ぶり(상당히 시간이 흐르고 …만에)가 접속된 형태로 상당히 오랜만에 만났을 때 하는 인사이다.

□ その後、どうでしたか。
그동안 어땠습니까?

□ しばらくですね。
오랜만이군요.
❖ しばらく는 본래「잠시, 잠깐」이라는 뜻으로 잠깐 동안 헤어졌다가 만났을 때 하는 인사이다.

□ おひさしぶりですね。
오랜만이군요.

- ☺ やあ、木村。ひさしぶりだね。
  야, 기무라. 오랜만이야
- ☺ うん、会えてうれしい。
  응, 만나서 반가워.

□ またお目にかかれてうれしいです。
다시 만나서 반갑습니다.

□ みんなさびしがっていましたよ。
모두가 적적해 하였습니다.

□ 数週間ぶりですね。どうしてました?
수 주일만이군요. 어떻게 지냈어요?

- ☺ 数週間ぶりですね。どうしてました?
  수 주일만이군요. 어떻게 지냈어요?
- ☺ 韓国にいる父に会いに、2週間日本を離れていたんです。
  한국에 있는 부모님을 뵈러 2주간 일본을 떠나 있었어요.

□ ご無沙汰しています。
격조했습니다.

□ どうしていたの？
어떻게 지냈니?

> ☺ どうしていたの？
> 어떻게 지냈니?
> ☺ 元気だったよ。君は？
> 잘 지냈어. 너는?

□ 何やってたの？
뭐하고 지냈니?
❖ …てた = …ていた 회화체에서는 상태나 진행을 나타내는 …ている의 형태는 흔히 い를 생략해서 많이 쓰인다.

□ どこに行ってたの？
어디에 갔었니?
❖ の는 가벼운 질문을 나타낸다.

□ その後どう？
그 후 어떻게 지냈니?

□ また会えてうれしいよ。
다시 만나게 되어 기뻐.

□ 全然変わっていないね。
전혀 안 변했구나.

□ 君はずいぶん変わったね。
넌 많이 변했구나.

□ ご家族はお元気ですか。
가족 여러분은 안녕하십니까?

> ☺ ご家族はお元気ですか。
> 가족 여러분은 안녕하십니까?
> ☺ みんな元気ですよ。
> 모두 잘 지내요

□ 大人になったね。
어른이 되었구나.

□ 長い間連絡をしなくてごめんなさい。
오랫동안 연락을 하지 못해 죄송합니다.

헤어질 때의 인사

일본어를 조금이라도 알고 있는 사람이라면 누구나 다 알고 있는 さようなら만으로 헤어질 때 인사로는 부족하다는 것을 알 수 있다 여기서는 헤어질 때의 인사 표현을 익히도록 하자 밤에 헤어질 때는 おやすみなさい를 사용하며, さようなら는 아주 헤어지는 느낌을 주므로 가까운 사이나 자주 만나는 사이라면 좀처럼 쓰지 않는다 대신 じゃ, またね!, 気をつけてね! 등이 일상적인 작별 인사로 많이 쓰인다

Q&A 무조건 따라하기

Q : さて、そろそろおいとましなきゃ。❶

A : ええ、そんなに早く？　ちょうど前田さんに一緒にどうかって電話しようと思ってたところ❷なんですけど。

Q : そうですか。お会いはしたいけど、今日は無理のようですね。3時にもう1つ会合があるものだから。

A : そうですか。それならしかたありませんね。じゃあ、軽井沢で楽しい週末を。

Q : ありがとう。あなたもよい週末を。奥さんによろしく。

A : ありがとう。

Q : 그럼, 이만 가봐야겠습니다.
A : 에, 이렇게 빨리요? 마침 마에다 씨에게 함께 했으면 어떻겠느냐고 전화를 하려던 참이었습니다.
Q : 그렇습니까? 만나 뵙고 싶지만, 오늘은 무리인 것 같군요. 3시에 하나 더 모임이 있어서요.
A : 그렇습니까? 그렇다면 어쩔 수 없군요. 그럼 가루이자와에서 즐거운 주말을 보내세요.
Q : 고마워요. 당신도 즐거운 주말을 보내세요. 부인께도 안부 전해주시고요.
A : 고마워요.

---

❶ おいとましなきゃ = おいとましなければ, おいとまする 작별하다
❷ …ていたところだ …하고 있던 참이다

□ お休みなさい。
안녕히 주무세요
❖ 일상적으로 만나는 사람과 밤에 헤어질 때는 お休みなさい라고 해야 한다.

□ ぐっすりお休みなさい。
푹 주무세요

□ お休み。また明日ね。
잘 자, 내일 봐.

□ さようなら。
안녕히 가세요.
❖ さようなら는 상당히 오랫동안 헤어지는 사람에게 하는 인사이다.

□ バイバイ。
바이바이.

□ またね。
또 봐.

□ じゃあ、行くね。
그럼, 갈게.

　😊 出かける時間だ。じゃあ、行くね。
　　나갈 시간이야. 그럼 갈게.
　😊 さようなら。
　　잘 가.

□ さようなら。いずれまた。
안녕히 계세요. 그럼 또 나중에 만나요.

□ また近いうちに。
근간 보자.

□ いずれまた近いうちに会いましょう。
언제 가까운 시일 내에 만납시다.

□ では、またあした。
그럼, 또 내일 봐.
❖ 뒤에 会いましょう를 줄인 형태로 늘 만나는 사람과 헤어질 때 가볍게 하는 인사이다.

□ じゃあ、水曜日に会いましょう。
그럼 수요일에 만납시다.

☐ 頑張（がんば）ってね!
힘내요!

> 😊 これから大切（たいせつ）な会議（かいぎ）に行（い）くんだ。
> 이제 중요한 회의에 가.
> 😊 頑張（がんば）ってね!
> 힘내요

☐ 元気（げんき）でね。
잘 가.

> 😊 じゃあ、木村（きむら）。
> 그럼, 기무라, 갈게.
> 😊 バイバイ、吉岡（よしおか）。元気（げんき）でね。
> 잘 가. 요시오카. 잘 가.

오랫동안 헤어질 때

☐ 君（きみ）に会（あ）えなくなるとさびしくなるよ。
너를 만날 수 없게 되면 쓸쓸해질 거야.

☐ あなたとご一緒（いっしょ）でなくて残念（ざんねん）だね。
너와 함께 하지 못해서 유감이야.

☐ 帰（かえ）ってこなくちゃだめだよ。
돌아오지 않으면 안 돼.
❖ …なくちゃだめだ = なくてはだめだ …하지 않으면 안 된다, …해야 한다

☐ またいつか会（あ）おうね。
언제 다시 만나자.

☐ 手紙（てがみ）をちょうだい。
편지 줘요.
❖ ちょうだい는「받음, 먹음, 마심」의 겸사말로, 여기서는 ください의 구어적인 표현으로 쓰였다.

☐ 連絡（れんらく）を取（と）り合（あ）おうね。
서로 연락을 하자.

☐ 手紙（てがみ）を書（か）くのを忘（わす）れないでね。
편지 쓰는 걸 잊지 말아요.

☐ そろそろ失礼します。
이만 실례하겠습니다.

☐ そろそろ失礼しなくては。
이제 실례해야겠어.

☐ お先に失礼します。
먼저 실례하겠습니다.

☐ もう行かなければ。
이제 가야겠어.

> 😊 遅くなってきたね。もう行かなければ。
> 늦었어. 이제 가야겠어.
> 😊 わかったわ。またね。
> 알았어. 또 보자.

☐ そろそろ行かなければなりません。
이제 가야겠습니다.

☐ もうおいとまいたします。
이제 가야겠습니다.
❖ 暇(いとま)는 본래「틈, 짬, 겨를」을 뜻하지만 おいとまする의 형태로 쓰일 때는 작별을 나타낸다.

☐ もう帰らなければなりません。
이제 가야겠습니다.

☐ だいぶ遅くなりましたね。
많이 늦었어요.

☐ ご迷惑さまでした。
폐가 많았습니다.
❖ お(ご)…さま의 형태로 쓰일 때는 공손히 말하는 기분을 나타낸다.

☐ また来てください。
또 오세요.

> 😊 また来てください。
> 또 오세요
> 😊 ありがとう。またお邪魔させてもらいます。お休みなさい。
> 고마워요. 다시 찾아뵙겠습니다. 안녕히 주무세요.

□ パーティーはとても楽しかったです。
파티는 무척 즐거웠습니다.

□ 夕食をごちそうさまでした。
저녁을 잘 먹었습니다.
❖ 식사를 하기 전에는 いただきます라고 하며, ごちそうさまでした는 식사를 마치고 하는 인사말이다. 줄여서 ごちそうさま라고도 한다.

□ お会いできてうれしかったです。
만나서 즐거웠습니다.

> ☺ もう行かなければ。お会いできてうれしかったです。
> 이제 가야 해요. 만나서 즐거웠습니다.
>
> ☺ こちらこそ。お会いできてよかったです。
> 저야말로 만나서 좋았습니다.

□ いつでも立ち寄ってね。
언제든지 들러요.

> ☺ いつでも立ち寄ってね。
> 언제든지 들러요.
>
> ☺ ありがとう。そうさせてもらうわ。
> 고마워. 그렇게 할게.

안부를 전할 때

□ 木村先生にどうぞよろしくお伝えください。
기무라 선생님께 부디 안부 전해 주십시오.

□ 皆さまによろしく。
여러분께 안부 전해 주세요.
❖ 안부 인사를 전할 때는 お伝えください를 생략하고 よろしく만으로 간단히 말한다.

□ 奥さんによろしく。
부인께도 안부 전해 줘.

> ☺ 奥さんによろしく。
> 부인께도 안부 전해 줘.
>
> ☺ 伝えておくよ。ありがとう。
> 전할게. 고마워.

□ ご両親によろしく。
부모님께 안부 전해 주세요.

□ きのう田中さんに偶然会いましたら、あなたによろ
しくとのことでした。
어제 다나카 씨를 우연히 만났는데, 당신에게 안부 전해 달라고 하더군요.
❖ …とのことでした는 남에게 들은 이야기를 전할 때 쓰이는 표현이다.

□ 元気でね。
잘 다녀와요

□ では、元気で行っていらっしゃい。
그럼, 건강히 잘 다녀오세요
❖ いらっしゃる는 특수5단동사로 명령형과 ます가 접속할 때는 어미가 ぃ로 바뀌며,
우리말의 존경어인 「오시다, 가시다, 계시다」에 해당한다.

□ 気をつけて行っていらっしゃい。
조심해서 다녀오세요.

□ 行っていらっしゃい。どうぞごゆっくり。
편히 다녀오세요

□ よいご旅行を。
즐거운 여행이 되기를.

□ 休暇を楽しんでね。
휴가 잘 보내요

□ 駅までお送りしましょう。
역까지 바래다 드릴게요.
❖ お…する는 겸양 표현으로 상대를 위해서 뭔가를 해 줄 때 완곡하게 표현한다.

□ 楽しんでらっしゃい。
즐겁게 다녀와요

□ お土産を忘れないでね。
선물 잊지 마세요.

□ では、玄関まで見送ります。
그럼, 현관까지 모시겠습니다.

□ では、ここで失礼します。
그럼, 이만 실례하겠습니다.

CHAPTER 21

부탁과 의뢰

상대에게 부탁을 할 때는 가볍게 부탁하는 경우와 정중하게 부탁하는 경우 등 여러 가지 표현이 있다 명령적인 어투에서 정중한 어투에 이르기까지 때와 장소에 따라서 적절한 사용법을 익혀둘 필요가 있다 우리가 잘 알고 있는 대표적인 의뢰 표현인 …てください는 상대에게 직접적으로 행동할 것을 요구하는 것이므로 경우에 따라서는 불쾌감을 줄 수 있으므로 상대의 기분을 거슬리지 않는 완곡한 의뢰나 요구 표현을 쓰는 것이 좋다

Q&A 무조건 따라하기

Q : 木村、ここへ車で来た？

A : うん、なんで？

Q : ちょっと頼めないか**と**思って。❶

A : いいよ。何だい？

Q : ちょっとまわり道になるんだけど、前田の家までぼくを乗っけっていってくれないかな。この本、彼女に届け**ないといけ**❷**ない**んだけど、もう重くてね。

A : かまわないよ。20分もしたら出ようと思ったんだけど、それでいいかい？

Q : 기무라, 여기에 차로 왔니?
A : 응, 왜?
Q : 좀 부탁할 수 없을까 해서.
A : 좋아, 뭔데?
Q : 좀 멀리 돌아가는 길이 되는데, 마에다 집까지 나를 태워다 줄 수 없니.
　　이 책 그녀에게 갖다 줘야 하는데, 무거워서 말이야
A : 괜찮아. 20분 지나면 나가려고 했는데, 그래도 되겠니?

❶ …かと思って …까 해서
❷ …ないといけない ＝ なければいけない …하지 않으면 안 된다, …해야 한다

☐ お願いがあるのですが。
부탁이 있는데요

☐ お願いしたいことがあります。
부탁드릴 일이 있습니다.

☐ ちょっとお願いしてもいいですか。
잠깐 부탁해도 되겠어요?

> ☺ ちょっとお願いしてもいい?
> 잠깐 부탁해도 되니?
>
> ☺ いいとも。何ですか。
> 좋아요. 뭡니까?

❖ …てもいい는 허가나 허락을 나타내는 표현으로「…해도 좋다」의 뜻이다.

☐ ひとつお願いしても、よろしいですか。
하나 부탁드려도 괜찮겠습니까?

☐ お願いしたいことがあるのですが。
부탁드리고 싶은 게 있는데요.

> ☺ お願いしたいことがあるのですが。
> 부탁드리고 싶은 게 있는데요
>
> ☺ そうでうね。事としだいによりますが。
> 글쎄요. 일에 따라서요

☐ まさか断りはしないでしょう。
설마 거절은 않겠죠?

☐ これを手伝ってくれませんか。
이걸 도와줄래요?

> ☺ これを手伝ってくれませんか。
> 이걸 도와줄래요?
>
> ☺ ええ、私にできることなら、何でしょうか。
> 예, 제가 할 수 있는 일이라면, 뭐죠?

❖ なら는 명사나 형용동사에 접속하여 가정・조건을 나타낸다.

☐ すみませんが、私の願いを聞いてくださいませんか。
죄송하지만, 제 부탁을 들어 주시지 않겠습니까?

□ 木村、お使いを頼むよ。
기무라, 심부름 좀 해줘.

□ すみません、銀行を探してますが。
여보세요, 은행을 찾고 있는데요.

□ お名前をうかがえますか。
성함을 여쭤도 되겠어요?
❖ うかがうは「尋(たず)ねる 묻다, 聞(き)く 듣다」の겸양어이다.

□ お金をいくらか借りたいんですが。
돈을 좀 빌리고 싶은데요

☺ すみませんが、お金をいくらか借りたいんですが。
미안하지만, 돈을 좀 빌리고 싶은데요
☺ ごめんなさい。今は持ち合わせのお金はありません。
미안해요. 지금은 가지고 있는 돈이 없어요

□ すみませんが、ちょっとお尋ねします。
미안한지만, 잠깐 여쭙겠습니다.

□ これが最初で最後です。
이게 처음이자 마지막입니다.

□ 無理な要求はしません。
무리한 요구는 하지 않겠습니다.

❶ 의뢰의 표현
「…てくれる」

□ 立ったついでに、窓を閉めてくれ。
일어선 김에 창문을 닫아 줘.
❖ …てくれる는 남이 나에게 또는 나와 가까운 사람에게 행동을 해 주다는 뜻이다.

□ スーパーへ行って牛乳を買ってきてくれる？
슈퍼에 가서 우유를 사올래?

☺ スーパーへ行って牛乳を買ってきてくれる？
슈퍼에 가서 우유를 사올래?
☺ ああ、いいとも
아, 좋아요

□ スイッチを入れてくれない？
스위치를 넣어 주지 않겠니?

□ 私にも同じものをください。
저도 같은 걸 주세요.

☺ 木村さんは何をなさいますか。
기무라 씨는 무얼 드시겠습니까?
☺ 私にも同じものをください。
저도 같은 걸 주세요.

❖ 남이 나에게 또는 나와 가까운 사람에게 행동을 「…해 주다」라고 표현할 때는 상대의 경중에 따라 …てくれ→ …てください로 표현하며, 이는 직접적이기 때문에 좀더 부드럽게 하기 위해서는 …てくれない→…てくださいませんか로 표현한다.

□ ときどき手紙を書いてね。
가끔 편지를 써줘요.

□ こちらへ来てください。
이쪽으로 오세요.

□ 窓を開けてくださいませんか。
창문을 열어 주시지 않겠어요?

□ 案内してくださいませんか。
안내해 주시지 않겠습니까?

☺ 木村さん、明日おひまですか。
기무라 씨, 내일 시간 있으세요?
☺ はい、何でしょうか。
네, 뭔데요?
☺ お暇なら、東京を案内してくださいませんか。
시간 있으시면 도쿄를 안내해 주시지 않겠습니까?

□ 灰皿を取ってくださいませんか。
재떨이를 집어 주시지 않겠습니까?

□ これをしばらく持っていてくださいませんか。
미안하지만, 이걸 잠시 들고 있어 주시겠습니까?

□ それについてご意見を述べてくださいませんか。
그것에 대해 의견을 말씀해 주시지 않겠습니까?

□ ボリュームを少し下げてくだされば ありがたいのですが。
볼륨을 조금 낮춰 주시면 고맙겠는데요.

□ この荷造りを手伝ってもらえるかい？
이 짐꾸리기를 거들어 줄 수 있니?
❖ …てもらう는 남이 무언가를 해 줌으로써 자신이 이익을 얻음을 나타낸다.

□ 席をつめてもらえますか。
자리를 좀 당겨 줄래요?

□ 電灯をつけてもらえますか。
전등을 켜 줄래요?

□ ここで両替してもらえますか。
여기서 환전해 줍니까?

> 😊 ここで両替してもらえますか。
> 여기서 환전해 줍니까?
> 😊 はい。ドルですか。
> 네. 달러입니까?

□ 小銭を忘れちゃった。お金貸してもらえないかな。
잔돈을 잊어버렸어. 돈을 꿔 줄 수 없겠니?

□ 彼と二人だけでお話しさせてもらえますか。
그와 둘이서만 이야기하게 해 주겠어요?

□ 駅前で降ろしてもらえます？
역전에서 내려 줄 수 있어요?

□ 駅まで車で送ってもらえないでしょうか。
역까지 차로 데려다 줄 수 없을까요?

□ 友人を呼び出してもらいたいのですが。
친구를 불러내고 싶은데요

□ これを手伝っていただけるかしら。
이걸 거들어 줄 수 있을까?
❖ …ていただく도 …てもらう처럼 남이 무언가를 해 줌으로써 자신이 이익을 얻음을 나타내는 표현으로 더 정중한 표현이다.

□ 通していただけませんか。
지나가게 해 주시겠어요?

□ 郵便局はどこにあるか教えていただけますか。
우체국이 어디에 있는지 가르쳐 주시겠습니까?

□ ちょっと時間をさいていただけませんか。
시간 좀 내 주시지 않겠습니까?

□ これをご説明いただけませんでしょうか。
이걸 설명해 주실 수 없을까요?

□ この書類をチェックしていただけないでしょうか。
이 서류를 체크해 주실 수 없을까요?

□ 妹さんを紹介していただけませんでしょうか。
여동생을 소개해 주실 수 없을까요?

❺ 의뢰의 표현
「…てほしい」

□ あしたうちに遊びに来てほしい。
내일 우리 집에 놀러 와 주었으면 해.

❖ …てほしい는 「…해 주었으면 한다, …하기 바란다」의 뜻으로 완곡하게 부탁이나 의뢰
를 할 때 주로 쓰이는 표현이다.

□ この言葉の意味をちょっと教えてほしいです。
이 말의 뜻을 좀 가르쳐 주었으면 합니다.

□ 私の書いた作文を直してほしいんです。
제가 쓴 작문을 고쳐주었으면 합니다.

□ すみませんが、もう少し待ってほしいんですが。
미안하지만, 좀 더 기다려 주었으면 합니다만.

CHAPTER 22

부탁과 의뢰의 응답

여기서는 부탁이나 의뢰를 받았을 때 응답하는 요령을 익힌다 특히 부탁이나 의뢰를 거절할 때는 상대의 마음을 배려해야 하므로 일정한 기술이 필요하다 우리는 외국인에게 약한 면이 있으나 때와 장소에 따라 확실하게 거절해야 하는 경우도 있다 쾌히 승낙할 때는 いいですとも나 喜んで를 사용하며, 거절할 때는 ごめんなさい를 쓰며, 상대를 배려하여 残念ですが라고 말을 꺼낸 뒤 거절을 하는 이유를 설명하면 된다

Q&A　무조건 따라하기

Q: ちょっと頼みがあるんだけど。

A: できることなら。何だい？

Q: 生物のノートを貸してくれないかな。ここ3回、講義に出られ❶なかったんだ。

A: 残念だけど、そりゃ勘弁してくれ❷。来週のテストの準備に必要なんだ。

Q: そうか。数学のノートはどう？最近、数学の授業にも出られないんだ。

A: ああ、それはいいよ。だけど、なくさ❸ないようにしろよ。

Q: 부탁이 좀 있는데.

A: 가능한 일이라면, 뭔데?

Q: 생물 노트를 빌려 주지 않을래? 요전 3번 강의를 듣지 못했어.

A: 유감스럽지만, 그건 용서해 줘. 다음 주 시험 준비에 필요해.

Q: 그래. 수학 노트는 어때? 요즘 수학 수업을 들을 수 없어.

A: 아, 그건 돼. 하지만 잃어버리지 않도록 해.

❶ 講義に出る 강의를 듣다, 출석하다
❷ そりゃ = それは、勘弁する 용서하다, 참다
❸ …ないようにしろ …지 않도록 해

□ いいですとも。
좋고말고요.

> 😊 貸してくれる?
> 빌려 줄래?
> ☺ いいとも。
> 좋고말고

❖ ともは「…고말고」의 뜻으로 의문이나 반대의 여지가 없음을 나타낸다.

□ できるだけやってみましょう。
가능한 한 해 봅시다.

□ もちろんですとも。
물론이고말고요.

□ いいですよ。はい、どうぞ。
좋아요 자 보세요

> 😊 それを見せてくださいませんか。
> 그걸 보여 주시겠어요?
> ☺ いいですよ。はい、どうぞ。
> 좋아요 자 보세요

❖ どうぞは 남에게 매우 정중하게 부탁할 때나 바랄 때도 쓰이지만, 남에게 권유하거나 허락할 때도 쓰인다.

□ よろこんで。
기꺼이.

> 😊 助けてくれますか。
> 도와줄래요?
> ☺ ええ、喜んでいたします。
> 예, 기꺼이 하겠습니다.

□ いいですよ。お安いご用です。
좋아요 아주 쉬운 일입니다.

> 😊 車で送っていただけませんかしら。
> 차로 데려다 줄 수 있어요?
> ☺ いいですよ。お安いご用です。
> 좋아요 아주 쉬운 일입니다.

□ 何をすればいいの?
뭘 하면 되겠니?

□ 君の言うとおりにするよ。
네가 말하는 대로 할게.

> ☺ この部屋の模様替え手伝ってくれる?
> 이 방 모양을 바꾸는 데 거들어 줄래?
> ☺ わかった。君の言うとおりにするよ。
> 알았어. 네 말대로 할게.

❖ とおりは活用語に接続하여「…하는 대로」의 뜻으로 같은 방법과 상태임을 나타낸다.

□ もちろんいいとも。
물론 좋고말고.

> ☺ タバコを1本もらっていいですか。
> 담배 한 개비 가져가도 될까요?
> ☺ もちろんいいとも。自由に取ってくれたまえ。
> 물론이지. 마음껏 집어 가.

□ わかりました。
알았어요.

> ☺ タクシーを呼んでもらえますか。
> 택시를 불러 주겠어요?
> ☺ わかりました。
> 알았어요

□ 何をしてほしい?
무얼 해주길 바라니?

□ 私がやっておくわ。
내가 해놓을게.

> ☺ このビデオ、返しに行ってくれるかな?
> 이 비디오 반납해 줄래?
> ☺ いいわよ。私がやっておくわ。
> 좋아. 내가 할게.

□ 僕に任せて。
나에게 맡겨.

□ 簡単なことさ。
간단한 일이야.
❖ さ는 가볍게 단정해서 단언하는 뜻을 나타낸다.

□ しようがないあ。
어쩔 수 없지.

> 😊 デパートまで車で連れていってくれる？
> 백화점까지 차로 데려다 줄래?
> 😊 しようがないあ。
> 어쩔 수 없지.

❖ しようがない = しかたがない 어쩔 수 없다, 어쩔 도리, 방법이 없다

□ まったくかまいません。
전혀 문제없습니다.

> 😊 この仕事を先にやってもらえませんか。
> 이 일을 먼저 해 줄 수 없습니까?
> 😊 まったくかまいません。
> 전혀 문제없습니다.

조건부로 승낙할 때

□ できることならば
가능한 일이라면,

□ できることなら、何でもするよ。
가능한 일이라면 뭐든지 할게.

□ はい。何のご用でしょうか。
네. 무슨 일이죠?

□ 何なりと、できることなら。
무엇이건 가능한 일이라면.
❖ なり(と)는 「…든지, …라도」의 뜻으로 긍정을 나타낸다.

□ できることならいたしますが、どうぞ話してください。
가능한 일이라면 하겠습니다만, 자 말씀하세요.

□ 急ぎじゃなければいいんですが。
급한 일이 아니라면 좋겠는데요.

> 😊 ちょっとお願いしていい？
> 부탁 좀 해도 되겠니?
> 😊 いいですけど、急ぎじゃなければいいんですが。
> 좋은데요. 급한 일이 아니라면 좋겠는데요.

□ あまり長くなければいいですよ。
너무 길지 않으면 좋겠어요

□ 何でしょうか。できることならいたしましょう。
무슨 일이죠? 가능한 일이라면 하겠어요

□ 残念ですが、できません。
유감스럽지만, 할 수 없습니다.

☺ お金を貸してくれる?
돈을 빌려 줄래?
☺ 残念だけど、それはできないよ。
유감스럽지만, 그건 할 수 없어.

□ 悪いけれど力になれないわ。
미안하지만 도와줄 수 없어.

☺ 僕の代わりに報告書を書いてくれる?
내 대신 보고서를 써 줄래?
☺ 悪いけれど力になれないわ。
미안하지만 도와줄 수 없어.

❖力になる 힘이 되다, 도움이 되다

□ お引き受けしたいんですが、今回はだめです。
인수해 드리고 싶습니다만, 이번에는 안 됩니다.

□ すみませんが、今は忙しいので。
미안하지만, 지금은 바빠서요.

□ ほかの人に頼んでください。
다른 사람에게 부탁하세요

□ やりたくないよ。
하고 싶지 않아.

□ 残念ながら、今手が離せないんです。
유감스럽지만, 지금 몹시 바쁩니다.
❖手が離せない 손을 놓을 수 없다, 몹시 바쁘다 ↔ 手が空く 손이 비다, 한가하다

□ 時間がないんじゃないかと思います。
시간이 없을 것 같습니다.

□ ごめんなさい。その気にならないんです。
미안해요. 그럴 마음이 생기지 않습니다.

□ それは私の仕事じゃないわ。
그건 내 일이 아냐.

> 😊 この書類をコピーしてくれる?
> 이 서류를 복사해 줄래?
> 😊 それは私の仕事じゃないわ。
> 그건 내 일이 아냐

□ 実はあまり気がのらないのです。
실은 그다지 마음이 내키지 않습니다.
❖ あまり가 뒤에 부정어가 동반되면 「그다지, 별로」의 뜻이 된다.

□ またの機会ということで。
다음 기회로 하지.

□ いいえ、それはできません。
아니오, 그건 할 수 없습니다.

□ だめです。それは無理な要求です。
안 됩니다. 그건 무리한 요구입니다.

□ いい加減にしろよ。
적당히 해라.

> 😊 クリスマスパーティーで歌ってほしいんだけど。
> 크리스마스 파티에서 노래를 불러 주었으면 하는데.
> 😊 いい加減にしろよ。嫌だって言っただろう。
> 적당히 해라. 싫다고 했잖아.

□ だめだって言ったでしょ。
안 된다고 했죠?

□ 勘弁してよ。
용서해 줘요

□ そんなに困らせないでよ。
너무 난처하게 하지 말아요

CHAPTER 23

허락과 허가 요구

상대에게 실례가 되는 행동을 하기 전에 먼저 양해를 얻어 행하는 것이 도리이다 먼저 허가나 허락을 구하기 전에 失礼ですが나 すみませんが 등으로 서두를 꺼낸 다음 말을 이어나가도록 하자 일본어의 허가나 허락을 구하는 대표적인 표현으로는 …てもいいですか 또는 …てもかまいませんか가 있다 그밖에 다양한 표현이 가능하므로 여기서 잘 익혀두자

Q&A 무조건 따라하기

Q：失礼ですが、それ、お宅の新聞？

A：ええ、そうですよ。

Q：ちょっと見せてくれませんか。

A：ええ、どうぞ。

Q：あそこへ持っていって**もかまいませんか**❶。ここは照明がちょっと暗い**もので**❷。

A：いいですよ。どうぞ。

Q：실례합니다만, 그거 댁 신문인가요?
A：예, 그래요.
Q：잠깐 보여 주지 않을래요?
A：예, 그러세요.
Q：거기로 가지고 가도 괜찮겠어요? 여기는 조명이 좀 어두워서요
A：좋아요. 그렇게 하세요.

❶ …てもかまいませんか …해도 괜찮습니까?
❷ …もので는 「…것이어서, …법으로」의 뜻으로 일반적인 사실을 나타낸다.

□ この本を借りてもいい？
이 책을 빌려도 되겠니?

> 😊 この本を借りてもいい？
> 이 책을 빌려도 되겠니?
>
> 😊 もちろん。読み終わるまで持っていていいよ。
> 물론. 다 읽을 때까지 가지고 있어도 돼.

❖ 동사의 기본형에 まで가 접속하면 「…할 때까지」의 뜻을 나타낸다.

□ 電話を借りてもいい？
전화를 빌려도 되겠니?
❖ …てもいい는 허가나 허락을 나타내는 대표적인 문형이다.

□ コンピューターを使ってもいい？
컴퓨터를 써도 되겠니?

> 😊 コンピューターを使ってもいい？
> 컴퓨터를 써도 되겠니?
>
> 😊 もちろん。でもあと1時間だけだよ。
> 물론. 하지만 앞으로 1시간만이야

□ ちょっとお邪魔してもいい？
잠깐 실례해도 되겠니?

□ このキーを私が預かってもいい？
이 키를 내가 맡아도 되겠니?

□ ひとつ聞いてもいいですか。
하나 물어도 됩니까?

□ 入ってもいいですか。
들어가도 됩니까?

> 😊 入ってもいいですか。
> 들어가도 됩니까?
>
> 😊 ええ、いいですとも。
> 예, 좋고말고요

□ 窓を開けてもいいですか。
창문을 열어도 될까요?

□ ここでボール遊びをしてもいいですか。
여기서 공놀이를 해도 됩니까?

□ ここで写真を撮ってもいいですか。
여기서 사진을 찍어도 됩니까?

☺ ここで写真を撮ってもいいですか。
여기서 사진을 찍어도 됩니까?
☺ いいえ、そこは撮影禁止区域です。
아뇨, 거기는 촬영금지구역입니다.

❖ 写真を撮る 사진을 (직접) 찍다 ↔ 写真を写す 사진을 (상대에게) 찍다

□ ここに座ってもいいですか。
여기에 앉아도 됩니까?

☺ ここに座ってもいいですか。
여기에 앉아도 됩니까?
☺ ええ、どうぞ。
예, 앉으세요

□ トイレを借りてもいいですか。
화장실을 써도 됩니까?
❖ 借りる 빌리다, 빌려 오다, 꾸다 ↔ 貸(か)す 빌려 주다

□ ここに駐車してもいいですか。
여기에 주차해도 됩니까?

☺ ここに駐車してもいいですか。
여기에 주차해도 됩니까?
☺ いいえ、駐車場はあそこにあります。
아뇨, 주차장은 저기에 있습니다.

□ ちょっと見てもいいですか。
좀 봐도 되겠어요?

□ 質問してもいいですか。
질문해도 됩니까?

□ どこでもいいのですか。
어디라도 괜찮습니까?

□ たばこを吸^すってもいいでしょうか。
담배를 피워도 될까요?

> 😊 たばこを吸^すってもいいでしょうか。
> 담배를 피워도 될까요?
> 😊 ええ、どうぞ。
> 예, 피우세요.

□ ちょっと座^ざをはずしてもいいでしょうか。
잠깐 자리를 떠도 될까요?
❖ 席を外(はず)す 그 장소에서 떠나다

□ すみません、同席^{どうせき}してもいいでしょうか。
미안합니다. 동석해도 될까요?

> 😊 すみません、同席^{どうせき}してもいいでしょうか。
> 미안합니다. 동석해도 될까요?
> 😊 いいえ、また来^くる人^{ひと}がいます。
> 아뇨, 또 올 사람이 있습니다.

□ 日本語^{にほんご}について少^{すこ}しお聞^ききしてもいいでしょうか。
일본어에 대해서 좀 여쭤도 될까요?

> 😊 日本語^{にほんご}について少^{すこ}しお聞^ききしてもいいでしょうか。
> 일본어에 대해서 좀 여쭤도 될까요?
> 😊 はい。日本語^{にほんご}なら何^{なん}でもいいですよ。
> 네. 일본어라면 뭐든지 좋아요.

□ 私^{わたし}の考^{かんが}えを申^{もう}してもいいでしょうか。
제 생각을 말씀드려도 될까요?

□ ここに座^{すわ}ってもよろしいでしょうか。
여기에 앉아도 되겠습니까?
❖ よろしい는 よい(いい)의 겸양어이다.

□ もう一杯^{いっぱい}いただいてよろしいでしょうか。
한 잔 더 받아도 될까요?

□ 今日^{きょう}は早退^{そうたい}させていただいてよろしいでしょうか。
오늘은 조퇴해도 괜찮을까요?

□ 来週の月曜まで延期してもよろしいでしょうか。
다음주 월요일까지 연기해도 될까요?

> ☺ 来週の月曜まで延期してもよろしいでしょうか。
> 다음주 월요일까지 연기해도 될까요?
> ☺ はい、いいでしょうが、理由は何ですか。
> 네, 괜찮겠지만 무슨 이유입니까?

❺ 허가·허락을 구할 때
「…させてください」

□ ノートブックを使わせてもらうよ。
노트북을 쓸게.
❖ …させてもらうは 상대의 허락을 받아서 한다는 완곡한 자신의 의지 표현이다.

□ 私にそれをさせてください。
저에게 그걸 시켜 주세요. / 제가 그걸 하겠습니다.

> ☺ この仕事を誰に任せるかな。
> 이 일을 누구에게 맡길까?
> ☺ 私にそれをさせてください。
> 저에게 그걸 시켜 주세요.

❖ …させてください는 직역하면「…시켜 주세요」라는 뜻이지만, 자신의 의지를 상대의
허락을 받아서 한다는 느낌을 주는 완곡한 표현이다.

□ 今度は私に払わせてください。
이번에는 제가 지불하겠습니다.

> ☺ すみません。会計をお願いします。
> 여보세요. 계산을 부탁합니다.
> ☺ はい、全部で1万円です。
> 네, 전부해서 1만엔입니다.
> ☺ 今度は私に払わせてください。
> 이번에는 제가 지불하겠습니다.

□ ぜひ空港まで見送らせてね。
꼭 공항까지 바래다줄게요.

□ あした一日休ませてくれますか。
내일 하루 쉬게 해 줄래요?

□ ちょっと見せてくれますか。
좀 보여 줄래요?

□ お手洗いをお借りできますか。
회장실을 쓸 수 있습니까?
❖ お手洗いは「화장실」을 말하며, トイレット(toilet)를 줄여 トイレ라고 한다.

□ 傘を拝借できますでしょうか。
우산을 빌릴 수 있을까요?
❖ 拝借する는 借(か)りる의 겸양어로「삼가 빌리다」의 뜻이다.

❻ 허가·허락을 구할 때
「…たいのです」

□ 差し支えなければ、休みたいのですが。
지장이 없다면, 쉬고 싶은데요.

😊 差し支えなければ、休みたいのですが。
지장이 없다면, 쉬고 싶은데요
☺ ええ、休んでもいいですよ。どこか悪いんですか。
예, 쉬어도 괜찮아요 어디 안 좋아요?

□ 差し支えなければ、この本をお借りしたいのですが。
지장이 없다면, 이 책을 빌리고 싶은데요.

□ 差し支えなければ、これで失礼したいのですが。
지장이 없다면, 이만 실례하고 싶은데요.

□ できれば明日、休ませてもらいたいのですが。
가능하면 내일 쉬고 싶은데요.
❖ …させてもらいたい는 상대를 통해서 허락을 받고자 할 때 쓰인다.

□ できましたら、水曜日に授業を欠席したいのですが。
가능하면, 수요일에 수업을 빠지고 싶은데요.

😊 できましたら、水曜日に授業を欠席したいのですが。
가능하면 수요일에 수업을 빠지고 싶은데요
☺ いや、だめだよ。大事な授業だから。
아니 안 돼. 중요한 수업이라서.

□ ここまで読んでいただきたいんですが。
여기까지 읽어 주셨으면 합니다만.

승낙과 거절

상대방이 허락이나 허가를 요구할 때 흔쾌히 승낙한다면 ええ, よろこんで いいですとも라고 대답하고, 상대방이 양해를 구해 올 때는 どうぞ라고 대답하면 된다 반대로 딱 잘라서 거절할 때는 いや, だめです, いけません이라고 하고 부득이 거절하고 싶을 때는 상대의 기분을 상하지 않도록 残念ながら, だめです나 考えておきます 등과 같은 완곡한 표현을 써서 거절하는 것이 좋다

Q&A 무조건 따라하기

Q : 木村先生、今日の午後、LL教室を使ってもいいでしょうか。

A : 私にはその許可はあげられないんだ。中村先生に頼んで。

Q : お部屋にうかがってきたんですけど、いらっしゃらなかったんです。

A : ああ、そうそう。思い出した。先生は会議があったんだった。そういうこと❶なら、私が許可してもいいだろう。使いたい時間は？

Q : できたら5時にお願いします。あそこに入っているリスニング用テープを使ってもいいでしょうか。

A : ああ、もちろん。

Q : 기무라 선생님, 오늘 오후에 LL교실을 사용해도 되겠어요?
A : 나는 그 허가를 할 수 없어. 나카무라 선생님께 부탁해.
Q : 방에 찾아갔는데, 안 계셨습니다.
A : 아, 그래그래. 생각났다. 선생님은 회의가 있었어. 그렇다면 내가 허가해도 되겠군? 사용하고 싶은 시간은?
Q : 가능하면 5시에 쓰고 싶습니다. 거기에 들어 있는 리스닝 테이프를 사용해도 될까요?
A : 아, 물론

❶ なら는 단정을 나타낸 だ의 가정형으로 「…이면」으로 뜻으로 주로 조사 は를 생략해서 사용한다.

흔쾌히 승낙할 때

☐ いいですよ。
좋아요

☐ いいですとも。
좋고말고요

> ☺ お宅の電話を使ってもいいですか。
> 댁 전화를 써도 되겠습니까?
> ☺ いいですとも。
> 좋고말고요

☐ はい、承知しました。
네, 알았습니다.

> ☺ これ、ちょっと見てもいいですか。
> 이거 좀 봐도 되겠습니까?
> ☺ はい。
> 네.

❖ 고객을 대상으로 하거나 윗사람의 부탁을 승낙할 때는 わかりました보다는 承知しました나 かしこまりました로 하는 게 좋다.

☐ もちろん、どうぞ。
예, 그렇게 하세요

> ☺ これを持って行っていい?
> 이거 가져가도 돼?
> ☺ もちろん、いいですよ。
> 물론 좋아요

☐ ええ、どうぞ。
예, 그렇게 하세요

> ☺ ご家族のことについて少しお尋ねしてもいいでしょうか。
> 가족에 대해서 좀 물어도 될까요?
> ☺ ええ、どうぞ。
> 예, 그렇게 하세요

❖ …について …에 대해서, …에 관해서

☐ よかったらどうぞ。
괜찮다면 그렇게 하세요

> ☺ 新聞を持って行っていいですか。
> 신문을 가져가도 됩니까?
> ☺ よかったら、どうぞ。
> 괜찮다면, 그렇게 하세요

☐ かまいませんよ。
상관없어요.

> 😊 タバコを吸ってもかまいませんか。
> 담배를 피워도 괜찮겠습니까?
> 😊 かまいません、いいですよ。
> 괜찮아요. 피우세요.

☐ かまいませんとも。
상관없고말고요.

☐ そうしていただくとありがたいです。
그렇게 해 주시면 고맙겠습니다.

> 😊 あなたの誤りを直してよろしいですか。
> 당신의 잘못을 지적해도 될까요?
> 😊 ええ、どうぞ。そうしていただくとありがたいです。
> 예, 말씀하세요. 그렇게 해 주시면 고맙겠습니다.

❖ …ていただくとありがたい …해 주시면 고맙겠다

☐ 君がかまわなければ。
네가 괜찮다면.
❖ …なければならない …지 않으면 안 된다, …해야 한다

☐ うん、もう帰ってもいいよ。
응, 이제 가도 돼.

☐ 少しも気にしません。
조금도 개의치 않습니다.

☐ 許可を与える立場ではないのですが、大丈夫だと思いますよ。
허가를 해줄 입장은 아니지만, 괜찮을 겁니다.

☐ そういうことなら、私が許可してもいいだろう。
그런 것이라면 내가 허가해도 될 거야.

☐ ぜひどうぞ。
꼭 그렇게 하세요.
❖ ぜひ 반드시, 꼭

☐ 気にしないで、どうぞ。
신경 쓰지 말고, 그렇게 하세요.

□ いけません。
안 됩니다.

> ☺ お母さん、このケーキ食べていい?
> 엄마, 이 케이크 먹어도 돼?
> ☺ いけませんよ。
> 안돼요.

□ だめです。
안 됩니다.

□ 困ります。
곤란합니다.

> ☺ この写真もらっていいかしら。
> 이 사진 가져가도 될까?
> ☺ すみません、あげるわけにはいきません。
> 미안합니다. 줄 수 없습니다.

❖ わけにはいかない 주의 사정으로는 도저히 그럴 수 없다

□ いや、それは困ります。
아니오, 그건 곤란합니다.

> ☺ もうちょっと速く話していいでしょうか。
> 좀더 빨리 말해도 될까요?
> ☺ いや、それは困ります。
> 아뇨, 그건 곤란합니다.

□ それはまずいでしょう。
그건 곤란하겠네요.

> ☺ ここに駐車していいかな。
> 여기에 주차해도 될까?
> ☺ いや、まずいんじゃなかと思いますよ。
> 아니, 안 될 것 같은데요.

❖ まずい 거북하다, 난처하다, 좋지 않다

□ できれば止めてください。
가능하면 그만두세요.

□ できれば来てほしくないのですが。
될 수 있으면 오지 않았으면 합니다만.

□ だめだと思^{おも}います。
안될 것 같습니다.

😊 この部屋^{へや}でタバコを吸<sup>す</sup ってもいいでしょうか。
이 방에서 담배를 피워도 될까요?
😊 いや、いけないと思^{おも}います。禁煙室^{きんえんしつ}ですから。
아니, 안 될 것 같습니다. 금연실이라서요.

□ できればやめてほしいのですが。
가능하면 그만 두었으면 하는데요.

😊 タバコを吸^すってもいいですか。
담배를 피워도 될까요?
😊 できればやめてほしいのですが。
가능하면 그만 두었으면 하는데요.

□ そうできれば いいんだけれど。
그렇게 할 수 있으면, 좋겠지만.

□ 今^{いま}は手^てが離^{はな}せない用事^{ようじ}があってね。
지금은 무척 바쁜 용무가 있어서요.

□ ごめんなさい。今^{いま}はほかの事^{こと}で急^{いそ}いでいます。
미안해요. 지금은 다른 일로 바쁩니다.

□ 遠慮^{えんりょ}してください。
삼가주세요.

😊 この書類^{しょるい}、コピーしてもいいでしょうか。
이 서류 복사해도 될까요?
😊 それはちょっと困^{こま}るのですが。
그건 좀 곤란하겠는데요.

❖ 遠慮는 타인에 대한 배려의 뉘앙스가 들어 있다.

□ 残念^{ざんねん}ですが。今^{いま}はできません。
유감스럽지만, 지금은 할 수 없습니다.

□ 私^{わたし}の立場^{たちば}としては、受^うけ入^いれることができません。
제 입장으로서는 받아들일 수 없습니다.
❖ …ことができない는 동사의 기본형에 접속하여 「…할 수가 없다」의 뜻으로 불가능을 나타낸다.

□ ご遠慮願いたいのですが。
삼가주었으면 하는데요.

> ☺ 今週末、お車を貸していただけますか。
> 이번 주말에 차를 빌려 주실 수 있습니까?
>
> ☺ 差し支えなければ、遠慮していただけませんか。今週末は
> 息子に使わせる約束をしてしまいましたので。
> 죄송합니다만, 안 되겠습니다. 이번 주말에는 아들이 쓰기로 약속을 해서요.

□ 残念ながらだめです。
유감스럽지만 안 됩니다.

□ 私には無理だと思います。
저에게는 무리일 것 같습니다.

□ 考えてみます。
생각해 보겠습니다.
❖ …てみるは (…해 보다)의 뜻으로 시도를 나타낸다.

□ 次の機会に、もう一度話しましょう。
다음 기회에 다시 한번 이야기합시다.

□ 絶対にだめだよ!
절대로 안 돼.

□ 今はだめだ。あとでね。
지금은 안 돼. 나중에.

> ☺ 遊びに出てもいい?
> 놀러 나가도 돼?
>
> ☺ 今はだめだ。あとでね。
> 지금은 안 돼. 나중에.

제안과 권유

여기서는 무언가를 상대에게 제안하거나 권유할 때 쓰이는 표현을 익히게 된다 사용 빈도가 높으므로 입에서 곧바로 나올 때까지 익혀두어야 한다
일본어에서 상대에게 제안이나 권유를 할 때 가장 많이 쓰이는 표현으로는 どうですか 와 いかがですか가 있다 いかがですか는 どうですか보다 정중한 표현이다 또한 구체적인 행위에 대한 권유나 제안을 할 때는 …ましょうか나 …するのはどうですか가 쓰인다

Q&A 무조건 따라하기

Q: ひと休みしようか。くたびれちゃった。

A: そうだね。このへんで休んでもいいだろう。

Q: 外でコーヒーかなんか一杯やろう？ ❶

A: いいね。ビールのほうが良くない？

Q: そうだね、でも夕方まで待ったほうがいいんじゃない？ ❷

A: そうか。そのほうがいいか。コーヒーでも飲みに行こう。

Q: 잠깐 쉴까? 지쳤어.
A: 그래. 이쯤에서 쉬어도 괜찮을 거야
Q: 밖에서 커피든 뭐든 한 잔 하자?
A: 좋아. 맥주가 좋지 않겠니?
Q: 글쎄. 하지만, 저녁까지 기다리는 게 좋지 않을까?
A: 그래? 그게 좋을까? 커피라도 마시러 가자.

❶ なんか는 체언 또는 그에 준하는 말에 접속하여 「등, 따위」의 뜻으로 예시를 나타낸다.
❷ …たほうがいい …하는 게 좋다

□ これはどうですか。
이건 어때요?

> ☺ 何か書く道具ある?
> 무슨 필기도구 있니?
> ☺ ボールペンはどう？ これでいいか？
> 볼펜은 어때? 이거 되겠니?

□ …はどう？
…은 어때?

> ☺ 誰か心当たりはありますか。
> 누군가 짐작이 갑니까?
> ☺ 木村はどう？
> 기무라는 어때?

❖ どうは どのようにの 줄임말로 상대편의 마음이나 상태를 물을 때는 「어때?」의 뜻이 되고, 정중하게 말할 때는 どうですか라고 한다.

□ あすは、どうですか。
내일은 어때요?

> ☺ いつ会いましょうか。
> 언제 만날까요?
> ☺ 明日はどうですか。
> 내일은 어때요?

□ コーヒーはどう？
커피는 어때?

> ☺ コーヒーはどう？
> 커피는 어때?
> ☺ いいとも。
> 좋고말고

□ どこか避暑地へ行って数日過ごすのはどうですか。
어디 피서지에 가서 며칠 보내는 게 어때요?

□ ぼくが君に電話をかけるのはどう？
내가 너에게 전화를 거는 건 어때?

□ 君からぼくに電話をかけるのはどうだい。
네가 나에게 전화를 거는 게 어때?
❖ どうだい의 い는 긍정・의문・명령 등의 문말에 붙어서 문세를 강조하는 데 쓰인다.

□ 温泉へ行くのはどうです？
온천에 가는 게 어때요?

□ お茶でも一杯いかがですか。
차라도 한 잔 마시겠습니까?
❖ いかがですかは どうですかの 정중한 표현으로 권유할 때 주로 쓰이는 표현이다.

□ ご一緒にお食事でもいかがですか。
함께 식사라도 하시겠습니까?
❖ …でもいかがですか「…라도 하시겠습니까」의 뜻으로 상대에게 정중하게 권유할 때 많이 쓰이는 표현이다.

❷ 제안할 때
「…たらどう？」

□ 木村か来るまで待ってみたらどう？
기무라가 올 때까지 기다려 보면 어때?
❖ …たらどう …하면 어때?

□ 5分後にかけなおしてみたら？
5분 후에 다시 걸면 어떻겠니?

□ 電話で何か注文したらどうですか。
전화로 뭐라도 주문하면 어떨까요?

□ テニスでもやったらどうでしょうか。
테니스라도 하면 어떨까요?

□ 髪を切ってもらったら？
머리를 깎으면 어떻겠니?

□ これはどう？今からぼくの家に来たらどうだい？
이건 어때? 지금부터 우리 집에 오면 어때?

☐ どうして直接彼女に言わないの？
왜 직접 그녀에게 말하지 않니?
❖ 상대에게 제안을 할 때 부정형을 사용하여 표현하면 다소 정중하고 완곡한 느낌을 준다.

☐ 週末にドライブに行かない？
주말에 드라이브 안 갈래?

☺ 週末にドライブに行かない？
주말에 드라이브 안 갈래?
☺ すまないけど、先約があるんだ。
미안하지만, 선약이 있어.

☐ 今晩マージャンやるけど、一緒にやらない？
오늘밤 마작을 하는데, 함께 안 할래?

☐ 映画を見に行きませんか。
영화를 보러 안 갈래요?

☐ いつか私の家に夕食にいらっしゃいませんか。
언제 우리 집에 저녁 식사하러 오시지 않겠습니까?

☐ 散歩に行きませんか。
산책하러 안 갈래요?

☐ コーヒーを飲みに行きませんか。
커피를 마시러 안 갈래요?
❖ 동작성 명사나 동사의 명사형에 …に行く를 접속하면 「…하러 가다」의 뜻으로 동작의 목적을 나타낸다.

☐ 今晩、一杯やりに行きませんか。
오늘밤 한 잔 하러 안 갈래요?

☺ 今晩、一杯やりに行きませんか。
오늘밤 한 잔 하러 안 갈래요?
☺ いいんだが、早く帰らなくちゃ。
좋은데, 일찍 가야 해.

☐ 気分転換にビールでも飲みに行きませんか。
기분전환으로 맥주라도 마시러 안 갈래요?

☐ 今夜は外で食事をしませんか。
오늘밤은 밖에서 식사를 하지 않겠어요?

□ みんなで相談しようじゃないか。
모두 함께 의논하지 않겠나?

□ もう一度考えてみようじゃありませんか。
다시 한번 생각해 보지 않겠어요?
　❖ …ようじゃないかは「…하지 않을래」의 뜻으로 완곡하게 권유하는 표현이다.

□ 一緒に映画でも見ようじゃありませんか。
함께 영화라도 보지 않겠어요?

> ☺ 一緒に映画でも見ようじゃありませんか。
> 함께 영화라도 보지 않겠어요?
> ☺ 見たいんだけど、木村に会うことにしたよ。
> 보고 싶은데, 기무라를 만나기로 했어.

□ 今日は一緒に帰ろうじゃないか。
오늘은 함께 돌아가지 않겠나?

□ 木村さん、一杯やろうじゃありませんか。
기무라 씨, 한 잔 하지 않겠어요?

□ じゃ、仕事をやめて早く行こう。
그럼, 일을 그만두고 빨리 가자.
　❖ う(よう)는 동작이나 행동의 의지(…하겠다)나 권유(…하자)를 나타낼 뿐만 아니라
　추측(…할 것이다)을 나타내는 경우도 있다.

□ 会社が終わったらビール一杯飲もう。
회사가 끝나면 맥주 한 잔 마시자.

□ 時間がないから、ここで止めよう。
시간이 없으니까, 여기서 그만두자.

□ もっと安売りしたら、そのとき買おう。
더 싸게 팔면, 그 때 사자.

□ 一緒にテニスでもやろうか。
함께 테니스라도 할까?

□ あとでまた電話しましょうか。
나중에 다시 전화할까요?

□ 何か飲み物をお持ちしましょうか。
무슨 마실 것을 가져다 드릴까요?

□ ディスコへ行きましょう。
디스코장에 갑시다.

> ☺ 今晩は何をしようか。
> 오늘밤은 무얼 할까?
> ☺ ディスコへ行きましょう。
> 디스코장에 갑시다.

□ 私がご案内しましょうか、それとも地図を書いてあげましょうか。
제가 안내해 드릴까요? 아니면 지도를 그려 드릴까요?
❖ 남을 위해서 뭔가를 해 줄 때는 …てあげる를 사용한다. 그러나 이것은 직접적이기 때문에 겸양 표현인 お…する의 형태로 표현하기도 한다.

□ お邪魔ですか。どきましょうか。
방해가 됩니까? 비킬까요?

□ それをお送りしましょうか。
그걸 보내 드릴까요?

□ 少なくとも一年に一度は集まりましょう。
적어도 1년에 한 번은 모입시다.

□ それじゃ、いつもの所へ行きましょうよ。
그럼, 늘 가던 곳으로 갑시다.

□ その件を話し合うことにしましょう。
그 건을 의논하기로 합시다.
❖ …ことにする는 동사의 기본형에 접속하여「…하기로 하다」의 뜻으로 말하는 사람의 의지를 나타낸다.

□ 騒がしいですね。外へ出ましょう。
소란스럽군요. 밖으로 나갑시다.

□ お手伝いしましょうか。
거들어 드릴까요?

□ お持ちしましょうか。
들어 드릴까요?

제안이나 권유를 흔쾌히 받아들일 때는 そうしましょう, どうもお願いします 등으로 표현한다. 반대로 거절할 때는 ありがとうございます, でもよろしいです라고 정중하게 표현하면 된다. 상대의 호의에 대한 배려를 일언지하에 だめです나 とんでもない로 거절하는 것은 상대에게 불쾌감을 줄 수 도 있다. 따라서 같은 거절을 하더라도 부드러운 표현을 사용한다거나 이유를 설명하는 것이 바람직하다.

Q&A 무조건 따라하기

Q: 夏休みにどこへ行くか決めたほうがいいね。

A: そうね。あまり遅くまでほうっておきたくないわよね。

Q: うん。青森のあそこへ出かけるのはどう？ ❶

A: うーん。あそこは2年前に行ったばかりじゃない？ どこか違うところにしてみたら？ ❷

Q: わかった。なるべくたくさん違ったところへ行ってみるのは大賛成だよ。吉村に聞いてみようか。

A: そう。吉村が勧めるってそんなに確かかしらね。

Q : 여름휴가 때 어디로 갈지 정하는 게 좋겠어.
A : 그래. 너무 늦게까지 내버려두고 싶지 않아.
Q : 응 아오모리 거기로 가는 건 어때?
A : 음 거기는 2년 전에 갔었잖아? 어디 다른 곳으로 하면 어때?
Q : 알았어. 가능하면 많이 다른 곳으로 가보는 것은 대찬성이야. 요시무라에게 물어볼까?
A : 글쎄. 요시무라가 권하는 게 그렇게 확실할까.

❶ あの, あそこ, あちら 등은 쌍방이 잘 알고 있는 어떤 일(사항), 장소, 방향 등을 가리킨다.
❷ …たばかりだ는 「막…했다」의 뜻으로 동작이 완료된 지 얼마 되지 않았음을 나타낸다.

❑ はい、お願いします。
네, 부탁드려요.

❑ はい、いただきます。
네, 마시(먹)겠습니다.

> ☺ もう少し紅茶はいかが?
> 홍차를 좀더 들래요?
> ☺ はい、いただきます。
> 네, 마시겠습니다.

❖ いただく는 もらう(받다)의 겸양어로 いただきます로 쓰일 때는 식사를 시작하기 전에 하는 인사 표현이다.

❑ それは大変結構です。
그거 무척 좋습니다.
❖ 結構です는 여기서처럼 승낙을 나타내기도 하지만, 반대로 정중히 거절하는 뜻으로도 쓰인다.

❑ そうしましょう。
그렇게 합시다.

> ☺ 少し休みましょうか。
> 조금 쉴까요?
> ☺ ええ、そうしましょう。
> 예, 그렇게 합시다.

❑ それはいいですね。
그거 좋겠군요.

> ☺ 食事に行きましょう。
> 식사하러 갑시다.
> ☺ 結構ですね。私も空腹のところですよ。
> 좋아요. 저도 배가 고프던 참입니다.

❑ ええ、結構ですよ。
예, 좋아요.

> ☺ あしたは3時に会いましょう。それでいいですか。
> 내일 3시에 만납시다. 괜찮겠어요?
> ☺ ええ、結構ですよ。
> 예, 좋아요

❑ 面白そうですね。
재미있을 것 같네요

□ うれしい！
기뻐라!

😊 金曜に映画に行こうね。
금요일에 영화 보러 가지.

😊 あら、嬉しいわ。
어머, 기뻐라.

□ 考えてみましょう。
생각해 봅시다.

□ 行きたいけど…。
가고 싶은데…

😊 どう、泳ぎに行かない？
어때, 수영하러 안 갈래?

😊 ええ、行きたいけど。でもどこへ行くの？
응, 가고 싶지만, 근데 어디에 가는데？

□ いいえ、結構です。
아니오, 됐습니다.

😊 紅茶をもう少しいかがですか。
홍차를 좀더 드시겠어요？

😊 いや、結構です。もう十分いただきました。
아뇨, 됐습니다. 이미 충분히 마셨습니다.

❖ 여기서의 結構です는 정중히 거절하는 뜻이다.

□ いいえ、大丈夫です。
아뇨, 괜찮습니다.
❖ 大丈夫 괜찮음, 걱정 없음, 끄떡없음

□ 悪いけど…。
미안하지만…

😊 マージャンでもやらない？
마작이라도 할래？

😊 悪いけど、あまりやりたくないんだ。
미안한데, 별로 안 하고 싶어.

□ そうできればいいんだけど…。
그렇게 할 수 있으면 좋겠지만….

□ そうしたいんですが。
그렇게 하고 싶은데.

❖ やまやまは 어떤 일을 하고 싶은 마음이 태산 같다는 것을 나타낸다.

□ 彼の提案には私は反対です。
그의 제안에 저는 반대입니다.

□ そんな気分じゃないんだ。
그럴 기분이 아니야.

□ そうだな、また次の機会にしようか。
글쎄, 다음 기회로 할까?

□ 残念だけど、できないんだ。
아쉽지만, 할 수 없어.

□ ほかに用事があるので。
다른 용무가 있어서.

□ すみません、今急いでいるので。
미안합니다. 지금 바빠서.

□ できれば飲みに行きたくないのですが。
가능하면 마시러 가고 싶지 않습니다만.

□ 面白そうだけど、残念ながら今時間がないんだ。
재미있을 것 같은데, 아쉽게도 지금 시간이 없어.

□ そうしたいんだが、くたびれちゃった。また後で。
그렇게 하고 싶은데, 녹초가 되었어. 나중에 다시 하자.

조언과 충고

조언이나 충고를 하는 표현에는 …なさい처럼 명령조로 하는 것부터 …するほうがいい のではないでしょうか처럼 완곡하게 표현하는 경우에 이르기까지 여러 가지 표현이 가능하다.
충고나 주의는 충고를 받는 사람의 입장에 따라서 언짢게 들릴 수도 있으므로 주의나 충고를 할 때는 상대의 입장을 충분히 파악한 다음 가능하면 직접적으로 충고나 조언 을 하는 것보다 우회적으로 하는 것이 좋다.

Q&A 무조건 따라하기

Q：彼がよこした手紙どうすればいいと思う？

A：ぼくだったら、無視するね。やつ**だって**、きっと送ら**なきゃよ かった**と後悔してるさ。

Q：でも、書いてあることがほんとに失礼なのよ。謝ってもらいた いわ。

A：気持はわかるよ。だけど、騒ぎ立てる価値はないと思うな。 一番いいのは忘れちまうことさ。むりやり謝らせようとして も、やつはぜったい謝らないぜ。だけど、何事もなかったよう な顔をしてれば、多分しまいには頭を下げるさ。

Q：그가 보낸 편지 어떻게 하면 좋겠니?
A：나라면 무시하겠어. 그 녀석도 분명 안 보냈으면 좋았을 거라고 후회하고 있을 걸.
Q：하지만, 적혀 있는 게 거의 무례한 내용이야. 사과를 받고 싶어.
A：마음은 알겠어. 하지만, 소란피울 가치가 없을 것 같아. 가장 좋은 것은 잊어 버리는 것이야. 억지로 사과시키려고 해도 녀석은 절대로 사과를 안 해. 하지만, 아무 일도 없었던 듯한 표정을 하면, 아마 결국에는 머리를 숙일 거야.

❶ …だっては「…라도, …일지라도」의 뜻으로 강조를 나타낸다.
❷ …なきゃよかった ＝ …なければよかった …지 않았으면 좋았다

□ 休むといいですよ。
쉬면 좋겠어요.

> 😊 気分がすぐれないんだ。
> 기분이 안 좋아져.
> 😊 じゃあ、寝るほうがいいよ。
> 그럼, 자는 게 좋겠어.

□ レッスン受けてみたら?
레슨을 받아보는 게 어때?

> 😊 まあ、もっと英語がうまく話せればいいのになあ。
> 아, 영어를 더 잘 했으면 좋겠는데.
> 😊 英会話の個人レッスンを受けてみなさいよ。
> 영어회화 개인지도를 받아보거라.

□ 医者に診てもらうほうがいいよ。
의사에게 진찰을 받는 게 좋겠어.
❖ 医者に診てもらう 의사에게 진찰을 받다

□ 中止しないほうがいいね。
중지하지 않는 게 좋겠어.
❖ …ないほうがいい …하지 않는 게 좋다

□ 検査を受けに行ったほうがいいと思います。
검사를 받으러 가는 게 좋을 것 같습니다.
❖ …たほうがいい는「…하는 게 좋다」의 뜻으로 어떤 행동을 하는 것을 권할 때 주로 쓰이는 표현이다.

□ 仕事を休むほうがいいですよ。
일을 쉬는 게 좋겠어요.

□ よく考えてからやってみるほうがいいですよ。
잘 생각하고 나서 해보는 게 좋겠어요.

> 😊 よく考えてからやってみるほうがいいですよ。
> 잘 생각하고 나서 해보는 게 좋겠어요.
> 😊 うん、そうだね。
> 응, 그렇군.

□ 一人でやってみるのがいいですよ。
혼자서 해보는 게 좋겠어요.

□ あまり飲みすぎないほうがいいですよ。
너무 과음하지 않는 게 좋겠어요.

□ 止めたほうがいいですよ。
그만 두는 게 좋겠어요.

❖ だっては「그러나, 그렇지만, 왜냐하면」의 뜻으로 반론하거나 이유를 나타낸다.

주의를 줄 때

□ ちょっと注意しておきますけど。
주의 좀 주겠는데.

□ 気をつけて!
조심해요!
❖ 気をつける 조심하다, 주의를 하다

□ 彼には用心して。
그를 조심해요.
❖ 火(ひ)の用心 불조심

□ これには落とし穴があるんだ。
여기에는 함정이 있어.

□ よく考えて行動しなさい。
잘 생각하고 행동해라.

□ 初めてするんだ。手加減してよ。
처음 하는 거야. 적당히 해.

☐ 行き過ぎないようにしようぜ。
너무 지나치지 않도록 해.
❖ …ないように …하지 않도록. ぜ는 말끝에 붙여서 가볍게 다짐을 나타낸다.

☐ もう少しようすをうかがおう。
좀더 모습을 살피자.

☐ 早とちりしないでよ!
지레짐작하지 말아요!

😊 木村は今回も試験にしくじるだろう。
기무라는 이번 시험도 실패할 거야.
🙂 早とちりしないでよ!
지레짐작하지 말아요!

❖ 早とちり 지레짐작하여 실수함

☐ 自分勝手なことを言うな。
제멋대로 말하지 마.

☐ 君は態度が悪いよ。
너는 태도가 나빠.

☐ 行儀の悪いことをやめなさい。
버릇없는 짓을 그만두어라.

☐ うるさい! 静かにしろ!
시끄러워! 조용히 해!

☐ ばかな真似はよしなさい。
바보 같은 짓은 그만두어라.

☐ 場所柄をわきまえなさい。
장소를 가려서 해라.

☐ 年を考えなさい。
나이를 생각해라.

😊 この色、僕に似合うかしら。
이 색깔, 나에게 어울릴까?
🙂 年を考えなさい。
나이를 생각해라.

❏ くだらない間違いを繰り返すな。
사소한 실수를 반복하지 마라.

❏ そんなにうぬぼれるな。
그렇게 우쭐대지 마.

❏ 外見で判断するな。
겉모습으로 판단하지 마.

> 😊 あの女はきっと頭も悪いだろう。
> 저 여자는 분명 머리도 나쁠 거야.
> 😊 外見で判断するな。
> 겉모습으로 판단하지 마.

❖ なは 동사의 기본형에 접속하여 강한 금지를 나타낸다.

❏ 口の聞き方に気をつけて。
말조심해요.

❏ きたない言葉をつかわないで。
더러운 말을 입에 담지 말아요.

❏ 大人になりなさい。
어른답게 행동해라!
❖ なさいは なさる(하시다)의 명령형으로 가벼운 의뢰나 명령을 나타낸다.

❏ いつまで子供でいるつもり!
언제까지 어린애처럼 굴 거야!

❏ 言ったとおりに行動しろ。
말한 대로 행동해라.

❏ 人の悪口を言うな。
남의 욕을 하지 마.

❏ 言ったことは守れ!
말한 것을 지켜라!

❏ 無作法なふるまいをするな。
무례한 행동을 하지 마라.

❏ 偉そうなことを言うんじゃない。
잘난 체 하는 게 아냐.

□ 金村、彼女にあやまりなさい。
가네무라, 그녀에게 사과해라.

□ 佐藤、言うことを聞きなさい!
사토, 말을 들어라!

□ 危ない! いたずらはだめだ。
위험해! 장난은 안 돼.

□ 自分でやりなさい。
스스로 해라.

> ☺ お母ちゃん、宿題を助けてください。
> 엄마, 숙제를 도와주세요
> ☺ 自分でやりなさい。
> 스스로 해라.

□ 中途半端でやめるな。
중도에 포기하지 마라.

□ それをするのが君の義務だ。
그것을 하는 것은 너의 의무야.

□ それは君の責任だ。
그건 네 책임이야.
  ❖ 責任を負う 책임을 지다, 責任をつくす 책임을 다하다

□ 人にはよくしなさい。
남에게 잘 해라.

□ 念には念を入れなさい。
주의에 주의를 거듭해라.
  ❖ 念を入れる 주의를 기울이다

□ よくよく考えて決心しなさい。
잘 생각하고 결심해라.

> ☺ この会社をもう辞めることにしたよ。
> 이 회사를 이제 그만두기로 했어.
> ☺ よくよく考えて決心しなさい。
> 잘 생각하고 결심해라.

□ 頭を冷やしてよく考えなさい。
냉정하게 잘 생각해라.

□ もう少し努力をするべきだ。
좀더 노력을 해야 해.
❖ …べきだ는 동사의 기본형에 접속하여「…해야 한다」의 뜻으로 의무나 당연·필연을 나타낸다.

□ もう少し頑張るべきだ。
좀더 분발해야 해.

□ すべてのことにもっと積極的になってもらいたい。
모든 일에 더 적극적으로 하길 바란다.

□ 私の経験をふまえてこう言ってるんだ。
내 경험을 바탕으로 이렇게 말하는 거야.

□ 簡単に信用したらだめだ。
섣불리 믿으면 안 돼.

😊 今村さんにすべてを任せることにしたよ。
이마무라 씨에게 모든 것을 맡기기로 했어.
😊 簡単に信用したらだめだ。
섣불리 믿으면 안 돼.

□ 慎重にやりなさい。
신중히 해라.

□ 注意深く行動しなさい。
주의 깊게 행동해라.

□ あの男を甘く見てはいけない。
저 남자를 가볍게 봐서는 안 돼.
❖ 甘く見る 가볍게 보다, 쉽게 여기다

□ 頭を使え！できるから。
머리를 써! 할 수 있으니까.

□ 自業自得だ!
자업자득이야!
❖ 自業自得는 발음에 주의

□ すべては君が悪いんだよ。
모든 것은 네 잘못이야.

□ 君の責任だよ。
네 책임이야.

> ☺ 君の責任だよ。
> 네 책임이야.
> ☺ 私のせいにしないで。
> 내 탓으로 돌리지 말아요.

□ 恥ずかしくないのか。
부끄럽지 않나?

□ ひとつ彼を叱りつけてやらなければならん。
한번 그를 야단쳐야겠어.
❖ …なければならん은 …なければならない의 구어적인 표현이다.

□ 私を巻き込まないで!
나를 끌어들이지 말아요!

□ だから言ったじゃないの。嘘はつくべきではないって。
그래서 말했잖아. 거짓말을 해서는 안 된다고.
❖ 嘘をつく 거짓말을 하다, 嘘つき 거짓말쟁이

□ 知っていたんでしょう？
알고 있었죠?

□ 私に八つ当たりしないで。
나에게 화풀이하지 말아요.

□ そんなこと、言っちゃだめだよ。
그런 말을 하면 안 돼.

□ どうして僕のあらさがしをするんだ？
왜 나를 씹는 거야?

□ 彼っていつも私の仕事にけちをつけるのよ。
그는 언제나 내 일에 트집을 잡아.
❖ けちをつける 트집을 잡다, 탈잡다

예정과 결심·결정

…する予定는 어떤 일이 이미 확정된 예정을 나타낼 때 쓰이며, 반대로 아직 확정되지 않은 예정을 말할 때는 …するつもり로 표현한다. 또한 결심이나 계획 의도를 말할 때는 …ようと思う로 표현하며, 자신의 의지로 결정한 사항에 대해서 말할 때는 동사의 기본형에 …ことにする로 표현한다. 반대로 자신의 의지와는 상관없이 결정된 사항에 대해서 말할 때는 동사의 기본형에 …ことになる를 접속하여 표현한다

Q&A 무조건 따라하기

Q: ぼくと木村とで、この週末に富士山に登る予定なんだ。
一緒に来ないか。

A: 今週かい？　キッチンのペンキ塗りを予定していたんだけど、
延ばせる**な**❶。出発はいつ？

Q: 金曜日の夜、仕事が終わってから。バスに乗るんだ。新宿を
6時に出るのがあるから、できたらそれを利用する**つもりだ**❷。

A: 東京にはいつ戻ってくるの？

Q: 日曜日の午後。遅くても6時か7時には着くだろう。

A: おもしろそうだね。

Q: 나와 기무라 둘이서 이번 주말에 후지산에 오를 예정이야. 같이 안 갈래?
A: 이번 주야? 부엌에 페인트를 칠하기로 되어 있는데, 뒤로 미룰까. 언제 출발하지?
Q: 금요일 밤, 일이 끝나고 나서. 버스를 탈거야. 신주쿠를 6시에 출발하는 게 있으니까, 가능하면 그걸 이용할 생각이야.
A: 도쿄는 언제 돌아오니?
Q: 일요일 오후야. 늦어도 6시나 7시에는 도착하겠지.
A: 재미있을 것 같네.

❶ …な는 활용어의 종지형에 접속하여 강한 금지를 나타내며, 약간 부드럽게 할 때는 …なよ로 표현한다.
❷ …つもりだ는 「…할 생각(작정)이다」의 뜻으로 미확정된 예정을 나타낸다.

□ 週末は何をする予定ですか。
주말에는 무엇을 할 예정입니까?

> ☺ 週末は何をする予定ですか。
> 주말에는 무엇을 할 예정입니까?
> ☺ 散歩にでも行こうと思っています。
> 산책이라도 가려고 합니다.

❖ …予定だ는 동사의 기본형에 접속하여 확정된 예정을 나타낸다.

□ 今日から一週間後に飛行機に乗る予定です。
오늘부터 1주일 후에 비행기를 탈 예정입니다.

□ これが済んだら、何をする予定？
이것이 끝나면 무얼 할 예정이야?

□ 土曜日に会合を開く予定にしています。
토요일에 모임을 열 예정으로 되어 있습니다.

□ 日本へ行って経済学を勉強する予定です。
일본에 가서 경제학을 공부할 예정입니다.

> ☺ これから何を勉強するつもりですか。
> 이제부터 무엇을 공부할 생각입니까?
> ☺ 日本へ行って経済学を勉強する予定です。
> 일본에 가서 경제학을 공부할 예정입니다.

□ 日曜は何をする予定ですか。
일요일에는 무엇을 할 예정입니까?

> ☺ 日曜は何をする予定ですか。
> 일요일에는 무엇을 할 예정입니까?
> ☺ がっちり、勉強します。
> 종일 공부할 겁니다.

□ 土曜日の予定はまだ決めていません。
토요일에 예정은 아직 정하지 않았습니다.

❖ 우리말의 「아직 …하지 않았습니다」는 일본어로 표현할 때는 과거형을 쓰지 않고 반드시 まだ…ていません이라고 해야 한다.

□ 彼女の出産予定日は4月4日だよ。
그녀의 출산 예정일은 4월 4일이야.

☐ いったいどう言うつもりなんですか。
도대체 어떻게 말할 생각입니까?
❖ …つもりだ는 동사의 기본형에 접속하여 확정되지 않은 예정이나 생각 등을 나타낸다.

☐ ホンコンを二日間で見て回るつもりです。
홍콩을 이틀 간 돌아볼 생각입니다.

☐ 無駄にした時間を取り返すつもりでいます。
낭비한 시간을 만회할 생각입니다.

☐ 誕生日には友人たちを招くつもりです。
생일에는 친구들을 부를 생각입니다.

☐ 今度の休暇には、ハワイへ行くつもりです。
이번 휴가는 하와이에 갈 생각입니다.

☺ どこかに避暑に出かけますか。
어딘가로 피서를 갑니까?
☺ ええ、今度の休暇には、ハワイへ行くつもりです。
예, 이번 휴가는 하와이에 갈 생각입니다.

☐ そのつもりはなかったんです。
그럴 생각은 없었습니다.

☺ ほかの誰かに頼んでみる?
다른 누구에게 부탁해볼래?
☺ そのつもりはなかったんだが、木村に頼めるかもしれないね。
그럴 생각은 없었는데, 기무라에게 부탁할 수 있을 지도 모르겠어.

☐ この仕事は明日までに仕上げるつもりです。
이 일은 내일까지 마무리할 생각입니다.
❖ …までには 그때까지 어떤 행동이나 작용을 해야 한다는 기간을 정해 줄 때 쓴다.

☐ いつか韓国へ行ってみるつもりです。
언제 한국에 가볼 생각입니다.

☐ 行くつもりでしたが、だめでした。
갈 생각이었습니다만, 안 됐습니다.

☐ 月末までに仕上げるつもりです。
월말까지 마무리할 생각입니다.

□ 決心しました。
결심했어요.

□ 決心はつきましたか。
결심은 섰습니까?
❖ 決心がつく 결심이 서다

□ 明日からまた頑張るぞ!
내일부터 다시 분발해야지!
❖ ぞ는 자신의 판단을 강하게 말하거나 주장할 때 쓴다.

□ 今度は絶対負けないぞ。
이번에는 절대로 안 지겠어.

□ 今度こそ三日坊主にならないようにしないと。
이번에야말로 작심삼일이 되지 않도록 해야지.

☺ これからタバコを止めようと思います。
이제부터 담배를 끊으려고 합니다.
☺ 今度こそ三日坊主にならないようにしないと。
이번에야말로 작심삼일이 되지 않도록 해야지.

❖ 三日坊主 곧 싫증이 나서 오래하지 못함, 또는 그런 사람, 작심삼일

□ 一か八かやってみます。
되든 안 되든 해보겠습니다.

□ 一からやり直したいと思います。
처음부터 다시 하고 싶습니다.

□ 彼には話しておこうと思います。
그에게는 말해두려고 합니다.

□ 出かける前にシャワーを浴びて行こうと思います。
나가기 전에 샤워를 하고 가려고 합니다.

□ 駅までお供しようと思っています。
역까지 함께하려고 합니다.

□ 今の仕事をやめて別の仕事を見つけたいと思っています。
지금 하는 일을 그만두고 다른 일을 찾으려고 합니다.

□ **東京**にはどのくらい**滞在**しようと**思**っていますか。
도쿄에는 어느 정도 체류하려고 생각하고 있습니까?

> ☺ **東京**にはどのくらい**滞在**しようと**思**っていますか。
> 도쿄에는 어느 정도 체류하려고 생각하고 있습니까?
>
> ☺ **三日間**です。
> 3일간입니다.

결정의 표현

□ **決**めた!
결정했어!

□ あなたが**決**めなさい。
네가 결정해라.

□ **自分**で**決**めます。
내가 결정할게요

□ まだ**決**めていません。
아직 결정하지 않았어요.

□ まずはどうするかを**決**めてからにしよう。
우선 어떻게 할지를 정하고 나서 하자.
❖ …てからは「…하고 나서」의 뜻으로 어떤 한 동작을 완료한 다음 다른 동작으로 이어갈
때 쓰이는 표현이다.

□ なかなか**決**められない。
좀처럼 결정할 수 없어.

□ どうずればいいかわからないよ。
어떻게 하면 좋을지 모르겠어.

> ☺ まだ**決**めてないの?
> 아직 안 정했니?
>
> ☺ うん、どうずればいいかわからないよ。
> 응, 어떻게 하면 좋을지 모르겠어.

□ **僕一人**で**決**めるわけにはいかない。
나 혼자서 결정할 순 없어.
❖ …わけにはいかない 주위의 사정으로 도저히 그럴 수 없다

□ そうと**決**まったら、**後**はやるだけですね。
그렇게 결정되면 앞으로는 하기만 하면 되네요.

□ 明日 から歩いて会社 まで行くことにしたよ。
내일부터 걸어서 회사까지 가기로 했어.
　❖ …ことにする는 동사의 기본형에 접속하여 「…하기로 하다」의 뜻으로 말하는 사람의
　　의지대로 결정한 것을 말한다.

□ 僕 もこの会社 を辞めることにしたよ。
나도 이 회사를 그만두기로 했어.

□ 週末 には今村 さんに会 うことにしました。
주말에는 이마무라 씨를 만나기로 했습니다.

😊 週末 に何 か約束 でもありますか。
주말에 무슨 약속이라도 있나요?

😊 ええ、週末 には今村 さんに会 うことにしました。
예, 주말에는 이마무라 씨를 만나기로 했습니다.

□ この飛行機 は成田 に何時着 になっていますか。
이 비행기는 나리타에 몇 시에 도착하기로 되어 있습니까?

😊 この飛行機 は成田 に何時着 になっていますか。
이 비행기는 나리타에 몇 시에 도착하기로 되어 있습니까?

😊 午後 3時着 になっています。
오후 3시에 도착하게 되어 있습니다.

　❖ …ことになる는 동사의 기본형에 접속하여 말하는 사람의 의지와는 관계없이 타의적으
　　로 이루어진 결정을 나타낸다.

□ 来月 大阪 に転勤 することになったよ。
다음달 오사카로 전근가게 되었어.

□ 4時 までに正門前 に集 まることになっているんです。
4시까지 정문 앞에서 모이기로 되어 있습니다.

□ 3時 に化学実験室 に行くことになっています。
3시에 화학실험실로 가기로 되어 있습니다.

□ そのパーティには何 を着 て行くことになっていますか。
그 파티에는 무엇을 입고 가기로 되어 있습니까?

□ この報告書 は明朝 、会社 へお届 けすることになって
おります。
이 보고서는 내일 아침 회사로 보내드리기로 되어 있습니다.

희망과 욕구의 표현에도 직접적인 표현에서 간접적인 표현에 이르기까지 다양하다. 말하는 사람이나 상대방의 희망을 나타낼 때는 …たい로 표현하고, 제삼자의 희망을 나타낼 때는 …たがる를 써서 표현한다. 또한 말하는 사람이나 상대방의 욕구를 나타낼 때는 ほしい, 제삼자의 욕구를 나타낼 때는 ほしがる를 사용한다. 단, たい나 ほしい의 대상물에는 조사 が를 쓰고 たがる나 ほしがる의 대상물에는 조사 を를 쓴다는 점에 유의해야 한다.

Q&A 무조건 따라하기

Q : 明日、雨が降らないといいな。木村とテニスすることにしてる❶の。

A : でも、実家に出かけることになってる❷じゃないか。こういうことは忘れてほしくないな。

Q : まったく！どうして念を押してくれなかったのよ。確かに前に言われたわ。でも、そういう予定を決めたの？そんな前にしてほしくなかったわ。覚えていられるわけがないじゃない？

A : ちゃんと手帳につけておいてほしいね。何も書かないんだったら、手帳を持ってても何にもならないじゃないか。

Q : 내일 비가 내리지 않으면 좋겠는데. 기무라와 테니스를 하기로 했어.

A : 하지만, 본가에 가기로 되어 있잖아. 이런 건 잊지 말아줘.

Q : 참 나! 왜 확인해 주지 않았어? 분명 전에 들었어. 그린데 그런 예정을 정하니? 그 전에 해두고 싶지 않았어. 기억하고 있을 리가 없잖아?

A : 잘 수첩에 적어둬. 아무 것도 쓰지 않을 거라면, 수첩을 가지고 있어도 아무 소용이 없잖아.

---

❶ 동사의 기본형에 ことにする가 접속하면 「…하기로 하다」의 뜻으로 자신의 의지를 나타낸다.
❷ 동사의 기본형에 ことになる가 접속하면 「…하기로 되다」의 뜻으로 무의지를 나타낸다.

□ ああ、一服したい。
아, (담배) 한 대 피우고 싶다.
❖ …たい는 동사의 중지형에 접속하여 「…고 싶다」의 뜻으로 말하는 사람이나 상대의 희망을 나타낸다. 활용은 형용사와 동일하며, 그 대상물에는 조사 が를 쓴다.

□ 新宿へ行ってみたいのですが。
신주쿠에 가보고 싶은데요

> ☺ どこへ行ってみたいですか。
> 어디에 가보고 싶어요?
> ☺ 新宿へ行ってみたいのですが。
> 신주쿠에 가보고 싶은데요

□ どうして途中で止めたいと思うのですか。
왜 중도에 그만두려고 합니까?

□ そんなことはしたくありません。
그런 건 하고 싶지 않습니다.

> ☺ この仕事はどうですか。
> 이 일은 어때요?
> ☺ そんなことはしたくありません。
> 그런 건 하고 싶지 않습니다.

□ もっと日本語ができるようになりたいのですが。
일본어를 더 잘하고 싶은데요.
❖ …ようになりたい …하도록 되고 싶다

□ 奥さんにお目にかかりたいのですが。
부인을 뵙고 싶은데요.

□ もう一杯コーヒーをいただきたいのですが。
커피를 한 잔 더 주셨으면 하는데요.

> ☺ 紅茶はいかがですか。
> 홍차는 어떠세요?
> ☺ もう一杯コーヒーをいただきたいのですが。
> 커피를 한 잔 더 주셨으면 하는데요

□ 一度はそこへ行ってみたい気がするんですが。
한번은 거기에 가보고 싶은 마음이 드는데요.

□ 弟は新しいカメラを買いたがっています。
동생은 새 카메라를 사고 싶어 합니다.

　☺ 弟さんにプレゼントしたいんですが。
　　동생에게 선물하고 싶은데요
　☺ 弟は新しいカメラを買いたがっています。
　　동생은 새 카메라를 사고 싶어 합니다.

❖ …たがる는 …たい에 동사형 접미어 がる가 접속된 형태로 제삼자의 희망을 나타낼 때 쓰인다.

□ 有島さんは韓国語を習いたがっています。
아리시마 씨는 한국어를 배우고 싶어 합니다.

□ あなたもあの映画を見たがっていたでしょう。
당신도 그 영화를 보고 싶어 했지요?

□ 彼女は東京へ行きたがっています。
그녀는 도쿄에 가고 싶어 합니다.

□ 彼は韓国のキムチを食べたがっています。
그는 한국 김치를 먹고 싶어 합니다.

□ 彼女も前は彼に一度会ってみたがっていました。
그녀도 전에는 그를 한 번 만나고 싶어 했습니다.

□ あなたは何がいちばんほしいですか。
당신은 무엇을 제일 갖고 싶습니까?
❖ ほしい는 말하는 사람 자신이나 상대의 욕구를 나타낼 때 쓰이며, 그 대상물에는 조사 が를 쓰는 것이 일반적이다.

□ いちばん欲しいのはカメラです。
가장 갖고 싶은 것은 카메라입니다.

□ 友達のノートブックを見て、僕も欲しくなりました。
친구 노트북을 보고 나도 갖고 싶어졌습니다.

□ 時計はあまり欲しくありません。
시계는 별로 갖고 싶지 않습니다.

□ 新車が欲しくてお金を貯めています。
새차를 갖고 싶어서 돈을 모으고 있습니다.

□ 木村さんはコンピューターを欲しがっています。
기무라 씨는 컴퓨터를 갖고 싶어 합니다.
❖ ほしがる는 ほしい에 동사형 접미어 がる가 접속된 형태로 제삼자의 욕구를 나타낸다.

□ 妹さんは何を欲しがっていますか。
여동생은 무엇을 갖고 싶어 합니까?

☺ 妹さんは何を欲しがっていますか。
여동생은 무엇을 갖고 싶어 합니까?
☺ 妹は前から人形を欲しがっていました。
여동생은 전부터 인형을 갖고 싶어 했습니다.

□ 吉田さんが欲しがっている物は何ですか。
요시다 씨가 갖고 싶어 하는 것은 무엇입니까?

□ 君も一緒に行けるといいんだが。
너도 함께 갈 수 있으면 좋겠는데.

☺ 君も一緒に行けるといいんだが。
너도 함께 갈 수 있으면 좋겠는데.
☺ そうですねえ。でも残念ながらだめです。
글쎄요. 하지만, 유감스럽지만 안 됩니다.

❖ …と, ば, たらいい …하면 좋겠다

□ お役に立てばさいわいです。
도움이 되면 좋겠습니다.

□ 今日中に仕上げればいいんだがなあ。
오늘 중으로 마무리하면 좋겠는데.

□ これをどうぞ。気に入っていただけるといいんですが。
이걸 받으십시오. 마음에 드시면 좋겠습니다만.

□ ほんの感謝のしるしです。お使いいただければと思います。
조그만 감사 표시입니다. 사용해 주셨으면 합니다.

□ そうでないといいのですが。
그렇지 않으면 좋겠는데요

회화의 대부분은 질문과 답변으로 이루어졌다고 해도 과언이 아니다 그 장면에 따라 적절한 질문이 가능한지 또는 상대의 공감을 얻을 수 있는 말을 어느 정도 재빨리 할 수 있는지에 따라 회화의 능력을 판가름할 수 있다 의문이나 질문을 나타내는 조사로는 か가 있으며, 그밖에 친분이나 상하 또는 남녀에 따라 ね, わ, の, い 등이 쓰이며, 의문사로는 なに, だれ, どの, どちら, どこ 등이 있으며, 이유나 방법을 물을 때 쓰이는 どうして, なぜ가 있다

Q&A 무조건 따라하기

Q: ああ、木村。ぼくのこと探したって吉岡が言ってたけど、何の用だい？

A: ああ、ぼくの報告書のことなんだ。どう思った？

Q: ❶なかなかいいと思ったよ。でもヒロセ社との交渉のことにはふれてなかったけど、どうして省いたの？

A: まだ終わってないし❷、はっきりした結論にも達してないからさ。

Q: なるほど。ところで、ヒロセの交渉相手は誰？

A: 森下という男だよ。

Q: 아, 기무라. 나를 찾았다고 요시오카한테 들었는데, 무슨 일이야?

A: 아, 내 보고서 때문이야. 어떻게 생각해?

Q: 상당히 좋다고 생각했어. 하지만 히로세 사와의 교섭 건은 다루지 않았는데, 왜 뺐니?

A: 아직 끝나지 않았고, 분명한 결론에도 도달하지 않아서 말이야

Q: 그래. 그런데, 히로세와의 교섭 상대는 누구야?

A: 모리시타라는 남자야

❶ なかなか는 뒤에 긍정어가 오면 「상당히, 꽤」를 뜻하지만, 부정어가 오면 「좀처럼」의 뜻이 된다.
❷ し는 하나 또는 둘 이상의 사실이나 조건을 나타내 뒷말의 원인이나 이유가 된다.

□ 質問してもいいですか。
질문해도 됩니까?

□ もう一つ、質問があります。
하나 더 질문이 있습니다.

> ☺ もう一つ、質問があります。
> 하나 더 질문이 있습니다.
> ☺ はい、何ですか。
> 네, 뭡니까?

□ 誰に訪ねたらいいですか。
누구에게 물으면 됩니까?
❖ …たらいいですか …하면 됩니까?

□ 単刀直入にお聞きします。
단도직입적으로 묻겠습니다.

□ この報告書に関する質問が2つあります。
이 보고서에 관한 질문이 두 개 있습니다.

□ この件について質問してもいいですか。
이 건에 대해서 질문해도 됩니까?

> ☺ この件について質問してもいいですか。
> 이 건에 대해서 질문해도 됩니까?
> ☺ はい、どうぞ。
> 네, 말씀하세요.

□ 他に質問はありませんか。
다른 질문은 없습니까?

□ 質問がある方は、手を挙げてください。
질문이 있는 분은 손을 드세요.

□ 疑問があれば、何でも質問してもかまいません。
의문이 있으면, 무엇이든 질문해도 괜찮습니다.
❖ …てもかまわない …해도 괜찮다

□ 本件と関わりのない質問は、控えてください。
본건과 관계가 없는 질문은 삼가주세요.

❑ どうしてこんなに早く来たんだい？
왜 이렇게 빨리 왔지?
❖ どうして는 원인과 이유를 물을 때 쓰이는 말로 「왜, 어째서, 어떻게」를 뜻한다.

❑ どうしてそんなこと言うの？
왜 그런 말을 하니?

❑ どうしてそんな話を信じたの？
왜 그런 말을 믿었지?

❑ どうしてそんなに落ち込んでるの？
왜 그렇게 기라앉았니?

❑ どうしてそんなことをしたの？
왜 그런 짓을 했니?

> ☺ どうしてそんなことをしたの？
> 왜 그런 짓을 했니?
> ☺ 僕もわからないよ。
> 나도 모르겠어.

❑ なぜ来ないの？
왜 안 오니?
❖ なぜ・なんで・どうして는 원인과 이유를 묻는 데는 거의 같은 뜻인데, なんで는 회화체이고, 반어적인 용법으로도 쓰인다. 또 どうして는 수단이나 방법을 뜻하기도 한다.

❑ 使ったら、なぜ自分で片づけないか。
썼으면, 왜 스스로 안 치우니?

❑ 地下鉄の駅はどう行けばいいのでしょうか。
지하철역은 어떻게 가면 될까요?
❖ どう는 どのように의 구어적인 표현으로 「어떻게」의 뜻으로 방법을 물을 때 쓰인다.

❑ 週末はどう過ごすつもりですか。
주말은 어떻게 보낼 생각입니까?

❑ この栓抜きはどう使うの？
이 병따개는 어떻게 사용하니?

❑ この電話はどう使えばいいでしょうか。
이 전화는 어떻게 쓰면 될까요?

☐ **コーヒーはどのようにしますか。**
커피는 어떻게 할까요?
❖ どのように 어떤 식으로, 어떻게

☐ **お茶はどのようになさいますか。**
차는 어떻게 드시겠습니까?

> ☺ お茶はどのようになさいますか。
> 차는 어떻게 드시겠습니까?
> ☺ 私のは濃くお願いします。
> 저는 진하게 해 주세요.

☐ **ここでの生活はどうですか。**
여기에서의 생활은 어떻습니까?

> ☺ ここでの生活はどうですか。
> 여기에서의 생활은 어떻습니까?
> ☺ 本当に気に入るわ。
> 정말 마음에 들어.

❖ どうですか는 상대의 의향이나 권유를 할 때 쓰이는 표현으로 더욱 정중하게 말할 때는 いかがですか라고 한다.

☐ **東京の生活は気に入っていますか。**
도쿄 생활은 마음에 듭니까?

☐ **新しい仕事はどうですか。**
새로운 일은 어때요?

☐ **ハイキングに行くという彼の考えはどう思う？**
하이킹을 간다는 그의 생각을 어떻게 생각해?

☐ **私の考えをどう思いますか。**
제 생각을 어떻게 생각합니까?

☐ **今度の計画をどう思いますか。**
이번 계획을 어떻게 생각합니까?

☐ **私の新しいドレスをどう思いますか。**
내 새 드레스를 어떻게 생각합니까?

☐ **私の髪型、どう思います？**
내 머리 모양 어떻게 생각해요?

□ 全部でいくらですか。
전부해서 얼마입니까?
❖ いくらは「얼마」의 뜻으로 값이나 수량의 정도를 말할 때 쓰인다.

□ このビデオはいくらで買ったのですか。
이 비디오는 얼마에 샀습니까?

□ 距離はここからどのくらいですか。
거리는 여기에서 어느 정도입니까?
❖ どのくらいは どれくらい라고도 하며, 거리・시간・수량・금액・정도 등에 쓰인다.
비슷한 뜻인 どれほど, どれだけ에는 정도나 횟수가 아주 많거나 적다는 뜻을 가지고 있다.

□ 川の向こう岸まで距離はどのくらいでしょうか。
맞은 편 강가까지 거리는 어느 정도일까요?

□ 時間はどのくらいかかりますか。
시간은 어느 정도 걸립니까?

> ☺ 時間はどのくらいかかりますか。
> 시간은 어느 정도 걸립니까?
> ☺ 約1時間くらいかかります。
> 약 1시간 정도 걸립니다.

□ ソウルにはどのくらい滞在されますか。
서울에는 어느 정도 머무르십니까?

□ あとどのくらいでこの列車は出るの?
앞으로 어느 정도면 이 열차가 출발하지?

□ 誕生日はいつですか。
생일은 언제입니까?

□ いつここへ引越して来たのですか。
언제 여기로 이사를 왔습니까?

□ いつごろ出来上がりますか。
언제쯤 완성되겠습니까?

□ このいい天気はいつまで続くかな。
이 좋은 날씨가 언제까지 계속될까?

□ いつまでに書類はできる予定ですか。
언제까지 서류를 완성할 예정입니까?

> 😊 いつまでに書類はできる予定ですか。
> 언제까지 서류를 완성할 예정입니까?
> 😊 少なくと土曜日までにはできると思います。
> 적어도 토요일까지는 될 것입니다.

❖ いつまでには「언제까지」의 뜻으로 기간이 정해져 있음을 말한다.

□ いつまでにそれを致しましょうか。
언제까지 그걸 할까요?

□ いつまで私たちのところに滞在できますか。
언제까지 여기에 머무를 수 있습니까?

방향·장소를 물을 때

□ お国はどちらですか。
고국(고향)은 어딥니까?
❖ どちらは 회화체에서 どっち라고도 하면 방향을 물을 때 쓰인다.

□ どこでお金の両替ができますか。
어디서 돈을 환전할 수 있나요?
❖ どこ는 방향을 물을 때 쓰인다.

□ 失礼ですが、男性用のトイレはどこにありますか。
실례합니다만, 남성용 화장실은 어디에 있습니까?

□ お父さんはどこへお勤めですか。
아버지는 어디에 근무하십니까?

> 😊 お父さんはどこへお勤めですか。
> 아버지는 어디에 근무하십니까?
> 😊 貿易会社に勤めています。
> 무역회사에 근무하고 있습니다.

□ 南口はどちらでしょうか。
남쪽 출구는 어디입니까?

□ どちらにお住まいですか。
어디에 사십니까?
❖ お…です는 존경 표현의 하나로 동사의 성질에 따라 현재·과거의 상태, 현재·과거의 미래를 나타낸다.

대화의 시도

말을 걸기 전에 머뭇거리는 뉘앙스로 すみませんが ちょっと 등을 사용하는데, 이것은 상대가 준비할 마음의 여유를 주기 위해서 혹은 상대를 배려하는 마음에서 비롯된 것이다. 상대가 대화중이라면 お話の途中ですけど라고 먼저 말하고 대화를 시작한다. 일본어로 말을 할 수 있는 계기를 만들기 위해서는 자신의 사정에 따라 말을 걸어서는 부자연스러우므로 안절부절 못할 때, 난처할 때, 즐거울 때 등 일본인도 우리들과 마찬가지이므로 공통의 화제를 찾아야 한다.

Q&A 무조건 따라하기

Q : この席、空いてます？

A : いいえ、どうぞ。

Q : あのう、どこかで以前お会いしたような気がしてしょうがないんですけど、私はホンギルドンという者ですが。

A : 私もどっかで見たお顔だと思ってました。川本健一ですよ。去年の秋、ローマの医薬品の会議でお会いしましたね。

Q : そうでした。会議が終わってから、グループでちょっとローマの夜を味わいに出かけましたっけ❶。

A : そうそう。ちょっとした夜でしたね。で、東京へ来られたわけは？

Q : 이 자리 비어 있나요?
A : 아뇨, 앉으세요.
Q : 저, 이전에 어디서 뵌 것 같은 느낌이 드는데, 저는 홍길동이라는 사람입니다.
A : 저도 어디서 뵌 얼굴이라고 생각하고 있었습니다. 가와모토 겐이치입니다. 작년 가을 로마의 의약품 회의에서 만났었죠.
Q : 그래요. 회의가 끝나고 나서 단체로 잠깐 로마의 밤을 맛보러 나갔었죠.
A : 그래요. 짧은 밤이었죠. 도쿄에 오신 이유는?

❶ け는 조동사 た나 だ에 붙어 たっけ, だっけ의 형태로 옛일을 회상하거나 그리운 마음을 나타낸다.

□ いま、ちょっといいかな？
지금 잠깐 괜찮겠니?

□ いま、お忙しいですか。
지금 바쁘십니까?
❖ お…です(…하시다)의 존경 표현은 동사뿐만 아니라 형용사에도 쓰여 상태의 존경을
  나타내기도 한다.

□ 話があるんだ。
할말이 있어.

> ☺ 話があるんだ。
>   할말이 있어.
> ☺ いいわよ。何かしら。
>   좋아, 뭐지?

□ お話ししたいことがあるのですが。
말씀드리고 싶은 게 있는데요.

□ ちょっとお話ししていいでしょうか。
잠깐 말씀드려도 될까요?

□ ちょっとお時間をいただけますか。
잠깐 시간을 주시겠습니까?

□ ちょっとお尋ねしたいことがあるのですが。
좀 여쭙고 싶은 게 있는데요.

□ お手間はとらせません。
번거롭게 하지는 않겠습니다.

□ お忙しいところすみません。
바쁘신데 죄송합니다.
❖

□ お話し中すみません。
말씀 중에 죄송합니다.

□ お話の途中ですけど…。
말씀 중이신데….

□ お話中失礼ですが、ちょっとお話をしたいのですが。
말씀 중에 실례합니다만, 잠깐 말씀드리고 싶은데요.

☐ ちょっとすみません。
저, 잠깐만요.
❖ すみません은 사람을 부르거나 불러서 부탁할 때도 쓰인다.

☐ すみません、何か落としましたよ。
여보세요. 뭔가 떨어졌어요.

☐ すみません、ここは禁煙ですよ。
여보세요, 여기는 금연이에요.

☐ 日本の方ですか。
일본 분입니까?

☐ こちらは初めてですか。
여기는 처음입니까?

> ☺ こちらは初めてですか。
> 여기는 처음입니까?
> ☺ ええ、初めてです。
> 네, 처음입니다.

☐ 日本語をお話しになりますか。
일본어를 하십니까?
❖ お…になる는 일본어의 대표적인 존경 표현으로 우리말의 「…하시다」에 해당한다.

☐ 日本語はどうですか。
일본어는 어때요?

☐ いい天気ですね。
날씨가 좋군요.

☐ 涼しくて気持ちがいいですね。
시원해서 기분이 좋군요.

☐ この席はどなたかおられますか。
이 자리는 누가 있습니까?

☐ ご遠方までお出かけですか。
멀리까지 가십니까?

☐ すばらしい眺めですね。
전망이 멋지네요.

□ 聞きたい？
듣고 싶니?

□ 知らせたいことがあるの。
알리고 싶은 게 있어?

□ これを聞いたら驚くと思うけれど。
이걸 들으면 놀랄걸.

> 🙂 これを聞いたら驚くと思うけれど。
> 이걸 들으면 놀랄걸.
> 🙂 何だい？ 興味あるな。
> 뭔데? 궁금한데.

□ 何を話してるの？
무슨 말을 하는 거니?

> 🙂 何を話してるの？
> 무슨 말을 하는 거니?
> 🙂 忘年会の計画を立てているんだよ。
> 망년회 계획을 세우고 있어.

□ 何かお役に立てますか。
좀 도와 드릴까요?
❖ 役に立つ 도움이 되다, 役立(だ)つ라고도 함

□ お困りのようですが、私にできることがありますか。
곤란하신 것 같은데요. 제가 할 수 있는 게 있습니까?

□ 少し顔色が悪いようですね。
좀 안색이 안 좋은 것 같군요.

□ 失礼ですが、以前にお会いしたでしょうか。
실례합니다만, 이전에 뵈었죠?
❖ お会いする는 会う의 겸양 표현이다.

□ 失礼ですが、以前どこかでお会いしませんでしたか。
실례합니다만, 이전에 어디선가 만나지 않았습니까?

□ 失礼ですが、どちらから？
실례합니다만, 어디에서?

CHAPTER 32

대화의 연결

잠깐 말이 막히거나 말하면서 생각할 때의 연결 표현은 상대의 기분을 거슬리지 않기 위해 매우 중요하며 회화에서 가장 기본적인 기술의 하나이다. 말이 막힐 때 쓰이는 간단한 일본어 표현으로는 익히 잘 알고 있는 *ええと, あのう, ちょっと* 등이 있으며, 말하면서 생각할 때 쓰이는 표현으로는 *ええと, そうですね* 등이 있다. 또한 대화 도중에 적당한 말이 생각나지 않을 때는 *何と言ったらよいか* 등으로 표현한다.

Q&A 무조건 따라하기

Q：未村の電話番号わかる？

A：ええ、わかると思うわ。ちょっと待って。…住所録見てみる❶ わね。あった、3541-4567。

Q：ありがとう。ついでに❷住所わかる？

A：いいえ、住所までは載ってないわ。そうだ、ちょっと待って。 コンピューターに入ってるかも。見てみましょう。…ダメ。 入ってないみたい。ごめんなさい。

Q：いいさ。営業部の、だれだっけ、彼。

A：吉村ね、ええ、彼なら知ってるわ。私の記憶では、確か彼女 と付き合ってたもの。

Q：기무라 전화번호 아니?

A：응. 알 것 같아. 잠깐 기다려. …주소록을 봐야지. 있다. 3541-4567.

Q：고마워. 가르쳐 주는 김에 주소는 아니?

A：아니. 주소는 안 적혀 있어. 그래, 잠깐 기다려. 컴퓨터에 들어 있을지도 몰라. 어디 볼까. …없어. 안 들어 있는 것 같아. 미안해.

Q：괜찮아. 영업부 누구였지? 그 남자.

A：요시무라 말야. 응. 그러면 알고 있어. 내 기억으로는 분명 그 여자와 사귄 걸.

---

❶ みる가 …てみる처럼 보조동사로 쓰일 때는 「시도하다」는 뜻을 나타내며, 가나로 표기한다.

❷ ついでに …하는 김에, …하는 기회(계제)에

☐ あのう…。
저어….
❖ あのうは あのを 길게 늘여서 한 말로 생각이나 말이 막혔을 내는 소리이다.

☐ ちょっと待ってください。…
잠깐 기다려 주세요 …

☐ ええと、たしか…。
저어, 아마….

> 😊 事故はいつ起こったのですか。
> 사고는 언제 일어났습니까?
>
> 😊 ええと、そうですね。たしか1週間ほど前…そうそう、この前の木曜日でした。
> 예, 글쎄요 아마 1주일쯤 전 … 그래, 요전 목요일이었습니다.

❖ ええとは 다음 말을 주저하거나 곧바로 나오지 않을 때 내는 말이다.

☐ ええと…。
글쎄….

> 😊 この前映画を見たのはいつでしたか。
> 요사이 영화를 본 것은 언제였습니까?
>
> 😊 ええと…2、3か月前だったと思います。
> 글쎄 … 2, 3개월 전이었을 겁니다.

☐ ええと、そうですね。
저어, 글쎄요.

> 😊 じゃ、もうおいとましなくちゃなりません。今度はいつお伺いしましょうか。
> 그럼, 이만 가봐야겠습니다. 다음에는 언제 찾아뵐까요?
>
> 😊 そうですね。月曜の午後以後ならいつでもいいですよ。
> 글쎄요. 월요일 오후 이후라면 언제든지 좋아요

☐ 待ってよ、辞書をどこへ置いたかな。
기다려요, 사전을 어디에 놓았지.

☐ そうだな。
글쎄.

> 😊 いつごろできる？
> 언제쯤 할 수 있니?
>
> 😊 そうだなあ…あと2、3日かな
> 글쎄 … 앞으로 2, 3일.

☐ そうだなぁ。
글쎄.

- 今度はいつ会おうか?
  다음에는 언제 만날까?
- そうだなぁ。水曜日はどう?
  글쎄. 목요일은 어때?

☐ 何を言おうとしたんだっけ?
뭐를 말하려고 했지?
❖ け는 주로 たっけ나 だっけ의 형태로 잊거나 확실치 않은 사실에 대해 확인하거나 남에게 동의를 구하는 뜻을 나타낸다. 「…었던가」

☐ どこまで話したかな?
어디까지 말했지?

- 最後まで言わせてくれよ。どこまで話したかな?
  끝까지 말할게. 어디까지 이야기했지?
- 教授に会いに行った、っていうところまでよ。
  교수를 만나러 갔다고 한 곳까지야.

❖ かな는 문장 끝에 붙어 확실하지 않은 것에 대한 의문이나 질문의 마음을 나타낸다.

☐ 私の知る限りでは、
내가 알기로는,

- 会議には何人出席するんですか。
  회의에 몇 명 출석합니까?
- 私の知る限りでは、4人です。
  제가 알기로는 4명입니다.

☐ 私に関して言えば
제 생각으로는,

- プロジェクト全体を延期しなければ。
  프로젝트 전체를 연기해야겠어.
- 私に関して言えば、何とかなります。
  제 생각으로는 어떻게 될 겁니다.

☐ よくわかりませんが、たぶん…。
잘 모르겠습니다만, 아마….

☐ 私の記憶が正しければ…。
제 기억이 옳다면….

□ 個人的には、
개인적으로는,

😊 授業はどうだった?
수업은 어땠어?
😊 個人的には、気に入らなかったね。
개인적으로는 마음에 들지 않았어.

□ はっきり言って、
분명히 말해서,

😊 はっきり言って、彼が有能だとは思えないんだ。
분명히 말해서 그가 유능하다고는 할 수 없어.
😊 私もそう感じるわ。
나도 그렇게 느껴.

□ 何だってかな?
뭐였지?

□ 何を言いかけていたんだっけ。そうそう…。
뭐라고 말을 했더라. 그래그래….

□ よく覚えてないが…。
잘 기억이 안 나지만….

□ 強いて言うとしたら…。
굳이 말하자면….

□ まじめな話…。
솔직히 말해서….

😊 本当に木村と結婚するわけじゃないだろう?
정말로 기무라와 결혼하는 건 아니겠지?
😊 まじめな話、ゆうべ彼女にプロポーズしたんだ。
솔직히 말해서 어젯밤 그녀에게 프러포즈했어.

□ はっきりしませんが…だと思います。
분명하지는 않지만 … 라고 생각합니다.

□ 昨夜、ええと… 名前は何と言ったか… あの人に出会いましたよ。
어젯밤, 저어… 이름은 뭐라고 했더라… 그 사람을 만났어요.

□ 何て言ったらいいのかわからないのだけど。
뭐라고 하면 좋을지 모르겠는데.

> ☺ デートはどうだった?
> 데이트는 어땠어?
> ☺ 何て言ったらいいのかわからないのだけど。あまりうまくいか
> なかったわ。
> 뭐라고 하면 좋을지 모르겠는데. 별로 잘 안 되었어.

□ 何て言ったらいいのかな?
뭐라고 하면 좋을까?

□ 日本語では何と言うのかな?
일본어로 뭐라고 하지?

□ 適当な言葉が思いつかないのだけど。
적당한 말이 생각이 안 나는데.

> ☺ 適当な言葉が思いつかないのだけど、あ、思い出した。
> 적당한 말이 생각이 안 나는데. 아, 생각났다.
> ☺ そう、それでどうなった?
> 그래, 그래서 어떻게 되었지?

□ どうもうまい言葉が思いつかないのですが‥。
도무지 좋은 말이 생각이 나질 않는데요….

□ 日本語では何と言うのかわかりませんが‥。
일본어로는 뭐라고 하는지 모르겠는데요….

□ 何と言ったらよいか‥。
뭐라고 하면 좋을지….

□ 日本語では何とかと言うんですが‥。
일본어로는 뭐라고 하는데….

□ ほら、あれみたいな物なんですが‥。
봐, 저런 것 같은 건데요….
❖ ほらは「저 말이야, 이봐, 자」의 뜻으로 주위를 환기시킬 때 내는 소리이다.

□ あの、私の言う意味はわかるでしょう?
저, 내가 말하는 뜻은 알겠죠?

□ つまり、私が言いたいのは…。
요컨대, 제가 말하고 싶은 것은…
❖ つまり 요컨대, 결국, (앞말을 모아서) 바꿔 말하면, 즉

□ つまり、私が言いたかったのは…。
요컨대, 제가 하고 싶었던 것은…

□ 要するに…ですね。
요컨대 … 이군요.

□ 言ってみれば…でしょうか。
말하지면 …이겠죠?

□ そうですね。こんなふうに言いましょうか。
글쎄요. 이렇게 말할까요?

□ …と言ったようなものなんですよ。
…라는 것입니다.

□ よかったら、コーラか何かもらえます。
괜찮다면, 콜라나 뭐든 주세요.

□ ナイフか何か使ってみたら。
나이프든 뭐든 사용해 보는 것이.

CHAPTER 33

대화의 진행

대화의 인사부터 시작되어 일상적인 이야기 내지는 신변에 관한 화제를 필두로 하여 상대와의 거리감을 좁혀나가게 된다. 그러나 목적이 있어서 만난 것이라면 본론으로 들어가야 한다. 이야기는 잠시 중단하고 본론을 말하고 싶을 때는 さて…, ところで… 등으로 서두를 꺼낸다. 따라서 여기서는 대화를 진행시키기 위한 중요한 기술의 하나로써 ところで…와, 대화의 흐름을 바꾸는 実は…, いずれにしても…, つまり… 등과 같은 대화에 윤활유 역할을 하는 어구를 익힌다.

Q&A 무조건 따라하기

Q: 印刷会社から連絡あった？

A: 実は知らないんだ。木村の担当だからね。あっ、それで思い出した。年賀状まだ注文出してなかったっけ。

Q: そう言えば、ぼくも忘れてた。❶しまった！

A: 忘れたといえば、年賀状まだどこにも予約してないんじゃない？

Q: いや、してるよ。ぼくの秘書が手配してある。それで、さっきの話にもどるけど、パンフレットいつできるか木村に聞いてもらえる？

Q: 인쇄소에서 연락 있었니?

A: 실은 몰라. 기무라 담당이라서. 아 그래 생각났다. 연하장은 아직 주문하지 않았나?

Q: 그렇게 말하니 나도 잊고 있었어. 아뿔싸!

A: 잊고 있었다면, 연하장을 아직 어디에도 예약하지 않았다는 거 아냐?

Q: 아냐, 하고 있어. 내 비서가 수배하고 있어. 그래서 아까 이야기로 돌아가서 팸플릿은 언제 되는지 기무라에게 물어봐줄 수 있니?

---

❶ しまった는 실패하여 몹시 분해할 때 내는 말로「아차, 이뿔싸, 큰일났다」의 뜻으로 쓰인다.

□ さて、本題に入りましょう。
각설하고 본론으로 들어갑시다.

□ 本題に戻りましょう。
본제로 돌아갑시다.

□ ところで、これはとても味がいいね。誰が作ったの?
그런데, 그건 무척 맛있는데. 누가 만들었지?

□ それはそうと、紅茶はいかがですか。
그건 그렇고 홍차를 드시겠어요?

☺ それはそうと、紅茶はいかがですか。
그건 그렇고 홍차를 드시겠어요?
☺ いいですよ。一杯飲みながら話し合いましょう。
좋아요. 한 잔 마시면서 이야기를 나눕시다.

❖ …ながらは 동사의 중지형에 접속하여「…하면서」의 뜻으로 동시에 두 가지 이상의 동작이 이루어짐을 나타낸다.

□ さて、それでは次の問題に移りましょう。
그건 그렇고, 그럼 다음 문제로 옮깁시다.

□ ところで、少し休みましょうか。
그건 그렇고 좀 쉴까요?

□ ところで、この前の火曜日に木村さんに会いましたよ。
그런데, 요전 화요일에 기무라 씨를 만났어요.

□ ところで、4時間目は休講ですよ。
그런데, 4교시는 휴강이에요.

☺ ところで、4時間目は休講ですよ。
그런데, 4교시는 휴강이에요.
☺ 本当? どういうわけ?
정말? 무엇 때문에?
☺ 石田先生は会議に出られてる。休講の掲示が出てた。
이시다 선생님은 회의에 출석하셨어. 휴강 게시가 나붙었어.

□ それはそうと、木村はどうしているの?
그건 그렇고 기무라는 어떻게 하고 있니?

기본 회화 (Basic 편)

□ それはさておき…。
그건 그렇다 치고….
❖ さて는 화제를 바꿔서 말을 계속할 때 하는 말로 「그럼, 그건 그렇고, 한편」을 뜻한다.

□ 冗談はさておき…。
농담은 그만 하고….
❖ さておく (어떤 일이나 화제 등을) 일단 그대로 두다, 제쳐놓다

□ 冗談はさておいて、事態はどうなっていますか。
농담은 그만 하고, 사태는 어떻게 되었습니까?

□ 何はさておき。この仕事を仕上げていただきたい。
다 제쳐두고 이 일을 마무리해 주기 바란다.

□ 第一に… 次に…。
먼저… 다음에….

□ 実は…。
실은….

□ 実は私も…。
실은 나도….

□ 実は、わからないんです。
실은 모릅니다.

☺ どうしました?
어떻게 된 겁니까?
☺ 実は、ワープロの使い方がわからないんです。
실은 워드프로세서 사용법을 몰라요.

□ 本当のことを言うと、会社を辞めたいんです。
사실을 말하면 회사를 그만 두고 싶습니다.

☺ 本当のことを言うと、会社を辞めたいんです。
사실을 말하면 회사를 그만 두고 싶습니다.
☺ 本当ですか? 何かご不満でも?
정말이세요? 무슨 불만이라도?

❖ 会社を辞める 회사를 그만두다

□ 正直言って…。
솔직히 말해서….

화제를 바꿀 때

□ **実は私もそう思ってました。**
실은 저도 그렇게 생각하고 있었습니다.

> ☺ **私なら新しいのに換えますね。**
> 나라면 새 것으로 바꾸겠어요
> ☺ **そう、実は私もそう考えてました。**
> 그래, 실은 나도 그렇게 생각하고 있었어요

□ **話題は変わりますが…。**
화제가 다릅니다만…

□ **話を変えるわけじゃないけど…。**
화제를 바꾸는 게 아니지만…
❖ …わけじゃない는 부드러운 부정을 나타낸다.

□ **話は少しそれますが…。**
이야기가 좀 빗나갑니다만…

□ **話を元に戻しますと…。**
처음 이야기로 돌아가면…

□ **話題は変わりますが、何かペットを飼ってますか。**
화제가 다릅니다만, 무슨 애완동물을 기르고 있습니까?

□ **ところで…と言えば。**
그런데 …라고 하면.

> ☺ **木村は休みをグァムで過ごすそうだ。かなりお金を貯めたそうだよ。**
> 기무라는 휴가를 괌에서 보낸다고 하던데. 상당히 돈을 모았대.
> ☺ **なるほど。ところで旅行と言えば、僕は新しい四輪駆動に買い換えようと思ってる。**
> 과연. 그런데 여행 말이 나왔으니 말인데, 나는 새 4륜구동으로 바꾸려고 해.

❖ そうだ는 양태를 나타낼 뿐만 아니라 남에게 전해들은 이야기를 전할 때도 쓰인다.

□ そう言えば…。
그렇게 말하면…

□ 食事と言えば、マレーシア料理を食べたことがあり
ますか。
식사라고 하면, 말레이시아 요리를 먹은 적이 있습니까?
❖ …たことがあるは「…한 적이 있다」의 뜻으로 과거의 경험을 나타낸다.

□ 映画というと、フランス映画にはいいのがたくさんあ
ると思いませんか。
영화라고 하면 프랑스 영화에는 좋은 것이 많다고 생각하지 않으세요?

□ 話題が変わらないうちに言いますと…。
화제가 바뀌기 전에 말하면…
❖ …ないうちには 우리말의 「…하는 전에」에 해당하는 표현이다.

□ とにかく…。
아무튼…

☺ 木村は今留守かもしれないよ。
기무라는 지금 없을지도 몰라.
☺ とにかく、行ってみよう。
아무튼, 가보자.

□ どっちにしろ…。
어쨌든…

□ どっちにしても厄介ですねえ。
어쨌든 귀찮군요

□ とにかく見に行ってみよう。
아무튼 보러 가보자.

□ いずれにしても腹ごしらえする必要があるね。
어쨌든 미리 배를 채워둘 필요가 있군.

□ 例えば…。
예를 들면…

□ 例えば、酒とかタバコはやめなくては。
예를 들면 술이나 담배를 끊어야 해.

☐ 言い換えると…。
バッ 말하면…

☐ 結局は…。
결국은…

☐ 要するに…。
요컨대…

☐ いわば…。
이른바…

☐ おまけにその上…。
더군다나 그 위에…

☐ その上いいことには…。
게다가 좋은 점은…

☐ さらにひどいことに…。
더욱 심하게도…

☐ その話はもう聞いたよ。
그 이야기는 벌써 들었어.

☐ この話はやめましょう。
그 이야기는 그만둡시다.

CHAPTER
34

자신의 생각과 관심

일본인은 자신의 생각이나 관심 따위의 내면적인 것은 분명하게 직설적으로 표현하지 않는다. 우리처럼 직설적으로 자신의 의견을 말하면 자칫 무례하게 보일지도 모른다. 따라서 여기서는 상대에게 실례가 되지 않도록 자신의 생각이나 관심, 의견 따위를 피력하는 방법을 익히도록 한다.
예를 들면 わたしの考えでは…라고 말을 꺼내며 상대의 기분이나 상황 등을 살피고 자신의 의견을 말하는 방법이다.

Q&A 무조건 따라하기

Q: 木村には辞めてもらうほかないと思うんだけどね。

A: 残念ながら、私は不賛成だね。私の考えでは、彼は立派な社員だと思う。このところ個人的な問題をかかえているだけだよ。

Q: そこがまさに問題なんだ。私的な生活のせいで会社の仕事に影響が出るようなら、信頼はできない。

A: そりゃ正論かもしれないけど、人間だれだってときには悪いときも経験するさ。ぼくだって、君だって。それが人生だよ。彼にはもう一度チャンスを与えていいんじゃないか。

Q : 기무라는 그만두게 할 수밖에 없는 것 같은데.

A : 유감이지만, 나는 찬성하지 않아. 내 생각으로는 그는 훌륭한 사원이라고 생각해. 요즘 개인적인 문제를 안고 있을 뿐이야.

Q : 그게 바로 문제야. 사적인 생활 때문에 회사 일에 영향을 준다면 신뢰할 수 없어.

A : 그야 맞는 말일지도 모르겠지만, 인간은 누구나 때로는 나쁜 때도 경험해. 나 역시, 너 역시. 그게 인생이야. 그에게 다시 한번 기회를 줘도 좋지 않겠나?

---

❶ …ほかない …수밖에 없다
❷ …せいで …탓으로, …때문에

□ 私としては…。
　저로서는….

> ☺ すばらしい映画でしたね、そう思いません?
> 　훌륭한 영화였죠, 그렇게 생각하지 않아요?
> ☺ そうねえ、でも私としては気に入らなかった。
> 　그래. 하지만 나로서는 마음에 안 들었어.

□ 私の方では…。
　제 쪽에서는….

□ 私に関して言えば…。
　제 입장에서 말하면….

□ 私の意見では、その考えはまるっきりばかげていると
思います。
　제 의견은 그 생각은 정말 어처구니없다고 생각합니다.

□ 本当のことを言うと…。
　사실을 말하면….

□ 私の考えでは…。
　제 생각으로는….

□ 私はそうだと思います。
　저는 그렇다고 생각합니다.

□ 私の考えを言わせてください。
　제 생각을 말하겠습니다.
　❖ …させてください는 상대의 허락을 받아서 행한다는 의미가 내포되어 있다.

□ 私の意見を申し上げます。
　제 의견을 말씀드리겠습니다.

□ 2、3意見を申し述べさせていただきます。
　두, 세 가지 의견을 말씀드리겠습니다.
　❖ …させていただきます는 말하는 사람의 의지를 정중하고 완곡하게 표현한 형식이다.

□ この問題に関して考えを述べさせていただきます。
　이 문제에 관해서 생각을 말씀드리겠습니다.

□ 要するに私の言いたいのは…。
요컨대 제가 말하고 싶은 것은….

□ まったくおっしゃるとおりだと思います。
정말 말씀하신 대로라고 생각합니다.
❖ おっしゃる는 言う(말하다)의 존경어로 우리말의「말씀하시다」에 해당하며, ます가
접속할 때는 おっしゃいます라고 해야 한다.

□ 皆さんはそう言いますが、私にはそうは思えないのです。
여러분은 그렇게 말하지만, 저는 그렇게 생각할 수 없습니다.

□ その提案には強く反対します。
그 제안에 강력히 반대합니다.

> ☺ 木村さんの提案にはどう思いますか。
> 기무라의 제안은 어떻게 생각합니까?
> ☺ 私はその提案には強く反対します。
> 저는 그 제안에 강력히 반대합니다.

□ まず、反対したい点はこれです。
먼저 반대하고 싶은 점은 이겁니다.

□ そのことについてご意見はありますか。
그 일에 대해서 의견이 있습니까?

□ 一言述べさせていただきたいのですが。
한 마디 말씀드리고 싶은데요.
❖ …させていただきたい는 말하는 사람의 의지 희망을 정중하게 표현한 형식이다.

□ その件に関してはあまり意見はございません。
그 건에 관해서는 그다지 의견이 없습니다.
❖ ございません은 ありません의 정중한 표현이다.

□ その件にはあまり関心がありません。
그 건에는 별로 관심이 없습니다.

□ その点については別にはっきりした意見はありません。
그 점에 대해서는 분명한 의견은 별로 없습니다.

□ その件については発言する立場にありません。
그 건에 대해서는 발언할 입장이 아닙니다.

□ 失礼ですが…。
실례합니다만…

□ 違うかもしれませんが…。
다를지도 모르겠습니다만…
❖ …かもしれない …할(일)지도 모른다

□ おっしゃるとおりかもしれませんが、お考えちがいのようですね。
말씀하신 것이 사실지도 모르겠습니다만, 생각이 틀리신 것 같군요.

□ ご意見は尊重しますが、私は別の考えを持っています。
의견은 존중합니다만, 저는 다른 생각을 갖고 있습니다.

> ☺ 私の意見はどう思いますか。
> 제 의견은 어떻게 생각합니까?
> ☺ ご意見は尊重しますが、私は別の考えを持っています。
> 의견은 존중합니다만, 저는 다른 생각을 갖고 있습니다.

□ おっしゃることは本当でしょうが…。
말씀하신 것은 사실이겠지만…

□ おっしゃる意味はよくわかりますが…。
말씀하신 뜻은 잘 알겠습니다만…

□ それはいかにも結構なんですが…。
그건 아무래도 괜찮습니다만…

□ ま、それは認めますが…。
글쎄, 그건 인정하지만…

□ なるほど、でも問題は…。
과연 그렇군요. 하지만 문제는…
❖ なるほど 듣던 바와 같이 「과연, 정말」

□ 誤解しないでいただきたいのですが…。
오해하지 말아 주셨으면 합니다만…

□ 信じられないかもしれませんが…。
믿지 않을지도 모르겠습니다만…

□ ちょっと妙だと思うかもしれませんが…。
좀 이상하다고 생각할지도 모르겠습니다만…

□ 気を悪くしないでいただきたいんですが…。
기분 나쁘지 않았으면 합니다만…

□ …に興味がありますか。
…에 흥미가 있습니까?

> ☺ 何に興味がありますか。
> 무엇에 흥미가 있습니까?
> ☺ 私はスポーツに興味があります。
> 나는 스포츠에 흥미가 있습니다.

□ 子供の頃から切手の収集に興味がありました。
어릴 때부터 우표 수집에 흥미가 있었습니다.

□ ずっと以前から山登りが好きなんです。
훨씬 이전부터 등산을 좋아합니다.
❖ …が好きだ …을 좋아하다 ↔ …が嫌(きら)いだ …을 싫어하다

□ ギャグが大好きで人を笑わせるのが好きです。
개그를 무척 좋아해서 사람을 웃기는 것을 좋아합니다.
❖ …が大好きだ …을 무척 좋아하다 ↔ …が大嫌(だいきら)いだ …을 무척 싫어하다

□ ご趣味は何ですか。
취미는 뭡니까?

> ☺ ご趣味は何ですか。
> 취미는 무엇입니까?
> ☺ 旅行です。
> 여행입니다.

□ いちばん興味があることは？
가장 흥미가 있는 것은?

□ 漫画を読むのが好きなんです。
만화를 읽는 것을 좋아합니다.

□ この種のジャズは大好きです。
이 종류의 재즈를 무척 좋아합니다.

□ 釣りにこってるんです。
낚시에 푹 빠졌어요.

❏ よくスピード狂だと人から言われます。
ス피드 광이라고 남들에게 많이 듣습니다.

❏ 自由な時間はたいてい推理小説を読んだりします。
자유로운 시간은 대개 추리소설을 읽거나 합니다.
❖ …たり…たりする …하기도 하고(하거나) …하기도(하거나) 한다

❏ 好きな映画スターは?
좋아하는 영화 스타는?

❏ どんなスポーツが好きですか。
어떤 스포츠를 좋아합니까?

☺ どんなスポーツが好きですか。
어떤 스포츠를 좋아합니까?
☺ バスケットボール、それに水泳です。
농구, 그리고 수영입니다.

❏ 犬や猫はあんまり好きではありません。
개나 고양이는 별로 좋아하지 않습니다.

❏ 水泳は得意です。
수영은 잘 합니다.
❖ 得意 숙달되어 자신이 있음

❏ すみません、それにはあまり興味がないんです。
미안합니다. 그것에는 별로 흥미가 없습니다.

❏ このごろ私は音楽に夢中なんです。
요즘 저는 음악에 푹 빠졌습니다.

❏ 私は運動は苦手なんです。
저는 운동은 못 합니다.
❖ 苦手 잘하지 못함, 서투름, 싫음

CHAPTER 35

일본어 특유의 표현

우리말과 일본어는 어순이 같고 문화가 비슷하여 우리말을 그대로 직역하면 일본어가 될 것 같지만, 반드시 그렇지는 않다. 일본어에도 말에 대한 패턴이 있으며, 우리말에 없는 표현이 많이 있고 반대로 우리말에는 있지만 일본어에는 없는 표현이 많이 있다. 특히 인사에 관한 말에는 관용적인 표현이 많이 있으므로 자연스럽게 입에서 나올 수 있도록 익혀야 하며, 또한 일본어 회화를 완벽하게 하기 위해서는 일본어 특유의 표현을 반드시 익혀야 한다.

Q&A 무조건 따라하기

Q：ところで、先日はお力添えいただいて本当に恐縮❶です。おかげさまで何とかうまくいきました。

A：どういたしまして。朝飯前❷でしたよ。次の企画はどんな具合ですか。

Q：残念ながら、あまりうまくないんです。どうしても着手できないんです。

A：何かお役立てることは？

Q：いやいや。もうすっかりお世話になってしまいましたから、またお手をわずらわせるなんてとてもできません。

A：そんなことおっしゃらないで。お役に立てれば本当にうれしいんですから。

Q：그런데, 요전에 도움을 주셔서 정말로 고맙습니다. 덕분에 어쨌든 잘 됐습니다.

A：천만에요. 식은 죽 먹기였어요. 다음 기획은 어떤 상황입니까?

Q：유감스럽게도 별로 잘 안 됩니다. 도무지 손을 댈 수가 없습니다.

A：무슨 도움이 될만한 일이라도?

Q：아뇨, 너무 신세를 많이 져서. 도저히 다시 번거롭게 해 드릴 수는 없습니다.

A：그런 말씀 마세요. 도움이 될 수 있다면 정말로 기쁘니까요.

---

❶ 恐縮 남의 후의나, 남에게 끼친 폐에 대해 죄송스럽게 여김
❷ 朝飯前 아주 쉬움. 누워서 떡먹기

□ 行ってまいります。
다녀오겠습니다.

□ ちょっと行って来ます。
잠깐 다녀올게요

□ 行ってらっしゃい。
다녀오세요

□ ただいま!
다녀왔습니다.
❖ ただいま帰(かえ)りましたが 줄어서 인사말로 굳어진 형태이다.

□ お帰りなさい。
잘 다녀오셨어요?

> 😊 ただいま!
> 다녀올게요!
> ☺ お帰りなさい。
> 어서 와라?

□ おやすみなさい。
안녕히 주무세요

폐를 끼쳤을 때

□ ごちそうさま。おいしかったです。
잘 먹었습니다. 맛있었습니다.
❖ ごちそうさまは 식사를 마쳤을 때 고마움에 대한 인사이다.

□ ありがとう。とても愉快でした。
고마워요. 무척 즐거웠습니다.

□ 昨日はありがとうございました。
어제는 고마웠습니다.

> 😊 昨日はありがとうございました。
> 어제는 고마웠습니다.
> ☺ いいえ、お話しできてうれしかったです。
> 아뇨, 대화를 나누어 즐거웠습니다.

□ 先日は失礼しました。
요전에 실례했습니다.

❏ お邪魔しました。
실례했습니다.
❖ おじゃまします는 남의 집을 방문했을 경우에 하는 인사말로, 대접을 받고 나올 때는 おじゃましました라고 말한다. 이에 주인은 何もおかまいしませんで(대접이 변변치 못했습니다) 또는 またいらしてください(또 놀러 오세요) 등으로 인사를 한다.

❏ お時間をとらせてしまって恐縮です。
시간을 빼앗아 죄송합니다.

❏ おかげさまで万事好調です。
덕분에 모든 일이 순조롭습니다.

❏ おかげさまで元気です。
덕분에 잘 지냅니다.

> ☺ お元気ですか。
> 잘 지내십니까?
> ☺ ええ、おかげさまで元気です。
> 예, 덕분에 잘 지냅니다.

❏ ごくろうさま。
수고했어요.

❏ 大変ですね。
힘들겠네요.

❏ ごくろうさまでした。
수고하셨습니다.
❖ 윗사람이 아랫사람에게 하는 노고에 대한 감사의 인사말이다.

❏ いつもすみませんね。
항상 미안하군요.

❏ よかったら遊びにいらっしゃい。
괜찮다면 놀러 오세요.

> ☺ よかったら遊びにいらっしゃい。
> 괜찮다면 놀러 오세요.
> ☺ あいにく明日は暇がありません。
> 아쉽지만 내일은 시간이 없습니다.

□ おあいにくさま。
이쉽네요.
❖ あいにく 공교롭게, 형편이 좋지 않은 모양

□ 2、3日厄介になります。
2, 3일 신세를 지겠습니다.

□ 始めまして。どうぞよろしく。
처음 뵙겠습니다. 잘 부탁합니다.

□ つまらない物ですが、どうぞ。
약소하지만 받으십시오.
❖ 선물을 상대에게 건네면서 하는 말이다.

□ 何もないけど一杯やりましょう
차린 건 없지만 한 잔 합시다.

□ どうぞおかまいなく。
자 편히 하십시오.

□ そんなことなさらなくてよかったのに。
이렇게 하지 않으셔도 되는데.

> ☺ こんばんは、木村、誕生日おめでとう。シャンペンを1本どうぞ。
> 안녕, 기무라. 생일 축하해. 삼페인 한 병 받아줘.
> ☺ シャンペンですか! 悪いですね。恐縮です。
> 삼페인입니까! 미안해요. 황송합니다.

□ もうこんなことはなさらないでください。
이제 이런 것은 하지 마세요.

□ お願いします。
부탁합니다.

□ まだ大丈夫です。
아직 괜찮습니다.

> ☺ 疲れてるようですよ。早く寝たほうがよいのでは。
> 피곤해 보여요. 일찍 자는 게 좋을 것 같아요.
> ☺ いや、まだ大丈夫。まだやることがたくさんありますから。
> 아니오, 아직 괜찮아요. 아직 할 일이 많이 있어서요.

베스트
프리토킹
일본어표현

즉석에서 활용하는 실용 회화

Advanced편

기본적인 표현을 철저하게 익힌 다음 일본인과 대화를
나누고자 할 때 어느 정도 자심감을 가지는 것이 매우 중요
합니다. 일본인과 교제하거나 비즈니스 활동을 할 때 인간적인
친분 못지 않게 일정 수준의 실용 회화에 능숙해야만 합니다. 그러기
위해서는 체계적으로 표현력을 확충하는 수밖에 없습니다.

따라서 Part 2에서는 하루에 일어나는 일상적인 대화에서 인사 표현, 쇼핑, 식사, 전화 등 일상생활은 물론
상황별 45개의 Chapter로 분류하여 여러 가지 장면과 상황을 의도적으로 설정하였습니다. 또한 여행과 비즈
니스에 관한 표현까지 반영하였기 때문에 일본인과의 일상 커뮤니케이션에 충분히 대비할 수 있을 것입니다.

하루의 일과

하루의 시작은 아침부터 시작된다. 아침이 상쾌하면 하루의 일과가 순조롭게 풀린다고
한다.
일본인의 하루도 우리와 마찬가지로 아침에 일어나 가벼운 운동이나 신문이나 텔레비
전을 본 다음 식사를 한다. 외출할 때는 行ってきます(まいります)라고 하면 집안에서
배웅하는 사람은 行っていらっしゃい라고 인사를 한다. 외출을 마치고 집에 돌아오면
ただいま라고 인사를 하면 맞이하는 사람은 반갑게 お帰りなさい라고 인사를 건넨다.

Q&A 무조건 따라하기

Q : ただいま。部屋が寒いね。ストーブが消えているよ。

A : おかえりなさい。調子が悪いから、消してあるのよ。❶

Q : ああ、疲れた。お風呂❷、沸いている？

A : ええ、沸かしてありますよ。

Q : のどが乾いたな。ビール、冷やしてある？

A : ええ、でもまだあまり冷えていないかもしれないわよ。

Q : では、ジュースでも飲もうか。

Q : 다녀왔어요. 방이 추워. 스토브가 꺼져 있네.

A : 어서 와요. 몸이 안 좋아서 꺼 놓았어요.

Q : 아, 피곤한데. 목욕물 데워 놓았어?

A : 예, 데워 놓았어요.

Q : 목이 마른데. 맥주 차갑게 해 놓았어?

A : 예, 하지만 아직 별로 안 차가울지 몰라요.

Q : 그럼, 주스라도 마실까?

❶ …てあるは 동작의 결과를 나타냄과 동시에 말하는 사람이 동작을 행한 주체를 의식하는 표현이다.
❷ 風呂 목욕, 목욕탕 風呂にはいる 목욕을 하다

□ 起きる時間よ！
일어날 시간이야!

> 😊 起きる時間よ！
> 일어날 시간이야!
>
> 😊 起きたくないよ。
> 더 자고 싶어요.

□ 早く起きなさい。
빨리 일어나라.

□ 目が覚めてるの？
깨어났니?

> 😊 起きているの?
> 일어났니?
>
> 😊 今、目が覚めたよ。
> 방금 일어났어.

❖ 目が覚める 눈이 뜨다, 잠을 깨다

□ 具合が悪いの？
몸이 안 좋니?

> 😊 具合が悪いの?
> 몸이 안 좋니?
>
> 😊 ううん、ただ疲れてるんだ。
> 아냐, 단지 피곤해서.

❖ 具合が悪い 건강 상태가 좋지 않다

□ よく眠れた？
잘 잤니?

> 😊 よく眠れた?
> 잘 잤니?
>
> 😊 うん、よく眠れた。
> 응, 잘 잤어.

□ いや、眠れなかったんだ。
아니, 잘 못 잤어.

□ 目覚まし時計を止めてくれる？
지명종을 꺼 주겠니?
　❖ 줄여서 目覚まし라고도 한다. 目覚ましを合わせる 자명종을 맞추다

□ ついに起きたのね。
드디어 일어났구나.

> 😄 ついに起きたのね。
> 　드디어 일어났구나.
> 🙂 まだ眠いよ。
> 　아직 졸려.

□ ゆうべ、夜更かししたの？
어젯밤 밤 새웠니?

□ 布団をたたもう。
이불을 개자.
　❖ 布団を畳(たた)む 이불을 개다 ↔ 布団を敷(し)く 이불을 깔다

□ 昨晩いびきをかいていたよ。
지난밤 코를 골던데.

> 😄 昨晩いびきをかいていたよ。
> 　지난밤 코를 골던데.
> 🙂 君、眠られなかった？
> 　너, 잠을 못 잤니?

□ こわい夢をみたの。
무서운 꿈을 꾸었어.
　❖ 夢を見る 꿈을 꾸다

□ 電気がつけっぱなしだったよ。
전기가 계속 켜져 있더라.

□ まだあくびをしているんだ。
아직도 하품을 하고 있네.

□ 二日酔いだ。
숙취야.

□ ぼくは夜型の人間なんだ。
난 밤에 강한 사람이야.

□ 歯はみがいた？
이는 닦았니?
❖ 歯を磨く 이를 닦다

□ 髪の毛をとかさなくちゃ。
머리를 빗어야 해.
❖ 髪の毛をとかす ＝ くしを入れる 머리를 빗다

□ 朝ご飯の前に顔を洗いなさい。
아침밥을 먹기 전에 세수를 해라.
❖ 顔を洗う 얼굴을 씻다, 세수하다

□ 朝食の時間だ。
아침 먹을 시간이다.

□ 何を着ようかな。
무얼 입을까?

□ 早く着替えなさい。
빨리 옷 갈아입어라.

😊 早く着替えなさい。
빨리 옷 갈아입어라.
😊 どうして？
왜?

□ パジャマを片付けなさい。
잠옷을 개거라.

😊 パジャマを片付けなさい。
잠옷을 개거라.
😊 あ、そのパジャマを洗うところなの。
아, 그 잠옷을 세탁하려고 하는데.

□ じゃあ、行ってきます。お母さん。
자, 다녀올게요 엄마.

😊 じゃあ、行ってきます。お母さん。
자, 다녀올게요 엄마.
😊 よく勉強してきなさいよ。
공부 잘하고 오너라.

□ セーターを裏返しに着ているよ。
스웨터를 뒤집어 입었어.
❖ 일본어에서는 상반신에 옷을 입는 것을 표현할 때는 着る라고 하고, 하반신에 입는
것을 はく라고 한다.

□ 今日は何をするの?
오늘은 무얼 하니?

☺ 今日は何をするの?
오늘은 무얼 하니?
☺ 今日は運動会なんだ。
오늘은 운동회야

□ 早くしないと遅刻するわよ。
빨리 하지 않으면 지각해.

□ 学校に遅れるわよ。
학교에 늦겠다.

☺ 学校に遅れるわよ。
학교에 늦겠다.
☺ 今、何時なの?
지금 몇 시예요?

□ 何か忘れてはいないの?
잊은 건 없니?

□ 遅れているぞ!
늦었어!

□ 急いでね!
서둘러!

□ 今日は遅くなるの。
오늘은 늦니?

☺ 今日は遅くなるの。
오늘은 늦니?
☺ いや、いつもどおりに帰ってくるよ。
아니, 평소대로 돌아와요

❖ …くなる …하게 되다, …해지다

□ <ruby>帰<rt>かえ</rt></ruby>りは<ruby>何時<rt>なんじ</rt></ruby>？
몇 시에 집에 오니?

> ☺ <ruby>帰<rt>かえ</rt></ruby>りは<ruby>何時<rt>なんじ</rt></ruby>？
> 몇 시에 집에 오니?
> ☺ 7<ruby>時<rt>じ</rt></ruby>ぐらいだよ。
> 7시 무렵이에요

□ お<ruby>弁当<rt>べんとう</rt></ruby>は<ruby>持<rt>も</rt></ruby>った？
도시락은 챙겼니?
❖ 弁当を作(つく)る 도시락을 싸다

□ <ruby>雨<rt>あめ</rt></ruby>が<ruby>降<rt>ふ</rt></ruby>りそう。
비가 올 것 같아.

> ☺ <ruby>雨<rt>あめ</rt></ruby>が<ruby>降<rt>ふ</rt></ruby>りそう。
> 비가 올 것 같아.
> ☺ <ruby>傘<rt>かさ</rt></ruby>を<ruby>持<rt>も</rt></ruby>って<ruby>行<rt>い</rt></ruby>きなさい。
> 우산을 가지고 가거라.

❖ 양태를 나타내는 そうだ는 눈앞에 직접 보이는 모습을 나타낼 때 쓰인다.

□ <ruby>外出<rt>がいしゅつ</rt></ruby>するときは<ruby>鍵<rt>かぎ</rt></ruby>をかけることを<ruby>忘<rt>わす</rt></ruby>れないでね。
외출할 때는 열쇠를 잠그는 것을 잊지 말도록 해요.

집에 돌아왔을 때

□ ただいま。
다녀왔어요.

> ☺ ただいま。
> 다녀왔어요
> ☺ おかえりなさい。
> 어서 오세요.

□ <ruby>今日<rt>きょう</rt></ruby>はどうだった？
오늘은 어땠니?

□ おなかがすいた。
배가 고픈데.

> ☺ おなかがすいた。
> 배가 고픈데.
> ☺ おやつあるわよ。
> 간식이 있다.

□ やっぱり家はいいな。
역시 집이 좋군!

□ お風呂がわいてるわよ。
목욕물을 데워놨어.

☺ 疲れたなあ。
피곤한데.
☺ お風呂がわいてるわよ。
목욕물을 데워놨어요

❧ お風呂にはいる 목욕을 하다

□ シャワーを浴びるか。
샤워를 할까?
❧ シャワーを浴びる 샤워를 하다

□ 遊びに行っていい?
놀러 가도 돼?

☺ 遊びに行っていい?
놀러 가도 돼요?
☺ 宿題をしてからね。
숙제를 하고 나서.

□ 塾に行ってきます。
학원에 다녀올게요.

☺ 塾に行ってきます。
학원에 다녀올게요
☺ 終わったら電話して。
끝나면 전화해.

❧ 塾는 우리가 말하는 「학원」 특히 보습학원을 말하다.

□ お小遣いをちょうだい。
용돈 좀 주세요

☺ お小遣いをちょうだい。
용돈 좀 주세요
☺ 何を買うの?
무얼 살 거니?

□ お使いに行ってきて。
심부름 좀 갔다 오렴.

□ ママ、今日の夕食はなあに?
엄마, 오늘 저녁은 뭐예요?

□ 夕食は何を作ろうかな。
저녁은 무얼 지을까?

☺ 夕食は何にしましょうか。
저녁은 무엇으로 할까요?

☺ 焼肉はどう?
불고기는 어때?

❖ ご飯を作る 밥을 짓다

□ 晩ご飯は何が食べたい?
저녁은 뭘 먹고 싶니?

□ ご飯の支度を手伝ってくれる?
저녁 준비를 거들어 주겠니?

☺ ご飯の支度を手伝ってくれる?
저녁 준비를 거들어 주겠니?

☺ よろこんで。
좋아요

□ 晩ご飯できた?
저녁밥 다 됐어?

☺ 晩ご飯できた?
저녁밥 다 됐어?

☺ まだよ。
아직.

□ ご飯の時間よ。
밥 먹을 시간이야.

□ いただきます。
잘 먹겠습니다.
❖ 식사를 하기 전하는 고마움을 나타내는 인사이다.

□ 野菜を残さず食べなさい。
야채를 남기지 말고 먹어라.

> 😊 野菜を残さず食べなさい。
> 야채를 남기지 말고 먹어라.
> 😊 食べてるよ。
> 먹고 있어요.

❖ 残さず ＝ 残さないで, ずは 부정 표현인 ないで와 같은 뜻으로 쓰인다.

□ 好き嫌いを言っちゃだめ。
가리지 말고 먹어라.
❖ …ちゃだめだ ＝ …てはだめだ …해서는 안 된다

□ ごちそうさま。
잘 먹었어요.

□ お皿を洗いなさい。
설거지를 해라.

> 😊 お皿を洗いなさい。
> 설거지를 해라.
> 😊 ぼくの番じゃないよ。
> 내 차례가 아니에요.

저녁에 쉴 때

□ 何をやってるの?
무얼 하고 있니?

> 😊 何をやってるの?
> 무얼 하고 있니?
> 😊 テレビを見てるの。
> 텔레비전을 보고 있어요.

□ 何かおもしろい番組をやってる?
무슨 재미있는 프로를 하니?

> 😊 何かおもしろい番組をやってる?
> 무슨 재미있는 프로를 하니?
> 😊 いや、今日はやってないよ。
> 아뇨, 오늘은 안 해요.

❖ 番組 방송용 프로그램

□ チャンネルを換えてくれないか。
채널을 바꿔 주지 않겠니?

□ もっとテレビが見たいよ。
텔레비전을 더 보고 싶어.

> ☺ もっとテレビが見たいよ。
> 텔레비전을 더 보고 싶어.
> ☺ 今夜は十分に見たでしょう。
> 오늘밤은 많이 봤잖아요.

□ もうファミコンは止めなさい。
이제 게임은 그만해라.
❖ ファミコン 비디오게임

□ 宿題はやったの?
숙제는 했니?

□ ちゃんと勉強しなさい。
가만히 공부해라.

□ テレビは消して寝なさい。
텔레비전은 끄고 자거라.
❖ テレビをつける 텔레비전을 켜다 ↔ テレビを消す 텔레비전을 끄다

□ あしたの支度はできたの?
내일 준비는 다 했니?

잠자리에 들 때

□ もう、寝る時間よ。
이제 잘 시간이다.

> ☺ もう寝る時間よ。
> 이제 잘 시간이다.
> ☺ もうちょっと。
> 조금 더 있다가요.

□ 早く寝なさい。
일찍 자거라.

□ 8時に目覚まし時計が鳴るようにセットしたよ。
8시에 자명종이 울리도록 맞춰 놨어.

□ あした7時に起こしてね。
내일은 7시에 깨워줘요.

□ おやすみなさい。
안녕히 주무세요

□ いい夢を見ますように。
좋은 꿈꾸세요

> ☺ いい夢を見ますように。
> 좋은 꿈꾸세요
> ☺ おやすみ。
> 잘 자거라.

❖ …ようには 활용어에 접속하여 「…하도록」의 뜻으로 소원이나 원망을 나타낸다.

휴일을 보낼 때

□ 昼寝をしたいな。
낮잠을 자고 싶군.

> ☺ 昼寝をしたいな。
> 낮잠을 자고 싶군.
> ☺ でも、まだ起きたばかりじゃないの。
> 그런데, 방금 일어났잖아.

□ 赤ちゃんのおむつを取り替えてくれる？
아기 기저귀를 갈아줄래?

□ キャッチボールをしよう。
캐치볼을 하자.

□ ほこりっぽいなあ。
먼지투성이구나.

> ☺ ほこりっぽいなあ。
> 먼지투성이구나.
> ☺ 気がつかなかったよ。
> 몰랐어.

❖ …っぽいは 동사의 중지형에 접속하여 「…의 경향이 있다」의 뜻을 가진 형용사가 된다.

□ この部屋の中は風通しか悪い。
이 방은 통풍이 나빠.

□ 犬にえさをあげてね。
개에게 밥을 줘요.

□ 弟と妹の面倒をみてね。
동생들을 돌보아라.
❖ 面倒をみる (노약자나 어린이를) 돌보다

□ 手伝いましょうか。
거들어드릴까요?

☺ 手伝いましょうか。
거들어드릴까요?
☺ ええ、植物に水をやってちょうだい。
응, 나무에 물을 주거라.

□ 部屋をかたづけなさい。
방 좀 치워라.

☺ 部屋をかたづけなさい。
방 좀 치워라.
☺ でも今テレビを見ているんだもん。
하지만 지금 텔레비전을 보고 있는 걸요

□ 流しをゴシゴシ洗ってね。
설거지대를 싹싹 씻어라.

□ わたしの部屋に掃除機をかけなくては。
내 방을 청소기로 밀어야 해.

□ そのシャツにアイロンをかけて。
그 셔츠를 다려 줘.
❖ アイロンをかける 다림질을 하다

□ スーパーに買い物に行こうよ。
슈퍼에 물건을 사러 가자.

☺ もっとミルクが必要ね。
우유가 더 필요해.
☺ スーパーに買い物に行こうよ。
슈퍼에 물건을 사러 가자.

초대면의 인사와 소개

처음 만났을 때 상대에게 하는 인사로는 はじめまして가 있다. 이것은 「처음으로」라는 뜻이지만 관용적인 표현이다. 이에 상대방도 마찬가지로 자신의 이름을 말하고 특별히 부탁할 것이 없어도 습관적으로 どうぞよろしく라고 한다. 이에 대한 응답으로는 こちらこそ가 쓰인다.

남에게 소개할 때는 보통 동성일 경우에는 아랫사람을 윗사람에게, 이성간일 경우에는 남성을 여성에게 소개하는 것이 원칙이다.

Q&A 무조건 따라하기

Q : はじめまして。

A : はじめまして。

Q : 実は、お目にかかるのをずっと楽しみにしてたんですよ。

A : あら、本当に?

Q : ええ、木村からいろいろ聞いてるものですから、もう知り合いのような感じがします。❶

A : まあ、木村さんのお友だちにお会いするなんてとってもうれしいわ。

Q : 처음 뵙겠습니다.
A : 처음 뵙겠습니다.
Q : 실은 뵙기를 줄곧 고대하고 있었습니다.
A : 어머, 정말요?
Q : 예, 기무라한테 많이 들어서 벌써 아는 사이 같은 느낌이 듭니다.
A : 어머, 기무라 씨 친구를 뵙다니 무척 반가워요.

❶ 불확실한 단정을 나타내는 ようだ가 명사에 접속할 때는 …のようだ의 형태를 취하며, 활용은 형용동사와 동일하다.

❏ はじめまして。
처음 뵙겠습니다.

> ☺ こんにちは。木村と言います。
> 안녕하세요. 기무라라고 합니다.
> ☺ はじめまして。木村さん。
> 처음 뵙겠습니다. 기무라 씨.

❖ はじめて는「처음」이라는 뜻으로 はじめまして로 쓰이면 처음 만났을 때 하는 인사 표현이 된다.

❏ どうぞよろしく。
잘 부탁합니다.
❖ 뒤에 お願いします를 생략한 형태로 간단하게 하는 첫대면의 인사이다.

❏ こちらこそ。
저야말로.

> ☺ はじめまして。
> 처음 뵙겠습니다.
> ☺ こちらこそ。
> 저야말로

❏ 山本浩之と言います。
야마모토 히로유키라고 합니다.

❏ キムと呼んでください。
김이라고 불러 주세요.

❏ お会いできてうれしいです。
만나서 반갑습니다.

❏ お目にかかれて、とてもうれしいです。
뵙게 되어 매우 기쁩니다.

❏ お知り合いになれて、うれしく思います。
알게 되어 기쁘게 생각합니다.

❏ 木村先生、お目にかかれて光榮です。
기무라 선생님, 뵙게 되어 영광입니다.

❏ 三浦さん、よろしく。
미우라 씨, 잘 부탁해요.

❏ こちらこそよろしく。
저야말로 잘 부탁합니다.

☐ こちらこそ、どうぞよろしくお願いします。
저야말로 잘 부탁드립니다.

☐ いつもお近づきになりたいと思っていました。
늘 가까이 하고 싶었습니다.

☐ お目にかかるのを楽しみにしていました。
뵙기를 고대하고 있었습니다.
❖ 楽しみにする 기대(고대)하다

☐ お噂はかねがねうかがっておりました。
말씀은 그전부터 많이 들었습니다.

> ☺ お噂はかねがねうかがっておりました。
> 말씀은 그전부터 많이 들었습니다.
> ☺ よい噂だけだといいのですが。
> 좋은 소문뿐이라면 좋겠는데.

❖ うかがうは「듣다, 묻다, 찾다」의 겸양어이다.

☐ 吉村からうわさを聞いてました。
요시무라에게 말씀은 들었습니다.

☐ お名前だけは知っておりました。
성함은 알고 있었습니다.

> ☺ こんにちは。木村です。
> 안녕하세요. 기무라입니다.
> ☺ お名前だけは存じておりました。お会いできてうれしいです。
> 성함은 알고 있었습니다. 만나서 반갑습니다.

❖ 存じるは 知(し)る의 겸양어로「알고 있다」의 뜻이다.

☐ たぶん3年前にソウルで会ったことがあります。
아마 3년 전에 서울에서 만난 적이 있습니다.

☐ 以前にお会いしたことがありますか。
이전에 뵌 적이 있습니까?

> ☺ こんにちは。山本浩之です。
> 안녕하세요. 야마모토 히로유키입니다.
> ☺ 以前にお会いしたことがありますか。
> 이전에 뵌 적이 있습니까?

□ 前にお会いしたことがあるように思うのですが。
전에 뵌 적이 있는 것 같은데요.

□ あなたとは電話でお話ししたことがあります。
당신과는 전화로 통화한 적이 있습니다.

> ☺ あなたとは電話でお話ししたことがあります。
> 당신과는 전화로 통화한 적이 있습니다.
> ☺ ええ、覚えています。
> 예, 기억하고 있습니다.

□ やっとお会いできてとてもうれしいです。
이렇게 만나서 무척 반갑습니다.
✿ お会いできるは お会いするの 가능 표현이다.

□ 自己紹介させてください。
제 소개를 하겠습니다.
✿ …させてくださいは 허락을 받아서 하는 자신의 의지 표현이다.

타인을 소개할 때

□ 田中さんを紹介しましょう。
다나카 씨를 소개할게요.

□ こちらは妹の由紀子です。
이쪽은 여동생 유키코입니다.

> ☺ 木村さん、こちらは妹の由紀子です。
> 기무라 씨, 이쪽은 여동생 유키코입니다.
> ☺ こんにちは、由紀子さん。はじめまして。
> 안녕하세요 유키코 양, 처음 뵙겠습니다.

□ 友人の木村さんを紹介します。
친구 기무라 씨를 소개하겠습니다.

□ 僕の友だちを紹介しよう。
내 친구를 소개할게.

□ 木村、僕の妻だよ。
기무라 내 아내야.
✿ 자신의 아내를 상대에게 말할 때는 妻, 家内(かない)라고 한다.

□ 三浦に会ったことがある？
미우라를 만난 적 있니?

□ 会ったことがなければ、紹介しておきましょう。
만난 적이 없으면 소개해 드리지요.

□ キムさん、佐藤さんに会うのは初めてですね。
김씨, 사토 씨를 만난 것은 처음이지요?

□ キムさん、こちらは田中さんです。
김씨, 이쪽은 다나카 씨입니다.
❖ こちら는 말하는 사람과 가까이 있는 사람을 공손하게 가리키는 말이다.

□ あなたのお兄さんを紹介してほしいのだけど。
네 오빠를 소개해 주었으면 하는데.

□ 君たちはいい友だちになると思うんだ。
너희들은 좋은 친구가 될 거야.
❖ …になる …이(가) 되다

□ キムさん、同僚の藤川君をご紹介します。
김씨, 동료 후지카와를 소개해 드리겠습니다.

□ 真利子と私は小学校からの知り合いです。
마리코와 저는 초등학교부터 아는 사이입니다.

□ 右から左へ、金さん、李さん、朴君です。
오른쪽부터 왼쪽으로 김씨, 이씨, 박군입니다.

□ 皆さん、木村教授をご紹介申し上げます。
여러분, 기무라 교수님을 소개해 드리겠습니다.

□ 妹さんを紹介してもらえるかしら。
동생을 소개해 줄 수 있을까?
❖ かしら는 자신을 재측하거나 상대편의 동의를 구하는 기분을 나타낸다.

□ 木村と話している女の子を紹介してくれるかい？
기무라와 이야기하고 있는 여자를 소개해 주겠니?

□ あなたたち、気が合うと思うわ。
너희들 마음이 맞을 거야.
❖ 気が合う 마음이 맞다

□ 木村さんのご紹介でうかがいました。
기무라 씨 소개로 찾아왔습니다.

> ☺ 木村さんのご紹介でうかがいました。
> 기무라 씨 소개로 찾아왔습니다.
> ☺ ええ、彼からあなたのことで電話をもらっています。
> 예, 그에게 당신에 대해 전화를 받았습니다.

□ 君たちふたりには共通点がたくさんあるんだよ。
너희 둘이는 공통점이 많이 있어.

헤어질 때

□ お会いしてうれしかったです。
만나서 기뻤습니다.

□ お目にかかれてうれしかったです。
만나 뵙게 되어 기뻤습니다.

□ お話、楽しかったです。
이야기, 즐거웠습니다.

□ また、近いうちにお目にかかりましょう。
가까운 시일 내에 또 뵙시다.

□ じゃ、また会いましょう。
그럼, 또 만납시다.

□ また機会があったら、会いましょう。
기회가 있으면 또 만나지요.

CHAPTER 03

자기 소개

다른 사람에게 자신을 소개할 때는 自己紹介させてください라고 먼저 상대의 양해를 구하고 이름을 말한다. 상대의 이름을 물을 때는 お名前をうかがえますか로 표현하며, 이름을 말할 때는 私は○○です라고 하면 된다. 자기소개가 끝나면 본격적으로 お生まれはどこですか라든가 どちらへお勤めですか お仕事は? 등으로 상대를 알기 위한 질문을 하면서 대화를 유도해나가면 쉽게 친해지기 마련이다.

Q&A 무조건 따라하기

Q : こんにちは。お会いしたことないですね。森下健一です。

A : やあ、森下さん。ホンギルドンです。

Q : この町は来られたばかりなんでしょ？

A : ええ、日本に来てまだほんの2、3週間ですから。あなたは、ここは長いんでしょう？

Q : ああ、日本ということならね。本当は函館の出身なんですよ。北海道です。あなたはどちらから？

A : インチョンです。首都のほうじゃなくてね。

Q : 안녕하세요. 뵌 적이 없죠. 모리시타 겐이치입니다.

A : 아, 모리시타 씨. 홍길동입니다.

Q : 이 도시에는 오신지 얼마 안 됐죠?

A : 예, 일본에 온지 약 2, 3주일이라서요. 당신은 여기서 오래 사셨죠?

Q : 아, 일본이라면요. 실은 홋카이도의 하코다테 출신입니다. 당신은 어디에서?

A : 인천입니다. 수도가 아니고요.

❶ ばかり는 여러 가지 용법으로 쓰이지만, 동사의 과거형에 접속하면 무언가를 한 후 시간이 얼마 경과되지 않음을 나타낸다.

□ ちょっと自己紹介させてください。
잠깐 제 소개를 하겠습니다.

□ 名前は鈴木です。
이름은 스즈키입니다.
❖ 자신의 이름을 상대에게 말할 때는 보통 …です로도 충분하지만, 상대에 따라 …と申します라고도 한다.

□ お目にかかったことはないと思いますが。
뵌 적이 없는 것 같은데요.

☺ お目にかかったことはないと思いますが。
뵌 적이 없는 것 같은데요
☺ ええ、たぶん。私はここは初めてですから。
예, 아마도 저는 여기는 처음이라서요
☺ じゃ、よろしく。木村です。
그럼, 잘 부탁합니다. 기무라입니다.
☺ 私はキムです。どうぞよろしく。
저는 김입니다. 잘 부탁합니다.

❖ お目にかかる는 会う(만나다)의 겸양어이다.

□ あなたとは初めてだと思いますが。
당신과는 처음인 것 같은데요.

□ どこかでお目にかかりましたね。
어디서 뵈었지요?

□ 失礼、どこかでお会いしたことがありますね。
실례합니다. 어디서 뵌 적이 있지요?

☺ 失礼、どこかでお会いしたことがありますね。
실례합니다. 어디서 뵌 적이 있지요?
☺ ええ、もちろんです。ミチコの結婚披露宴でしたね。
예, 물론입니다. 미치코 결혼 피로연이었죠
☺ 私、サチコです。あなたはキムですね。
저, 사치코입니다. 당신은 김이죠?
☺ そのとおり。また会えてうれしいです。
맞아요. 다시 만나서 반가워요

□ すみません、別の人と間違えてしまいました。
죄송합니다. 다른 사람으로 착각했습니다.

□ こんにちは、私のこと覚えてます？
안녕하세요. 저를 기억하겠습니까?

> ☺ こんにちは、私のこと覚えてます？
> 안녕하세요, 저를 기억하겠습니까?
> ☺ もちろん覚えていますよ。先週のパーティで会いましたね。
> 물론 기억해요. 지난 주 파티에서 만났죠?
> ☺ ええ、そうです。でも、あなたの名前を覚えてないんですが。
> 예, 그래요. 하지만 당신의 이름이 기억나지 않는데요.
> ☺ 私はホンギルドンです。あなたは山本健二さんでしょう。
> 저는 홍길동입니다. 당신은 야마모토 겐지 씨이죠?

□ 加山雄三です。あなたは？
가야마 유조입니다. 당신은?

□ 有吉ですが、縮めてアリーです。
아리요시입니다만, 줄여서 아리입니다.

□ 私はホンギルドンです。ニックネームはネコです。
저는 홍길동입니다. 별명은 고양이입니다.
　❖ ニックネーム(nickname) ＝ あだな 별명

□ 名刺をどうぞ。あなたのもいただけますか。
제 명함입니다. 당신 것도 받을 수 있을까요?

□ 私の名前は金…そうそう、名刺をさしあげましょう。
제 이름은 김… 아 그래요. 명함을 드릴게요.
　❖ 남에게 뭔가를 줄 때는 상대에 따라 やる→あげる→差し上げる로 표현한다.

□ 名前は三浦茂子、東京から来ました。
이름은 미우라 시게코이고, 도쿄에서 왔습니다.

□ 子供は二人います。
아이는 둘 있습니다.

□ ゴルフに興味がありますか。
골프에 흥미가 있습니까?

□ 貿易会社に勤める会社員です。
무역회사에 근무하는 회사원입니다.
　❖ …に勤める …에 근무하다

☐ お名前をうかがえますか。
성함을 여쭤도 될까요?

☐ お名前は?
성함은?

> 😊 お名前は?
> 성함은?
>
> 😊 ホンギルドンです。
> 홍길동입니다.

☐ 姓は何というのですか。
성은 어떻게 됩니까?

> 😊 姓は何というのですか。
> 성은 어떻게 됩니까?
>
> 😊 金です。
> 김입니다.

☐ すみません、お名前が聞き取れませんでした。
미안합니다. 성함을 알아듣지 못했습니다.

> 😊 すみません、お名前が聞き取れませんでした。
> 미안합니다. 성함을 알아듣지 못했습니다.
>
> 😊 山本健二です。
> 야마모토 겐지입니다.

☐ 読み方を言ってくれますか。
(이름) 읽는 법을 말해 주겠어요?
❖ 読み方 읽기, 書(か)き方 쓰기, 書き取(と)り 받아쓰기

☐ 名前を覚えるのが苦手なんです。
이름을 잘 못 외웁니다.
❖ 苦手 잘 못함, 서투름 ↔ 得意(とくい)

☐ ずいぶん長いお名前ですね。
무척 이름이 길군요

☐ 覚えやすいですね。
기억하기 쉽군요
❖ …やすい …하기 쉽다(편하다) ↔ …にくい …하기 어렵다(힘들다)

□ 日本では一般的な名前でしょうか。
일본에서는 일반적인 이름입니까?

상대를 알기 위한 질문

□ どこのお生まれですか。
어디 출신입니까?

❖ 生まれ는 生まれる(태어나다)의 명사형으로 「출생, 출신」을 나타낸다.

□ 生まれ故郷はどこですか。
태어난 고향은 어디입니까?

□ 日本のどこの生まれですか。
일본 어디 출신입니까?

□ 同じところで育ったのですか。
같은 곳에서 자랐습니까?

□ こちらの生活はどうですか。
이곳 생활은 어떻습니까?

□ 学校はどちらですか。
어느 학교에 다닙니까?

□ 大学はどこでしたか。
어느 대학을 다녔습니까?

□ どちらへお勤めですか。
어디에 근무하십니까?

□ お仕事は？
무슨 일을 하세요?

☺ お仕事は？
무슨 일을 하세요?
☺ 東京でファッション・デザインを勉強しています。
도쿄에서 패션 디자인을 공부하고 있습니다.

□ こちらへはよくいらっしゃるのですか。
이곳에는 자주 오십니까?

☺ こちらへはよくいらっしゃるのですか。
이곳에는 자주 오십니까?
☺ いいえ、実はここは初めてです。
아뇨, 실은 여기는 처음입니다.

□ ご興味は何ですか。
무슨 흥미를 갖고 있습니까?

□ ご家族は何人ですか。
가족은 몇 분입니까?

□ これからも連絡を取り合いましょうね。
앞으로도 서로 연락을 취합시다.

□ どうしたら連絡がつきますか。
어떻게 하면 연락이 됩니까?

☺ どうしたら連絡がつきますか。
어떻게 하면 연락이 됩니까?
☺ ずっと横浜にいます。これが電話番号です。
계속 요코하마에 있습니다. 이것이 전화번호입니다.

□ ご連絡先は？
연락처는?
❖ 先는 동작이 미치는 상대나 행선지를 나타낸다.

CHAPTER 04

식사·가정·파티에 초대

일단 알게 된 사람이나 친구와 한층 더 친해지기 위해서는 …しませんか라고 권하는 것이다 특히 자신의 집이나 파티에 초대해서 대화를 나누는 것은 서로의 거리낌 없는 친분을 쌓는 데 매우 중요한 의미를 갖는다 아무리 친한 친구라 하더라도 집으로 초대하지 않는다는 일본인도 많다 이것은 집이 좁기 때문이기도 하지만 대개 자기 집안을 남에게 보이는 것을 꺼리기 때문이다 그러므로 일본인 집에 초대받는 것은 관계가 상당히 깊어졌다고 볼 수 있다

Q&A 무조건 따라하기

Q : そのうちご家族とご一緒にうちへ夕食においでください。

A : ありがとうございます。ぜひ。

Q : そういうことなら、先のことにしないで日取り❶を決めましょうか。土曜日の晩はいかがですか。

A : ごめんなさい。土曜日は先約があるんです。

Q : じゃあ、日曜日は？

A : 日曜日は一日中❷ひまです。何をお持ちしましょうか。

Q : 근간 가족과 함께 우리 집에 저녁 식사하러 오십시오.

A : 감사합니다. 꼭 가겠습니다.

Q : 그렇다면, 우선 날짜를 정할까요? 토요일 밤은 어떠세요?

A : 미안합니다. 토요일은 선약이 있습니다.

Q : 그럼, 일요일은?

A : 일요일은 하루 종일 시간이 있습니다. 무얼 가지고 갈까요?

---

❶ 日取り 날짜를 정함, 일정
❷ 中는 じゅう로 읽으면 「온통 전체」를 나타내고, ちゅう로 읽으면 어떤 범위의 한 가운데를 말한다.

□ わたしの家に来ませんか。
우리 집에 오지 않겠어요?

□ あがってコーヒーでも飲んで行かない?
들어와서 커피라도 마시고 안 갈래?

□ 今度の日曜の夕方、お食事にいらっしゃいませんか。
이번 일요일 저녁에 식사하러 오시지 않겠습니까?
❖ 동작성 명사 …にいらっしゃる …하러 오시다(가시다)

□ 今晩、わたしと食事はどう?
오늘밤에 나와 식사는 어때?

☺ 今晩、わたしと食事はどう?
오늘밤에 나와 식사는 어때?
☺ ぜひ、そうしたいですね。どこで会いましょうか。
꼭, 그렇게 하고 싶군요 어디서 만날까요?

□ いっしょに外へ食事に出ませんか。
함께 밖으로 식사하러 나가지 않을래요?

□ たまにはみんなで集まるのもいいね。
가끔은 함께 모이는 것도 좋지.

□ いつか遊びに来てください。
언제 놀러 오세요

☺ いつか遊びに来てください。
언제 놀러 오세요
☺ ぜひ、そうしたいですね。ありがとう。
꼭 그렇게 하고 싶군요 고마워요
❖ 동사의 중지형 …に来る …하러 오다

□ 気の向いたときはいつでもお立ち寄りください。
기분이 내킬 때는 언제든지 들르십시오.

☺ 気の向いたときはいつでもお立ち寄りください。
기분이 내킬 때는 언제든지 들르십시오
☺ ありがとう。ご親切に。
친절을 베풀어줘서 고마워요

❖ お…ください(…해 주십시오)는 …てください의 존경 표현이다.

□ うちへ来ておしゃべりをしませんか。
집에 와서 이야기라도 하지 않겠어요?

□ 誕生パーティーに来てね。
생일 파티에 와요?

□ 今晩、うちでパーティーをやるんだけど、来ない？
오늘밤, 집에서 파티를 하는데, 안 올래?

☺ 今晩、うちでパーティーをやるんだけど、来ない？
오늘밤, 집에서 파티를 하는데, 안 올래？

☺ いいですね。ありがとう。何時に行きましょうか。
좋습니다. 고마워요. 몇 시에 갈까요？

□ 日曜日の夜、ちょっとしたパーティーをやるので、来てくれるといいですね。
일요일 밤에 조촐한 파티를 하는데, 와 주면 좋겠어요.
❖ ちょっとは 少(すこ)し의 구어적인 표현이다.

□ 6時半頃来てくれる?
6시반경에 와줄래?

☺ 何時に行けばいいかな?
몇 시에 가면 되나?

☺ 6時半頃来てくれる?
6시반경에 와줄래?

□ 手ぶらで来てね。
빈손으로 와.

☺ 何か持って行こうか。
뭐라도 가지고 갈까?

☺ いいのよ。手ぶらで来てね。
괜찮아. 빈손으로 와.

□ 日本の家庭料理をごちそうするよ。
일본 가정요리를 대접할게.
❖ ごちそうする (음식을) 대접하다, 한턱내다

□ 家は新宿駅から歩いて10分ぐらいのところなんだ。
집은 신주쿠 역에서 걸어서 10분 정도에 있어.

□ 駅まで迎えに行くよ。
역까지 마중 나갈게.

□ 駅に着いたら電話してね。
역에 도착하면 전화해.

□ 喜んでうかがいます。
기꺼이 가겠습니다.
❖ 喜んでと 喜ぶ(기뻐하다)에서 파생되어 「기꺼이」라는 뜻으로 부사처럼 쓰인다.

□ もちろん行きます。
물론 가겠습니다.

☺ いっしょに来ませんか。
함께 안 올래요?
☺ もちろん行きます。何時?
물론 가겠습니다. 몇 시에?
☺ 夜7時はどう?
밤 7시는 어때요?

□ きっと行きます。
꼭 가겠습니다.

□ いいですねえ。
좋지요.

□ 私のほかにだれか来るの。
나 말고 누가 오니?

□ 何か持っていこうか?
뭐라도 가지고 갈까?

☺ 何か持っていこうか?
뭐라도 가지고 갈까?
☺ ワインを1本持ってきてくれたらうれしいわ。
와인 한 병 가지고 와주면 기쁘겠어.

□ 招いてくれてありがとう。
초대해 줘서 고마워.
❖ …てくれてありがとう …해 줘서 고맙다

☐ ご<ruby>招待<rt>しょうたい</rt></ruby>ありがとう。
초대 고마워.

☐ <ruby>残念<rt>ざんねん</rt></ruby>ながら<ruby>行<rt>い</rt></ruby>けません。
유감스럽지만 갈 수 없습니다.
❖ ながら는「…면서도, …지만」의 뜻으로 앞의 사실과 모순됨을 나타내기도 한다.

☐ その<ruby>日<rt>ひ</rt></ruby>は<ruby>行<rt>い</rt></ruby>けないようですが。
그 날은 갈 수 없을 것 같은데요.
❖ …ようだ는「…인(한) 것 같다」의 뜻으로 불확실한 단정을 나타낸다.

☐ あいにくその<ruby>時<rt>とき</rt></ruby>は<ruby>忙<rt>いそが</rt></ruby>しいんです。
공교롭게 그 때는 바쁩니다.

☐ すまないけど、その<ruby>日<rt>ひ</rt></ruby>はだめです。
미안하지만, 그 날은 안 됩니다.

☐ ぜひそうしたいのですが、<ruby>残念<rt>ざんねん</rt></ruby>ながらだめなんです。
꼭 그렇게 하고 싶은데, 아쉽지만 안 되겠어요.

☐ <ruby>行<rt>い</rt></ruby>きたいのはやまやまですが…。
가고 싶은 마음은 태산 같은데…

☺ <ruby>来<rt>き</rt></ruby>ませんか。
안 올래요?

☺ できればそうしたいのですが、どうも<ruby>行<rt>い</rt></ruby>けそうもないんです。
<ruby>今<rt>いま</rt></ruby>やらなくてはいけないことがたくさんありまして。
가능하면 그렇게 하고 싶습니다만, 아무래도 갈 수 없을 것 같습니다.
지금 해야 할 일이 많이 있어서요.

☐ <ruby>誘<rt>さそ</rt></ruby>っていただいて<ruby>嬉<rt>うれ</rt></ruby>しいですが、どうもだめそうなんです。
불러 주셔서 기쁩니다만, 아무래도 안 될 것 같습니다.
❖ どうも 다음에 부정어가 이어지면「아무래도, 도저히」라는 뜻이 된다.

☐ ありがたいけど、<ruby>今<rt>いま</rt></ruby>のところ<ruby>手<rt>て</rt></ruby>が<ruby>離<rt>はな</rt></ruby>せないんだ。
고맙지만, 지금은 너무 바빠서 말이야.

☐ おもしろそうだけど、<ruby>今<rt>いま</rt></ruby><ruby>時間<rt>じかん</rt></ruby>がないんです。
재미있을 것 같은데, 지금 시간이 없어요.

☐ おもしろそうだが、今晩は来客があるんだ。
재미있을 것 같은데, 오늘밤은 올 손님이 있어.

☺ あなたは来られる？
너는 올 수 있니?
☺ おもしろそうだが、今晩は来客があるんだ。
재미있을 것 같은데, 오늘밤은 올 손님이 있어.

☐ いつか別の日のほうがよさそうですね。
언제 다른 날로 하는 게 좋을 것 같군요.

☐ また誘ってみてください。
다시 불러 주세요.

☐ 残念ながら、今晩は先約があるんだ。
아쉽지만, 오늘밤은 선약이 있어.

☐ せっかくですが、今日は都合が悪いんです。
모처럼인데, 오늘은 사정이 안 좋습니다.
❖ せっかく는 노력이 허사가 되는 것에 대한 유감을 나타내며, わざわざ는 그 일만을
위해서 노력함을 뜻한다.

가정 방문

여기서는 집에 처음으로 방문하는 것을 상정하여 필요한 표현을 익히게 된다. 약속하고 나서 방문하는 것이 일반적이지만, 아무런 예고도 없이 찾아가 만날 상대가 없을 때에 도움이 되는 표현도 함께 익힌다. 집을 방문할 때는 ごめんください라고 상대를 부른 다음 집주인이 나올 때까지 현관에서 기다린다. 주인이 どちらさまですか라면서 나오면, こんにちは, 今日はお招きくださってありがとうございます, お世話になります 등의 인사말하고 상대의 안내에 따라 집안으로 들어선다.

Q&A　무조건 따라하기

Q : あら、木村じゃない。珍しい。

A : お邪魔じゃないといいけど。

Q : 全然。テレビを見てただけよ。❶

A : ちょっと通りかかったので、皆さんどうされてる❷かお寄りしてみようかと思って。

Q : それはうれしいわ。さあ、入って。東京へ帰る途中なんでしょう。

A : ええ、静岡に行ってたんです。今晩には東京に戻らないといけないから、長居❸はできないけど。

Q : 어머, 기무라 아냐. 웬일이야.
A : 방해가 안 되었으면 좋겠는데.
Q : 전혀. 텔레비전을 보고 있었을 뿐이야.
A : 잠깐 지나가는 길에 모두 어떻게 지내는지 들러볼까 해서요.
Q : 그거 반가운데. 자, 들어와. 도쿄로 가는 길이지?
A : 예, 시즈오카에 가 있었어요. 오늘밤에는 도쿄로 가야 하니까 오래 앉아 있을 수 없어요.

---

❶ …ただけだ …했을 뿐이다. だけ는 긍정의 형태로 쓰이고, しか는 부정의 말과 함께 쓰인다.
❷ 여기서 されてる는 して(い)る의 존경 표현으로 쓰였다.
❸ 長居 궁둥이가 무거움, 오랫동안 가지 않고 머무름

□ 木村さんのお宅はこちらでしょうか。
기무라 씨 댁이 맞습니까?

> ☺ 木村さんのお宅はこちらでしょうか。
> 기무라 씨 댁이 맞습니까?
> ☺ はい、どなたさまでしょうか。
> 네, 누구신가요?

❖ どなたさまでしょうか는 방문한 사람의 신원을 확인할 때 쓰는 말이다.

□ 吉田さんはご在宅ですか。
요시다 씨는 댁에 계십니까?

> ☺ 吉田さんはご在宅ですか。
> 요시다 씨는 댁에 계십니까?
> ☺ いいえ、外に出ていまはおりませんが。
> 아뇨, 밖에 나가고 지금은 없는데요.

□ キムです。山崎さんにお目にかかりたいんですが。
김입니다. 야마자키 씨를 뵙고 싶습니다만.

□ 木村さんと3時に約束してありますが。
기무라 씨와 3시에 만나기로 약속을 했는데요.
❖ …てある …해 두다(놓다)

□ ご主人から電話があったと思いますが。
남편께서 전화가 있었을 텐데요.

> ☺ 木村さんの奥さんですか。キムと申します。ご主人から私
> のことについてお電話があったと思いますが。
> 기무라 씨 부인입니까? 김이라고 합니다. 남편께서 저에 대해서 전화가 있었을
> 거라고 생각합니다만.
> ☺ はい、確かに。お待ちしてました。どうぞお入りになって。
> 네, 있었습니다. 기다리고 있었습니다. 자 들어오십시오.

□ 通りかかったので、ちょっとお立ち寄りしました。
지나가다가 잠깐 들렀습니다.

□ ちょっとごあいさつに立ち寄らせてもらいました。
잠깐 인사를 하러 들렀습니다.

□ ご心配なく。あとでまたうかがいます。
괘념치 마십시오. 나중에 다시 뵙겠습니다.

☐ 改めてご訪問いたします。
다시 찾아뵙겠습니다.
❖ 改めて 다른 기회에, 다시, 정식으로

☐ わたしが来たとお伝えください。
제가 왔다고 전해 주십시오.

☐ それでは電話番号を置いて参ります。
그럼 전화번호를 두고 가겠습니다.

☐ 電話番号はわかると思いますが、念のため私の名刺です。
전화번호는 알고 있으리라 생각합니다만, 만약을 몰라 제 명함을 드리겠습니다.

> 😊 どなたとお伝えしましょうか。
> 누구라고 전해드릴까요?
> 😊 木村です。念のため私の名刺です。
> 기무라입니다. 만약을 위해 제 명함을 드리겠습니다.

방문한 곳에서의 배려

☐ ちょっと来るのが早すぎましたか。
너무 일찍 왔습니까?

> 😊 ちょっと来るのが早すぎましたか。
> 너무 일찍 왔습니까?
> 😊 いや、木村はもう来てますよ。
> 아뇨, 기무라는 벌써 와 있어요

❖ …すぎる는 형용사의 어간에 접속하여 「너무 …하다」의 뜻을 가진 동사를 만든다.

☐ 遅くなってすみません。
늦어서 죄송합니다.

> 😊 こんなに遅くなってすみません。途中の混雑がひどかったので。
> 너무 늦어 미안합니다. 길이 너무 혼잡해서요
> 😊 ご心配なく。まだあと3人これから見えますから。
> 괜찮아요. 아직 올 사람이 3명이나 더 있으니까요

☐ これお土産だよ。
이거 선물이야.
❖ お土産 방문할 때나 여행지에서 가져온 선물

☐ これをどうぞ。
이걸 (선물) 받으십시오.

> 😊 気に入ってもらえるといいんですが。妻が選んだ物です。
> 마음에 들었으면 좋겠는데요. 아내가 고른 것입니다.
> ☺ まあ、嬉しい。どうもありがとう。
> 어머, 기뻐라. 너무 고마워요.

☐ いいお住まいですね。
집이 좋군요.

☐ どうぞ私のことはおかまいなく。
자, 저는 괘념치 마십시오.
❖ どうぞおかまいなく 조금도 괘념(걱정) 마시고 마음대로 하십시오.

☐ お仕事のお邪魔にならなければいいのですが。
일하시는데 방해가 되지 않았으면 좋겠는데요.
❖ 邪魔になる 방해가 되다, 폐가 되다

☐ どうも。もうくつろいでいます。
고맙습니다. 편히 하고 있습니다.

> 😊 どうぞお楽に。
> 자, 편히 하십시오.
> ☺ どうも。もうくつろいでいます。
> 고맙습니다. 편히 하고 있습니다.

☐ 明るくてすてきなお住まいですね。
밝고 멋진 집이군요.

☐ ここはなかなか住み心地が良さそうじゃないですか。
여기는 상당히 살기 좋을 것 같지 않습니까?
❖ ここち(마음의 상태, 기분)는 접미어적으로 복합명사를 만들 때는 ごこち꼴로 쓰인다.
寝(ね)ごこち 잘 때의 느낌, 乗(の)りごこち 승차감, 酔(よ)いごこち 취한 기분

☐ この部屋は居心地がいいですね。
이 방은 아늑하군요.

☐ タバコを吸ってもいいでしょうか。
담배를 피워도 될까요?

☐ 失礼ですが、トイレは？
실례합니다만, 화장실은?

□ そろそろおいとまします。
슬슬 일어나겠습니다.

□ ぼちぼち失礼する時間のようですね。
이만 가야 할 시간인 것 같군요.

> 😊 もう一杯いかがですか。
> 한 잔 더 하시겠어요?
>
> 😊 いや、もう結構。ぼちぼち失礼する時間のようですね。
> 아뇨, 됐습니다. 이만 가야 할 시간인 것 같군요

❖ ぼちぼちは ぽつぽつらごとも 하며 느리게 일을 행하는 모양을 나타낸다.

□ もう時間が遅いですから。
너무 시간이 늦어서요.

> 😊 もうちょっといいじゃありませんか。
> 좀더 계셔도 되지 않겠어요?
>
> 😊 いや、もう時間が遅いですから。
> 아뇨, 너무 시간이 늦어서요

□ こんなに遅くなったとは知りませんでした。
이렇게 늦은 줄은 몰랐습니다.

□ つい長居をしてしまいました。
그만 너무 오래 있었습니다.

□ 5時に約束がありますので。
5시에 약속이 있어서요.

□ 仕事にもどる時間ですので。
일하러 돌아갈 시간이라서요.

□ もっと長くいられたらいいのだけど。
더 오래 있었으면 좋겠는데.

> 😊 本当にもう帰るの?
> 정말 벌써 가게?
>
> 😊 もっと長くいられたらいいのだけど。
> 더 오래 있었으면 좋겠는데.

□ 残念ですが、これ以上お邪魔していられません。
아쉽지만, 더 이상 폐를 끼치고 있을 수 없습니다.

□ もっといたいのですが、用事がありますので。
더 있고 싶습니다만, 볼일이 있어서요.

□ とても楽しかった。ほんとうにありがとう。
무척 즐거웠어. 정말로 고마워.

□ 本当に楽しくお話しできました。
말씀 정말로 즐거웠습니다.

□ 今日は会えてうれしかったです。
오늘은 만나서 즐거웠습니다.

> ☺ 今日は会えてうれしかったです。
> 오늘은 만나서 즐거웠습니다.
>
> ☺ こちらもおかげで楽しかったです。また来てくださいね。
> 저도 덕분에 즐거웠습니다. 또 오세요.

□ 親切なおもてなしをどうもありがとうございました。
친절한 대접을 해주셔서 고마웠습니다.

□ 私の方にもぜひ来てください。
저희 집에도 꼭 오십시오.

> ☺ 今度はぜひ、私の家に来てね。
> 이번에는 꼭 우리 집에 와.
>
> ☺ ありがとう、そうさせてもらうわ。
> 고마워요. 그렇게 할게요.

□ どうもいろいろとお世話になりました。
여러 가지로 신세가 많았습니다.
  ❖ お世話になる 신세를 지다, 世話をする 보살피다, 돌보다

□ お陰さまで本当に楽しく過ごさせていただきました。
덕분에 정말 즐겁게 지냈습니다.

□ 韓国へいらして私のところを訪ねてくれませんか。
한국에 오셔서 저의 집을 방문해 주지 않겠어요?

방문객의 안내와 대접

방문을 받았을 때 현관에서의 응대에서부터 전송할 때까지 주로 쓰이는 표현을 순서대로 배운다 먼저 손님이 찾아오면 いらっしゃい、どうぞ라고 맞이한 다음 どうぞお入りください라고 하며 안으로 안내를 한다 안내한 곳까지 손님이 들어오면 何か飲み物はいかがですか로 마실 것을 권유한 다음 식사를 한다 상대가 일찍 가려고 하면 もうお帰りですか라고 만류한다 방문을 마치고 돌아가는 손님에게 ぜひまたいらしてください라고 다시 방문할 것을 의뢰한다

Q&A 무조건 따라하기

Q：入っておかけなさい。❶

A：ありがとう。きれいなお住まいですね。ここはいつも居心地が
よくて。

Q：それは嬉しいね。実はこの部屋、改装したばかりなんだ。だから、ペンキがまだにおうんじゃないかな。

A：気がつきませんでした。でも、本当にすてきですね。

Q：ありがとう。紅茶はいかが?

A：いいですね。いただきます。

Q : 들어와 앉아요.
A : 고마워요. 멋진 집이군요. 여기는 늘 있기에 편해서 좋아요.
Q : 그거 반갑군. 실은 이 방 개조한 지 얼마 안 되었어. 그래서 아직 페인트 냄새가 나지 않아?
A : 몰랐습니다. 하지만, 정말 멋지군요.
Q : 고마워요. 홍차 어때?
A : 좋지요. 주세요.

❶ 가벼운 의뢰나 명령을 나타내는 なさい는 お…なさい로 쓰이면 더욱 부드러운 느낌을 준다.

□ いらっしゃい、どうぞ。
자, 어서 오세요.

□ 来てくれてうれしいわ。
와 줘서 기뻐.

☺ お招きありがとう。
초대 고마워.

☺ 来てくれてうれしいわ。
와 줘서 기뻐.

❖ わは 주장・판단이나 가벼운 감동의 뜻을 나타낸다.

□ ようこそいらっしゃいました。
잘 오셨습니다.
❖ いらっしゃいました나 おいでくださいました를 생략하여 ようこそ만으로 방문해 온
사람을 맞이하는 인사말로 쓰인다.

□ まあ、木村さん！ しばらくですね。
어머, 기무라 씨, 오랜만이에요.

□ こんなに訪ねてくるとは夢にも思ってなかった。
이렇게 찾아오리라고는 꿈에도 생각하지 않았어.

□ ようこそ。楽しみにお待ちしてました。
어서 오세요. 무척 기다리고 있었습니다.

□ どちら様でしょうか。
누구십니까?

☺ こんにちは。木村社長はおられますか。
안녕하세요. 기무라 사장님은 계십니까?

☺ お約束はございますか。
약속은 있으십니까?

☺ いいえ、ないのですが。
아뇨, 없는데요.

☺ どちら様とお伝えしましょうか。
누구시라고 전해드릴까요?

☺ 韓国からのキムです。
한국에서 온 김입니다.

□ ちょっとお待ちください。
잠깐 기다려 주십시오.

□ すぐお会いになれるかどうかみて参ります。
곧 만나실 수 있는지 없는지 보고 오겠습니다.
❖ …かどうか …일(할)지 아닐지, …일(할)지 어떨지

□ ただいま来客中です。少々お待ちいただけますか。
지금 손님이 와 계십니다. 잠시 기다려 주시겠습니까?

😊 木村課長と約束がありますが。
기무라 과장님과 약속이 있는데요

😊 ただいま来客中です。少々お待ちいただけますか。
지금 손님이 와 계십니다. 잠시 기다려 주시겠습니까?

□ お待ちいただければ、喜んでお目にかかるそうです。
기다려 주시면 기꺼이 뵌다고 합니다.
❖ そうだ는 양태를 나타낼 뿐만 아니라 전문을 나타내기도 한다.

□ 申し訳ありませんが、ただいま外出中でございます。
죄송합니다만, 지금 외출중입니다.
❖ …でございます는 …です의 정중어이다.

□ 今はおりませんが、午後4時までに帰ります。
지금은 없습니다만, 오후 4시까지 돌아옵니다.

**방문객을 안으로
안내할 때**

□ どうぞお入りください。
자 들어오십시오

□ こちらへどうぞ。
이쪽으로 오십시오.
❖ どうぞ는 남에게 권유할 때, 허락할 때 하는 말이다.

□ 道はすぐわかりましたか。
길은 금방 알았습니까?

□ そんなことなさらなくても良かったのに。ありがとう。
이런 건 가지고 오시지 않아도 되는데. 고마워요.

😊 お土産です。どうぞ。
선물입니다. 받으십시오

😊 そんなことなさらなくても良かったのに。ありがとう。
이런 건 가지고 오시지 않아도 되는데. 고마워요

□ 居間の方へどうぞ。
거실로 가시지요

□ 書齋へまいりましょう。
서재로 갑시다.
❖ 参るは 行く(가다) 来る(오다)의 겸양어이다.

□ 家の中をご案内しましょうか。
집안을 안내해드릴까요?
❖ ご＋한자어＋する는 겸양 표현으로「…해 드리다」의 뜻을 나타낸다.

□ どうです？ 窓からの眺めがすばらしいでしょう？
어때요? 창문에서 본 전망이 멋지죠?

☺ さあ、着きました。どうです？
자, 다 왔어요. 어때요?

☺ すばらしい！ こんなにすばらしいとは思わなかった。
멋지다! 이렇게 멋지리라고는 생각지도 않았어.

☺ この部屋へどうぞ。ここの窓から海が見えますよ。
이 방으로 들어오세요. 여기 창문에서 바다가 보여요.

☺ うわあ、なんていい眺めだ。
우와, 정말 전망이 좋네요.

□ すてきなお部屋ね。
방이 멋진데.

☺ すてきなお部屋ね。
방이 멋진데.

☺ 誉めてくれてありがとう。
칭찬해 줘서 고마워.

□ ご家族の写真がたくさんあるわね。
가족사진이 많이 있네.

□ この写真はどこで撮ったの？
이 사진 어디서 찍었니?
❖ のは 문말에 접속하여 가벼운 질문을 나타낸다.

□ 写真に写っているこの人は誰？
사진에 찍힌 이 사람은 누구야?

□ **何か飲み物はいかが?**
무슨 마실 건 어때요?

> 😊 **何か飲み物はいかが?**
> 무슨 마실 건 어때요?
>
> ☺ **ええ、ビールをもらえますか。**
> 예, 맥주를 주겠어요?

❖ いかがは どうの 정중한 표현으로 상대방에게 뭔가를 권유하는 말로 쓰인다.

□ **何を飲む?**
무얼 마실래?

> 😊 **何を飲む?**
> 무얼 마실래?
>
> ☺ **まずお茶をいただくよ。**
> 우선 차를 마실게.

□ **ビールをもう一杯どう?**
맥주 한 잔 더 어때?

□ **これは典型的な日本の家庭料理よ。**
이건 전형적인 일본 가정요리야.

> 😊 **これは典型的な日本の家庭料理よ。**
> 이건 전형적인 일본 가정요리야.
>
> ☺ **すばらしいね!**
> 훌륭해!

□ **おいしそうだね。**
맛있어 보이네.

□ **これを全部つくるのは大変だったでしょうね。**
이거 전부 만드느라고 힘들었겠군요.

□ **どうぞご自由に召し上がってください。**
자 마음껏 드십시오.

□ **どれでもお好きな物をどうぞ。**
아무거나 좋아하시는 것을 드십시오.

□ **こうやって食べるんだよ。**
이렇게 먹는 거야.

□ もう少しいかが？
좀더 드실래요?

> ☺ もう少しいかが？
> 좀더 드실래요?
>
> ☺ ええ、いただきます。
> 예, 주세요

□ 日本の食べ物では、何がいちばん好き？
일본 음식 중에서 무얼 가장 좋아하니?

> ☺ 日本の食べ物は好きですか。
> 일본 음식은 좋아합니까?
>
> ☺ ええ、軽くて健康的ですからね。
> 예, 가볍고 건강에 좋아서요

□ 何か食べられないものはある？
무슨 못 먹는 것은 있니?

> ☺ 何か食べられないものはある？
> 무슨 못 먹는 것은 있니?
>
> ☺ 海草は食べられないね。
> 해초는 못 먹어.

□ 作り方を教えてあげるわ。
만드는 법을 가르쳐줄게.

> ☺ この料理はどうやって作るの？
> 이 요리는 어떻게 만드니?
>
> ☺ 作り方を教えてあげるわ。
> 만드는 법을 가르쳐줄게.

□ 作り方を書いてあげよう。
만드는 법을 써줄게.

□ 十分に食べた？
많이 먹었니?

> ☺ 十分に食べた？
> 많이 먹었니?
>
> ☺ うん、お腹いっぱいだよ。
> 응, 배가 불러.

□ デザートはいかが?
디저트는 어때?

방문객이 돌아갈 때

□ もうお帰りですか。
벌써 가시겠습니까?

□ お茶の時間までいいじゃありませんか。
차 마실 시간은 있잖아요?

□ 夕食を召し上がって行きませんか。
저녁을 드시고 가지 않겠습니까?
❖ 召し上がる는 食べる(먹다), 飲む(마시다)의 존경어로 「드시다」의 뜻이다.

□ わたしの方はかまわないんですよ。
저야 괜찮습니다.

□ それじゃ、お引き留めはいたしません。
그럼, 만류하지는 않겠습니다.

□ でも、もっと何度も訪ねて来てくださいよ。
그럼, 자주 찾아와 주십시오.

□ 来ていただいて、こちらこそ楽しかったです。
와 주셔서 저야말로 즐거웠습니다.

□ 来てくれてありがとう。再会できてうれしかったです。
와 줘서 고마워요. 다시 만나서 즐거웠습니다.

□ ぜひまたいらしてください。
꼭 다시 오십시오.

□ また<ruby>近<rt>ちか</rt></ruby>いうちにどうぞ。
가까운 시일 내에 또 오십시오.

☺ また<ruby>近<rt>ちか</rt></ruby>いうちにどうぞ。
좀더 드실래요?

☺ ありがとう。きっとまた<ruby>来<rt>き</rt></ruby>ます。
고마워요. 꼭 다시 올게요.

□ いつでもまた<ruby>来<rt>き</rt></ruby>てください。
언제든지 또 오십시오.

□ <ruby>駅<rt>えき</rt></ruby>まで<ruby>車<rt>くるま</rt></ruby>で<ruby>送<rt>おく</rt></ruby>りましょうか。
역까지 차로 보내드릴까요?

☺ <ruby>駅<rt>えき</rt></ruby>まで<ruby>車<rt>くるま</rt></ruby>で<ruby>送<rt>おく</rt></ruby>りましょうか。
역까지 차로 보내드릴까요?

☺ いや、<ruby>遠慮<rt>えんりょ</rt></ruby>します。あなたは<ruby>随分<rt>ずいぶん</rt></ruby>お<ruby>酒<rt>さけ</rt></ruby>を<ruby>飲<rt>の</rt></ruby>みましたからね。
아뇨, 사양하겠습니다. 당신은 술을 많이 마셨으니까요.

□ タクシーを<ruby>呼<rt>よ</rt></ruby>びましょうか。
택시를 부를까요?

□ さようなら、よくいらしてくださいました。
안녕히 가세요. 잘 와 주셨습니다.
❖ いらっしゃっては 흔히 줄여서 いらして로 표현한다.

CHAPTER 07

시간과 연·월·일

시각, 요일, 연월일 등 시간에 관한 표현은 일상생활에서 언제 어디서든 입에서 술술 나올 때까지 익혀두어야 한다. 시간을 물을 때는 何時ですか라고 하며, 이에 대한 응답 으로는 정각이면 ちょうど를 쓰고 정각을 지났을 때는 すぎ를 써서 표현한다. 월이나 요일 또는 날짜를 물을 때는 의문의 뜻을 나타내는 조수사 何을 써서 何月(なん がつ), 何曜日(なんようび), 何日(なんにち)라고 묻고, 연도를 물을 때는 何年(なんねん)이라 고 하면 된다.

Q&A 무조건 따라하기

Q : 木村は何時にここに来ることになってる?

A : 3時半。もう20分遅刻だよ。

Q : いつものとおりだと、5時前に着いたら御の字ってとこね。

A : ああ、そんなとこだね。はじめちゃったほうがいいな。高橋さ

んはいつソウルに発つんだった?

Q : あさってよ。29日。

A : じゃあ、来月三日の打ち合わせには戻ってくるんだね?

Q : 기무라는 몇 시에 여기로 오기로 되어 있니?
A : 3시반, 벌써 20분 지각이야.
Q : 평소대로라면 5시 전에 도착하면 감지덕지이겠는데.
A : 아, 그런 거로군 시작해버리는 게 좋을까. 다카하시 씨는 언제 서울에 간댔지?
Q : 모레야. 29일.
A : 그럼, 다음 달 3일 협의에는 돌아오겠네?

❶ 御の字 특별한 것, 극상품. (예상보다) 괜찮음, 감지덕지함
❷ とこ는 ところ의 회화체 표현이다.
❸ 打ち合わせ 협의, 상의, 의논

☐ 今、何時ですか。
지금 몇 시입니까?

> 😊 今、何時ですか。
> 지금 몇 시입니까?
>
> 😊 9時10分です。
> 9시 10분입니다.

❖ 시간을 말할 때 四時(よじ)와 九時(くじ)의 발음에 주의한다.

☐ 12時 15分前 です。
12시 15분전입니다.

> 😊 ちょっと腹へったなあ。今何時?
> 좀 배가 고픈데. 지금 몇 시야?
>
> 😊 12時15分前よ。昼食でも食べに行きましょうか。
> 10시 15분전이요. 점심이라도 먹으러 갈까요?
>
> 😊 うん、いいね。
> 응, 좋지.

❖ 분을 말할 때는 一分(いっぷん) 三分(さんぷん) 六分(ろっぷん) 八分(はっぷん) 十分
(じっ・じゅっぷん)의 발음에 주의한다.

☐ 正確な時間は?
정확한 시간은?

> 😊 正確な時間は?
> 정확한 시간은?
>
> 😊 10時15分 25秒です。
> 10시 15분 25초입니다.

☐ もう 12時 を過ぎてますよ。
벌써 12시가 지났어요

> 😊 いつもこんなに早く昼食を食べるのですか。
> 항상 이렇게 일찍 점심을 먹습니까?
>
> 😊 早いと思いますか。もう12時を過ぎてますよ。
> 빠르다고 생각하세요? 벌써 12시가 지났어요

☐ 2時 をちょっとまわりました。
2시가 좀 넘었습니다.

□ 時計は3時15分を指しています。
시계는 3시 15분을 가리키고 있습니다.

□ 4時頃には戻って来ます。
4시 무렵에는 돌아오겠습니다.

□ 何時に約束がありますか。
몇 시에 약속이 있습니까?

□ 15分だけ早退していいでしょうか。
15분만 일찍 가도 되겠어요?
❖ 早退는 早引(はやびけ)라고도 한다.

□ もう行く時間ですよ。
이제 갈 시간입니다.

□ 門限が10時なんです。
10시까지 들어가야 해요.
❖ 門限은 가정이나 기숙사 등에서의 폐문 시각이나 귀가 시간을 말한다.

□ 時間がありませんよ。
시간이 없어요.

□ 朝は何時ごろ起きますか。
아침에는 몇 시 경에 일어납니까?

□ 昨夜は何時に寝ましたか。
어젯밤은 몇 시에 잤습니까?

☺ 今日はお疲れのようですね。昨夜は何時に寝ましたか。
오늘은 피곤해 보이는군요. 어젯밤 몇 시에 잤습니까?

☺ いつもと同じ、1時半頃でした。
평상시와 똑같이 1시 반 경이었습니다.

□ 仕事は9時から始まります。
일은 9시부터 시작됩니다.

□ いつごろうちへお帰りですか。
언제쯤 집에 가십니까?
❖ 우리말에서는 「집에 가다」라고 표현하지만 일본어에서는 帰る라는 동사를 사용한다.

□ 通勤にはどのくらいかかりますか。
통근은 어느 정도 걸립니까?

> ☺ 通勤にはどのくらいかかりますか。
> 통근은 어느 정도 걸립니까?
>
> ☺ およそ2時間かかります。
> 약 2시간 걸립니다.
>
> ☺ 2時間ですか。時間の浪費ですね。
> 2시간입니까? 시간 낭비이군요.
>
> ☺ まったくですよ。
> 정말 그래요.

□ もう9時なの？ そろそろ帰る時間だ。
벌써 9시야? 이제 돌아갈 시간이다.

□ 時間はどうですか。
시간은 어떻습니까?

□ 急いでよ。時間がないんだ。
서둘러요. 시간이 없어.

□ どうしてそんなに時間がかかるの？
왜 그렇게 시간이 걸리니?

□ いよいよ時が来た。
드디어 때가 왔다.

□ 待ちに待った時間が来た。
기다리고 기다리던 시간이 왔어.

□ 時は金なり。
시간은 돈이다.
　❖ なりは「…이다」의 뜻을 가진 조동사로 …だ의 예스런 표현이다.

□ テレビを見てひまをつぶしたんだ。
텔레비전을 보며 시간을 허비했어.
　❖ 暇潰(ひまつぶ)し 심심풀이

□ 残り時間はないよ。
남은 시간이 없어.

□ わたしの時計では11時です。
내 시계는 11시입니다.

□ わたしの時計は正確です。
내 시계는 정확합니다.

□ めったに止まることはありません。
좀처럼 멈추는 일이 없습니다.
❖ めったに는 뒤에 부정어가 이어져 「좀처럼, 거의」의 뜻을 나타낸다.

□ その時計は5分進んでいるよ。
그 시계는 5분 빨라.

> ☺ その時計は5分進んでいるよ。
> 그 시계는 5분 빨라.
>
> ☺ そうだね。直しておこう。
> 그렇구나. 고쳐야지.

❖ 時計が進んでいる 시계가 빠르다

□ その時計は2〜3分遅れているよ。
그 시계는 5분 늦어.
❖ 時計が遅れている 시계가 늦다

□ あの時計は合ってる?
저 시계는 맞니?

□ 目覚ましを7時にセットしたのに、鳴りませんでした。
자명종을 7시에 맞춰놨는데 울리지 않았습니다.

> ☺ 今朝はどうして来なかったの?
> 오늘 아침에는 왜 오지 않았니?
>
> ☺ 行きたかったんだけど、目覚ましを7時にセットしたのに
> 鳴らなかった。
> 가고 싶었는데, 자명종을 7시에 맞춰놨는데 울리지 않았어.

□ あなたのはちょっと進んでいると思います。
당신 것은 좀 빠른 것 같습니다.

□ この時計は数秒しか遅れていません。
이 시계는 몇 초밖에 늦지 않습니다.

❏ 私の時計はどこか調子がおかしいようです。
내 시계는 어딘가 상태가 이상한 것 같습니다.

❏ 時計は持っていません。
시계를 가지고 있지 않습니다.

❏ 今年は西暦で何年ですか。
올해는 서기 몇 년입니까?

❏ 今年は平成何年ですか。
올해는 헤이세이 몇 년입니까?
❖ 平成는 昭和(しょうわ) 다음 천황의 연호로 서기 1989년이 平成 1년이다.

❏ 何年の生まれですか。
몇 년 생입니까?

> ☺ 何年の生まれですか。
> 몇 년 생입니까?
> ☺ 1962年生まれです。
> 1962년생입니다.

❏ 娘の誕生日は2000年3月3日です。
딸의 생일은 2000년 3월 3일입니다.
❖ 西暦(せいれき) 서력, 양력 ↔ 旧暦(きゅうれき) 구력, 음력

❏ 私は1992年に大学を卒業しました。
나는 1992년에 대학을 졸업했습니다.

❏ 何の年ですか。
무슨 띠입니까?

> ☺ 何の年ですか。
> 무슨 띠입니까?
> ☺ 馬の年です。
> 말띠입니다.

❏ 来年日本へ留学する予定です。
내년에 일본으로 유학을 갈 예정입니다.

□ 今月は何月ですか。
이번 달은 몇 월입니까?

😊 今月は何月ですか。
이번 달은 몇 월입니까?

😊 4月です。
4월입니다.

❖ 四月(しがつ)와 九月(くがつ)의 발음에 주의한다.

□ お誕生日は何月にありますか。
생일은 몇 월에 있습니까?

□ 先月に東京で木村さんに会いました。
지난달 도쿄에서 기무라 씨를 만났습니다.

□ 来月には中間テストがあります。
다음달에는 중간고사가 있습니다.

□ 締め切りは6月末です。
미감은 6월말입니다.

□ 中旬なら時間があるよ。
중순이라면 시간이 있어.

□ 6月下旬に大阪へ行きます。
6월 하순에 오사카에 갑니다.

□ 今日は何曜日ですか。
오늘은 무슨 요일입니까?

😊 今日は何曜日ですか。
오늘은 무슨 요일입니까?

😊 今日は木曜日です。
오늘은 목요일입니다.

❖ 日曜(にちよう) 月曜(げつよう) 火曜(かよう) 水曜(すいよう) 金曜(きんよう) 土曜(どよう)

□ 今度の日曜日は、一日中家にいるよ。
이번 일요일에는 하루 종일 집에 있어.

□ 1週間後の木曜日です。
1주일 후 목요일입니다.

> ☺ 試験はいつからですか。
> 시험은 언제부터입니까?
> ☺ 1週間後の木曜日です。
> 1주일 후 목요일입니다.

□ 土曜日の朝、テニスをしない?
토요일 아침에 테니스 안 할래?

□ 水曜日の午後、時間ある?
수요일 오후에 시간 있니?

□ 次の会合は金曜日です。
다음 모임은 금요일입니다.

□ 今日は何日ですか。
오늘은 며칠입니까?

□ 今日は何日だったけ?
오늘은 며칠이었지?

> ☺ 今日は何日だったけ?
> 오늘은 며칠이었지?
> ☺ 25日だよ。
> 25일이야.

❖ 一日(ついたち) 二日(ふつか) 三日(みっか) 四日(よっか) 五日(いつか) 六日(むい
か) 七日(なのか) 八日(ようか) 九日(ここのか) 十日(とおか)와 十四日(じゅうよっ
か) 二十日(はつか) 二十四日(にじゅうよっか)는 고유어로 읽는다.

□ 明後日には帰ってきます。
모레는 돌아오겠습니다.

□ 模擬テストは何日ですか。
모의고사는 며칠입니까?

□ 試験はいつからですか。
시험은 언제부터입니까?

상대와 약속을 할 때는 우선 상대방의 형편이나 사정을 물어본 다음 용건을 말하고 시간과 장소를 말하는 것이 순서이다 상대방의 사정이나 형편을 고려하지 않고 일방적으로 결정해서는 안 된다 그리고 착오가 없도록 확인할 필요가 있으며, 가능하면 장소와 시간은 상대방이 정하는 게 좋다 이럴 때 쓰이는 일본어 표현이 ご都合はよろしいですか이다 시간을 정할 때는 …に会いましょう라고 하며, 약속 장소를 정할 때는 …で会いましょう라고 표현하면 된다

Q&A 무조건 따라하기

Q: 日にちと時間を決めよう。ちょうど手帳を持ってるから。

A: いいわ。次の金曜日は、私は都合がいいわ。夜は何にも予定はないし。

Q: ぼくも大丈夫❶。どこで待ち合わせ❷ようか。

A: 原宿はどう？あなたの上司の方と一緒に行ったあそこはよかったわ。

Q: ああ、そうだったね。でも、また見つけられるか自信がないな。

A: 私はわかるわ。駅で待ち合わせましょう。地下鉄の入り口に一番近い出口のところ。7時でどう？

Q : 날짜와 시간을 정하자. 마침 수첩을 가지고 있으니까.

A : 좋아. 다음 금요일은 나는 괜찮아. 밤에는 아무런 예정도 없고.

Q : 나도 괜찮아. 어디서 만날까?

A : 하라주쿠는 어때? 네 상사 분과 함께 간 거기가 괜찮았어.

Q : 아, 그랬었군 하지만, 다시 찾을 수 있을지 자신이 없어.

A : 나는 알아. 역에서 만나자. 지하철 입구에서 가장 가까운 출구에서 7시에 어때?

❶ 大丈夫 걱정 없음, 괜찮음, 끄덕없음
❷ 待ち合わせる 시간·장소를 정하고 만나기로 하다

□ これからお邪魔してもいいでしょうか。
지금 방문해도 될까요?
❖ お邪魔する는 「방해하다」의 뜻이지만, 남을 찾는 것은 방해되는 일이므로 「방문하다」의 뜻으로도 쓰인다.

□ お話ししにうかがってもいいですか。
말씀드리러 찾아뵈어도 될까요?

□ ちょっとお話ししたいのですが。
잠깐 말씀드리고 싶습니다만.

□ お話ししたいことがあります。
말씀드릴 게 있습니다.

□ ちょっとお話していいかしら。
좀 이야기해도 될까? (여성)

😊 ちょっとお話していいかしら。
좀 이야기해도 될까?

🙂 いいですよ。昼休みはあいてます。
좋아요. 점심시간은 비어 있습니다.

❖ かしら는 자신을 재촉하거나 상대편의 동의를 구하는 기분을 나타낸다.

□ いつかお時間があればお目にかかりたいのですが。
언제 시간이 있으면 뵙고 싶습니다만.

□ 今日、のちほどお目にかかれますでしょうか。
오늘, 있다가 뵐 수 있을까요?

😊 今日、のちほどお目にかかれますでしょうか。
오늘, 있다가 뵐 수 있을까요?

🙂 もちろんいいですが、何のことです?
물론 좋습니다만, 무슨 일이죠?

□ あしたのいつかうかがってもいいですか。
내일 언제 찾아봐도 될까요?

😊 あしたのいつか伺ってもいいですか。
내일 언제 찾아봐도 될까요?

🙂 いいですよ。朝の10時はどうですか。
좋아요. 아침 10시는 어때요?

□ あと30分くらいしたら立ち寄ってもいいですか。
앞으로 30분 정도 있다가 들러도 되겠습니까?

□ 木村先生とお会いする約束をしたいのですが。
기무라 선생님을 뵙고자 약속을 하고 싶은데요.

😊 木村先生とお会いする約束をしたいのですが。
기무라 선생님을 뵙고자 약속을 하고 싶은데요.

😊 かしこまりました。ちょっとお待ちください。明日の3時はいかがですか。
알겠습니다. 잠시 기다려 주십시오. 내일 3시는 어떠십니까?

❖ かしこまりましたは 승낙을 할 때 쓰이는 말로 わかりました보다 정중한 표현이다.

만날 시간을 정할 때

□ いつがいちばん都合がいいですか。
언제가 가장 좋습니까?
❖ 都合 형편, 상황, 상태, 사정

□ これで都合がいいですか。
이제 시간이 됩니까?
❖ 都合がいい ↔ 都合が悪(わる)い

□ あなたは都合がつきますか。
당신은 시간이 됩니까?

😊 いつお暇ですか。
언제 한가하십니까?

😊 金曜の夜なら好都合ですが、あなたは都合がつけられますか。
금요일 밤이라면 괜찮습니다만, 당신은 시간을 낼 수 있습니까?

😊 ええ、いいですよ。問題ありません。どこで会いましょうか。
예, 좋아요. 문제없습니다. 어디서 만날까요?

□ 金曜の夜は都合がいいですか。
금요일 밤은 시간이 됩니까?

□ 今度の日曜日、何か約束がありますか。
이번 일요일에 무슨 약속이 있습니까?

□ 何時まで時間があいてますか。
몇 시까지 시간이 비어 있습니까?

□ 今週末の予定はありますか。
이번 주말 예정은 있습니까?

> 今週末、何か予定はありますか。
> 이번 주말 무슨 예정은 있습니까?
>
> いや、別にありません。どうして？
> 아니요, 별로 없습니다. 왜요?

□ 来週の月曜日には何時にうかがったらいいでしょうか。
다음주 월요일에는 몇 시에 찾아뵈면 될까요?

만날 장소를 정할 때

□ どこで会いましょうか。
어디서 만날까요?

□ どこがいちばん都合がいいですか。
어디서 만나는 게 가장 좋을까요?

□ 5時に事務所の前で会いましょうか。
5시에 사무실 앞에서 만날까요?

> 仕事が終わってから5時に事務所の前で会いましょうか。
> 일이 끝나고 나서 5시에 사무실 앞에서 만날까요?
>
> いいですね。5時10分前頃そこへ行っています。
> 좋아요. 5시 10분전 무렵에 거기에 가 있겠습니다.

□ 正門の外はどうですか。
정문 밖은 어떨까요?

□ 交差点の角で会いましょう。
교차로 모퉁이에서 만납시다.

□ 公園の広場でお待ちします。
공원 광장에서 기다리겠습니다.

□ わかりました。でもどの辺りでしょう？
알겠습니다. 그런데 어느 부근이죠?

CHAPTER 09 약속 제의에 대한 응답

상대에게 약속을 제의받았을 때 사정이 좋지 않으면 別の日にしてもらえませんか라고 부탁한다. 경우에 따라서 약속을 취소할 때는 本当にすみませんが, お約束が果たせません이라고 하면 된다. 또한 약속을 연기하고 싶을 때는 来月まで延ばしていただけませんか라고 한다. 여기서는 자연스럽게 약속의 제의에 대처하기 위한 표현과 요령을 익힌다. 참고로 약속을 지키는 것을 約束を守(まも)る라고 하며, 시간을 어기는 것을 約束を破(やぶ)る라고 한다.

Q&A 무조건 따라하기

Q : 来週会ってビールでも一杯やらない?

A : 来週はちょっと都合が悪いわ。金曜日までに月次報告を出さ❶ないといけないの。

Q : じゃあ、再来週は?

A : ええ、そのほうがずっといい。手帳をチェックさせて。…火曜日はどう?

Q : 火曜日は…。ぼくも手帳を見るよ。ダメだ。火曜日は都合が悪いよ。母親の誕生日なんだ。水曜日は?

A : 水曜日でいいわ。十四日ね。

Q : 다음주에 만나서 맥주라도 한 잔 안 할래?
A : 다음주는 좀 사정이 안 좋아. 금요일까지 월차보고를 제출해야 해.
Q : 그럼, 다다음주는?
A : 응, 그게 훨씬 좋겠어. 수첩을 볼게, …화요일은 어때?
Q : 화요일은… 나도 수첩을 볼게. 안 돼. 화요일은 사정이 안 좋아. 어머니 생일이야. 수요일은?
A : 수요일도 괜찮아. 14일이군.

❶ …ないといけない = なければいけない …지 않으면 안 된다, …해야 한다
금지의 표현으로 쓰이는 いけない는 주관적인 사실을 말할 때 쓰고, ならない는 객관적인 사실을 말할 때 쓰인다

□ 明日の正午ですね。わかりました。
내일 정오죠? 알겠습니다.

□ いいですよ。じゃ、その時に会いましょう。
좋아요. 그럼 그 때 만납시다.

> ☺ ちょっと話がしたいんですが、昼休みは時間がありますか。
> 좀 드릴 말씀이 있는데요, 점심 때 시간 있습니까?
>
> ☺ ええ、いいですよ。じゃ、その時に会いましょう。
> 예, 좋아요. 그럼, 그 때 만납시다.

□ それで好都合です。
그 시간이면 좋겠습니다.

> ☺ 5時でいい?
> 5시는 괜찮아?
>
> ☺ もちろん。私もそれで都合がいいですよ。
> 물론이죠. 나도 그 시간이면 좋겠습니다.

❖ 好都合 안성맞춤, 사정이 좋음 ↔ 不都合(ふつごう)

□ いつでもお好きな時にどうぞ。
언제든지 좋으실 때 하십시오.
❖ でもは なに, だれ, どこ, どれ, いつ에 접속하여 전부의 의미를 나타낸다.

□ 3時以後ならいつでもいいですよ。
3시 이후라면 언제든지 좋아요.
❖ なら는 단정의 조동사 だ의 가정형으로 「…이면, …다면」의 뜻이다.

□ 私はどちらでも都合がいいですよ。あなたは？
저는 언제든지 좋아요. 당신은?

> ☺ 今日の午後か明日の夜にいらっしゃいませんか。
> 오늘 오후나 내일 밤에 오시지 않겠습니까?
>
> ☺ 私はどちらでも都合がいいですよ。あなたは？
> 저는 언제든지 좋아요. 당신은?

□ では、その時間にお待ちします。
그럼, 그 시간에 기다리겠습니다.

□ その時、お目にかかるのを楽しみにしています。
그 때 뵙기를 기대하겠습니다.

□ 残念ながら今日の午後はだめなんです。
유감스럽지만 오늘 오후는 안 되겠습니다.

□ すみませんが、今日は一日中忙しいのです。
미안하지만, 오늘은 하루 종일 바쁩니다.

□ 本当にすまないけど、今週は時間がないんです。
정말로 미안하지만, 이번 주에는 시간이 없습니다.
❖ すまない는 남성이 주로 쓰는 말투로 정중한 표현은 すみません이다.

□ あいにく約束があります。
아쉽게도 약속이 있습니다.

□ 2時から3時までしかあいていないんです。
2시부터 3시까지밖에 비어 있지 않습니다.
❖ …しか는「…밖에, 뿐」의 뜻으로 뒤에 부정어가 딸려 오직 그것뿐임을 나타낸다.

□ そうしたいんですが、明晩はだめなんです。
그렇게 하고 싶은데, 내일 밤은 안 됩니다.

□ 昼はお客さんが見えるんです。夕方はどうですか。
낮에는 손님이 옵니다. 저녁은 어떨까요?

☺ 昼休みはご都合よろしいでしょうか。
점심때는 괜찮으십니까?
☺ いや、あまり良くないですね。昼食にお客さんが見えるんです。
夕方はどうですか。
아뇨, 별로 좋지 않아요. 점심때 손님이 옵니다. 저녁을 어떨까요?

❖ 見える(보이다)는 来る(오다)의 높임말로「오시다」의 뜻으로도 쓰인다.

□ 今は忙しい。昼はどう？
지금은 바빠. 낮에는 어때?

☺ 今は忙しい。昼はどう？
지금은 바빠. 낮에는 어때?
☺ はい、いいですね。食堂で会いましょう。
네, 좋습니다. 식당에서 만납시다.

□ 6時はだめだけど、7時ならいいんですが。
6시는 안 되지만, 7시라면 괜찮은데요.

□ それがよくわからない。あまり考えてないんだ。
그걸 잘 모르겠어. 별로 생각하지 않았어.

☺ 今週末は何をする予定?
이번 주말에 무얼 할 예정이니?

☺ それがよくわからない。あまり考えてないんだ。どうして?
그걸 잘 모르겠어. 별로 생각하지 않았어. 왜?

□ たぶん予定がないでしょうが、あとで電話しましょう。
아마 예정이 없겠지만, 나중에 전화할게요.

□ 行こうとは思いますが、保証はできません。
가기는 하겠지만, 장담은 할 수 없습니다.

☺ パーティに来る?
파티에 올래?

☺ 行こうと思うけど、必ずとは言えないな。恋人がいつ会い
に来るかによるんだ。
가기는 하겠지만, 꼭 간다고는 할 수 없어. 애인이 언제 오느냐에 달렸어.

□ 今日の約束時間を少し早めたいんですが。
오늘 약속시간을 조금 앞당겼으면 하는데요.

□ 来月まで延ばしていただけませんか。
다음 달까지 연기해 주실 수 없습니까?

□ すみませんが、約束を一日ぐらい遅らせませんか。
미안하지만, 약속을 하루 정도 늦출 수 없나요?

□ すみませんが、今日の約束が守れなくなりまして…。
미안합니다만, 오늘 약속을 지킬 수 없게 되어서….
❖ 約束を守る 약속을 지키다 ↔ 約束を破る 약속을 어기다

□ 本当にすみませんが、お約束が果たせません。
정말로 미안합니다만, 약속을 지킬 수 없습니다.

□ ご迷惑にならなければよろしいのですが。
폐가 되지 않았으면 좋겠습니다만.
❖ 迷惑になる 폐가 되다

CHAPTER 10

날씨와 기후

대화에 가장 무난한 화제는 날씨와 기후이다. 친한 사람이나 모르는 사람을 만났을 때 いいお天気ですね라고 말을 걸면 ええ、まったくですね라고 응답한다. 매우 자연스런 대화의 첫걸음이다. 날씨에 관한 화제는 매우 다양하다. 예를 들면, 비가 올 것 같을 때는 雨が降りそうですね 비가 심하게 쏟아질 때는 雨がひどいですね 비가 개였을 때는 晴れてきましたね라고 하고 날씨를 물을 때는 今日の天気はどうですか라고 하면 된다.

Q&A 무조건 따라하기

Q : 土曜日の子供たちの運動会、天気はどう？天気予報、見た？

A : 新聞で週間予報を見ただけよ。

Q : どうだった？

A : よさそうだったわ。晴れ、ときどき曇り。降水確率は20%だったみたい。

Q : 去年よりはだいぶよさそうだな❶。あのときは風が強くて、ほとんど立っていられないくらいだったっけ。

A : おまけに、最後の競走が始まろうってときに❷、どしゃぶりになったのよ。覚えてる？

Q : 토요일 어린이 운동회 때 날씨는 어때? 일기예보 봤니?
A : 신문에서 주간예보를 보았을 뿐이야.
Q : 어땠니?
A : 좋은 것 같았어. 맑았다가 차츰 흐려진다고 했어. 비가 올 확률은 20%였던 것 같아.
Q : 작년보다는 꽤 좋은 것 같군. 그 때는 바람이 세차서 거의 서 있을 수 없을 정도였지.
A : 게다가 마지막 달리기를 시작하려고 할 때 비가 엄청 왔지. 기억나니?

❶ 양태를 나타내는 そうだ가 2음절로 된 형용사에 접속할 때는 さ를 붙여 표현한다.
❷ …う(よう)ってときに = …う(よう)ととときに …하려고 할 때에

□ いい天気ですね。
날씨가 좋군요.

> 😊 いい天気だね。
> 날씨가 좋군.
> 😊 ええ、本当に。
> 응, 정말로

□ なんていい天気だろう！
정말 날씨가 좋구나!
❖ なんて는「무어라고, 어쩌면」의 뜻으로 의문이나 영탄의 뜻을 나타낸다.

□ ひどい天気だな。
날씨가 너무 안 좋아.

□ いやな日ですね。
날씨가 우중충하군요.

> 😊 いやな日ですね。
> 날씨가 우중충하군요
> 😊 まったくひどいですね。
> 정말 심하네요

□ すばらしい日ですね。
날씨가 훌륭하군요

□ 美しい朝ですね。
아름다운 아침이군요.

□ なんといい日なんでしょう。
정말 좋은 날이죠?

□ いい天気になってうれしいです。
날씨가 좋아져서 기쁩니다.

□ こんな天気が続くといいですね。
이런 날씨가 계속되면 좋겠군요.

□ 気分転換には絶好の天気ですね。
기분전환하기에는 아주 좋은 날씨이군요
❖ 気分은 추상적이며 어렴풋한 상태를 말하며, 気持(きも)ち는 구체적인 생각을 말한다.

□ なんて静かな夕べなんでしょう。
무척 조용한 저녁이지요?

□ 今夜は星がきれいだと思いませんか。
오늘밤은 별이 아름답다고 생각하지 않습니까?

□ あまり天気が良くないですね。
별로 날씨지 좋지 않군요

> ☺ あまり天気が良くないですね。
> 별로 날씨가 안 좋군요
>
> ☺ ええ、本当にひどいですね。
> 응, 정말로 안 좋군요

□ 午後には晴れるよ。
오후에는 개일 거야.
❖ 晴れる 개다, 맑아지다 ↔ 曇(くも)る 흐려지다

□ 今日、雨が降るかな？
오늘 비가 올까?

> ☺ 今日、雨が降るかな？
> 오늘 비가 올까?
>
> ☺ 降るかもね。傘を持って行きなさい。
> 내릴지도 모르겠다. 우산을 가지고 가거라.

□ また雨になりそうですね。
또 비가 올 것 같군요
❖ 雨になりそうだ ＝ 雨が降りそうだ 비가 올 것 같다

□ こういう天気にはうんざりしちゃいますよ。
이런 날씨는 짜증이 나요
❖ うんざり 진절머리 남, 몹시 싫증이 남, 지긋지긋함

□ ずいぶん曇っていますね。
무척 흐리군요.

□ かなり風がありますね。
제법 바람이 있군요

□ ひどい雨ですね。
비가 심하게 오네요

□ そちらの天気はどう？
그곳 날씨는 어때?

　😊 そちらの天気はどう？
　그곳 날씨는 어때?

　🙂 とてもいい天気だよ。
　무척 좋은 날씨야.

□ 今日はどんな天気ですか。
오늘은 어떤 날씨입니까?

□ 今日の天気はどうですか。
오늘 날씨는 어떻습니까?

□ あすの天気はどうですか。
내일 날씨는 어떻습니까?

□ あしたはよい天気になるでしょうか。
내일은 날씨가 좋아질까요?

　😊 あしたはよい天気になるでしょうか。
　내일은 날씨가 좋아질까요?

　🙂 さあ、よくわからないな。まだ天気予報を見てみないから。
　글쎄, 잘 모르겠어. 아직 일기예보를 안 봐서.

□ あなたのお国の気候はどうですか。
당신 나라의 기후는 어떻습니까?

□ このところ天気が変わりやすいと思いませんか。
요즘 날씨가 변덕스러운 것 같지 않습니까?
❖ 동사의 중지형에 やすい가 접속하면「…하기 쉽다(편하다)」의 뜻을 가진 형용사가 된다.

□ 天気次第だよ。
날씨를 봐서.

　😊 明日、海に行くの？
　내일 바다에 갈래?

　🙂 天気次第だよ。
　날씨를 봐서.

❖ 次第는 명사에 접속하여「…여하에 따라」의 뜻을 나타낸다.

일기예보

□ 天気予報を見てみよう。
일기예보를 보자.
❖ 우리말로 직역하여 日気予報라고 하지 않도록 주의한다.

□ 今日の天気予報は？
오늘 일기예보는?

> ☺ 今日の天気予報は？
> 오늘 일기예보는?
> ☺ 午前中は曇り、午後は雨だそうだね。
> 오전 중에는 흐리고 오후에는 비가 내린다던데.

□ 新聞の予報はどうなっていますか。
신문의 예보는 어떻게 되어 있습니까?

□ 天気予報によると雨が降るそうです。
일기예보에 의하면 비가 온다고 합니다.
❖ …によると …에 의하면

□ ほら、天気予報をやってる。聞いてみましょう。
봐, 일기예보를 하고 있어요. 들어 봅시다.

□ 予報だと晴れ、ときどき曇りだそうです。
예보로는 맑고 가끔 흐린답니다.

□ 天気予報では午前中は曇り、午後は雨です。
일기예보로는 오전 중에는 흐리고, 오후에는 비가 내립니다.

□ 天気予報がはずれたわ。
일기예보가 빗나갔어.

맑음·비·바람·기타

□ 晴れてきましたよ。
날씨가 개었어요.
❖ …てくる는 어떤 상태가 점점 변해오는 것을 나타낸다.

□ 今日はいい天気になりそうだ。
오늘은 날씨가 좋아질 것 같은데.

□ こんないい天気になるとは思ってもみませんでした。
이런 좋은 날씨가 되리라고는 생각도 못했습니다.

☐ このところ、すばらしい天気が続いてますね。
요즘 날씨가 계속해서 좋군요.

☐ このまま 2、3日続いてくれるといいですね。
이런 날씨가 2, 3일 계속되었으며 좋겠군요

☐ だんだん曇ってきましたよ。
점점 흐려지네요

☐ 雨にはならないと思いますよ。
비는 내리지 않을 것 같아요.
❖ 雨になる ＝ 雨が降る 비가 오다

☐ そろそろ日が照ってもいい頃ですね。
이제 햇빛이 나도 좋을 때이군요.

☐ 今日も雨でしょうか。
오늘도 비가 내릴까요?

☐ 土砂降りだ。
비가 몹시 와.
❖ 土砂降り 비가 억수같이 쏟아짐

☐ 夕立になりそうだ。
소나기가 올 것 같아.
❖ 夕立ちが上(あ)がる 소나기가 그치다

☐ 外は風が強いでしょう？
밖에는 바람이 세차겠죠?

☐ 風がひどく吹いていますね。
바람이 심하게 불고 있군요

□ 台風が接近しているんだ。
태풍이 접근하고 있어.

□ 夕方には嵐がおさまるでしょう。
저녁에는 폭풍이 가라앉겠지요.
❖ あらし(폭풍, 폭풍우) 격한 감정이나 행동을 비유해서 말하기도 한다.

□ 風がすっかりおさまりました。
바람이 완전히 가라앉았습니다.
❖ 風が吹(ふ)く 바람이 불다

□ なんて気持ちのいい風でしょう。
정말 기분이 좋은 바람이죠.

□ 霧が深くなってきましたよ。
안개가 짙어졌어요.

□ 霧が立ち込めているんだ。
안개가 자욱한데.

□ 霜が降りている。
서리가 내리고 있어.

□ 私の傘にお入りなりませんか。
나랑 같이 우산을 쓸래요?

□ 傘をお借りしてもいいですか。
우산을 빌려도 될까요?

😊 傘を貸してくれませんか。雨が降りそうですから。
우산을 빌려 줄래요? 비가 내릴 것 같아서요.
🙂 いいですよ。でも私が帰るときまでには返してくださいよ。
좋아요. 하지만 내가 돌아올 때까지는 돌려주세요.

□ ここで雨やどりしましょう。
여기서 비를 피합시다.

□ 念のため傘は持って行ったほうがいいですよ。
만약을 위해 우산을 가지고 가는 게 좋겠어요.
❖ …たほうがいい …하는 게 좋다

□ 暖かくなってきたね。
따뜻해졌네.

□ 暖かくて気持ちがいいですね。
따뜻해서 기분이 좋군요.

□ 暖かくていい天気だ。
따뜻하고 날씨가 좋아.

□ もうすぐ春だね。
이제 곧 봄이군.

☺ もうすぐ春だね。
이제 곧 봄이군.
☺ そうだね。やっぱり暖かい春がいいよ。
그래. 역시 따뜻한 봄이 좋아.

□ 今日はコートはいらないよ。
오늘은 코트가 필요 없어.
❖ やっぱ리는 やはり(역시)를 강하게 발음한 형태로 やっぱし라고도 한다.

□ すごく暑いね。
무척 덥군.

□ 蒸し暑いよ。
무더워.

□ 今日も暑くなりそうだ。
오늘도 더워질 것 같아.

☺ 日差しがすごく強いわ。
햇살이 무척 따가워.
☺ 今日も暑くなりそうだ。
오늘도 더워질 것 같아.

❖ 형용사에 なる가 접속할 때는 …くなる의 형태로「…하게 되다」의 뜻이다.

□ 暑いのは苦手なの。
더운 건 싫어.
❖ 苦手 몹시 싫음

❏ この暑さには耐えられないよ。
더위를 못 견디겠어.
❖ 형용사나 형용동사의 어간에 さ를 붙이면 성질·상태·정도를 나타내는 명사가 된다.

❏ この暑さ、いつまで続くんだろう。
이 더위가 언제까지 계속될까?

시원함을 나타낼 때

❏ 涼しくなってきてうれしいわ。
시원해져서 기뻐.

☺ 涼しくなってきてうれしいわ。
시원해져서 기뻐.
☺ 僕もそうだ。夏より涼しい秋のほうがいいよ。
나도 그래. 여름보다 시원한 가을이 좋아.

❏ 今日は少し肌寒いね。
오늘은 조금 으스스한데.
❖ 肌寒い 으스스 춥다, 쌀쌀하다

추위를 나타낼 때

❏ 4月だというのに、すごく寒いね。
4월인데도 무척 춥군.

❏ 凍えそうに寒いよ。
추워서 얼어붙을 것 같아.

☺ 寒くないの?
안 춥니?
☺ 凍えそうに寒いよ。
추워서 얼어붙을 것 같아.

❖ そうに 동사의 중지형에 접속하면 「…처럼, …와 같이」의 뜻으로 양태를 나타낸다.

❏ 今年の冬は、いつもより寒いよ。
올 겨울은 여느 때보다 추워.

❏ そんな恰好で寒くないの?
그런 차림으로 안 춥니?

❏ 東京の冬は寒いの?
도쿄의 겨울은 춥니?

□ 気温は何度？
기온은 몇 도야?

> ☺ 気温は何度？
> 가온은 몇 도야?
>
> ☺ 10度だよ。
> 10도야.

□ 気温が氷点下になることもあるんだ。
기온이 영하가 되는 경우도 있어.

> ☺ 12月のソウルはどれくらい寒いの？
> 12월에 서울은 어느 정도 춥니?
>
> ☺ 気温が氷点下になることもあるんだ。
> 기온이 영하로 내려가는 경우도 있어.

❖ 氷点下になる 영하로 내려가다

□ 梅雨に入りました。
장마가 들었습니다.
❖ 梅雨는 ばいう 라고도 하며, 매실의 열매가 맺힐 즈음에 내린다는 뜻에서 나온 말이다.

□ 梅雨が開けました。
장마가 개였습니다.
❖ 梅雨に入(はい)る 장마철에 접어들다 ↔ 梅雨が開ける 장마가 개이다

□ 季節の変わり目は天気が不安定だね。
환절기에는 날씨가 불안정해.

□ このあたりは冬に雪が多いんだ。
여기는 겨울에 눈이 많아.

사계절

일본은 사계절의 변화가 뚜렷하다 그러나 국토의 지형이 가늘고 길어서 제일 남쪽에 있는 沖縄는 사계절이 덥고, 제일 북쪽에 위치한 北海道는 여름이 매우 짧다 이 두 곳을 제외한 다른 곳은 대체적으로 四季가 분명하여 春夏秋冬의 계절을 맛볼 수가 있다 봄의 따뜻한 날씨라면 暖かいですね 여름의 더운 날씨라면 暑いですね 가을의 시원한 날씨라면 涼しいですね, 겨울의 추운 날씨라면 寒いですね라고 먼저 화제를 꺼내면 훨씬 대화가 부드러워질 것이다

Q&A 무조건 따라하기

Q : この時期にしては❶ずいぶん暖かいじゃない？

A : まったくそのとおりね。秋というより夏みたいだもんね。

Q : きのうの午後は30度まで気温が上がったそうだよ。もう10月の半ばなのに❷。

A : みんな温室効果のせいだと思うわ。母が長野に住んでるでしょう。きのうの晩電話してきてね、まだ紅葉のきざしもないって言うのよ。

Q : 今年は秋がないかもね。

Q : 이 시기치고는 무척 따뜻하지 않니?

A : 정말 그래. 가을이라기보다는 여름 같은 걸.

Q : 어제 오후에는 30도까지 기온이 올랐다고 하던데. 벌써 10월 중반인데.

A : 모두 온실효과 때문이라고 생각해. 어머니가 나가노에 살고 계시잖아. 어제 전화가 왔는데 아직 단풍이 물들 기미가 없대.

Q : 올해는 가을이 없을지도 모르겠군.

❶ …にしては …치고는
❷ 역접조건을 나타내는 のに가 명사나 형용동사에 접속할 때는 …なのに의 형태를 취한다.

□ 暖かくて気持ちがいいですね。
따뜻해서 기분이 좋군요.

□ 温暖な日ですね。
날씨가 따뜻하군요.

□ 今日はぽかぽか暖かいですね。
오늘은 따스하군요.

□ この時期にしてはかなり暖かいですね。
이 시기치고는 제법 따뜻하군요.
❖ …にしては …치고는

□ だんだん暖かくなってきましたね。
점점 따뜻해지는군요.
❖ 段々(だんだん) 점차, 점점, 차츰

□ もうじき暖かくなるでしょうね。
이제 곧 따뜻해지겠지요.

☺ もうじき暖かくなるでしょうね。
이제 곧 따뜻해지겠지요.
☺ ええ、きっと暖かくなりますよ。テレビの天気予報も2月3月は例年になく暖かくなると言ってましたから。
예, 분명 따뜻해질 거예요. 텔레비전 일기예보도 2월 3월은 예년에 비해 따뜻해진다고 했으니까요.

□ 春がいちばん好きです。
봄을 가장 좋아합니다.

☺ あなたのいちばん好きな季節は?
당신이 가장 좋아하는 계절은?
☺ 春がいちばん好きです。でも日本ではどの季節も好きです。
봄을 가장 좋아합니다. 하지만 일본에서는 어떤 계절이든 좋아합니다.

□ すっかり春ですね。
완전히 봄이군요.
❖ すっかり 완전히, 남김없이, 죄다, 모두 = 徹底的(てっていてき)に, 完全(かんぜん)に

□ また春になってうれしいですね。
다시 봄이 되어 기쁘군요.

□ 梅はもう 2、3日で満開になります。
매화는 이제 2, 3일이면 활짝 핍니다.
❖ 満開になる 만발하다

□ 桜はいまが見ごろですよ。
벚꽃은 지금이 절정기입니다.
❖ 見ごろ 보기에 딱 좋은 시기, 절정기

□ 夏休みが楽しみです。
여름이 기다려집니다.

□ 梅雨に入っています。
장마가 들었습니다.

□ 梅雨が明けてよかったですね。
장마가 개여서 다행이군요
❖ …てよかった …해서 다행이다

□ 雷がごろごろ鳴っているのが聞こえますか。
천둥이 쾅쾅 울리는 것이 들립니까?

□ こんなに暑くなければいいのですが。
이렇게 덥지 않으면 좋겠는데요

☺ こんなに暑くなければいいのですが。
이렇게 덥지 않으면 좋겠는데요
☺ そんなに寒くはないですよ。昨年はもっとずっと暑かったです。
그다지 춥지는 않아요 작년에는 훨씬 더웠어요
☺ 本当ですか。まあ今年はこれ以上暑くならないといいですね。
정말입니까? 글쎄 올해는 이 이상 더워지지 않았으면 좋겠어요

□ きのうは熱帯夜でした。
어제는 열대야였습니다.

□ 暑いですね。
덥군요

□ もうすごく暑いですね。
이제 무척 덥군요

☐ うだるように暑いですね。
나른할 정도로 덥군요.

☐ 今日もまた暑くなりそうですよ。
오늘도 또 더워질 것 같군요.

☐ 蒸し暑いですね。
무덥군요.

☐ 窓を開けてもいいですか。むしむししますから。
창문을 열어도 될까요? 푹푹 찌니까요.

> ☺ 窓を開けてもいいですか。この部屋の中はひどくむしむししますから。
> 창문을 열어도 될까요? 이 방안이 몹시 푹푹 찌니까요.
>
> ☺ はい、どうぞ。
> 예, 여십시오.

☐ 暑いのは平気ですが、この湿気にはまいりますよ。
더운 것은 괜찮은데, 이 습기에는 질렸습니다.
❖ …にまいる …에 질리다, 손들다, 지다

☐ 汗でびっしょりです。
땀으로 흠뻑 젖었습니다.
❖ びっしょり 흠뻑 젖은 모양

☐ この暑さには耐えられません。
이 더위는 견딜 수 없습니다.
❖ …に耐えられない …을 견딜 수 없다

☐ 夏休みが楽しみです。
여름방학이 기다려집니다.

☐ この蒸し暑い天気はうっとうしいですね。
날씨가 무더워서 찌무룩하군요.

☐ 今日の不快指数はいくつですか。
오늘 불쾌지수는 얼마입니까?

☐ 台風が近づいています。
태풍이 다가오고 있습니다.

□ 涼しくて気持ちがいいですね。
시원해서 기분이 좋군요.

□ 当地はだいたい涼しくて快適なんです。
이 지방은 대체로 시원해서 쾌적합니다.

□ 涼しくなってきましたね。
시원해졌군요.

> ☺ このごろ涼しくなってきましたね。
> 요즘 시원해졌어요
> ☺ ええ、夜になると少し寒い感じがします。
> 예, 밤이 되면 조금 추운 느낌이 듭니다.

□ 木の葉はすっかり紅葉しました。
나뭇잎은 모조리 단풍들었습니다.
❖ 紅葉는 もみじ라고도 읽는다.

□ キノコ狩りと紅葉狩りを楽しみました。
버섯따기와 단풍놀이를 즐겼습니다.
❖ がり는 바다나 산야에서 동식물을 잡거나 따는 것, 또는 관상을 말한다.

□ ちょっと冷え込んできましたね。
좀 차가워졌군요

□ 寒くなりましたね。
추워졌군요.

□ 冷え冷えしますね。
쌀쌀하군요.
❖ 冷え冷え (바람·공기 등이) 냉랭함, (인간관계·마음 등이) 냉랭함

□ 私は寒くてたまりません。あなたは?
저는 추워서 죽겠습니다. 당신은?

> ☺ 私は寒くてたまりません。あなたは?
> 저는 추워서 죽겠습니다. 당신은?
> ☺ そんなに寒くはありませんが。体が悪いじゃないんですか。
> 그렇게 춥지는 않은데요 몸이 안 좋은 것 아닙니까?

□ 日本の冬は寒いですか。
일본의 겨울은 춥습니까?

□ 雪になるんじゃないでしょうか。
눈이 오지나 않을까요?
　❖ …んじゃないでしょうか …나 않을까요

□ 外は雪が降っていますよ。
밖에는 눈이 내리고 있어요

□ これは初雪ですね。
이거 첫눈이군요

□ 昨夜は霜が降りました。
어젯밤에는 서리가 내렸습니다.

□ 寒い冬になると思いますよ。
추운 겨울이 될 것 같아요.

> ☺ 寒い冬になると思いますよ。
> 추운 겨울이 될 것 같아요
>
> ☺ ええ、おっしゃるとおりでしょうね。いずれにしろ、長期予報だと寒くなるそうですよ。
> 예, 말씀하신 대로입니다. 아무튼 장기예보로는 추워진다고 하더군요

　❖ いずれにしろ 아무튼, 어쨌든, 여하튼

□ 昨夜は霜が降りました。
어젯밤에는 서리가 내렸습니다.

가족과 친척

처음 만난 사람과는 너무 사적인 질문은 피하는 게 좋지만, 조금 친해지면 ご兄弟はおあ
りですか라든가 何人家族ですか라는 형제자매나 가족에 대한 화제가 시작된다. 일본어
에서 자신의 가족을 상대에 말할 때는 윗사람이건 아랫사람이건 모두 낮추어서 말하고
상대방의 가족을 말할 때는 비록 어린애라도 존경의 의미를 나타내는 접두어 ご(お)나
접미어 さん을 붙여서 높여 말하는 것이 우리와 큰 차이점이다. 단 가족끼리 부를
때는 윗사람은 높여서 말한다.

Q&A 무조건 따라하기

Q: ご両親はどちらにお住まいなんですか。

A: 母はもう亡くなりましたけど、父は青森県に住んでいます。

Q: おひとりで?

A: ええ、でも叔母が近くに住んでいて、ちょくちょく立ち寄っ
て様子を見てくれるんです。いとこたちにもかなり会ってい
るし、まあ幸せだと思いますが。

Q: よく会いに行かれるんですか。❶

A: ほとんど行ってないんです。一番最近行ったのは3年前にな
るかな、でも、父のほうが一年に3回はぼくと妹に会いに上
京してくるんです。

Q: 부모님은 어디에 살고 계십니까?
A: 어머니는 돌아가셨지만, 아버지는 아오모리 현에 살고 계십니다.
Q: 혼자서요?
A: 예, 하지만 숙모님이 가까이 살고 계셔서 가끔 들러서 보살펴 줍니다.
  조카들도 많이 만나고, 글쎄 행복하실 겁니다.
Q: 자주 만나러 가십니까?
A: 거의 못가고 있습니다. 가장 최근에 간 것은 3년 전이 될까? 하지만,
  아버지가 1년에 3번은 나와 여동생을 만나러 상경하십니다.

❶ 동작성을 나타내는 명사나 동사의 중지형에 …に行く가 접속하면 「…하러 가다」의 뜻으로 동작의 목적을
나타낸다. 行かれる는 수동형이지만, 여기서는 존경의 뜻으로 쓰였다.

□ 兄弟姉妹はおありですか。
형제자매는 있으십니까?

> ☺ 兄弟姉妹はおありですか。
> 형제자매는 있으십니까?
>
> ☺ いいえ、おりません。一人っ子です。
> 이뇨, 없습니다. 외아들(외동딸)입니다.

❖ おありですかは ありますかの 존경 표현이다.

□ ご兄弟は何人ですか。
형제는 몇 분입니까?

> ☺ ご兄弟は何人ですか。
> 형제는 몇 분입니까?
>
> ☺ 兄が二人、妹が一人です。
> 형이 둘, 여동생이 한 명입니다.

❖ 일본어의 존경 표현이 우리와 다른 점은 상대에게 자신의 가족을 말할 때는 자신보다
윗사람일지라도 반드시 낮추어 말하고, 반대로 상대의 가족에 대해서 말할 때는 자신보다
아랫사람일지라도 존경의 의미를 나타내는 접두어 ご나 접미어 さん을 붙여서 말한다.

□ ご兄弟か姉妹のどなたかお勤めですか。
형제나 자매 중에 누가 근무하십니까?

> ☺ ご兄弟か姉妹のどなたかお勤めですか。
> 형제나 자매 중에 누가 근무하십니까?
>
> ☺ はい、いちばん上の兄がこの会社に勤めています。
> 에, 제일 위 형이 이 회사에 근무하고 있습니다.

□ 弟さんはいくつですか。
동생은 몇 살입니까?

> ☺ 弟さんはいくつですか。
> 동생은 몇 살입니까?
>
> ☺ 私より2歳年下です。
> 나보다 두 살 아래입니다.

□ たいていは兄と遊んでいました。双子ですから。
대개 형과 놀았습니다. 쌍둥이라서요.

□ 妹さんは何をしていますか。
여동생은 무엇을 하고 있습니까?

❑ 幼いときよく兄弟喧嘩をしました。
어렸을 때는 자주 형제간에 싸움을 했습니다.
❖ 夫婦(ふうふ)喧嘩 부부싸움

❑ 兄は貿易会社に勤めています。
형은 무역회사에 근무하고 있습니다.
❖ …に勤める …에 근무하다

❑ 姉は銀行で働いています。
누나는 은행에서 일하고 있습니다.

❑ ご家族はお元気ですか。
가족 모두 잘 지내십니까?

☺ ご家族はお元気ですか。
가족은 안녕하십니까?
☺ ええ、おかげさまで元気です。あなたのご家族は?
예, 덕분에 잘 지냅니다. 당신 가족은?

❑ 何人家族ですか。
가족은 몇 명입니까?

☺ 何人家族ですか。
가족은 몇 명입니까?
☺ 5人家族です。
5인 가족입니다.

❑ うちは大家族です。
우리 집은 대가족입니다.
❖ 大家族 ↔ 小家族(しょうかぞく), 核家族(かくかぞく)

❑ 7人家族で両親、祖父、兄弟が二人、妹が一人、
それに私です。
7인 가족으로 부모님, 할아버지, 형제가 두 명, 여동생이 한 명, 그리고 접니다.

❑ この犬も家族の一員です。
이 개도 가족의 일원입니다.

❑ よく家族でお出掛けですか。
가족과 함께 자주 외출하십니까?

□ あなたが兄弟姉妹でいちばん年上ですか。
당신이 형제자매 중에서 제일 위입니까?

> 😊 あなたが兄弟姉妹でいちばん年上ですか。
> 당신이 형제자매 중에서 제일 위입니까?
>
> 🙂 いいえ、違います。私は次男です。
> 아뇨, 그렇지 않습니다. 저는 차남입니다.

❖ 年上 연상 ↔ 年下(としした) 연하

□ 奥様のお名前をお聞きしてもいいですか。
부인의 성함을 물어도 되겠습니까?
❖ 남의 부인을 말할 때는 奥さん(さま)라고 하며, 자신의 아내를 상대에게 말할 때는 家内(かない), 妻(つま)라고 한다. 또한 상대의 남편을 말할 때는 ご主人(しゅじん), 자신의 남편을 말할 때는 主人이라고 한다.

결혼과 자녀에 대해서 말할 때

□ お子さんはいらっしゃいますか。
자녀분은 있습니까?

> 😊 お子さんはいらっしゃいますか。
> 자녀분은 있습니까?
>
> 🙂 いえ、まだです。あなたは?
> 아니오, 아직 없습니다. 당신은?
>
> 😊 小学生の娘がひとりいます。
> 초등학생인 딸이 하나 있습니다.

□ 婚約者がいますか。
약혼자가 있습니까?

□ 結婚していますか。
결혼했습니까?

> 😊 結婚していますか。
> 결혼했습니까?
>
> 🙂 いいえ、まだ結婚していません。
> 아니오, 아직 결혼하지 않았습니다.

❖ 일본어에서는 結婚しました라고 하면 과거에 결혼한 적이 있고 현재는 이혼한 상태를 말한다.

□ 私は結婚しています。
나는 결혼했습니다.

□ 結婚して3年になります。
결혼한 지 3년이 됩니다.

□ もうすぐ子供が生まれるんです。
이제 곧 아이가 태어납니다.

□ 4月に生まれる予定です。
4월에 태어날 예정입니다.

□ 息子さんはおいくつですか。
아들은 몇 살입니까?

> ☺ 息子さんはおいくつですか。
> 아들은 몇 살입니까?
> ☺ 7歳です。
> 7살입니다.

□ 息子は小学生です。
아들은 초등학생입니다.

□ ご両親といっしょに住んでいるんですか。
부모님과 함께 살고 있습니까?

> ☺ ご両親といっしょに住んでいるんですか。
> 부모님과 함께 살고 있습니까?
> ☺ いいえ、ひとりで住んでいます。
> 아니오, 혼자 살고 있습니다.

□ ご両親はおいくつですか。
부모님 연세는 몇입니까?

> ☺ ご両親はおいくつですか。
> 부모님 연세는 몇입니까?
> ☺ 父は60、母より2歳だけ年上です。
> 아버지는 60살로 어머니보다 두 살 위입니다.

□ 明日、両親が故郷から私のアパートを見に来ます。
내일 부모님이 고향에서 제 아파트를 보러 오십니다.

□ 母と私はまるで友達みたいなんです。
어머니와 나는 마치 친구처럼 지냅니다.

❏ ご家族に会いに何回くらい帰省しますか。
가족을 보러 몇 번 정도 고향에 갑니까?

❏ 母は未亡人で私が老後の面倒をみる立場にいます。
어머니는 미망인으로, 제가 노후를 보살필 입장에 있습니다.
❖ 面倒をみる 보살피다

❏ おじいさんとおばあさんはご健在ですか。
할아버지와 할머니는 건재하십니까?

❏ 祖父は来月、米寿を祝います。
할아버지는 다음달에 미수(88세)를 치릅니다.
❖ 還暦を祝う 환갑을 축하하다

❏ 日本にどなたか親戚の人がおありですか。
일본에 친척 분이라도 계십니까?

CHAPTER 13

외모와 신체의 특징

…はどんな人ですかと 사람에 대한 질문을 상대로부터 받았을 경우에 특징을 한마디로 표현할 수 있는지 등에 관해서 다양한 표현을 익히도록 하자
신장을 물을 때는 背はどのくらいありますか 체중을 물을 때는 体重はどのくらいですか 라고 한다. 다만, 상대의 신체에 관련된 질문을 할 때는 경우에 따라서는 약점을 건드릴 수도 있으므로 신중하게 질문할 필요가 있다.

Q&A 무조건 따라하기

Q : きのうの夜、明子が私にブラインド・デートをしたててくれたこと知ってた？

A : いや。すてきな男だった？

Q : うーん、いわゆる魅力的って感じじゃなかった。

A : つまり、背は1メートル60センチ、ウェストも45インチで、頭ははげてるなんていう男だったってこと？

Q : そんなんじゃないの。実はそんなに見栄えは悪くないのよ。背は中くらい、ちょっと太り気味だけどデブってほどじゃない。髪はきれいにウェーブがかかってるの。

A : またデートするの？

Q : 어젯밤 아키코가 나에게 블라인드 데이트를 마련해 준 거 알고 있었니?
A : 아니. 멋진 남자였니?
Q : 아냐, 이른바 매력적인 느낌은 아니었어.
A : 그럼 키는 1미터 60센티미터, 허리도 45인치로 머리가 벗겨진 남자였단 말이지?
Q : 그런 건 아냐. 실은 그다지 외모는 나쁘지 않아. 키는 적당하고 좀 살이 찐 느낌이지만 뚱뚱한 정도는 아냐. 머리는 깨끗하게 웨이브를 넣었어.
A : 또 데이트할 거니?

❶ ブラインド・デート(blind date) 만날 때까지 상대를 모르는 한국에서 말하는 미팅

□ 背はどのくらいありますか。
키는 어느 정도 됩니까?

> ☺ 背はどのくらいありますか。
> 키는 어느 정도 됩니까?
> ☺ 身長は175センチです。
> 신장은 175센티미터입니다.

❖ あるは 수량을 나타내는 말에 붙어 그만한 수량이 된다는 뜻을 나타낸다.

□ 身長はどのくらいですか。
키는 어느 정도입니까?
❖ 身長 = 背丈(せたけ) 신장, 키

□ 背は高いほうです。
키는 큰 편입니다.

□ 彼女は背が高く、すらっとしています。
그는 키가 크고 날씬합니다.

□ 彼は背が高くてひょろっとした人です。
그는 키가 크고 껑충한 사람입니다.

□ あの人は中肉中背です。
저 사람은 체격도 적당하고 키도 적당합니다.
❖ 中肉中背 중키에 살이 알맞게 찜

□ 体重はどのくらいですか。
체중은 어느 정도입니까?

> ☺ 体重はどのくらいですか。
> 체중은 어느 정도입니까?
> ☺ 体重は62キロです。
> 체중은 62킬로그램입니다.

□ いくらか体重が増えました。
약간 체중이 늘어났습니다.

□ ちょっと太りました。
좀 살쪘습니다.

□ 3キロ減りました。
3킬로그램 줄었습니다.

□ 5キロ痩せました。
5킬로그램 빠졌습니다.
❖ 痩せる ↔ 太(ふと)る

□ 禁煙してから5キロは太りました。
금연을 하고 나서 5킬로그램은 늘었습니다.

> ☺ 体重は?
> 체중은?
>
> ☺ そうだなあ、65キロだったのが、タバコをやめてから少なくとも5キロは太ったと思うよ。
> 글쎄, 65킬로그램이었는데, 담배를 끊고 나서 적어도 5킬로그램은 쪘을 거야.

□ ちょっと太りすぎてるようです。
너무 살이 찐 것 같습니다.
❖ …すぎるは 동사의 중지형에 접속하여 「너무 …하다」의 뜻을 나타낸다.

□ 運動不足で少々太りました。
운동부족으로 좀 살이 쪘습니다.
❖ 少々는 少(すこ)し보다 정중한 표현이다.

□ 少しお痩せになりましたね。
조금 야위셨군요

> ☺ 少しお痩せになりましたね。
> 조금 야위셨군요
>
> ☺ ええ、ひどい風邪で苦労しました。
> 예, 심한 감기로 고생했습니다.

□ 彼は痩せて、骨と皮だけです。
그는 야위어서 뼈와 살가죽뿐입니다.

□ うちの妹はまるまる太ってますが、可愛らしいですよ。
우리 여동생은 통통하게 살이 쪘지만, 귀여워요

□ ダイエットしてスマートになろうと思いますの。
다이어트를 해서 날씬해지려고 해요
❖ スマート(smart) 스마트, 말쑥함, 단정하고 멋스러움

☐ 彼の顔は卵型です。
그의 얼굴은 계란형입니다.

☐ 彼女はどちらかというと丸顔です。
그녀는 얼굴이 둥근형에 속합니다.

> 彼女の顔はどんな型ですか。
> 그녀의 얼굴은 어떤 형입니까?
> 彼女はどちらかというと丸顔です。
> 그녀는 얼굴이 둥근형에 속합니다.

☐ 彼はハンサムです。
그는 미남입니다.

☐ 彼女はとても魅力的な女性です。
그녀는 매우 매력적인 여성입니다.

☐ あの娘は可愛らしいですね。
저 아가씨는 귀엽군요.

☐ お化粧はほとんどしていません。
화장은 거의 하지 않습니다.
❖ ほとんど …ない 거의 …않다

☐ 彼女はいつも厚化粧をしています。
그녀는 늘 화장을 두텁게 합니다.
❖ 厚化粧 ↔ 薄化粧(うすげしょう)

☐ 彼女は顔の色が白いです。
그녀는 얼굴색이 하얗습니다.

☐ 彼は顔が大きいです。
그는 얼굴이 큽니다.
❖ 顔が広(ひろ)い 발이 넓다, 아는 사람이 많다

☐ 私はおかっぱにしています。
나는 단발머리를 하고 있습니다.

> 木村さんはどんなヘアスタイルしていますか。
> 기무라 양은 어떤 헤어스타일을 하고 있습니까?
> おかっぱにしています。
> 단발머리를 하고 있습니다.

❑ 彼女の長い黒髪がうらやましいわ。
그녀의 긴 검은머리가 부러워.

❑ 髪は長いです。
머리는 깁니다.

❑ 彼女は短いカールの金髪です。
그녀는 짧은 고수머리의 금발입니다.

❑ 弟はぼさぼさの髪をしています。
동생은 머리가 흩어져 있습니다.

❑ ヘアスタイルを変えてみました。
헤어스타일을 바꿔 보았습니다.

❑ 近頃、髪に白いものが混じり始めました。
요즘 흰머리가 나기 시작했습니다.
　❖ …始める가 동사의 중지형에 접속하면「…하기 시작하다」의 뜻을 나타낸다.

❑ あの背の高いひげの長い紳士はどなたですか。
저 키가 크고 수염이 긴 신사는 누구입니까?
　❖ 背が高い 키가 크다 ↔ 背が低(ひく)い 키가 작다

❑ あなたは母親に似ていますか、それとも父親ですか。
당신은 어머니를 닮았습니까, 아니면 아버지입니까?

> 😊 あなたは母親に似ていますか、それとも父親ですか。
> 당신은 어머니를 닮았습니까, 아니면 아버지입니까?
> 🙂 どちらにもあまり似ていないと思います。
> 어느 쪽도 별로 안 닮은 것 같아요

　❖ …に似る …을 닮다

❑ 誰にも似ていません。
아무도 닮지 않았습니다.

❑ 妹は口元が母とそっくりです。
여동생은 입가가 어머니를 꼭 닮았습니다.
　❖ そっくり 꼭 닮은 모양

❑ 私は母によく似ています。
저는 어머니를 많이 닮았습니다.

□ 彼女の腰の線は美しいです。
그녀의 허리선은 아름답습니다.

□ 私は腰のほっそりした女性が好きです。
나는 허리가 날씬한 여자를 좋아합니다.

□ お父さんはどんなふうな方ですか。
아버지는 어떤 분이십니까?

☺ お父さんはどんなふうな方ですか。
아버지는 어떤 분이십니까?
☺ 眼鏡をかけていて、典型的な大学教授ふうに見えます。
안경을 쓰고 있어 전형적인 대학 교수처럼 보입니다.

□ 父は肩幅が広くてがっしりしています。
아버지는 어깨가 넓고 다부집니다.

□ 私は右利きです。
나는 오른손잡이입니다.
❖ 右利き 오른손잡이 ↔ 左利(ひだりき)き 왼손잡이

□ 彼女は手足が比較的小さいほうです。
그녀는 손발이 비교적 작은 편입니다.

□ 私の腕はかなり長いほうです。
내 팔은 꽤 긴 편입니다.

□ 彼女は見事な脚線美だから、ミニスカートがよく似合います。
그녀는 각선미가 멋져서, 미니스커트가 잘 어울립니다.

□ 実際の年より若く見えるようです。
실제 나이보다 젊어 보이는 것 같습니다.

사람의 성격

얼굴이 사람마다 다르듯이 성격 또한 모두 다르다. 따라서 마음에 맞는 사람을 사귄다는 것은 곧 성격이 비슷하기 때문이며, 이때 쓰이는 표현이 彼とは気が合います이다. 다른 사람의 성격에 대해 あの人はどんな人ですか라고 물으면, 상대는 どちらかと言うとおとなしい人ですね 따위로 대답한다. 여기서는 자신을 포함해서 사람의 성격에 대해서 표현할 수 있는 실력을 기르도록 한다.

Q&A 무조건 따라하기

Q: あなたの上司ってどんな人？

A: 自分の思いどおりに相手がふるまってくれさえすれ**ば**、まったくごきげんさ。❶

Q: 思いどおりじゃなかったら？

A: 自分がいつでも正しいと思ってて、他人の意見には耳を貸さないタイプだよ。頑固者ってとこだ。

Q: 冗談を笑って受け流せる？

A: ああ、ただし、自分に向かって言われたのでなければね。実際、気が向けば、けっこう面白いことも言うんだぜ❷。気が短いのは実際だけど、あっさり許しちゃうところがある。性格は悪くない男だと思うよ。

Q: 네 상사는 어떤 사람이야?
A: 자신의 뜻대로 상대가 행동하기만 하면 괜찮아.
Q: 뜻대로 하지 않으면?
A: 자신이 늘 옳다고 생각하고 있어서 다른 사람의 의견에는 귀를 기울이지 않는 타입이야. 완고한 사람이지.
Q: 농담을 웃어넘기니?
A: 아, 단 자신을 향해 말하지 않는다면. 실제로 마음이 내키면 상당히 재미있는 말도 해. 성격이 급한 것은 사실이지만, 깨끗하게 허락하는 경우도 있어. 마음은 나쁘지 않은 남자라고 생각해.

❶ …さえ…ば는 「…하기만 …하면」의 뜻으로 조건이 충족됨을 나타낸다.
❷ ぜ는 말끝에 붙어 주로 남성들이 친한 사이에서 가볍게 다짐하거나, 상대를 무시할 때 쓴다.

□ あなたはどのような性格ですか。
당신은 어떤 성격입니까?

> ☺ あなたはどのような性格ですか。
> 당신은 어떤 성격입니까?
> ☺ 明るくて社交的です。
> 밝고 사교적입니다.

□ あまり社交的ではありません。
그다지 사교적이지 못합니다.

□ 以前に比べればずいぶん社交的になりました。
이전에 비해 많이 사교적이 되었습니다.
　❖ …に比べると(比べれば) …에 비(교)하면

□ 自分の性格はどんなだと思いますか。
자신의 성격이 어떻다고 생각합니까?

□ 何事につけても楽天的です。
무슨 일에 대해서도 낙천적입니다.
　❖ …につけても = …についても …에 대해서도

□ いくぶん悲観的な性格です。
다소 비관적인 성격입니다.
　❖ いくぶん 얼마쯤, 얼마 정도, 조금

□ 友達はすぐできるほうですか。
친구는 쉽게 사귀는 편입니까?

> ☺ 友達はすぐできるほうですか。
> 친구는 쉽게 사귀는 편입니까?
> ☺ いいえ、内気なほうですから、知らない人といっしょにいる
> ときはくつろげません。
> 아뇨, 내성적이라서 모르는 사람과 함께 있을 때는 안절부절 못합니다.

□ 知らない人にも話しかけるのはうまいほうです。
모르는 사람에게도 말을 잘 거는 편입니다.

□ ひっこみ思案のほうです。
소극적인 편입니다.
　❖ 引っ込み思案 = 消極的(しょうきょくてき) ↔ 積極的(せっきょくてき)

□ 私は性格が姉妹とはまるで違います。
나는 성격이 자매와는 전혀 다릅니다.

□ ご自分が外向的だと思いますか、内向的だと思いますか。
자신이 외향적이라고 생각합니까, 내성적이라고 생각합니까?

❖ まるで가「전혀, 통」의 의미로 쓰였지만, 「마치」의 뜻으로 쓰일 때는 같은 특징을 가지는 것을 예로 제시하는 데 반해, ちょうど는 기본적으로 거의 같은 것이어야 한다.

□ 人に会うことが好きです。
사람 만나는 것을 좋아합니다.

□ 独立心が強いです。
독립심이 강합니다.

□ 粘り強い性格です。
끈기가 강한 성격입니다.

다른 사람의
성격을 물을 때

□ 彼はどんな人ですか。
그는 어떤 사람입니까?

□ 誠実な女性です。
성실한 여자입니다.

□ 彼はユーモアがあって一緒にいると楽しいですよ。
그는 유머가 있어서 함께 있으면 즐거워요

□ 連中はちょっと変わっているけど、いいやつらですよ。
동료들은 좀 유별나도 좋은 녀석들입니다.
❖ 連中 한 패, 동아리, 일당

□ 彼女のこと、どう思いますか。
그녀를 어떻게 생각합니까?

> ☺ 彼女のこと、どう思いますか。
> 그녀를 어떻게 생각합니까?
> ☺ とてもいい人ですよ。
> 매우 좋은 사람이에요.

□ とても頭のいい娘なんだが、怠けることもある。
매우 머리가 좋은 아가씨이지만, 게으름을 피우는 경우도 있어.

□ 気がきくとは言えませんが、きわめて勤勉な人です。
자상하다고는 할 수 없지만, 무척 근면한 사람입니다.
　❖ 気が利(き)く 세세한 데까지 생각이 미치다, 세련되다

□ 恵子ちゃんを知ってるんだって？ どんな娘？
게이코를 알고 있다면서? 어떤 아가씨야?

> ☺ 恵子ちゃんを知ってるんだって？ もちろんテレビで見た
> ことがあるんだが、どんな娘だい？
> 게이코를 알고 있다면서? 물론 텔레비전에서 본 적은 있지만, 어떤 아가씨야?
> ☺ 君の思っているとおりだよ。いつも明るくににこやかで、
> 人付き合いもよくて気もやさしい。
> 네가 생각하고 있는 대로야. 항상 밝고 싱글벙글하고, 사교성도 좋고 마음씨도
> 상냥해.
> ☺ いつか紹介してもらえないかな。
> 언제 소개해주지 않을래?

　❖ …だっては「…(이)라고 한다」의 뜻으로 전언을 나타낸다.

□ 木村さんてどんな人？
기무라 씨는 어떤 사람이야?

> ☺ 木村さんてどんな人？
> 기무라 씨는 어떤 사람이야?
> ☺ そうですね、少し退屈な人ですね。
> 글쎄요, 좀 지루한 사람이에요.

　❖ …ては 체언에 접속하여 「…이라는 것은, …이란」의 뜻을 나타낸다.

□ 彼は活発で、心の広い、頭のいい人ですよ。
그이는 활발하고 마음도 넓고 머리가 좋은 사람이에요.

□ 自分に自信があります。
자신에게 자신이 있습니다.

□ 彼の長所はユーモアのセンスだと思います。
그의 장점은 유머 센스라고 생각합니다.

□ 自分は愛想のいいほうだと思っています。
나는 붙임성이 좋은 편이라고 생각하고 있습니다.

□ 私は笑わせるのが得意です。
저는 남을 잘 웃깁니다.

□ 時間を守るほうです。
시간을 지키는 편입니다.

> ☺ 必ず9時に来てください。
> 꼭 9시에 오세요
> ☺ ご心配なく、時間を守るほうです。
> 걱정 마세요. 시간을 지키는 편입니다.

□ 友達は私のことをいつも明るいと言ってくれます。
친구는 나를 언제나 밝다고 말해 줍니다.

□ 友好的で思いやりがあると言われることもあります。
우호적이고 배려하는 마음이 있다고 들을 때도 있습니다.
❖ 思いやり 남의 입장을 생각함, 헤아려 마음을 씀, 배려

□ 繊細であると同時におおらかでもあると思っています。
섬세하기도 하지만 동시에 대범하기도 하다고 생각하고 있습니다.

□ そそっかしいんです。それが弱点だとわかっています。
덜렁댑니다. 그게 약점이라고 알고 있습니다.

□ とても忘れっぽいんです。
너무 잘 잊어버립니다.
❖ …っぽい는 명사나 동사의 중지형에 접속하여 「…의 경향·성질이 있다, …스럽다,
…스름하다, …답다」의 뜻을 가진 형용사를 만든다.

□ 物事をするのがゆっくりしているきらいがあります。
무엇이든 느릿느릿 하는 좋지 않는 버릇이 있습니다.
❖ きらいがある의 형태로 「…한 경향(혐의)가 있다」의 뜻을 나타낸다.

□ 口下手だと思います。
말주변이 없다고 생각합니다.
　❖ 口下手 말이 서투름, 눌변 ↔ 口上手(くちじょうず) 말을 잘함, 달변

□ 時々しゃべりすぎることがあります。
가끔 말을 너무 많이 하는 경우도 있습니다.

□ 彼はおしゃべりで、その上、自分のことしか話しません。
그는 수다쟁이에다가 자신의 말밖에 하지 않습니다.

□ 彼は細かいことになかなか口うるさい人です。
그는 사소한 것에 상당히 까다로운 사람입니다.

□ 彼女は心が狭くて頑固なところが欠点です。
그녀는 마음이 좁고 완고한 것이 결점입니다.

> ☺ 彼女の欠点は何ですか。
> 　그녀의 결점은 무엇입니까?
> ☺ 彼女は心が狭くて頑固なところが欠点です。
> 　그녀는 마음이 좁고 완고한 것이 결점입니다.

□ 人によっては私のことを優柔不断だと思うようです。
사람에 따라서는 나를 우유부단하다고 생각하는 것 같습니다.

□ 私は気が短いほうで、つまらないことにかっとしてしまうことがあります。
저는 성격이 급한 편이어서 하찮은 일에 울컥 화를 내는 경우가 있습니다.

□ ちょっといたずらっ気があります。
좀 장난기가 있습니다.

□ 彼はわんぱく坊主です。
그는 장난꾸러기입니다.

□ 彼女はおてんばです。
그녀는 말괄량이입니다.

친구·사랑과 연애

여기서는 지인, 친구에서 연인에 이르기까지를 화제로 한다. 이성을 보고 한눈에 반할 때는 一目惚(ひとめぼ)れる, 연애중일 때는 恋愛中(れんあいちゅう), 헤어질 때는 別(わか)れる, 이성에게 체였을 때는 ふられる라는 표현을 쓴다. 또한 상대에게 이성의 친구가 있느냐고 물을 때는 異性の友だちはいますか라고 하며, 데이트에 관해서 물을 때는 デートはどうでしたか. 이성과 헤어지고 싶을 때는 もう会わないほうがいいね라고 하면 된다.

Q&A 무조건 따라하기

Q: 藤森とまだデートしてる？

A: とんでもない。何か月も前に別れたわ。後でわかったんだけど、あんな卑劣なやつ見たことないわ。❶ いまは木村と付き合ってるの。

Q: 木村？森沢と付き合ってるんじゃなかった？

A: 森沢が池田とふたまたかけてるってわかって、おじゃんよ。❷ どっちにしろ、そうなって私は嬉しいわ。ずっと木村のこと好きだったもの。高校のときから友だちだったし。

Q: 후지모리와 아직 만나고 있니?

A: 무슨 소리야 몇 개월 전에 헤어졌어. 나중에 알았는데 그런 비열한 녀석 본 적도 없어. 지금은 기무라와 사귀고 있어.

Q: 기무라? 모리사와와 사귀지 않았니?

A: 모리사와가 이케다와 양다리 걸치고 있다는 걸 알고 깨졌어. 아무튼 그렇게 되어 나는 기뻐. 줄곧 기무라를 좋아했는 걸. 고등학교 때부터 친구였고.

❶ …たことない …한 적 없다, 과거의 미경험을 나타낸다.
❷ おじゃん 모처럼의 계획·예정·기대가 깨짐 = あてはずれ

□ 私たちは仲よしです。
우리들은 단짝입니다.
❖ 仲よし 친한 사이, 친구, 단짝 仲よく 사이좋게

□ 木村は私の親友です。
기무라는 제 친구입니다.

□ 吉田はあなたの親友でしょ?
요시다는 당신 친구이죠?

😊 吉田はあなたの親友でしょ?
요시다는 당신 친구이죠?

😊 ええ、かなり親しいです。もっとも以前は今よりずっと親しくしてましたけど。
예, 상당히 친합니다. 이전에는 지금보다 훨씬 친하게 지냈는데요.

□ 彼女はただの友達ですよ。
그녀는 단지 친구예요.
❖ 友(とも)는 회화체에서는 쓰지 않고, 대신 ともだち를 쓴다.

□ 明子さんはいつからの知り合いですか。
아키코 양은 언제부터 아는 사이였습니까?

😊 明子さんはいつからの知り合いですか。
아키코 양은 언제부터 아는 사이였습니까?

😊 小学校の時からです。家族を除けば誰よりも長い知り合いです。
초등학교 시절부터입니다. 가족을 제외하면 누구보다 오래 알고 지냅니다.

❖ 知り合い 서로 앎, 또는 아는 사이, 친지 = 知人(ちじん)

□ 池田さんは私の同僚です。
이케다 씨는 제 동료입니다.

□ あなた以外に外国人の友人がいないんです。
당신 이외에 외국인 친구가 없습니다.

□ この会社でいちばん親しい人は誰ですか。
이 회사에서 가장 친한 사람은 누구입니까?

□ 彼はいわゆる飲み友達です。
그는 이른바 술친구입니다.

□ 異性の友達はいますか。
이성 친구는 있습니까?

□ 木村さんはボーイフレンドがいますか。
기무라 양은 남자 친구가 있습니까?

> ☺ 木村さんはボーイフレンドがいますか。
> 기무라 양은 남자 친구가 있습니까?
> ☺ あいにく、今のところいないんです。
> 아쉽게도 지금은 없습니다.

❖ ボーイフレンド(boy friend) ↔ ガールフレンド(girl friend)

□ 誰か特に一人だけと付き合っていますか。
누군가 특별히 한 사람하고만 사귀고 있습니까?

□ 特別に交際している女性はおりません。
특별히 교제하고 있는 여자는 없습니다.
❖ 交際する ＝ 付(つ)き合(あ)う 사귀다, 교제하다

□ 妹さんとデートできるように計らってくれないかな。
여동생과 데이트할 수 있도록 주선해 주지 않겠니?

□ 洋子を食事に誘いたくてたまらないな。
요코에게 식사를 청하고 싶어서 못 견디겠어.

> ☺ 洋子のこと? 彼女が受けてくれると思う?
> 요코 말이야? 그녀가 받아줄 거라고 생각하니?
> ☺ たぶんね。だって、この前、それとなく彼女のほうからそん
> なことを言ってたからね。
> 아마도 왜냐하면 요전에 아무렇지도 않게 그녀가 그런 말을 했으니까.

□ 生まれて初めて日本人の女の子とデートしました。
태어나서 처음으로 일본인 여자와 데이트를 했습니다.

□ どのくらいデートするの?
어느 정도 만나니?

> ☺ どのくらいデートするの?
> 어느 정도 만나니?
> ☺ 週に1、2回です。でもいくら持っているお金しだいです。
> 주에 1, 2번입니다. 하지만 돈을 얼마나 갖고 있느냐에 따라 달라요

□ 今度は月曜日に彼女とデートします。
이번에는 월요일에 그녀와 데이트합니다.

□ デートの費用は全部男がもつべきだと思いますか。
데이트 비용은 전부 남자가 내야 한다고 생각합니까?

☺ デートの費用は全部男がもつべきだと思いますか。
데이트 비용은 전부 남자가 내야 한다고 생각합니까?

☺ いいえ、その必要はあまりないと思いますよ。女性も男性も
同じくらいお金を持ってますからね。
아뇨, 그럴 필요는 그다지 없다고 생각해요. 여자도 남자와 동일한 정도의 돈을
갖고 있으니까요.

❖ …べきだ…해야 한다, …하기 적절하다↔…べからず…해서는 안 된다, …하지 말라

□ デートはどうだった？
데이트는 어땠어?

☺ デートはどうだった？
데이트는 어땠어?

☺ 出だしは上々だったわ。彼、高級なフランス料理のレスト
ランへ連れて行ってくれたの。
출발은 좋았어. 그이 고급 프랑스 요리를 하는 레스토랑에 데리고 갔어.

☺ それで？
그래서?

☺ 食事が終わると割り勘にしたいって言うの。私たち別れたわ。
식사가 끝나자 각자부담으로 하고 싶다는 거야. 우리들 헤어졌어.

□ 初恋は12歳の時でした。
첫사랑은 12살 때였습니다.
❖ 愛(あい)する는 일반적인 사랑을 의미하고, 恋(こい)する 남녀간의 사랑을 말한다.

□ 彼女と恋愛中です。
그녀와 연애중입니다.

□ 木村は僕のいもうとに一目ぼれしてしまいました。
기무라는 내 여동생에게 첫눈에 반해 버렸습니다.

□ 武田は吉村の恋人に首ったけなんだ。
다케다는 요시무라 애인에게 홀딱 반했어.
❖ 愛人(あいじん) 정부

□ お似合いのカップルだ。
어울리는 커플이야.

☺ 木村と吉岡はお互いに夢中らしいですよ。きのうもデートしてました。
기무라와 요시오카는 서로 푹 빠져 있는 것 같아요. 어제도 데이트했어요.
☺ 知ってますよ。あの二人はお互いにお似合いのカップルだ。
알고 있어. 그 두 사람은 서로 어울리는 커플이야.

□ 私たちの仲はかなりうまく行っています。
우리들은 사이좋게 잘 지내고 있습니다.

□ あの人とは縁を切りましたわ。
그 사람과는 인연을 끊었어요.
❖ 縁を切る (인)연을 끊다

□ 私たちの仲もこれで終りね。
우리 사이도 이걸로 끝이군.

□ 二人は最近別れたらしいよ。
두 사람은 최근에 헤어진 것 같아.
❖ 分かれる 나뉘다, 別れる 헤어지다

□ 松本さんとはまだ付き合ってるの?
마츠모토 씨와는 아직 사귀고 있니?

☺ 松本さんとはまだ付き合ってるの?
마츠모토 씨와는 아직 사귀고 있니?
☺ 付き合ってないよ。この夏に別れたけど、まだ親友どうしであることには変りない。
안 사귀고 있어. 이번 여름에 헤어졌는데, 아직 친구사이라는 것은 변함이 없어.

□ もう会わないほうがいいね。
이제 안 만나는 게 좋겠어.

☺ もう会わないほうがいいね。
이제 안 만나는 게 좋겠어.
☺ それ別れたいということ?
그게 헤어지고 싶다는 거야?

❖ …ないほうがいい …지 않는 게 좋다

□ 木村と別れたってほんと？
기무라와 헤어졌다니 정말이니?

□ 彼女と仲直りしようとしたが、だめでした。
그녀와 화해하려고 했는데 안 되었습니다.
❖ 仲直りする 화해하다

□ 洋子にプロポーズしたのに、ふられちゃった。
요코에게 프러포즈를 했는데 거절당했어.

□ 彼女、きみにはまったく気がないよ。
그녀는 너에게 전혀 관심이 없어.

□ 明子が他の男と結婚した時は本当にがっかりしました。
아키코가 다른 남자와 결혼했을 때는 정말로 실망했습니다.
❖ がっかりする 실망하다, 낙담하다. 失望(しつぼう)するは 기대했던 대로 되지 않는다는 뜻이므로 기대하지 않았던 일에는 쓸 수 없다.

□ 僕は今、失恋中だよ。
나는 지금 실연중이야.

데이트를 신청할 때

□ 今晩、いそがしいの？
오늘밤 바쁘니?

□ 今晩、暇だったら一緒にどう？
오늘밤 시간 있으면 함께 어때?

□ デートに誘ってもいい？
데이트 신청해도 되겠니?

□ 一緒に映画を見に行きませんか。
함께 영화를 보러 가지 않을래요?
❖ 동사의 중지형에 …に行く를 접속하면 「…하러 가다」의 뜻이다.

□ ちょっと付き合ってくれない？
좀 사귀지 않을래?

□ コーヒーでも飲みませんか。
커피라도 마시지 않을래요?
❖ …でも…ませんか는 「…라도 …지 않을래요?」의 뜻으로 상대에게 뭔가를 권유할 때 많이 쓰이는 표현이다.

□ 一緒に夕食でもしましょうか。
함께 저녁이라도 할까요?

□ どこで会いましょうか。
어디서 만날까요?

☺ どこで会いましょうか。
어디서 만날까요?
☺ あなたの都合のいいところでいいですよ。
당신이 괜찮은 곳이면 돼요.

사랑을 고백할 때

□ 君に話があるんだ。
너에게 할말이 있어.

□ いま、誰かと付き合ってる？
지금, 누구랑 사귀고 있니?

□ 私のこと、どう思う？
나, 어떻게 생각해?

☺ 私のこと、どう思う？
나, 어떻게 생각해?
☺ あなたはすばらしい人だと思うよ。
넌 멋진 사람이라고 생각해.

□ 愛してるよ。
사랑해.
❖ 愛する는 恋(こい)する 보다 넓은 의미로 쓰인다.

- 私も愛してるわよ。
  나도 사랑해.

- 君は僕の知っている中で最も美しい女性だ。
  넌 내가 알고 있는 여자 중에 가장 아름다워.

- 君に夢中なんだ。
  너에게 빠졌어.
  ❖ 夢中 열심, 열중해 있음, 몰두해 있음. 熱中(ねっちゅう)는 집중하고 있음을 말하나
  夢中는 다른 일은 염두에 두지 않는다는 점에 차이가 있다.

- 君にぼくの両親に会ってほしい。
  너를 우리 부모님께 소개하고 싶어.

- 一目惚れだったんだ。
  첫눈에 반했어.
  ❖ 一目惚れをする 첫눈에 반하다

- なぜ私か好きなの?
  왜 나를 좋아하니?

- ☻ なぜ私が好きなの?
  왜 나를 좋아하니?
- ☺ 君は僕の好みのタイプなんだ。
  너는 내가 좋아하는 타입이야.

- 君と知り合えて幸せだよ。
  너를 알게 되어서 행복해.

- 君のためなら何も惜しくないよ。
  너를 위해서하면 아무 것도 아깝지 않아.

- 私を誘惑しているの?
  나를 유혹하는 거니?

- 君を好きにならずにいられないんだ。
  너를 좋아하지 않을 수 없어.
  ❖ …ずにいられない …않고 있을 수 없다, …지 않을 수 없다

- 永遠に君を愛するよ。
  영원히 너를 사랑할게.

결혼 상대에 관해서 どんな人が好き?, どういうタイプが理想ですか는 자주 하는 질문이다. 여기서는 자신의 취향이나 타입을 일본어로 어떻게 표현하는지 그 요령을 익히도록 한다.

또한 일본어에서는 결혼은 현재도 진행중이므로 과거형으로 말하지 않고 結婚しています로 말을 한다. 만약 우리말로 직역하여 結婚しました로 말한다면 일본인은 과거에 결혼한 적이 있고 지금은 이혼해서 혼자 살고 있는 것처럼 여기게 된다.

Q&A 무조건 따라하기

Q: ちょっとお知らせがあるんだ。木村と婚約したよ。

A: ビッグニュースね。でも驚かないわ。あたしたちみんな、①いつかないつかなって②首を長くして待ってたんだもの。

Q: そうかい?

A: だって、6年も付き合ってるんでしょ?

Q: 実際は2年ってとこだよ。

A: 6年って感じだわ。結婚はいつ?

Q: 6月、準備はできてる。新婚旅行までね。来てくれるよね? もちろん式にだよ。新婚旅行じゃなくて。

Q: 잠깐 알릴 게 있어. 기무라와 약혼했어.
A: 빅뉴스군. 하지만 안 놀라워. 우리 모두 언제 이루어질까 학수고대한걸.
Q: 그래?
A: 하지만 6년이나 사귀고 있는 거잖아?
Q: 실제로는 2년이야.
A: 6년이나 된 느낌이야. 결혼은 언제?
Q: 6월 준비는 되어 있어. 신혼여행까지 와 줘? 물론 결혼식에만. 신혼여행은 말고.

① あたし는 わたし의 여성어투이다.
② …いつかないつかなって 이제나저제나

□ どんな男性が好きですか。
어떤 남자를 좋아합니까?

> ☺ どんな男性が好きですか。
> 어떤 남자를 좋아합니까?
> ☺ 背が高くてハンサムで、それに冗談がわかる人がいいわ。
> 키가 크고 미남에다가 농담을 할 줄 아는 사람이 좋아.

□ 色が黒くて男性的な人が好きよ。
피부가 까맣고 남성적인 사람을 좋아해.

□ スポーツ好きで私を守ってくれるような人がいいわ。
스포츠를 좋아하고 나를 지켜 줄 만한 사람이 좋아.
❖ わ는 주장・판단이나 가벼운 감동의 뜻을 나타낸다.

□ ユーモアのある人が好きなの。
유머가 있는 사람을 좋아해.
❖ の는 가벼운 단정을 나타낸다.

□ 包容力があって融通のきく人が好きですわ。
포용력이 있고 융통성이 있는 사람을 좋아해.
❖ 融通が利く 융통성이 있다 ↔ 融通が利かない 융통성이 없다

□ ロマンチックで野心的な男性が好きです。
로맨틱하고 야심 있는 남자를 좋아합니다.

□ 知的で穏やかな人といるといちばんほっとするの。
지적이고 온화한 사람과 있으면 가장 편해.

□ 彼は私の好みのタイプじゃないわ。
그는 내 취향의 타입이 아냐.

□ どんな人と結婚したいですか。
어떤 사람과 결혼하고 싶습니까?

> ☺ どんな人と結婚したいですか。
> 어떤 사람과 결혼하고 싶습니까?
> ☺ 親切で思いやりがあって、禿げてなければ誰でもいいわ。
> 친절하고 배려가 있고, 대머리만 아니면 아무나 좋아.

□ 目が大きくて髪の長い女性が好きです。
눈이 크고 머리카락이 긴 여자를 좋아합니다.

□ どんな女の子が好き？
어떤 여자를 좋아해?

😊 どんな女の子が好き？
어떤 여자를 좋아해?
☺ 女らしい人がいいですね。
여성스런 여자가 좋아요.

□ 好きなタイプの女性は？
좋아하는 타입의 여자는?
❖ 女(おんな)는 성(性)으로서의 여성을 강조하는 표현이며, 부정적인 뉘앙스가 들어 있는 경우가 많다.

□ 彼女は僕の好きなタイプじゃないよ。
그녀는 내가 좋아하는 타입이 아냐.

😊 チェコと結婚するつもり？
치에코와 결혼할 생각이니?
☺ いや、全然。僕のタイプじゃないよ。おしゃべりだからね。
아냐, 전혀. 내 타입이 아냐. 수다쟁이라서.
😊 じゃあ、どういうタイプがいいの？ 無口な娘がいいのかい？
그럼, 어떤 타입을 좋니? 말이 없는 아가씨가 좋으니?

청혼을 할 때

□ 結婚してくれますか。
결혼해 줄래요?

😊 結婚してくれますか。
결혼해 줄래요?
☺ はい、私あなたと結婚するわ。
네, 나 당신과 결혼할래요

□ 私の夫になっていただけますか。
내 남편이 되어 주시겠어요?

□ 一緒に年を取ろう。
함께 평생 같이 살자.
❖ 年を取る 나이를 먹다

□ あなたと今後死ぬまで一緒でありたいです。
당신과 앞으로 죽을 때까지 함께 있고 싶어요.

□ まだ結婚したくないの。
아직 결혼하고 싶지 않아.

□ まだ結婚なんて考えていないわ。
아직 결혼 같은 거 생각하고 있지 않아.
　❖ なんて 뜻밖임·경시함·어처구니없음 등의 기분을 나타낸다.

□ 君を愛しているけど結婚はできないんだ。
너를 사랑하지만 결혼은 할 수 없어.

□ 彼女との結婚になかなか踏み切れないんだ。
그녀와의 결혼을 좀처럼 결단할 수 없어.
　❖ なかなか…ない 좀처럼…지 않다

□ 結婚してますか、独身ですか。
결혼했습니까, 독신입니까?

> ☺ 結婚してますか、独身ですか。
> 　결혼했습니까, 독신입니까?
> ☺ 独身ですが、ミチ子と結婚しています。
> 　독신인데요, 미치코와 결혼했습니다.

　❖ 우리말로 직역하여 結婚しました로 표현하면 과거에 결혼한 적이 있고 지금은 이혼해서
　　혼자 살고 있는 것처럼 여기게 된다.

□ お姉さんは結婚してるんですか。
누나는 결혼했습니까?

> ☺ お姉さんは結婚してるんですか。
> 　누나는 결혼했습니까?
> ☺ ええ。建築家と結婚していて子供が二人います。
> 　예, 건축가와 결혼해서 아이가 둘 있습니다.

□ 妹はこの前の土曜日に結婚しました。
여동생은 요전 토요일에 결혼했습니다.

□ 木村と結婚するの?
기무라와 결혼하니?

□ すてきな人を見つけてその気になったら結婚します。
멋진 사람을 찾아서 그럴 마음이 생기면 결혼하겠습니다.

□ いつ彼と結婚するの？
언제 그와 결혼하니?

☺ いつ彼と結婚するの？
언제 그와 결혼하니?
☺ まだ決めてないの。先週、婚約したばかりですもの。
아직 안 정했어요. 지난주에 갓 약혼한걸요.

❖ まだ…ない 아직 …지 않았다

□ いくつで結婚したいと思いますか。
몇 살에 결혼하고 싶습니까?

☺ いくつで結婚したいと思いますか。
몇 살에 결혼하고 싶습니까?
☺ 少なくとも30までは結婚しません。
적어도 30살까지는 결혼하지 않겠습니다.

□ ご結婚、おめでとう。で、お相手は？
결혼 축하해. 그런데, 상대는 누구야?
❖ 접두어 お는 존경의 뜻으로도 쓰이지만, 주로 여성들이 말을 예쁘게 하기 위해 의도적으
로 단어에 붙여 쓰는 습관이 있다.

**결혼생활에 대해
말할 때**

□ 結婚生活はどうですか。
결혼생활은 어때요?

□ 私たちは今幸せです。
우리들은 지금 행복합니다.

□ ぼくは妻を愛している。
나는 아내를 사랑해.

□ 私たちは似たもの夫婦だ。
우리 부부는 닮았어.

□ ぼくは女房思いだ。
난 애처가야.
❖ 일본어에서 아내를 말할 때 妻(つま), 家内(かない), 女房(にょうぼう) 등이 있다.

□ 夫婦げんかはしないよ。
부부싸움은 안 해.

□ 彼女は子供を作りたがっている。
그녀는 아이를 갖고 싶어 해.
　❖ …たがっている는 제삼자의 희망을 나타내는 표현으로 「…하고 싶어하다」의 뜻이다.

□ あのね。私妊娠しているの。
저 말이야. 나 임신했어.
　❖ 妊娠する ＝ 子供(こども)を持(も)つ 아이를 갖다

□ 妻に近く子供が生まれます。
곧 아내가 아이를 낳습니다.

☺ 妻に近く子供が生まれます。
　곧 아내가 아이를 낳습니다.
☺ そうですか。それはおめでとう。
　그래요? 축하해요

□ 予定日はいつですか。
예정일은 언제입니까?

☺ 予定日はいつですか。
　예정일은 언제입니까?
☺ 8月15日です。
　8월 15일입니다.

□ 彼女は妊娠3か月です。
그녀는 임신 3개월입니다.

□ お子さんは何人ほしいですか。
자녀는 몇 명 갖고 싶으세요?

□ 彼女は火曜日に女の子を生みました。
그녀는 화요일에 여자아이를 낳았습니다.
　❖ 女の子 여자아이 ↔ 男(おとこ)の子 남자아이

□ 赤ん坊は男ですか、女ですか。
아기는 남자예요, 여자예요

□ 妻と私で赤ちゃんの誕生祝いを今晩します。
오늘밤 아내와 둘이서 아기 탄생을 축하합니다.

□ ご出産、おめでとうございます。
출산을 축하드려요.

□ 結婚生活はどうですか。
결혼생활은 어때요?

😊 結婚生活はどう？
결혼생활은 어때?

😊 ぼくは妻と話が合わないんだよ。
난 아내와 대화가 안 돼.

□ ぼくらは仲たがいし始めた。
우리들은 사이가 틀어지기 시작했어.
❖ 僕ら(우리들)의 ら는 たち와 마찬가지로 복수를 나타낼 때 쓰이는 접미어로 사람에게
쓸 때는 동격이나 손아랫사람을 가리킨다.
❖ 仲違(たが)いする 사이가 틀어지다 ↔ 仲よくなる 사이가 좋아지다

□ 君たちはけんかをする？
너희들은 싸우니?

😊 君たちはけんかをする？
너희들은 싸우니?

😊 うん、私たちはよくけんかする。
응, 우리들은 자주 싸워.

□ ぼくの妻は浮気しているんだ。
내 아내는 바람을 피우고 있어.
❖ 浮気をする 바람을 피우다 浮気者(うわきもの) 바람둥이

□ 君たちは幸せなの？
너희들은 행복하니?

😊 君たちは幸せなの？
너희들은 행복하니?

😊 いや、もう妻を愛していないんだ。
아니, 이제 아내를 사랑하지 않아.

□ 気が変わったんだ。
마음이 변했어.

□ 君は変わったよ。
넌 변했어.

□ 君は以前と同じではない。
넌 이전과 같지 않아.

□ 今誰かと付き合ってるの?
지금 누구랑 사귀고 있니?

  ☺ 今誰かと付き合ってるの?
  지금 누구랑 사귀고 있니?
  ☺ 実際、付き合っていません。
  정말로 사귀고 있지 않아요.

□ 私たちはお互いにうまくやっていけないんだ。
우리들은 서로 잘 해나갈 수 없어.

□ ぼくは秘書と恋愛関係にあったんだ。
난 비서와 사귀고 있었어.

□ もうあなたを愛していないの。
이제 너를 사랑하지 않아.

  ☺ もうあなたを愛していないの。
  이제 너를 사랑하지 않아.
  ☺ そう、離婚しよう。
  그래, 이혼하자.

□ ぼくは今妻と別居しているんだ。
난 지금 아내와 별거중이야.

□ 君を失って、とても耐えられない。
너를 잃다니 도저히 참을 수 없어.

□ 別れるってことはつらいことだ。
헤어진다는 것은 괴로운 일이야.
  ❖ …ってことは = …ということは …라는 것은

□ 君と別れたい。
너와 헤어지고 싶어.

□ 私を失恋させないでちょうだい。
나를 버리지 말아 줘.
  ❖ …ないでちょうだい …하지 말아줘(요)

□ ぼくらは何時間にもわたって言い争ったんだよ。
우리들은 몇 시간에 걸쳐 말다툼을 했어.

CHAPTER 17

가벼운 음료를 마시면서

일본인과 알게 되어 コーヒーでも飲みましょうか라고 마실 것을 제안하면 상대는 いいですねぇ라고 응답하면 자연스럽게 친해질 수 있게 된다 이처럼 가벼운 음료를 마시면서 허심탄회하게 대화를 즐길 수 있는 기회는 마음먹기에 따라서는 매우 많은 법이다 다방이나 술집 등지에서 음료를 주문받을 때는 何になさいますか라고 하고, 주문이 결정되면 コーヒーにします라고 대답한다 여기서 …にする는 어떤 사항을 선택할 때 쓰이는 표현 문형의 하나이다

Q&A 무조건 따라하기

Q : お食事とご一緒にお飲物は何になさいますか。❶

A : 何があるの？

Q : フルーツジュース、ミルクセーキ、コーヒー、紅茶といったところですが。

A : コーヒーにしよう。

Q : ミルクとお砂糖をおつけしましょうか。

A : 砂糖だけお願いします。

Q : 식사와 함께 마실 것은 무엇으로 하시겠습니까?
A : 뭐가 있지?
Q : 과일주스, 밀크셰이크, 커피, 홍차가 있는데요.
A : 커피로 하지.
Q : 밀크와 설탕을 넣을까요?
A : 설탕만 넣어줘요.

❶ …にする(なさる)는 어떤 것을 선택할 때 쓰이는 표현으로 なさる(하시다)는 する의 존경어이다.

□ コーヒーを一杯飲みましょうか。
커피를 한 잔 마실까요?

□ ちょっと一息入れて、コーヒーか何か飲みましょう。
잠깐 한숨 돌리고 커피나 뭘 마십시다.

> 😊 ちょっと一息入れて、コーヒーか何か飲みましょう。
> 잠깐 한숨 돌리고 커피나 뭘 마십시다.
>
> 😊 ええ、いいですね。私はコーヒーを飲みます。
> 예, 좋지요. 나는 커피를 마시겠습니다.

❖ 一息入れる 한숨 돌리다 = 一息つく

□ コーヒーでもいかが?
커피라도 마실까요?

> 😊 コーヒーでもいかが?
> 커피라도 하실래요?
>
> 😊 私も同じことを考えてたんですよ。大賛成ですね。
> 저도 같은 생각을 하고 있었어요. 대찬성입니다.

□ 中へ入りましょう。何か飲物がほしくてたまらないね。
안으로 들어갑시다. 음료라도 마시고 싶어 죽겠어요.

> 😊 中へ入りましょう。何か飲物がほしくてたまらないわ。
> 잠깐 한숨 돌리고 커피나 마십시다.
>
> 😊 私もよ。
> 저도요.

❖ …てたまらない …해서 못 견디겠다, …해서 못 참겠다

□ コーヒーと紅茶とどちらか好きですか。
커피와 홍차 중에 어느 것을 좋아합니까?

> 😊 コーヒーと紅茶とどちらが好きですか。
> 커피와 홍차 중에 어느 것을 좋아합니까?
>
> 😊 両方とも好きですよ。
> 둘 다 좋아합니다.

□ コーヒーです。香りがとても好きです。
커피입니다. 향기를 매우 좋아합니다.

□ 両方とも好きではありません。
둘 다 좋아하지 않습니다.

□ 新鮮なトマトジュースのほうがいいですね。
신선한 토마토 주스가 좋겠군요.
❖ …のほうがいいは「…쪽(것)이 좋다」의 뜻으로 한쪽을 들어 권유할 때 쓰인다.

□ コーヒーを一杯おごりましょう。
커피를 한 잔 사겠습니다.
❖ おごる (남에게 술이나 음식 등을) 대접하다, 한턱내다

□ 私のコーヒーは濃くしてください。
내 커피는 진하게 타 주세요.

□ 砂糖はおいくつ?
설탕은 몇 개?

☺ 砂糖はおいくつ?
설탕은 몇 개?
☺ 2つ入れてください。
두 개 넣어주세요.

□ クリームだけで砂糖は入れないでください。
크림만 넣고 설탕은 넣지 마세요.

☺ コーヒーはブラックがいいですか、それとも砂糖とクリームを入れますか。
커피는 블랙입니까, 아니면 설탕과 크림을 넣습니까?
☺ クリームだけで砂糖は入れないでください。
크림만 넣고 설탕은 넣지 마세요.

□ コーヒーをもう少しいただけますか。
커피를 좀더 주시겠습니까?

□ 紅茶やコーヒーを1日何杯くらい飲みますか。
홍차나 커피를 하루에 몇 잔 정도 마십니까?

☺ 紅茶やコーヒーを1日何杯くらい飲みますか。
홍차나 커피는 하루에 몇 잔 정도 마십니까?
☺ たぶん、少なくとも5杯は飲むでしょうね。
아마, 적어도 5잔은 마실 겁니다.

□ 紅茶かウーロン茶をお飲みになりますか。
홍차나 우롱차를 드시겠습니까?
❖ お…になる …하시다

□ 空^あいている席^{せき}がありますか。
빈 자리는 있나요?

> ☺ 空^あいている席^{せき}がありますか。
> 빈 자리는 있나요?
> ☺ はい、こちらへどうぞ。
> 네, 이쪽으로 오세요

□ ホット・コーヒー2つお願^{ねが}いします。
뜨거운 커피 두 잔 주세요

> ☺ 何^{なに}になさいますか。
> 뭘 드시겠습니까?
> ☺ ホット・コーヒー2つお願^{ねが}いします。
> 뜨거운 커피 두 잔 주세요

> ❖ ホット・コーヒー(hot coffee) ↔ アイス・コーヒー(ice coffee)

□ 紅茶^{こうちゃ}はどのようにいたしますか。
홍차는 어떻게 할까요?

> ☺ 紅茶^{こうちゃ}はどのようにいたしますか。
> 홍차는 어떻게 할까요?
> ☺ 砂糖^{さとう}とクリームを入^いれてください。
> 설탕과 크림을 넣어주세요

□ コーヒーにクリームを入^いれましょうか。
커피에 크림을 넣을까요?

> ☺ コーヒーにクリームを入^いれましょうか。
> 커피에 크림을 넣을까요?
> ☺ はい、お願^{ねが}いします。
> 네, 넣어주세요

□ すみません、お手洗^{てあら}いはどこですか。
여보세요, 화장실은 어디입니까?

□ すみません、男性^{だんせい}トイレは?
여보세요, 남성 화장실은?

□ ちょっと失礼^{しつれい}。すぐ戻^{もど}ります。
잠깐 실례할게요. 곧 돌아오겠습니다.

□ なかなか雰囲気がいいですね。
상당히 분위기가 좋군요.
❖ なかなか는 뒤에 긍정어가 오면「상당히, 제법, 꽤」의 뜻으로 쓰이지만, なかなか…ない처럼 부정어가 오면「좀처럼 …않다」의 뜻이 된다.

□ 気持ちのいい場所ですね。
기분이 좋은 곳이군요.

□ どこか生の音楽が聴ける喫茶店を知ってますか。
어디 생음악을 들을 수 있는 다방을 알고 있습니까?
❖ 喫茶店 다방, カフェー 카페

□ 日本の喫茶店ではコーヒーはいくらですか。
일본의 다방에서는 커피는 얼마입니까?

☺ 日本の喫茶店ではコーヒーはいくらですか。
일본의 다방에서는 커피는 얼마입니까?
☺ 場所によってずいぶん違います。150円から1000円まであり
ますよ。
장소에 따라 많이 다릅니다. 150엔에서 1000까지 있어요.

□ 午前中はコーヒーにトーストとゆで卵かサラダが無
料でつくことがあります。
오전 중에는 커피에 토스트와 삶은 달걀이나 샐러드가 무료로 나오는 경우가
있습니다.

□ コーヒーはべらぼうに高くても、まあ場所を借りるよ
うなものです。
커피는 턱없이 비싸도 장소를 빌리는 것이니까요.

□ コーヒー1杯で2、3時間ねばるのも珍しくありません。
커피 한 잔으로 2, 3시간 버티는 것도 드물지 않습니다.

□ コーヒーを1杯飲むだけなら、ファースト・フードの
店に行くほうがいいですよ。
커피를 한 잔 마시는 것뿐이라면, 패스트푸드점에 가는 게 좋아요.

□ 大学生の頃は、喫茶店でかなりの仕事を片づけた
ものです。
대학 시절에는 다방에서 많은 일을 거들곤 했습니다.

□ 何か飲み物をください。
마실 것 좀 주세요.

　😊 何か飲み物をください。
　　마실 것 좀 주세요

　☺ お冷やでいいですか。
　　냉수면 되겠어요?

□ お飲み物は何になさいますか。
마실 것은 무엇으로 하시겠습니까?

　😊 お飲み物は何になさいますか。
　　마실 것은 무엇으로 하시겠습니까?

　☺ レモネードを二つください。
　　레모네이드 둘 주세요

□ お飲み物をご用意いたしましょうか。
마실 것을 준비해 드릴까요?

□ お水をお願いします。
물 좀 주세요.

□ 氷をもっとお持ちいたしましょうか。
얼음을 더 갖다드릴까요?

□ レモンティだけ飲んでもいいですか。
커피만 마셔도 됩니까?

□ コーヒーのお代わりをお願いします。
커피 한 잔 더 주세요
　❖ 흔히 お代わり의 형태로 쓰이면 「한 잔 더, 한 그릇 더」의 뜻이 된다.

□ 氷で冷やしたお茶をいただけますか。
얼음으로 차게 만든 차를 주시겠어요?

CHAPTER 18

음식과 식사

함께 식사를 하는 것도 상대와의 커뮤니케이션을 깊게 하는 데 절호의 기회이다. 여기서는 배가 고플 때는 おなかがすいた, 배가 부를 때는 おなかがいっぱいだ, 식욕이 없을 때는 食欲がありません, 음식이 맛있을 때는 おいしい, 맛이 없을 때는 まずい, 음식을 먹기 전에는 いただきます, 음식을 먹고 나서는 ごちそうさま 등의 기본적인 표현에서부터, 아침, 점심, 저녁식사에 관한 모든 것을 살펴보기로 한다.

Q&A　무조건 따라하기

Q : うわぁー、たくさん並んでる。すごいごちそうですね。こんなになさらなくてもよかったですのに。❶

A : いいえ、たいしたことないんですよ。いろんな種類の日本の食べ物を試していただきたいと思いまして。

Q : 日本人は目で食べるって聞きましたけど、本当ですね。待ちきれないや。❷ これ実においしそうですね。何ですか。

A : 日本語で「イカソーメン」っていうんですけど、生のイカをごく細く切ってヌードル状にしたものです。このソースにつけてから召し上がってください。

Q : 와 많이 차렸네. 대단한 요리이군요. 이렇게 하지 않으셔도 되는데.
A : 아뇨, 대단한 건 아니에요. 여러 종류의 일본 음식을 맛보셨으면 해서요.
Q : 일본인은 눈으로 먹는다고 들었는데, 정말이군요. 못 기다리겠네요. 이거 정말 맛있어 보이네요. 뭡니까?
A : 일본어로 「이카소멘」이라고 하는데, 생오징어를 매우 가늘게 썰어서 면발처럼 만든 겁니다. 이 소스에 찍어서 드세요.

---

❶ …なくてもよかったですのに …지 않아도 될 텐데
❷ きれる(きれない)는 동사의 중지형에 접속하여 완전히(끝까지) 「…할 수 있다(할 수 없다)의 뜻을 나타낸다.

□ ああ、おなかがすいた。
아, 배고프다.
　❖ おなかがすく 배가 고프다 ↔ おなかがいっぱいだ 배가 부르다

□ お腹がとても空いて、耐えられないです。
배가 너무 고파서 참을 수 없어요.

> ☺ お腹がとても空いて、耐えられないです。
> 　배가 너무 고파서 참을 수 없어요.
>
> ☺ ひどくお腹が空いたようですね。
> 　무척 배가 고픈 것 같군요

　❖ おなかがぺこぺこだ 배가 몹시 고프다 お腹(なか)는 腹(はら)의 정중한 말이다.

□ 朝食を抜きました。
아침을 걸렀습니다.

□ 昨夜から何も食べていません。
어젯밤부터 아무 것도 먹지 않았습니다.

□ お腹がいっぱいです。
배가 부릅니다.

□ 食べ過ぎて、お腹を壊しそうです。
과식해서 배탈이 날 것 같습니다.

□ 今は何も食べたくありません。
지금은 아무 것도 먹고 싶지 않습니다.

> ☺ 一緒に食事でもいかがですか。
> 　함께 식사라도 하시겠습니까?
>
> ☺ ありがたいんですが、今は何も食べたくありません。
> 　고맙지만 지금은 아무 것도 먹고 싶지 않습니다.

□ 今は食べる気がしません。
지금은 먹고 싶은 생각이 없습니다.

□ 暑さで食欲をなくしました。
더위로 식욕을 잃었습니다.

□ 最近食欲が衰えました。
요즘 식욕이 떨어졌습니다.

□ 食欲が全然ありません。
식욕이 전혀 없습니다.

□ ちょっと物足りない感じですね。
좀 부족한 느낌이 드는군요.
❖ 物足りない 뭔지 부족하다, 뭔가 아쉽다, 어쩐지 허전하다, 어쩐지 섭섭하다

□ ちょっと食べすぎたようですね。
좀 과식한 것 같군요.
❖ 食べすぎる 과식하다, 飲みすぎる 과음하다

□ 食べすぎるな。
과식하지 마라.

□ いつもそんなに早く食べますか。
늘 그렇게 빨리 먹습니까?

음식의 맛을 말할 때

□ ああ、おいしい!
아, 맛있다!
❖ うまい는 맛에 관해 말할 때는 주로 남성어로 쓰인다. 여성의 경우는 「おいしい」를 쓰는 것이 일반적이다. ↔ まずい(맛없다)

□ 味はどうですか。
맛은 어때요?

☺ 味はどうですか。
맛은 어때요?
☺ とてもおいしいですよ。
무척 맛있네요.

□ 私にはちょっと甘すぎます。
나에게는 너무 달아요.

□ おいしいですか。
맛있습니까?

☺ おいしいですか。
맛있어요?
☺ ええ、水分があっておいしいです。それに何て香りがいいんでしょう。
예, 국물이 있어서 맛있습니다. 게다가 정말 향이 좋네요.

□ 残念ながら口に合いません。
유감스럽지만 입에 맞지 않습니다.

□ 甘いものがお好きですね。
단 것을 좋아하시는군요.
❖ 甘(あま)い 달다, 苦(にが)い 쓰다, 辛(から)い 맵다, 塩辛(しおから)い 짜다
  酸(す)っぱい 시다

□ どんな食べ物がお好みですか。
어떤 음식을 좋아하십니까?

> 😊 どんな食べ物がお好みですか。
> 어떤 음식을 좋아하십니까?
> 😊 ぴりっとする辛い料理が好きです。
> 매콤한 음식을 좋아합니다.

□ あっさりした食べ物が好きです。
담백한 음식을 좋아합니다.
❖ あっさりした 담백한, 개운한, 산뜻한

□ 何でも食べます。食べ物にはうるさくないんです。
무엇이든 먹습니다. 먹는 것에는 까다롭지 않습니다.

□ 彼女はとても食べ物にはうるさいんですよ。
그녀는 음식이 매우 까다롭습니다.

□ 木村は焼き肉には目がないんですよ。
기무라는 불고기를 보면 정신이 없어요.

□ 日本料理の中でどれがお好きですか。
일본요리 중에서 어느 것을 좋아하십니까?

□ 寿司を食べたことがありますか。
초밥을 먹은 적이 있습니까?

□ これはうまい。誰が料理したんですか。
이거 맛있는데. 누가 요리했습니까?

> 😊 これはうまい。誰が料理したんですか。
> 이거 맛있는데. 누가 요리했습니까?
> 😊 さあ。電話で注文しましたから。
> 글쎄. 전화로 주문했으니까요

☐ さあどうぞ、ご自由に食べてください。
자 어서, 마음껏 먹으세요.

☐ お好きな物を何でも自由にお取りください。
좋아하시는 것이 있으면 무엇이든 마음껏 드십시오.

☐ とてもおいしそうでしょう？
무척 맛있어 보이죠?

☐ 温かいうちに召し上がってください。
따뜻할 때 드십시오
 ❖ …うちに …동안에, …사이에

☐ スープの味はいかがですか。
수프 맛은 어떠십니까?

☐ ちょっと味見してみてよ。
맛 좀 보세요
 ❖ 味をみる 맛을 보다

☐ たくさん取ってくださいね。
많이 집으세요.

☺ たくさん取ってくださいね。
많이 집으세요

☺ ありがとう。きみのサラダは本当にうまい。
고마워. 당신이 만든 샐러드 정말 맛있어.

☐ お嫌いでしたら、残してもいいんですよ。
싫어하시면 남겨도 됩니다.
 ❖ …てもいいは「…해도 좋다」의 뜻으로 허가나 허락을 나타낸다.

☐ ステーキは柔らかいでしょう？
스테이크는 부드럽죠?

☺ ステーキは柔らかいでしょう？
스테이크는 부드럽죠?

☺ ええ、とっても柔らかいですね。
예, 무척 부드럽군요

☐ 肉をもう少しいかがですか。
고기를 좀더 드시겠습니까?

□ いや結構です。十分いただきました。
아뇨 됐습니다. 많이 먹었습니다.

□ デザートはいかがですか。
디저트는 어떠십니까?

□ 何か飲み物は?
뭐 마실래?

□ 居間でコーヒーを飲みましょう。
거실에서 커피를 마십시다.

식사를 마칠 때

□ いただきます。
잘 먹겠습니다.

□ ごちそうさまでした。
잘 먹었습니다.

□ たっぷりいただきました。
많이 먹었습니다.

□ すばらしい夕食でした。
멋진 저녁이었습니다.

□ これ以上一口も食べられません。
더 이상 한 입도 먹지 못하겠습니다.

□ 何もかも実においしくいただきました。
모두 정말로 맛있게 먹었습니다.

□ 今まで食べたうちて最高においしかったです。
지금까지 먹은 것 중에 최고로 맛있었습니다.
❖ 형용사의 과거형을 정중하게 나타낼 때는 반드시 형용사의 과거형에 정중한 단정을 나타내는 です를 접속하여 표현한다. …いでした라고는 하지 않는다.

□ こんなおいしい食事をいただいた記憶がありません。
이렇게 맛있는 식사를 한 기억이 없습니다.

□ 本当においしかったです。
정말로 맛있었습니다.

아침식사 표현

□ 朝食は毎日ちゃんと食べますか。
아침은 매일 꼭 먹습니까?

□ 時間がなくてトースト一枚を急いで食べるだけです。
시간이 없어서 토스트 한 장을 급히 먹을 뿐입니다.

□ 遅く起きると朝食は抜きにしてしまいます。
늦게 일어나면 아침은 거르고 맙니다.
❖ 抜きにする 거르다, 빼먹다

□ 朝食にはたいていパンを食べます。
아침에는 대개 빵을 먹습니다.

□ 私はご飯と味噌汁と野菜を少々食べます。
저는 밥과 된장국과 야채를 조금 먹습니다.

□ 朝食を作ってあげましょう。
아침을 지을게요.

□ 昼食はどこで食べますか。
점심은 어디서 먹습니까?

> 😊 昼食はどこで食べますか。
> 점심은 어디서 먹습니까?
> ☺ たいていは社員食堂です。時々外に出ることもありますが。
> 대개는 사원식당입니다. 가끔 밖에서 먹는 경우도 있습니다만.

□ 時間がないとハンバーガーを食べるだけです。
시간이 없으면 햄버거를 먹을 뿐입니다.

□ かなりおなかがすいた。食べに行きましょうか。
무척 배가 고프네. 먹으러 갈까요?

> ☺ かなりおなかがすいた。食べに行きましょうか。
> 무척 배가 고프네. 먹으러 갈까요?
> ☺ 私もかなりすきました。一口食べに行きましょうか。
> 나도 무척 고파요. 한 입 먹으로 갈까요?
> ☺ いいですね。行きましょう。
> 좋아요. 갑시다.

□ 一息入れて、昼食を注文しましょう。
잠깐 쉬고, 점심을 시킵시다.

□ 今日の定食メニューは?
오늘 정식 메뉴는?

> ☺ 今日の定食メニューは?
> 오늘 정식 메뉴는?
> ☺ いつもと同じだと思うよ。
> 평소와 같을 거야.

□ あそこのカレーライスには飽きましたよ。
거기 카레라이스는 질렸어요.

□ あそこでまあ食べられるのはサラダだけだな。
거기서 글쎄 먹을 수 있는 건 샐러드뿐이야.

□ 昼食にお寿司はいかがですか。
점심에 초밥은 어떠세요?

□ 腹ぺこだけど昼食を食べる暇がありません。
배가 무척 고프지만 점심을 먹을 시간이 없습니다.

😊 腹ぺこだけど昼食を食べる暇がありません。
배가 무척 고프지만 점심을 먹을 시간이 없습니다.

😊 インスタント・ラーメンでも食べたらどうです?
인스턴트라면이라도 먹는 게 어때요?

□ 食事の間に軽食は取りますか。
식사를 하기 전에 가벼운 식사는 합니까?

😊 食事の間に軽食は取りますか。
식사를 하기 전에 가벼운 식사는 합니까?

😊 いいえ、でも新鮮なミルク入りコーヒーを3時間おきに飲むことにしています。
아뇨, 하지만 신선한 밀크를 넣은 커피를 3시간 간격으로 마십니다.

저녁식사 표현

□ 今夜の食事はどこでしましょうか。
오늘 밤 식사는 어디서 할까요?

□ 私の家でいっしょに夕食を食べませんか。
우리 집에서 함께 저녁을 먹지 않겠어요?

😊 私の家でいっしょに夕食を食べませんか。
우리 집에서 함께 저녁을 먹지 않겠어요?

😊 いっしょにしたいんですが、先約がありましてね。
함께 하고 싶은데, 선약이 있어서요

□ 夕食は食堂で6時から8時までです。
저녁은 식당에서 6시부터 8시까지입니다.

□ いらっしゃい。夕食ができましたよ。
어서 오세요 저녁이 다 됐어요.

😊 いらっしゃい。夕食ができましたよ。
어서 오세요 저녁이 다 됐어요

😊 いま行きます。
지금 갑니다.

□ 腹ぺこだ。うわあ、みんなおいしそうだぞ。
배고프다. 우와, 모두 맛있어 보이네.

□ 何か出るの?
뭐가 나와?

😃 夕食は何なの?
저녁은 뭐야?
☺ ご飯と味噌汁だよ。
밥과 된장국이야.

□ よく外で食事するんですか。
밖에서 식사는 자주 합니까?

😃 よく外で食事するんですか。
밖에서 식사는 자주 합니까?
☺ いいえ。そんな余裕はありませんから。
아뇨 그런 여유는 없으니까요.

❖ 外食(がいしょく)する 외식하다

□ いつも自炊しています。
항상 혼자서 해 먹습니다.
❖ 自炊する 자취하다

상대에게 함께 식사할 것을 권유할 때는 一緒に食事でもいかがですか라고 한다. 이에 상대가 동의를 하면 식당을 정하고 예약이 가능한지 여부를 확인한 다음 식당으로 들어선다. 종업원의 안내에 따라 테이블이 정해지면 주문을 받게 된다. 메뉴를 보고 싶을 때는 종업원에게 メニューを見せてくれますか라고 하고 주문할 요리가 정해지면 메뉴를 가리키며 これをください라고 하면 된다.
주문한 것과는 다른 요리가 나왔을 때는 これは注文したのと違いますよ라고 한다.

Q&A 무조건 따라하기

Q : ご注文はお決まりでしょうか。

A : ええ、だいたい。今日のおすすめの魚料理は何？

Q : ヒラメのホワイトソース添えでございます。❶

A : それじゃ、それをいただこう。最初にシーフードのテリーヌをお願いします。それからワインも。ワインリストを持って来てくれます？

Q : かしこまりました。❷ メインコースにサラダか調理した野菜をおつけしますか。

A : 野菜をお願い。ああ、それからミネラル・ウォーターを1びんください。

Q : 주문은 결정하셨습니까?
A : 예, 대충 오늘 추천할만한 생선 요리는 뭐죠?
Q : 광어에 화이트소스를 첨가한 것입니다.
A : 그럼, 그걸 주세요. 먼저 바다요리 테린을 부탁해요. 그리고 와인도. 와인 목록을 가져올래요?
Q : 알겠습니다. 메인코스에 샐러드나 조리한 야채를 곁드시겠습니까?
A : 야채를 주세요. 아, 그리고 생수를 한 병 주세요.

❶ …でございます는 …です의 정중한 표현이다.
❷ かしこまりました는 わかりました의 정중한 표현으로 고객을 상대로 할 때 많이 쓰인다.

□ 昼食、一緒にしませんか。
점심, 함께 안 할래요?

□ 花より団子ですよ。さあ、昼食を食べに行きましょう。
금강산도 식후경입니다. 자, 점심을 먹으러 갑시다.

☺ そろそろ昼飯時だよ。一緒に食べに行かないか。
이제 곧 점심시간이야. 함께 먹으러 가지 않을래?

☺ いいよ。どこか良いところでもあるかい。
좋아. 어디 좋은 곳이라도 있니?

❖ さあ 상대에게 권유하거나 무슨 일을 시킬 때 쓰는 말

□ さあ、お弁当を食べましょう。
자, 도시락을 먹읍시다.

□ 外で何か簡単に食べましょう。
밖에서 뭐라도 간단히 먹읍시다.

□ いつか、一緒に食事でもしましょう。
언제 함께 식사라도 합시다.
❖ …でも…ましょう …라도 …ㅂ시다

□ どこかに入って昼飯でも食べましょう。
어디에 들어가서 점심이라도 먹읍시다.

□ この店で寿司でも食べましょう。
이 가게에서 초밥이라도 먹읍시다.

□ 夕食は私がおごりましょう。
저녁은 내가 대접하겠습니다.

□ 今夜は私のおごりです。
오늘 저녁은 제가 내겠습니다.

☺ 今夜は私のおごりです。
오늘 저녁은 제가 내겠습니다.

☺ いいよ。次は僕の番だ。気前よくおごろう。
좋아. 다음은 내 차례야. 멋지게 한턱 내지.

□ もう昼食を済ませましたか。
벌써 점심을 마쳤어요?

□ 食堂はどこにありますか。
식당은 어디에 있습니까?

□ どこか心当たりのところがありますか。
어디 마음에 둔 곳이라도 있습니까?

> ☺ どこか心当たりのところがありますか。
> 어디 마음에 둔 곳이라도 있습니까?
> ☺ 特にこれといったところがあるわけではないですが、道の向
> こう側においしいラーメン屋があります。
> 특별히 이렇다 할 곳이 있는 건 아니지만, 길 건너편에 맛있는
> 라면집이 있어요

❖ 心当たり 마음에 짚임, 또는 짐작이 가는 곳

□ あまり高くないレストランはありますか。
별로 안 비싼 식당은 있습니까?

□ 地元の料理を食べたいのですが。
이 고장의 음식을 먹고 싶은데요.

□ このあたりに韓国レストランはありませんか。
이 주위에 한국음식점은 없나요?

□ 簡単に食べられるところはありませんか。
간단히 먹을 수 있는 곳은 없나요?

□ 焼肉を専門にする食堂をご存じですか。
불고기를 전문으로 하는 식당을 아십니까?
❖ 存(ぞん)じるは 知(し)る의 겸사말이나, ご存(ぞん)じだ의 형태로 쓰이면 존경 표현이
된다.

□ 昼食の出前をとりましょうか。
점심을 배달시킬까요?

□ 魚料理はお好きですか。
생선요리는 좋아하세요?

> ☺ 魚料理はお好きですか。
> 생선요리는 좋아하세요?
> ☺ ええ。ひさしぶりに寿司でも食べましょう。
> 예. 오랜만에 초밥이라도 먹읍시다.

□ 予約は必要ですか
예약이 필요합니까?

□ 前もって予約をしておいたほうがいいでしょう。
미리 예약해두는 게 좋겠어요.
❖ …たほうがいい …하는 게 좋다

□ 今夜の7時に4人席を予約したいんですが。
오늘밤 7시에 4인석을 예약하고 싶은데요.

☺ 今、予約を受け付けていますか。
지금, 예약을 받고 있나요?

☺ はい。
네.

☺ 今夜の7時に4人席を予約したいんですが。
오늘밤 7시에 4인석을 예약하고 싶은데요.

☺ お名前をどうぞ。
성함을 말씀하십시오.

□ 今晩、予約したいんですが。
오늘밤 예약하고 싶은데요.

□ 窓際のテーブルをお願いしたいのですが。
창가 테이블로 부탁하고 싶은데요.

□ 服装の決まりはどうなっていますか。
복장에 대한 규정은 어떻게 됩니까?

□ 正装しなくてもかまいませんか。
정장을 하지 않아도 괜찮습니까?
❖ …なくてもかまわない …지 않아도 괜찮다(상관없다)

□ 今夜7時の予約をキャンセルしたいです。
오늘밤 7시 예약을 취소하고 싶은데요.

□ 予約を変更することはできますか。
예약을 변경할 수는 있나요?
❖ 동사의 기본형에 …ことができる를 접속하면「…할 수 있다」의 뜻으로 가능을 나타낸다.

□ 今日の予約を明日に変更したいんですが。
오늘 예약을 내일로 변경하고 싶은데요.

□ ご予約ですか。
예약하셨습니까?

> ☺ ご予約ですか。
> 예약하셨습니까?
> ☺ はい、七時に予約したキムです。
> 네, 7시에 예약한 김입니다.

❖ です는 정중하게 단정을 나타내지만, 동사의 대용으로도 쓰인다.

□ きのう予約しております。
어제 예약해 두었습니다.

□ 静かな席をお願いします。
조용한 자리로 주세요.

□ 予約はしておりませんが。
예약은 하지 않았는데요.
❖ …てある …해 두다

□ 空いた席がありますか。
빈자리가 있습니까?
❖ 과거·완료를 나타내는 た는 존속, 또는 현재의 상태나 성질을 나타내기도 한다.

□ お連れは何名様ですか。
일행은 몇 분이십니까?

> ☺ お連れは何名様ですか。
> 일행은 몇 분이십니까?
> ☺ みんなで5人です。
> 모두 다섯 명입니다.

□ 二人ですけど、席はあるでしょうか。
두 사람인데 자리를 있을까요?

□ 3人ですが、席は空いていますか。
세 사람인데 자리는 비어 있습니까?

□ 待たせていただいてよろしいですか。
기다리셔도 괜찮겠습니까?

□ どのくらい待たなければなりませんか。
어느 정도 기다려야 합니까?

□ もうすぐ席が空きますから、少々お待ちください。
이제 곧 자리가 비니까 잠시 기다려 주십시오.

□ 窓際のテーブルがいいのですが。
창가 테이블이 좋겠는데요.

□ もう少し広いテーブルに移りたいんですが。
좀더 넓은 테이블로 옮기고 싶은데요.

□ 禁煙席に変わってもいいですか。
금연석으로 바꿔도 될까요?

메뉴를 보면서

□ メニューを見せていただけますか。
메뉴를 보여 주시겠어요?

☺ 何になさいますか。
무얼 드시겠습니까?

☺ まず、メニューを見せてください。
우선 메뉴를 보여 주세요.

□ 韓国語のメニューはありますか。
한국어로 메뉴는 있나요?

□ ここは何がおいしいですか。
여기는 뭐가 맛있습니까?

□ どのメニューが人気がありますか。
어느 메뉴가 인기가 있습니까?

□ お勧めのコースがありますか。
추천 코스가 있습니까?

□ 飲み物は何がありますか。
마실 것은 뭐가 있나요?

□ 早くできるものはどれですか。
빨리 되는 것은 어느 것입니까?

□ これはどんな料理ですか。
이건 어떤 요리입니까?

□ ここの自慢料理は何ですか。
여기의 으뜸요리는 뭡니까?

□ 本日の特別料理は何ですか。
오늘 특별요리는 뭡니까?

□ この料理はすぐ出ますか。
이 요리는 금방 나옵니까?

□ ご注文を取ります。
주문을 받겠습니다.

□ ご注文はよろしいでしょうか。
주문을 받아도 될까요?

> ☺ ご注文はよろしいでしょうか。
> 주문을 받아도 될까요?
> ☺ はい、これはどんな味ですか。
> 이건 어떤 맛입니까?
> ☺ 少し辛いです。
> 조금 맵습니다.
> ☺ では、これにします。
> 그럼, 이걸로 하겠습니다.

□ あっさりした物はありませんか。
담백한 것은 없습니까?
❖ あっさり는 맛 등이 연하고 담백하다는 뜻이고, さっぱり는 불순물이 섞여 있지 않다는 뜻이다.

□ 二人で食べても十分ですか。
둘이서 먹어도 충분합니까?

□ どういうふうに料理されるのですか。
어떤 식으로 요리가 됩니까?
❖ ふうに …식으로, …방법으로

□ あれと同じものをもらえますか。
저것과 같은 것을 주겠어요?

□ これとこれをください。
이것과 이걸 주세요

□ これとあれをお願いします。
이것과 저것을 주세요.

□ ステーキの焼き加減はどうなさいますか。
스테이크는 어느 정도로 구울까요?
❖ 加減은 명사 또는 동사의 중지형에 접속하여 정도나 상태를 나타내거나 딱 좋은 정도임을
나타낸다.

□ あまり辛くしないでください。
너무 맵지 않게 해 주세요.
❖ …ないでください …지 말아 주세요

□ コーヒーはコースに含まれているのですか。
커피는 코스에 포함되어 있나요?
❖ …に含まれている …에 포함되어 있다

□ おいしそうですね。
맛있어 보이네요.

□ デザートにアイスクリームをお願いします。
디저트로 아이스크림을 부탁해요.

□ またあとで注文します。
나중에 또 주문할게요.

□ 水を一杯ください。
물 한 잔 주세요.

□ 私も同じものをお願いします。
저도 같은 걸로 부탁해요.

□ 他に何か?
그밖에 다른 것은?

☺ 他に何か?
그밖에 다른 것은?

☺ いいえ、けっこうです。それだけです。
아니오, 됐습니다. 그것뿐입니다.

□ 私は全然わからないので、今井さんに任せます。
나는 전혀 모르니까 이마이 씨께 맡기겠습니다.
❖ …に任せる …에게 맡기다

□ 注文した料理がまだ来ていません。
주문한 요리가 아직 안 나왔습니다.

□ お急ぎですか。
급하십니까?

> 😊 お急ぎですか。
> 급하십니까?
>
> 😊 はい、とても急いでいますので、早くしてください。
> 네, 무척 급하니까 빨리 해 주세요.

□ すみません、私の注文はどうなっちゃったんでしょう。
여보세요, 내가 주문한 건 어떻게 된 거예요?

> 😊 すみません、私の注文はどうなっちゃったんでしょう。
> 여보세요, 내가 주문한 건 어떻게 된 거예요?
>
> 😊 申し訳ありません。今日は混んでるものですから。できるだけ早くいたします。
> 죄송합니다. 오늘은 붐벼서요. 가능한 빨리 하겠습니다.

□ これは注文したのと違います。
이건 주문한 것과 다릅니다.

□ これは注文してません。
이건 주문하지 않았습니다.

□ 間違って持ってきたようですね。
잘못 가지고 온 것 같군요.

□ この肉は堅くて食べられませんね。
이 고기는 질겨서 먹을 수 없군요.

□ これはよく火が通ってないようです。
이건 덜 익은 것 같군요.

□ ちょっとソースがかかりすぎてますよ。
소스를 너무 많이 뿌렸어요.

□ スープに髪の毛が入っています。
수프에 머리카락이 들어 있어요.

この魚の臭いがよくないですね。
이 생선은 냄새가 안 좋군요.

この皿にひびが入っています。替えてください。
이 접시에 금이 갔습니다. 바꿔 주세요.

☺ この皿にひびが入っています。替えてください。
이 접시에 금이 갔습니다. 바꿔 주세요

☺ はい、申し訳ございません。すぐにお持ちいたしましょう。
네, 죄송합니다. 곧 갖다드리겠습니다.

무엇을 부탁할 때

ナプキンをくれますか。
냅킨을 주겠어요?

パンをもう少しください。
빵을 좀더 주세요.

このフォークは汚れてます。別のと替えてくれませんか。
포크가 더럽습니다. 다른 것으로 바꿔줄래요?

☺ このフォークは汚れてます。別のと替えてくれませんか。
포크가 더럽습니다. 다른 것으로 바꿔줄래요?

☺ すみません。きれいなのをお持ちします。
죄송합니다. 깨끗한 걸로 갖다드리겠습니다.

割り箸が折れました。新しいのをください。
나무젓가락이 부러졌습니다. 새 것을 주세요.

すみませんが、お塩を回してください。
미안하지만, 소금을 건네주세요.

テーブルの上を片づけてください。
테이블 위를 치워주세요.

まだ食べてますから、片づけないでください。
아직 먹고 있으니까, 치우지 마세요.

ご用のときは、このベルを押してください。
필요할 때는 이 벨을 눌러 주세요.

□ すみませんが、当店は前払いでございます。
죄송합니다만, 저희 가게는 선불입니다.
❖ …でございますは …です의 정중한 표현이다.

□ お勘定をお願いします。
계산을 부탁해요.

☺ すみません、お勘定をお願いします。
여보세요, 계산을 부탁해요.
☺ はい、ただ今持って参ります。
네, 금방 갖고 오겠습니다.

□ 全部でおいくらですか。
전부해서 얼마입니까?

☺ 全部でおいくらですか。
전부해서 얼마입니까?
☺ 1万円でございます。
만엔입니다.

□ サービス料込みですか。
봉사료가 포함되었습니까?

□ お釣りは結構です。
거스름돈은 됐습니다.

□ 勘定か間違ってると思います。
계산이 틀린 것 같습니다.

□ これは何の代金なのかわかりませんが。
이건 무슨 대금인지 모르겠는데요.

□ いったいどうしてこんな金額になるんですか。
도대체 어떻게 이런 금액이 나옵니까?

□ 追加料金は納得がいきません。
추가요금은 납득이 가지 않습니다.
❖ 納得がいかない 납득이 안 가다

□ みんなで均等に割るのはどうだろう。
모두 균등하게 나누는 건 어떨까?

☐ **割り勘にしましょうか。**
각자부담으로 할까요?

> ☺ **割り勘にしましょうか。**
> 각자부담으로 할까요?
>
> ☺ いいえ。これは私のおごりです。
> 아니오, 이건 제가 내겠습니다.

❖割り勘은 割り前勘定(まえかんじょう)를 줄여서 쓴 것으로 각자 비용을 지불하는 것을 말한다.

☐ **私に払わせてください。今回は私の番ですから。**
제가 내겠습니다. 이번에는 제가 낼 차례이니까요.

☐ **一人一人が自分の分を払うというのはどうですか。**
각자가 자신의 몫을 내는 것은 어떨까요?

☐ **領収書をいただけませんか。**
영수증을 주시겠어요?

☐ **とてもおいしくいただきました。**
무척 맛있게 먹었습니다.

> ☺ お食事はいかがでしたか。
> 식사는 어땠습니까?
>
> ☺ とてもおいしくいただきました。
> 무척 맛있게 먹었습니다.

☐ **すばらしいごちそうでした。**
멋진 식사였습니다.
　❖ ご馳走(ちそう) 보통과는 다른 진수성찬

무엇이든 공통의 체험을 하면 할수록 친밀감은 한층 더 깊어진다 일을 마치고 귀가 길에 一杯いかが?라고 권하며 잠깐 한 잔 하는 것도 일본어를 할 수 있는 좋은 기회이다 요즘에는 특히 금연에 대해서 이야기를 나누는 것도 일상적인 일이다 일본은 한국과는 달리 술을 권할 때는 한손으로 따라도 된다 그리고 상대방이 잔에 술이 조금 남아 있을 때는 첨잔하는 것도 한국과는 크게 다른 점이다 담배도 우리와는 달리 윗사람 앞에서도 피울 수 있다

Q&A　무조건 따라하기

Q：最近はよく飲みに出かけるの？

A：それほどでもないよ。とにかく、勤務先では、最近みんな家に直行するみたいなんだ。失業したら困るから、お金を貯めてるんじゃないか。

Q：そうでしょうね。厳しい時代だもん。

A：でも、時にはまだ飲みに行ってるよ。バーの空気好きなんだ。

Q：空気っていうよりタバコの煙じゃないの。まだタバコ吸ってるんでしょう。

A：うん、まあね。

Q：요즘은 자주 술 마시러 가니?

A：그 정도는 아냐 아무튼 근무처에서는 요즘 모두 집으로 직행하는 것 같아. 실직하면 곤란하니까, 돈을 모으는 거 아니겠어?

Q：그렇겠군. 어려운 시절이야

A：하지만, 때로는 아직 마시러 다녀. 바의 분위기를 좋아해.

Q：분위기라기보다 담배 연기가 아냐? 아직 담배를 피우지?

A：응, 그렇지 뭐.

---

❶ …に出かける …하러 나가다(외출하다)
❷ …っていうより ＝ …というより …라고 하기보다

□ 一杯どう？
한 잔 어때?

□ どこかで一杯やるのはどう？
어디서 한 잔 하는 게 어때?

> 😊 どこかで一杯やるのはどう？
> 어디서 한 잔 하는 게 어때?
>
> 😊 それはいいね。どこへ行く？
> 그거 좋지. 어디로 갈래?

□ 一杯飲みたいな。
한 잔 하고 싶군.
❖ …なは 문말에 접속하여 감동이나 영탄의 기분을 나타낸다.

□ 仕事が終わったら一杯飲みに行きませんか。
일이 끝나면 한 잔 하러 가지 않겠어요?

> 😊 仕事が終わったら一杯飲みに行きませんか。
> 일이 끝나면 한 잔 하러 가지 않겠어요?
>
> 😊 それはいい考えですね。
> 그거 좋은 생각이군요.

□ 残念ですが、今晩は忙しいんです。
유감스럽지만, 오늘밤은 바쁩니다.

□ どこかで一杯やるのはどう？
어디서 한 잔 하는 건 어때?

□ ビールを飲みに行くのはどうだい？
맥주를 마시러 가는 건 어때?

> 😊 ビールを飲みに行くのはどうだい？
> 맥주를 마시러 가는 건 어때?
>
> 😊 残念ながら今日は飲む気がしないんだ。
> 유감스럽지만 오늘은 마실 기분이 나질 않아.

❖ …い는 긍정·의문·명령 등의 문말에 붙어 문세를 강조한다.

□ 行きたいけど、止したほうが良さそうですね。
가고 싶지만 그만두는 게 좋을 것 같습니다.
❖ よい에 양태를 나타내는 そうだ가 접속할 때는 よさそうだ의 형태가 된다.

□ 帰りに居酒屋へ寄ってちょっと一杯やろうよ。
귀가 길에 선술집에 들러 잠깐 한 잔 하자.

> 😊 帰りに居酒屋へ寄ってちょっと一杯やろうよ。
> 귀가 길에 선술집에 들러 잠깐 한 잔 하자.
> 😊 それはいいですね。たまにはゆっくりしなくては。
> 그거 좋지요. 가끔은 느긋해야 해.

❖ 居酒屋 선술집, 목로주점

□ 飲物を持ってきましょうか。
마실 것을 가지고 올까요?

□ たまには気分を換えてお酒を飲んでみたら？
가끔은 기분전환으로 술을 마시는 게 어때?
❖ …たらどう?는「…하면 어때」의 뜻으로 권유의 표현으로 쓰인다.

술을 권할 때

□ もう一杯どう？
한 잔 더 마실래?

> 😊 もう一杯どう？
> 한 잔 더 마실래?
> 😊 いや結構、もう酔ってしまった。
> 아니 됐어. 벌써 취해버렸어.

□ ちょっと飲んでください。
좀 마셔요.

□ もう少しいかがですか。
좀 더 마실래요?

> 😊 もう少しいかがですか。
> 좀 더 마실래요?
> 😊 いいえ、あまり飲めないんです。
> 아뇨, 별로 못 마십니다.

□ ビールを一杯どうぞ。
맥주 한 잔 받아요.

□ 仕事のことは忘れて楽しもう。
일은 잊어버리고 즐기자!

□ 仕事のことから頭を切り替えよう。
일에 관한 것은 깡그리 잊어버리자.

□ 乾杯！
건배!

□ 皆さんの健康のために乾杯！
여러분의 건강을 위해 건배!
❖ …のために …을 위해

□ 一気に飲み干してください。乾杯！
단숨에 들이키세요. 건배!

□ 酔っぱらって何もかも忘れてしまいたいよ。
취해서 모든 것을 잊어버리고 싶어.
❖ 酔(よ)う 취하다, 酔っぱらう 만취하다, 酔っぱらい 술주정꾼, 취객

술집에서

□ カウンターに席は空いてますか。
카운터 자리는 비어 있나요?

□ 何か飲物は？
마실 것은 무얼로?

> ☺ 何か飲物は？
> 마실 것은 무얼로?
>
> ☺ スコッチのソーダ割をください。
> 스카치소다를 주세요

□ すみません。ビールを2本ください。
여보세요. 맥주 두 병 주세요

□ 水割りを一杯ください。
물 탄 술을 한 잔 주세요.
❖ 水割(みずわ)り 강한 술을 물로 희석함, 또는 그런 술

□ つまみは何にする？
안주는 뭘로 할래?

□ 焼酎はどうだい？
소주는 어때?

□ 何をお飲みになりますか。
무얼 드시겠습니까?

> ☺ 何をお飲みになりますか。
> 무얼 드시겠습니까?
> ☺ ビールを3つ下さい。
> 맥주 3병 주세요

❖ お…になる는「…하시다」의 뜻으로 일본어의 대표적인 존경 표현이다.

□ 君にまかせるよ。
너에게 맡길게.

□ ウイスキーのソーダ割は? それともカクテルを召し上がりますか。
위스키소다? 아니면 칵테일을 드시겠습니까?

> ☺ ウイスキーのソーダ割は? それともカクテルを召し上がりますか。
> 위스키소다? 아니면 칵테일을 드시겠습니까?
> ☺ いや、結構。私は飲みません。
> 아니, 됐어요. 나는 안 마십니다.
> ☺ それではビールは?
> 그럼 맥주는?
> ☺ ビールも結構。絶対禁酒主義者なんです。でも気にしないで皆さんは飲んでください。
> 맥주도 됐어요. 완전히 술을 끊었어요. 하지만 신경 쓰지 말고 여러분은 마시세요

□ 生ビールはありますか。
생맥주는 있습니까?

□ ビールをもう一本!
맥주 한 병 더 주세요!

□ このウイスキーは強いですね。
이 위스키는 독하군요.

□ お酒を暖めてくれますか。
술(청주)을 데워 줄래요?
❖ 酒는 술을 총칭하기도 하지만, 주로 일본술인 청주를 말하며, 우리가 말하는 正宗(まさむね)은 청주의 브랜드이다.

□ 運動後の冷たいビールにまさるものはありませんね。
운동 후에 차가운 맥주만큼 좋은 게 없군요.
❖ …にまさる …(보다) 낫다, 뛰어나다

□ どのくらい酒を飲みますか。
어느 정도 술을 마십니까?

> 😊 どのくらい酒を飲みますか。
> 어느 정도 술을 마십니까?
>
> 😊 ときどき缶ビールをちょっと飲むくらいです。
> 가끔 캔맥주를 조금 마시는 정도입니다.

□ どのくらい飲みに行きますか。
어느 정도 술을 마시러 갑니까?

> 😊 どのくらい飲みに行きますか。
> 어느 정도 술을 마시러 갑니까?
>
> 😊 平均して月に4回くらい飲みに行きます。
> 평균 월 4번 정도 마시러 갑니다.

□ あいつは大酒飲みだ。
저 녀석은 술꾼이야.

□ 酒類なら何でも目がないんですよ。
술이라면 무엇이든 정신이 없어요.
❖ 目がない 몹시 좋아하다, 눈이 뒤집히다

□ 毎晩飲みに行くんです。
매일 밤 술 마시러 갑니다.

> 😊 毎晩飲みに行くんだ。
> 매일 밤 술 마시러 가.
>
> 😊 毎晩? 週に7回も?
> 매일 밤? 1주에 7번이나?
>
> 😊 いや、実は6回だ。日曜はお休みにしてるからね。
> 아니, 실은 6번이야. 일요일은 쉬니까.

□ 私はどちらかと言うと「下戸」です。
저는 술을 못하는 편입니다.
❖ 下戸(げこ) 술을 못하는 사람 ↔ 上戸(じょうこ) 술을 잘하는 사람

□ 二日酔いはしませんか。
숙취는 없습니까?

❖ 二日酔い 숙취, 다음날까지 계속되는 취기

□ あの年齢であんなに飲むのはよくないよ。
저 나이에 그렇게 마시는 건 좋지 않아요.

술에 취했을 때

□ 酔っぱらったよ。
취했어.

□ べろんべろんだ。
무척 취했어.
❖ べろんべろんと酔(よ)う 곤드레만드레 취하다

□ 私は酒が弱いんだ。
난 술이 약해.
❖ 酒が弱い 술이 약하다 ↔ 酒が強(つよ)い 술이 세다

□ 飲むのが好きだ。
술 마시는 걸 좋아해.

□ 飲みすぎたようだ。
과음을 한 것 같아.

□ こんなに飲むんじゃなかった。
이렇게 마시는 게 아니었어.

□ 誰かあいつを家まで送ってやれよ。
누가 저 녀석을 집에까지 보내 줘라.

□ ここでタバコを吸ってもいいでしょうか。
여기서 담배를 피워도 될까요?

> ここでタバコを吸ってもいいでしょうか。
> 여기서 담배를 피워도 될까요?
>
> ええ、どうぞ。
> 예, 피우세요.

□ ここではタバコを吸ってもらいたくないの。
여기서는 담배를 피우지 말았으면 좋겠어.

> ここではタバコを吸ってもらいたくないの。ルームメイトが
> タバコのにおいが嫌いなの。
> 여기서는 담배를 피우지 말았으면 좋겠어. 룸메이트가 담배 냄새를 싫어해.
>
> ご心配なく。吸いませんから。
> 걱정 마요. 안 피울 테니까요.

□ タバコを吸ってもかまいませんか。
담배를 피워도 괜찮겠습니까?

> タバコを吸ってもかまいませんか。
> 담배를 피워도 괜찮겠습니까?
>
> あのう、できれば遠慮していただきたいのですが。うちは誰
> もタバコを吸いませんので。
> 저, 가능하면 삼가 주셨으면 합니다만. 우리는 아무도 담배를 안 피우니까요.

□ ここは禁煙になっています。
여기는 금연입니다.

> ここは禁煙になっています。
> 여기는 금연입니다.
>
> あっ、そうですね。ごめんなさい。
> 앗, 그렇군요. 미안해요.

□ ああ、タバコが吸いたくてたまらないな。
아, 담배를 피우고 싶어 죽겠어.

□ 火を貸していただけますか。
불 좀 빌려 주시겠어요?

□ 灰皿をこちらへ取ってくれませんか。
재떨이를 이리 가지고 올래요?

□ タバコを一本いかがですか。
담배 한 대 피우시겠어요?

> 😊 タバコを一本いかがですか。
> 담배 한 대 피우시겠어요?
> 🙂 いや、結構です。私はタバコを吸いません。
> 아뇨, 됐습니다. 나는 담배를 피우지 않습니다.

□ 輸入タバコはありますか。
수입 담배는 있습니까?

> 😊 輸入タバコはありますか。
> 수입 담배는 있습니까?
> 🙂 はい、何種類かあります。
> 네, 몇 종류 있습니다.

□ 父はかなりの愛煙家です。
아버지는 상당한 애연가입니다.

□ 食後の一服は実にうまいです。
식후의 담배 한 모금은 정말로 맛있습니다.

□ 特にいらいらした時に吸うと気分が良くなります。
특히 초조할 때 피우면 기분이 좋아집니다.

금연에 대해서

□ 1日にどのくらい吸いますか。
하루에 어느 정도 피웁니까?

> 😊 1日にどのくらい吸いますか。
> 하루에 어느 정도 피웁니까?
> 🙂 30本から40本。飲みに行くともっと多くなりますね。
> 20개비에서 40개비. 술 마시러 가면 더욱 많아집니다.
> 😊 気をつけないと死んじゃいますよ。
> 조심하지 않으면 죽어요.

□ 2年前に禁煙しました。
2년 전에 금연했습니다.

□ まだタバコを吸ってる？禁煙中だと思ったのに。
아직도 담배를 피우니? 금연하는 것 같던데.

☐ 減らそうとしているんですが、だめなんです。
줄이려고 하고 있는데, 안 됩니다.

☐ 禁煙なんか朝飯前ですよ。
금연 따윈 식은 죽 먹기야.

☐ あなたはタバコの吸いすぎですよ。体に悪いですよ。
당신은 담배를 너무 피워요. 몸에 좋지 않아요.

☐ 私はいつもふかすだけで、奥まで吸い込みません。
나는 늘 뻐끔담배를 피우지 깊숙이 들이마시지 않습니다.

☐ 赤ちゃんのそばでは吸わないほうがいいですよ。
아기 옆에서는 피우지 않는 게 좋아요.

☐ タバコは吸う人だけではなく、周囲の人たちにも害になります。
담배는 피우는 사람뿐만 아니라, 주위 사람들에게도 해가 됩니다.

☐ 食堂での喫煙は禁止されたそうですよ。
식당에서 흡연은 금지되었답니다.

값싸고 좋은 물건을 사기 위해서는 현지인의 도움을 받거나 미리 쇼핑 정보를 통해 알아두는 것도 하나의 방법이다. 가게를 찾을 때는 …はどこにありますか라고 묻고 가게에 들어서면 점원이 いらっしゃいませ라고 반갑게 맞이한다. 물건을 고를 때는 あれを見せてください, 가격을 흥정할 때는 少し割引きできませんか, 지불할 때는 全部でいくらになりますか라고 한다. 이처럼 여기서는 쇼핑의 기본이 되는 필수 표현을 익힌다.

Q&A 무조건 따라하기

Q : すみません。これはいくらですか。

A : 3千円です。でも、こっちのほうがいいですよ。ほとんど同じ

お品で2500円 しか しませんから。❶

Q : どうして値段がそんなに違うんですか。

A : 最初のはブランド名の分、高いんです。

Q : なるほど。それじゃ、おすすめに従ってあとのをいただきま

しょう。クレジット・カードは大丈夫ですか。

A : 結構です。でも、現金 でしたら、❷ 2300円におまけしますよ。

Q : 여보세요. 이건 얼마입니까?
A : 3천엔입니다. 하지만, 이게 좋아요. 거의 같은 물건으로 2500엔밖에 안 하니까요.
Q : 왜 가격이 그렇게 다른가요?
A : 처음 것은 브랜드라서 비쌉니다.
Q : 그래요. 그럼 추천하신 것을 주세요. 신용카드도 되죠?
A : 됩니다. 하지만 현금으로 하면 2800엔으로 깎아드리겠습니다.

❶ しか는 뒤에 부정어가 딸리어 오직 그것뿐임을 나타낸다.
❷ 단정을 나타내는 だ의 조건형은 だったら이고, です의 조건형은 でしたら이다.

□ 買い物に行こうよ。
쇼핑하러 가자.
❖ 동사의 중지형에 物를 접속하면 「…하는 것」이라는 뜻의 명사가 된다.

□ カバンを見たいな。
가방을 보고 싶은데.

□ 新しい靴が必要なの。
새 구두가 필요해.

□ この町のショッピング街はどこですか。
이 도시의 쇼핑가는 어디입니까?
❖ ショッピング街 = 商店街(しょうてんがい) 상가

□ いちばん大きなデパートはどこですか。
가장 큰 백화점은 어디입니까?

□ 店は何時に開店ですか。
가게는 몇 시에 문을 엽니까?

□ こちらの店は何時まで開いていますか。
여기 가게는 몇 시까지 합니까?

☺ こちらの店は何時まで開いていますか。
여기 가게는 몇 시까지 합니까?
☺ 7時までです。
7시까지입니다.

□ 営業時間は何時から何時までですか。
영업시간은 몇 시부터 몇 시까지입니까?

☺ 営業時間は何時から何時までですか。
영업시간은 몇 시부터 몇 시까지입니까?
☺ 午前10時から午後6時までです。
오전 10시부터 오후 6시까지입니다.

□ 日曜日も営業していますか。
일요일도 영업합니까?

□ おみやげを買うのにいい店はありますか。
선물을 사기에 좋은 가게는 있습니까?

□ おしゃれな洋服を買うにはどこへ行けばいいですか。
멋진 옷을 사려면 어디로 가면 됩니까?
❖ 동사의 기본형에 …には를 접속하면 '…하려면'의 뜻으로 목적을 나타낸다.

□ ここからいちばん近いコンビニはどこですか。
여기서 가장 가까운 편의점은 어디입니까?
❖ コンビニ는 コンビニエンスストア(편의점)의 줄임말이다.

□ 電池はどこで買えますか。
전지는 어디서 살 수 있습니까?

□ この地方の特産品はありますか。
이 지방의 특산품은 있습니까?

물건을 고를 때

□ いらっしゃいませ。
어서 오십시오.

□ ちょっと見ているだけです。
좀 보고 있습니다.

> ☺ 何かお探しですか。
> 무얼 찾으세요?
>
> ☺ いいえ、ちょっと見ているだけです。
> 아뇨, 좀 보고 있습니다.

□ ちょっとお店の中を見せてもらえますか。
잠깐 가게 안을 볼 수 있을까요?

> ☺ ちょっとお店の中を見せてもらえますか。
> 잠깐 가게 안을 볼 수 있을까요?
>
> ☺ どうぞ、何かあれば、声をかけてください。
> 예, 필요하시면 불러 주세요

❖ 声をかける 말을 걸어 주의를 끌다, 말을 걸다

□ カバンを探しているんです。
가방을 찾고 있습니다.

> ☺ 何をお探しですか。
> 무엇을 찾으십니까?
>
> ☺ カバンを探しているんです。
> 가방을 찾고 있습니다.

□ これはいかがですか。
이것은 어떻습니까?

□ あれを見せてください。
저걸 보여 주세요.

□ いちばん上の棚にあるのを見せてください。
제일 위쪽 선반에 있는 것을 보여 주세요.

□ 手前の列の、左から2番目のものです。
바로 앞 열의 왼쪽에서 두 번째 것입니다.

❖ 手前 자신의 바로 앞, 자신에게 가까운 쪽

□ 右から2番目のがすてきだわ。
오른쪽에서 두 번째 것이 멋져요.

□ あら、あれもいいじゃありませんか。
어머, 저것도 좋잖아요?

□ どちらがいいと思う？
어느 것이 좋겠니?

□ 両方ともいい。迷ってしまいますね。
둘 다 좋아요. 망설여지네요.
❖ とも는 전부, 모두의 뜻을 나타낸다.

□ これなら私にぴったりです。
이거라면 나에게 딱 맞습니다.
❖ ぴったり 어울리는 모양, 꼭 맞음

□ とてもいいわ。誰にでも気に入るのではないかしら。
무척 좋아. 모두가 마음에 들지 않을까?

□ これがいちばん気に入ります。
이것이 가장 마음에 듭니다.

□ 他にどんな種類がありますか。
그밖에 어떤 종류가 있습니까?

□ これは何でできていますか。
이건 무엇으로 만들어졌습니까?

> 😊 これは何でできていますか。
> 이건 무엇으로 만들어졌습니까?
> ☺ 革製です。
> 가죽제품입니다.

❖ 何では 수단 · 방법 · 재료를 나타낸다.

□ これは何に使うんですか。
이건 무엇에 쓰는 겁니까?
❖ 何には 대상을 나타낸다.

□ それは私には大きすぎます。
그건 나에게 너무 큽니다.

□ これより小型の物はありませんか。
이것보다 소형인 것은 없습니까?

> 😊 これより小型の物はありませんか。
> 이것보다 소형인 것은 없습니까?
> ☺ 今のところはございません。
> 지금은 없습니다.

□ 同じので別のサイズのがありますか。
같은 것으로 다른 사이가 있습니까?

□ これはちょうど買いたかった物です。
이건 마침 사고 싶었던 것입니다.

□ これに手を触れてもいいですか。
이걸 만져도 되겠습니까?

□ これは水洗いできますか。
이건 물세탁이 가능합니까?

□ 他に何かございますか。
그밖에 뭐가 있습니까?
　❖ ございます는 あります의 정중한 표현이다.

□ それは要りません。
그건 필요 없습니다.

□ 気に入った物がありませんか。
마음에 든 것이 없습니까?
　❖ 気に入る 마음에 들다 ↔ 気に入らない 마음에 안 들다

□ 欲しかった物と違います。
갖고 싶었던 것과 다릅니다.

□ それは私には合わないと思います。
그건 나에게 맞지 않는 것 같습니다.

> ☺ これはどう思いますか。似合うと思いますが。
> 이건 어떻게 생각하세요? 어울리는 것 같은데요
> ☺ それは私には合わないと思います。
> 그건 나에게 맞지 않는 것 같습니다.

□ もっと良い品質の物はありませんか。
품질이 더 좋은 것은 없습니까?

□ 最近はどんな物がよく売れていますか。
요즘에는 어떤 것이 잘 팔립니까?

□ なかなか気に入るのが見当たらないですね。
좀처럼 마음에 드는 것이 보이질 않네요.

□ もう少し見てみるほうが良さそうですね。
좀더 보는 것이 좋을 것 같네요.
　❖ …ほうがよさそうだ …하는 게 좋을 것 같다

□ 考えておきましょう。
생각해 볼게요.

□ またの時にしましょう。
다음에 살게요.
　❖ …にする …으로 하다(삼다)

☐ 高すぎます。
너무 비싸요.

☐ もう少し負けてくれますか。
좀 더 깎아 줄래요?
❖ 負ける가 타동사로 쓰일 때는 「값을 깎아 주다, 덤으로 주다」의 뜻을 나타낸다.

☐ 10パーセント割引させていただきます。
10퍼센트 할인해 드리겠습니다.
❖ …させていただきます는 자신의 의지를 상대에게 허락을 받아서 한다는 느낌을 준다.

☐ 少し安くなりませんか。
좀 싸게 안 되겠습니까?

> ☺ 少し安くなりませんか。
> 좀 싸게 안 되겠습니까?
> ☺ 無理です。すでに割引になっていますから。
> 무리입니다. 이미 할인이 되어 있어서요.

❖ 형용사..くなる는 「…하게 되다」의 뜻으로 상태의 변화를 나타낸다.

☐ もっと安い物はありませんか。
더 싼 것은 없습니까?

☐ 少し割引できますか。
할인 좀 할 수 있습니까?

☐ 割引してくれれば、2つ買いましょう。
할인해 주면 두 개 살게요.

☐ 負けてくれたら、買います。
깎아 주면 살게요.

☐ 私の友達もここで買うつもりなのです。
제 친구도 여기서 살 생각이에요.

☐ これのお値段は？
이건 얼마예요?

☐ どうして値段が違うんですか。
왜 가격이 다릅니까?

□ 税金を含んだ値段ですか。
세금을 포함한 가격입니까?
❖ 税込(ぜいこ)み 세금포함. 일본에서는 소비세를 소비자가 직접 내는 방식을 취하고 있어
물건을 살 때는 반드시 세금이 별도로 계산된다.

□ 私には手が出ません。
저에게는 무리입니다.
❖ 手が出ない 어떻게 손을 쓸 수가 없다. 어찌할 방도가 없다

□ 値段は手頃ですね。それをください。
가격은 적당하군요. 그걸 주세요.

□ 全部でいくらになりますか。
전부해서 얼마가 됩니까?

□ 現金で払います。
현금으로 지불하겠습니다.

☺ お支払いはどうなさいますか。
지불 어떻게 하시겠습니까?
☺ 現金で払います。
현금으로 지불하겠습니다.

□ 旅行者用の小切手でもいいですか。
여행자용 수표라도 괜찮습니까?

□ 分割払いを利用できますか。
할부를 이용할 수 있습니까?

□ クレジットカードで払います。
신용카드로 지불하겠습니다.

☺ お支払いは現金になさいますか、クレジットになさいますか。
지불은 현금으로 하시겠습니까, 신용카드로 하시겠습니까?
☺ クレジットカードで払います。
신용카드로 지불하겠습니다.

□ 領収書をもらえますか。
영수증을 주시겠어요?

□ 毎度ありがとうございます。
매번 이용해 주셔서 감사합니다.

□ いつもどこのスーパーで買物をしますか。
항상 어디 슈퍼에서 물건을 삽니까?

😊 いつもどこのスーパーで買物をしますか。
항상 어디 슈퍼에서 물건을 삽니까?

😊 出前のスーパです。
바로 앞 슈퍼입니다.

□ 今日はずいぶん混んでいますね。
오늘은 무척 붐비는군요.

□ カートを取って来たほうがよさそうですね。
카터(손수레)를 가지고 오는 게 좋을 것 같군요.
❖ …たほうがよさそうだ …하는 게 좋을 것 같다

□ 肉のコーナーへ行きましょう。
정육 코너에 갑시다.

□ 乳製品の売場はどこですか。
유제품 매장은 어디입니까?

□ あれはお買い得ですね。
저건 싸고 좋군요.
❖ 買い得 싸게 사서 이득을 봄 ↔ 買い損(ぞん)

□ 加工食品のコーナーはどこですか。
가공식품 코너는 어디입니까?

□ 真空パックされた干しブドウはどこにありますか。
진공 포장된 건포도는 어디에 있습니까?

□ 製造年月日はいつですか。
제조 연월일은 언제입니까?

□ 売り出しは今週限りです。
판매는 이번 주뿐입니다.

😊 これはよく売れていますか。
이건 잘 팔립니까?

😊 ええ、売り出しは今週限りです。
예, 판매는 이번 주뿐입니다.

□ ここにあるのは全部100円なのですね。
여기에 있는 것은 전부 100엔이군요.

□ どうして今日は野菜の値段が高いんでしょう。
왜 오늘은 야채 가격이 비싸죠?
❖ 高い 높다, (키가) 크다, (가격이) 비싸다

□ レジのところへ持っていってね。
계산대로 가지고 가세요.
❖ レジ는 レジスター(register)의 준말로 「금전등록기, 출납원」의 뜻이다.

백화점을 이용할 때

□ 売場案内はありますか。
매장 안내는 있습니까?

> ☺ 売場案内はありますか。
> 매장 안내는 있습니까?
>
> ☺ ございます。どうぞお待ちください。
> 있습니다. 잠시 기다려 주십시오

□ 男性服の売場はどこですか。
남성복 매장은 어디입니까?

□ 婦人服の売場は何階にありますか。
여성복 매장은 몇 층에 있습니까?
❖ 건물의 「지하」를 일본어에서는 地階(ちかい)라고 한다.

□ 化粧品の売場はどこにありますか。
화장품 매장은 어디에 있습니까?

□ エレベーターはどこですか。
엘리베이터는 어디입니까?

□ バーゲンセールをやっていますか。
바겐세일을 하고 있습니까?

□ すみません。トイレはどこですか。
미안합니다. 화장실은 어디에 있습니까?

□ デパートは何時までですか。
백화점은 몇 시까지 합니까?

□ このデパートは何時からですか。
이 백화점은 몇 시부터 문을 엽니까?

□ 今日は休みです。
오늘은 쉽니다.

□ 休憩室はどこにありますか。
휴게실은 어디에 있습니까?

□ 玩具売場はこの階ですか。
완구 매장은 이 층에 있습니까?

□ 贈答用商品券はどこで買えますか。
선물용 상품권은 어디서 살 수 있습니까?

□ これには保証が付いてますか。
이것에는 보증서 있나요?

□ 輸入品はありますか。
수입품은 있습니까?

포장과 배달

□ 贈り物になさいますか。
선물로 하시겠습니까?

□ リボンをつけて包装していただけますか。
리본을 달아서 포장해 주시겠어요?

□ これをホテルに届けてください。
이걸 호텔로 배달해 주세요.

□ いま注文すれば、すぐ手に入りますか。
지금 주문하면 곧 받을 수 있습니까?

□ 家まで配送してもらえますか。
집까지 배송해 주시겠어요?

**교환·반품·환불을
제기할 때**

□ 配達のとき支払いできますか。
배달받을 때 지불할 수 있습니까?

□ いつ配達してもらえますか。
언제 배달해 줄 수 있나요?

□ 韓国へ送ってもらえますか。
한국으로 보내 줄 수 있나요?

□ これを取り替えてください。
이걸 바꿔 주세요.

□ ここに染みがあるんです。
여기에 얼룩이 있어요.

> ☺ 返品の理由は何ですか。
> 반품 이유가 뭡니까?
> ☺ ここに染みがあるんです。
> 여기에 얼룩이 있어요.

□ ここが壊れています。
여기가 망가졌어요.

□ 全然動かないんです。
전혀 작동이 안 됩니다.

□ 不良品だと思います。
불량품인 것 같습니다.

□ これを返品したいのですが。
이걸 반품하고 싶은데요.

□ 返金してもらえますか。
환불해 줄래요?

CHAPTER 22 식료품 구입

의식주는 우리들의 생활에 없어서는 안 될 기본이다. 여기서는 먼저 食에 관한 표현으로 야채를 구입할 때는 八百屋(やおや)에 가고, 과일을 구입할 때는 果物屋(くだものや), 고기를 구입할 때는 肉屋(にくや), 생선을 구입할 때는 魚屋(さかなや), 빵이 필요할 때는 パン屋, 제과를 구입할 때는 菓子屋(かしや)에 가야 한다. 여기서는 식료품에 대해서 무엇이든 구입할 수 있도록 상용 표현을 익히도록 한다.

Q&A 무조건 따라하기

Q : このオレンジ、安い ほうよりずっと おいしい？ ❶

A : ええ、ずっと甘いですよ。

Q : それじゃ、1袋いただきましょう。ぶどうはありますか。

A : はい。こっちの小粒のは1ふさ100円。すごくおいしいですよ。

Q : じゃあ、2ついただきましょう。それから最高級のじゃがいもを1キロ、ニンジンを500グラムね。あ、それからトマトを4つね。

A : はい、どうぞ。全部で3100円です。ちょうど3000円にしちゃいましょう。

Q : 이 오렌지, 싼 것보다는 훨씬 맛있나요?
A : 예, 훨씬 답니다.
Q : 그럼 한 봉지 주세요. 포도는 있습니까?
A : 네. 이쪽 알맹이가 작은 것은 한 송이에 100엔입니다. 무척 맛있어요.
Q : 그럼, 두 개 주세요. 그리고 최고급 감자를 1킬로그램, 당근 500그램, 아 그리고 토마토 네 개도 주세요.
A : 네, 여기 있습니다. 전부해서 3100엔입니다. 딱 3000엔으로 해드리지요.

❶ …ほうよりずっと …것(쪽)보다 훨씬

□ 普段、食品の買い物はどこでしますか。
보통 식품은 어디서 삽니까?

ⓒ 普段、食品の買い物はどこでしますか。
보통 식품은 어디서 삽니까?

ⓒ たいていヒロセストアへ行きます。
대개 히로세 스토어에 갑니다.

□ 食品を買いに行かなくちゃ。
식품을 사러 가야겠어.
❖ …なくちゃ는 …なくては(ならない, いけない)의 줄임말로「…하지 않으면 안 된다」의 뜻으로 당연·의무를 나타낸다.

□ 普通、スーパーへ行くのは週に1度なの。
보통 슈퍼에 가는 것은 1주일에 한 번이야.
❖ スーパー는 スーパーマーケット(super market)의 줄임말이다.

□ 週末に1週間分の食品を買います。
주말에 1주일분 식품을 삽니다.

ⓒ 食品の買い物は毎日しますか。
식품 쇼핑은 매일합니까?

ⓒ いいえ、週末に1週間分の食品を買います。
아니오, 주말에 1주일분 식품을 삽니다.

□ ヨシダフードではとても新鮮な野菜を扱っているわよ。
요시다 푸드에서는 매우 신선한 야채를 취급하고 있어.

□ 今日はたくさん買い物がある？
오늘은 살 물건이 많니?

□ こんにちは、野菜をください。
안녕하세요. 야채를 주세요

□ そうですね。トマトと玉ねぎをもらいます。
글쎄요. 토마토와 양파를 주세요.
❖ 일본어 표기에서 동물이나 식물 등은 カタカナ로 표기하는 경향이 있다.

□ 大きめのキュウリを12本ください。
조금 큰 오이를 12개 주세요

□ レタス2つと人参を3つもらいます。
양상추 두 개와 당근 세 개 주세요.

□ ほうれん草とアスパラガスをください。
시금치와 아스파라거스를 주세요.

□ じゃがいもはありませんか。
감자는 없습니까?

> 😊 じゃがいもはありませんか。
> 감자는 없습니까?
>
> 😊 いいえ、ありますよ。今日入ったばかりです。
> 아니오, 있어요. 오늘 막 들어왔습니다.

□ タケノコとレンコンのような根菜はありますか。
죽순과 연근 같은 뿌리채소는 있습니까?

□ 季節の野菜はどんなものですか。
제철 야채는 어느 것입니까?

□ カボチャは時期はずれですか。
호박은 시기가 지났습니까?
❖ 時期はずれ 시기가 지남

과일을 구입할 때

□ このブドウを1房ください。
이 포도를 한 송이 주세요.

□ バナナ1房はいくらですか。
바나나 한 송이는 얼마입니까?

□ このバナナは少し青いですね。もっと熟したのは？
이 바나나는 조금 파랗군요. 더 익은 것은?

□ これは傷んでますね。取り換えてくれますか。
이건 상했어요. 바꿔 줄래요?

□ いちご2箱もらいます。
딸기 두 상자 주세요.

□ このリンゴは甘いですか。
이 사과는 답니까?

□ このパイナップルはいくらですか。
이 파인애플은 얼마입니까?

□ 今どんな果物が盛りですか。
지금 어떤 과일이 한창입니까?

> ☺ 今どんな果物が盛りですか。
> 지금 어떤 과일이 한창입니까?
> ☺ 今の時期ではやっぱりスイカですね。
> 지금 시기에는 역시 수박이죠.

□ この梨はまだかなり高いようですね。
이 배는 아직 꽤 비싼 것 같군요.

□ これは温室栽培ですか。
이건 온실에서 재배한 겁니까?

□ 種なしブドウももらいます。全部でいくらですか。
씨 없는 포도도 주세요. 전부해서 얼마입니까?

고기를 구입할 때

□ この肉は柔らかいですか。
이 고기는 부드럽습니까?

□ ステーキ用のサーロインがほしいのですが。
스테이크 용 등심이 필요한데요.

□ 牛のひき肉を600グラムください。
기계로 저민 쇠고기를 600그램 주세요.

□ 鶏肉がほしいんですが。
닭고기가 필요한데요.

□ バターやマーガリンは置いてありますか。
버터나 마가린은 있습니까?

□ 新鮮な豚肉はありますか。
신선한 돼지고기는 있습니까?

□ 煮込み用の牛肉を1キロください。
찌개용 소고기 1킬로그램 주세요.

☺ 何にしますか。
무얼로 하겠어요?
☺ 煮込み用の牛肉を1キロください。
찌개용 소고기 1킬로그램 주세요.

생선을 구입할 때

☐ このタイはすばらしいですね。
이 도미는 아주 좋군요.

☐ サケの切身を3枚ください。
연어 조각살을 3 토막 주세요

☐ 魚をおろしてもらえますか。
생선을 저며 줄래요?

☺ 魚をおろしてもらえますか。
생선을 저며 줄래요?
☺ はい、どれにしますか。
네, 어느 것으로 하겠습니까?

☐ あのマグロは新しいですか。
저 참치는 싱싱합니까?

☐ これはマスですか、サケですか。
이건 송어입니까, 연어입니까?

☐ イカはありますか。
오징어는 있습니까?

☐ 川魚はないのですか。
민물고기는 없습니까?

☐ 全部で1つに包んでくれますか。
전부 하나로 싸 주세요.

빵을 구입할 때

☐ パンを2つください。
빵 두 개 주세요

☐ ハンバーガーとホットドッグにするパンをください。
햄버거와 핫도그를 만들 빵을 주세요.

□ 焼き立てのパンはありませんか。
갓 구운 빵은 없습니까?
✧ 立ては 동사의 중지형에 접속하여 「갓…한」의 뜻을 나타낸다.

□ 薄く切ってください。
얇게 잘라 주세요.

> 😊 このパンはどのように切りましょうか。
> 이 빵은 어떤 식으로 자를까요?
> ☺ 薄く切ってください。
> 얇게 잘라 주세요.

□ ふくらし粉1缶とイチゴジャム2びんもらいます。
빵가루 한 통과 딸기잼 두 병 주세요.

□ このクラッカーはおいしいですか。
이 크래커는 맛있습니까?

□ このケーキは何でできているのですか。
이 케이크는 무엇으로 만들어졌습니까?

□ このケーキは子供向きでしょうか。
이 케이크는 어린이 용입니까?
✧ 向きは 무엇을 위해 만들어졌는지 여부에는 관계없이 적합함을 뜻하고, 向(む)ける는 목적
으로 하고 있음을 뜻한다.

□ 1包にいくつ入ってますか。
포장 하나에 몇 개 들었습니까?

□ 中身は何ですか。
내용물은 무엇입니까?

□ バースデイ·ケーキを注文したいのですが。
생일 케이크를 주문하고 싶은데요.

옷을 구입할 때는 자신에 맞는 크기와 치수(サイズ), 어울리는 색상(色), 유행하는 디자인(デザイン) 등을 미리 생각하고 가게에 들어가는 것이 좋다. 자신이 사고 싶은 옷을 말할 때는 ジャケットを見せてください, 사이즈가 맞지 않을 때는 これはサイズが合いません, 좋아하는 색상을 말할 때는 私は赤よりピンクが好きです, 한번 입어보고 싶을 때는 この服試着してもいいですか, 입어보고 나서 어울리면 とてもよく似合ってます라고 하면 된다.

Q&A　무조건 따라하기

Q : このスーツでサイズが42のありますか。

A : ございます。同じサイズで、ブラウンのほかに❶グレーとブルーと、3色とりそろえてございます。

Q : ブラウンがいいや❷。試着できますか。

A : けっこうです。試着室はあちらです。

Q : (あとで)これはいい。まるであつらえたみたい。これに合うネクタイもほしいんだけど。

A : マネキンがつけてるのはいかがですか。ぴったりお似合いだとおもいますけれど。

Q : 이 신사복으로 사이즈가 42인 것은 있나요?

A : 있습니다. 같은 사이즈로 브라운 이외에 그레이와 블루, 3색이 갖춰져 있습니다.

Q : 브라운이 좋겠어요. 입어볼 수 있나요?

A : 됩니다. 피팅룸은 저기입니다.

Q : 이게 좋은데요. 마치 맞춘 것 같아요. 여기에 맞는 넥타이도 사고 싶은데요.

A : 마네킹에 입혀 있는 것은 어떠십니까? 딱 어울릴 것 같은데요.

❶ …のほかに …외에
❷ …やは 가벼운 단정을 나타낸다.

□ 夏のスーツを探しています。
여름 정장을 찾고 있습니다.
❖ スーツ(suit) 슈트, 정장　スーツケース 슈트케이스, 여행용가방

□ 正確なサイズがわかりません。
정확한 사이즈를 모르겠습니다.

> ☺ 正確なサイズがわかりません。
> 정확한 사이즈를 모르겠습니다.
> ☺ お測りしましょう。
> 재어드릴게요.

□ この背広を着てみてもいいですか。
이 양복을 입어 봐도 되겠습니까?
❖ 背広 남성용 정장, 양복

□ この生地は何ですか。
이 옷감은 무엇입니까?

□ このデザイン、僕に合うかな。
이 디자인, 나에게 맞을까?

□ たいてい既製服で間に合わせています。
대개 기성복으로 대용합니다.

□ 服地はあまり気にしません。
옷감은 별로 신경 쓰지 않습니다.

□ これ、別の色はありますか。
이거 다른 색은 있나요?

> ☺ これ、別の色はありますか。
> 이거 다른 색은 있나요?
> ☺ 青、赤、白があります。
> 파랑, 빨강, 하양이 있습니다.

□ この服地と柄に決めました。
이 옷감과 무늬로 정했습니다.

□ 裏地はどんな布になりますか。
안감은 어떤 천으로 합니까?

☐ しまの入ったズボンも注文したいんですが。
주름이 들어간 바지도 맞추고 싶은데요.
❖ しまの入ったズボンのように 일본어에서는 주어와 술어를 갖춘 하나의 구(句)가 다른 명사를 수식할 때 句内의 주격이나 대상을 나타내는 조사 が가 흔히 の로 바뀐다. 둘 다 쓸 수 있지만 の를 쓰는 것이 일본어답다.

☐ 腰まわりは少しゆるめのほうがいいですね。
허리 주위는 조금 느슨한 게 좋겠어요.

☐ 仮縫いはいつになりますか。
가봉은 언제 됩니까?

☐ 袖はもう少し短めにしてください。
소매는 좀더 짧게 해 주세요.

☐ 男性用の下着はどこにありますか。
남성용 속옷은 어디에 있습니까?
❖ 下着 속옷, 속에 입는 옷 ↔ 上着(うわぎ) 겉옷, 겉에 입는 옷

여성복을 구입할 때

☐ このデザイン、好きだな。
이 디자인, 좋아.

> ☺ このデザイン、好きだな。
> 이 디자인, 좋아.
> ☺ この夏の新作ですよ。
> 올 여름 신상품이에요

☐ マネキンに着せてあるようなブラウスをいただけますか。
마네킹에 입혀 있는 것과 같은 블라우스를 주시겠어요?

☐ もう少し明るい色はありませんか。
좀더 밝은 색은 없습니까?

☐ このきれいなピンクの色合いが気に入ったわ。
이 예쁜 핑크 색상이 마음에 들어.

☐ このジャケットは派手すぎると思いません？
이 재킷은 너무 화려한 것 같지 않아요?

☐ 襟もとはゆったりしているほうがいいですわ。
옷깃 근처는 넉넉한 게 좋겠어요.

□ このセーターはゆるすぎるようです。
이 스웨터는 너무 헐거운 것 같아요.

□ このデザインは今流行してますか。
이 디자인은 지금 유행하나요?

□ 試着できますか。
입어볼 수 있습니까?

□ このセーター試着できますか。
이 스웨터 입어볼 수 있습니까?

□ 試着室はどこですか。
피팅룸은 어디입니까?

□ サイズはちょうどいいです。
사이즈가 딱 좋습니다.

❖ ちょうど 꼭, 딱, 정확히

□ サイズが合いません。
사이즈가 안 맞습니다.

□ 私には小さすぎます。
나에게는 너무 작아요.

□ このスラックスはこのセーターに合うと思いますか。
이 슬랙스는 이 스웨터에 맞겠습니까?

□ あのペチコートを見せてもらえますか。
저 페티코트를 보여 주겠어요?

□ 絹のストッキングはありますか。
실크 스타킹은 있습니까?

☐ 地味すぎるかしら。
너무 수수할까?
❖ かしら는 의문이나 의아한 느낌을 나타낸다.

☐ はいているうちに少し伸びてくるでしょうか。
입고 있는 동안에 조금 늘어날까요?

☐ このシャツは洗濯したら縮みますか。
이 셔츠는 세탁하면 줄어듭니까?

> ☺ このシャツは洗濯したら縮みますか。
> 이 셔츠는 세탁하면 줄어듭니까?
> ☺ ええ、少し縮みます。
> 예, 조금 줄어듭니다.

☐ エプロンとシュミーズを買いたいのですが。
에이프런과 슈미즈를 사고 싶은데요

☐ スタイル・ブックを見せていただけますか。
스타일북을 보여 주시겠어요?

☐ サイズを直してもらえますか。
사이즈를 고쳐 줄래요?

> ☺ サイズを直してもらえますか。
> 사이즈를 고쳐 줄래요?
> ☺ はい、どのように直しましょうか。
> 네, 어떻게 고칠까요?

☐ 袖を少し長くしてください。
소매를 조금 길게 해 주세요.

☐ ツーピースを仕立ててほしいのですが。
투피스를 만들어 주었으면 하는데요

☐ スカートは1インチ長くしてください。
스커트는 1인치 길게 해 주세요.

모자를 구입할 때

☐ 今流行の帽子を何種類か見せてください。
지금 유행하는 모자를 몇 가지 보여 주세요.

□ 子供用の野球帽を探してるんですが。
어린이용 야구모자를 찾고 있는데요

□ この帽子は縁やリボンが気に入りませんわ。
이 모자는 테두리나 리본이 마음에 안 들어요.

□ これと同じので他にどんなものがありますか。
이것과 같은 것으로 그밖에 어떤 것이 있습니까?

□ 私に似合うと思いますか。
나에게 어울리겠습니까?

□ 鏡はどこですか。
거울은 어디에 있어요?

신발을 구입할 때

□ 黒の革靴がほしいのですが。
검정 가죽구두가 필요한데요.

□ これは何の皮ですか。
이건 무슨 가죽입니까?

□ このハイヒールを履いてみていいですか。
이 하이힐을 신어 봐도 되겠어요?
❖ 신발이나 양말(靴下·くつした) 등은 履く로 표현하며, 반대말은 脱(ぬ)ぐ이다..

□ 靴べらを貸してください。
구둣주걱을 빌려 주세요.

□ 幅が狭くて、私にはきつすぎます。
폭이 좁아서 나에게는 너무 꼭 끼어요.

□ もっと大きいサイズを見せてください。
더 큰 사이즈를 보여 주세요

□ これがぴったり合います。
이것이 딱 맞습니다.

주거와 정원

일본에서는 일반적으로 콘크리트를 사용하여 만든 다세대주택을 マンション이라고 하고 다다미 四畳半 크기의 한 칸짜리 방으로 되어 있는 2층 정도의 목조 건물을 アパート라고 부른다. 우리 생각으로 아파트를 생각했다가는 실수를 범하게 된다. 즉 일본의 아파트는 연립주택보다 한 단계 뒤떨어지고 맨션은 우리의 아파트보다는 좁은 편이다. 우리처럼 대규모로 되어 있는 아파트는 団地(だんち)라고 말하고 단독주택을 一戸建(いっこだ)て라고 한다.

Q&A 무조건 따라하기

Q: お住まいは一戸建てですか、マンションですか。

A: 一戸建てに引っ越したばかりなんです。でも、その前は12年間ばかりマンションに住んでいました。

Q: いまのお宅は和風のつくりですか。

A: いいえ、木造でたたみの和室が1つありますけど、基本的には洋風で、あとの4部屋はみんな木のフローリングです。小さな庭もあるんですよ。わずか45平方メートルくらいですけど、以前❶に比べたら、はるかにまし❷。前はバルコニーだけでしたから。

Q: 주택은 단독인가요, 맨션인가요?

A: 단독주택으로 갓 이사했습니다. 하지만, 그 전에는 12년간 맨션에 살았습니다.

Q: 지금 주택은 일본식입니까?

A: 아뇨. 목조로 다다미방이 하나 있지만, 기본적으로는 양식으로 나머지 방 네 개는 마루바닥입니다. 작은 방도 있어요. 약 45평방미터 정도이지만, 이전에 비하면 훨씬 나아요. 전에는 발코니뿐이었으니까요.

❶ …にくらべたら(くらべると、くらべれば) …에 비하면
❷ …よりはましだ …보다는 낫다

☐ どこにお住まいですか。
어디에 사십니까?
❖ 住まいは 사람이 생활하는 공간으로 인간관계에 중심이 있는 반면, 住宅(じゅうたく)는 건물이 중심이 된다.

☐ どの地方にお住まいですか。
어느 지방에 사십니까?

☺ どの地方にお住まいですか。
어느 지방에 사십니까?
☺ 私の家は東京の南、神奈川県にあります。
우리 집은 도쿄의 남쪽, 가나가와 현에 있습니다.

☐ どこの町にお住まいですか。
어느 도시에 사십니까?

☺ どこの町にお住まいですか。
어느 도시에 사십니까?
☺ 東京の北部に住んでいます。
도쿄 북부에 살고 있습니다.

☐ 何番地に住んでいますか。
몇 번지에 살고 있나요?

☺ 何番地に住んでいますか。
몇 번지에 살고 있나요?
☺ 1-17番に住んでいます。
1-17번에 살고 있습니다.

☐ お勤めからはどのくらい遠いですか。
근무지에서 어느 정도 멉니까?

☐ 緑は豊かですが、通勤には不便です。
숲은 풍부하지만, 통근하기에는 불편합니다.

☐ 私の家は狭くて、うさぎ小屋です。
우리 집은 토끼장처럼 좁습니다.
❖ 일본의 좁은 주택을 빗대어 うさぎ小屋라고 한다.

☐ アパートに住んでいます。
아파트에 살고 있습니다.
❖ 일본의 アパート는 2층 정도의 목조건물을 말한다.

□ 狭くて驚いたでしょう？
좁아서 놀라셨죠?

> ☺ 狭くて驚いたでしょう？
> 좁아서 놀라셨죠?
> ☺ ええ、少し驚きました。
> 네, 조금 놀랐습니다.

□ 典型的なワンルーム・マンションです。
전형적인 원룸 맨션입니다.

□ キッチン・バス・トイレはあります。
부엌·욕실·화장실은 있습니다.

□ 都会の家賃は高いですからね。
도시는 집세가 비싸서요.

□ 両親もマンションに住んでいます。
부모님도 맨션에 살고 계십니다.

□ 日本では「マンション」と言いますが、似ても似つか
ないものです。
일본에서는 「맨션」이라고 합니다만, 전혀 맞지 않습니다.
❖ 似ても似つかない 조금도 닮지 않다, 전혀 비슷하지 않다

□ 地価が上昇して、とても一戸建ての家は望めません。
땅값이 올라서 도저히 단독주택을 바랄 수 없습니다.

□ 住宅公団の新しくできた団地に移りました。
주택공단의 새로 생긴 단지로 옮겼습니다.
❖ 団地는 우리의 아파트 단지에 해당한다.

□ アパートの部屋を探しています。
아파트 방을 찾고 있습니다.

□ 貸家を探さないといけません。
셋집을 찾아야 합니다.
❖ …ないといけない …지 않으면 안 된다, …해야 한다

□ 近所の駐車場を借りなくてはなりません。
근처 주차장을 빌려야 합니다.

□ お宅はどんな家ですか。
댁은 어떤 집입니까?

> 😊 お宅はどんな家ですか。
> 댁은 어떤 집입니까?
> 😊 グレーの瓦屋根の木造二階建ての家です。
> 회색 기와지붕의 목조 2층집입니다.

□ 2階建てで小さな部屋が3つあります。
2층집으로 작은 방이 세 개 있습니다.

□ 洋風ですか、和風ですか。
양식입니까, 일본식입니까?

> 😊 洋風ですか、和風ですか。
> 양식입니까, 일본식입니까?
> 😊 私の家は和洋折衷です。
> 우리 집은 일식과 양식 절충입니다.

❖ 畳(たたみ)가 깔리고 押入(おしいれ)가 있는 일본 전통 방을 和室(わしつ)라고 하고,
마루로 된 방을 洋室(ようしつ)라고 한다.

□ すばらしいお宅ですね。
멋진 집이군요.

□ 建築にはずいぶんお金をかけたでしょう。
건축하느라 무척 돈이 들었겠어요.

□ 全部で何部屋ありますか。
방은 전부 몇 개 있나요?

> 😊 全部で何部屋ありますか。
> 방은 전부 몇 개 있나요?
> 😊 5部屋に台所と浴室がついてます。
> 방이 다섯 개에 부엌과 욕실이 딸려 있습니다.

□ 1階に居間と食堂があります。
1층에 거실과 식당이 있습니다.

□ 部屋の広さは畳の数で計ります。
방의 넓이는 다다미 수로 잽니다.

❖ さ는 형용사의 어간에 접속하여 정도나 상태를 나타내는 형용사를 만든다.
広(ひろ)さ 넓이, 高(たか)さ 높이, 大(おお)きさ 크기

□ この部屋の広さは？
이 방의 넓이는?

> ☺ この部屋の広さは？
> 이 방의 넓이는?
> ☺ この部屋は8畳間です。
> 이 방은 다다미 8장입니다.

□ あそこが床の間ですか。
저기가 도코노마입니까?

□ 床の間は日本の家には必ずありますか。
도코노마는 일본 집에는 반드시 있습니까?

> ☺ 床の間は日本の家には必ずありますか。
> 도코노마는 일본 집에는 반드시 있습니까?
> ☺ 必ずとは言えませんが、床の間つきの和室がある家が多いですね。
> 반드시라고는 할 수 없지만, 도코노마가 딸린 일식 방이 있는 집이 많습니다.

❖ 床の間는 객실인 다다미방의 정면 상좌(上座)에 바닥을 한 층 높여 만들어 둔 곳으로 벽에는 족자를 걸고 바닥에는 도자기나 꽃병 등을 장식해 둔다.

□ この部屋はよく日が当たります。
이 방은 햇볕이 잘 듭니다.

□ この部屋にはふすまのついた押入が2つあります。
이 방에는 장지가 붙은 벽장이 두 개 있습니다.
❖ 押入는 일본식 방에서 침구나 가재도구를 넣어 두는 벽장을 말한다.

□ 居間には暖炉があります。
거실에는 난로가 있습니다.
❖ 일본의 거실에는 대부분 난방장치의 하나인 고타쓰가 놓여 있다.

□ ここが私の書斎です。
여기가 내 서재입니다.

□ とても現代的な台所です。
매우 현대적인 부엌입니다.

□ 最新の設備がそろってますね。
최신 설비가 갖추어져 있군요.

□ 東京は地価が高くて、庭つきの家は少ないんです。
도쿄는 땅값이 비싸서 정원이 딸린 집은 적습니다.

□ 芝生の庭がある一戸建てを持つのが夢です。
잔디 정원이 있는 단독주택을 갖는 게 꿈입니다.

□ 私の家にはささやかな裏庭があります。
우리 집에는 조그만 뒤뜰이 있습니다.

□ 庭弄りがお好きなんですね。
정원 가꾸기를 좋아하시는군요.

> ☺ 庭弄りがお好きなんですね。
> 정원 가꾸기를 좋아하시는군요
> ☺ ええ、大好きです。趣味なんです。
> 네, 무척 좋아합니다. 취미입니다.

□ 雑草を取るのは大変です。
잡초를 뽑는 것은 힘들어요

□ 庭の手入れにはときどき植木屋が必要です。
정원 손질에는 가끔 정원사가 필요합니다.

□ 日本の庭によく見られる木は、桜、梅、松です。
일본 정원에서 많이 볼 수 있는 나무는 벗, 매화, 소나무입니다.

□ この植物は何と言うのですか。
이 식물은 뭐라고 합니까?

□ これが典型的な鑑賞用の日本庭園です。
이건 전형적인 감상용 일본 정원입니다.

□ この庭の設計をするのは大変だったでしょうね。
이 정원을 설계하는 데 무척 힘들었겠어요?

학생이냐고 물을 때는 보통 学生さんですか, 학년을 물을 때는 何年生ですか라고 한다. 또한 다니는 학교를 물어왔을 때는 …大学に行っています라고 하며, 어느 학교를 졸업했는지를 물을 때는 どこの学校を出ましたか라고 하고, 전공에 대해서 물을 때는 専攻は何ですか라고 한다. 또한 시험에 대해서 물을 때는 今度の試験はどうでしたか, 시험이 어려웠으면 予想意外に難しかったです, 쉬웠으면 易しかったです라고 표현한다.

Q&A 무조건 따라하기

Q：勉強のほうは進んでいますか。

A：ええ、少しずつですが…。 **❶**

Q：キムさんは文法と聴解と、どちらが苦手ですか。

A：聴解のほうが苦手です。

Q：1級の試験に受かるためには、もっと頑張ったほうがいい **❷**

　　ですよ。

A：はい、頑張ります。

Q：공부는 잘 됩니까?

A：예, 조금씩요….

Q：김씨는 문법과 듣기 중에 어느 것이 어렵습니까?

A：듣기가 어렵습니다.

Q：1급시험을 치르기 위해서는 더욱 분발하는 게 좋아요.

A：네. 열심히 하겠습니다.

❶ …ずつ(…씩)은 같은 분량만큼 되풀이함을 나타낸다.
❷ …ためには …하기 위해서는

□ 学校はもう卒業しています。
대학은 이미 졸업했습니다.

- ☺ 木村さんは今大学生ですか。
  기무라 씨는 지금 대학생입니까?
- ☺ いいえ、大学はもう卒業しています。
  아뇨, 대학은 이미 졸업했습니다.

❖ 일본의 학제도 우리와 마찬가지로 小学校(しょうがっこう), 中学校(ちゅうがっこう), 高等学校(こうとうがっこう), 大学(だいがく), 大学院(だいがくいん)으로 나눈다. 그 밖에 短期大学(たんきだいがく)와 専門学校(せんもんがっこう)가 있다.

□ 大学へ行っています。
대학에 다니고 있습니다.
❖ 大学는 종합대학을 의미하고, 大学校(だいがっこう)는 특수 목적을 가진 대학이나 단과 대학을 말한다.

□ どちらの大学を出ましたか。
어느 대학을 나왔습니까?

- ☺ どちらの大学を出ましたか。
  어느 대학을 나왔습니까?
- ☺ ソウル大学の出身です。
  서울대학 출신입니다.

□ 息子さんはどちらの大学へ行ったのですか。
아드님은 어느 대학에 갔습니까?

- ☺ 息子さんはどちらの大学へ行ったのですか。
  아드님은 어느 대학에 갔습니까?
- ☺ ソウル大学です。
  서울대학입니다.

□ どちらの大学に行っていますか。
어느 대학을 다니고 있습니까?

- ☺ どちらの大学に行っていますか。
  어느 대학을 다니고 있습니까?
- ☺ 明治大学へ行っています。
  메이지 대학에 다니고 있습니다.

□ あなたはこの大学を出ましたか。
당신은 이 대학을 나왔습니까?

□ 出身校はどちらですか。
출신교는 어디입니까?

> 😊 出身校はどちらですか。
> 출신교는 어디입니까?
> 😊 地方の私立大を出ました。
> 지방 사립대를 나왔습니다.

□ 私が通ったのは地方の国立大学です。
제가 다녔던 것은 지방 국립대학입니다.
❖ 学校に通う 학교에 다니다 国立 ↔ 私立(しりつ)

전공에 대해서

□ 専攻は何ですか。
전공은 무엇입니까?

> 😊 専攻は何ですか。
> 전공은 무엇입니까?
> 😊 経済学です。
> 경제학입니다.

□ 何を専攻なさいましたか。
무엇을 전공하셨습니까?

> 😊 何を専攻なさいましたか。
> 무엇을 전공하셨습니까?
> 😊 法律を専攻しました。
> 법률을 전공했습니다.

□ 大学では何を勉強しましたか。
대학에서 무엇을 공부했습니까?

> 😊 大学では何を勉強しましたか。
> 대학에서 무엇을 공부했습니까?
> 😊 学部と大学院で日本文学を専攻しました。
> 학부와 대학원에서 일본문학을 전공했습니다.

□ 大学院で文学を専攻して修士学位を取りました。
대학원에서 문학을 전공하여 석사 학위를 땄습니다.
❖ 学位を取る 학위를 따다.
学士(がくし) 학사 → 修士(しゅうし) 석사 → 博士(はくし) 박사

何を勉強していますか。
무엇을 공부하고 있습니까?

> 何を勉強していますか。
> 무엇을 공부하고 있습니까?
>
> 経済を専攻しています。
> 경제를 전공하고 있습니다.

동아리활동에 대해서

何のクラブに入ってるんですか。
무슨 동아리에 들었어요?

> 何のクラブに入ってるんですか。
> 무슨 동아리에 들었어요?
>
> 英語のクラブです。
> 영어 동아리입니다.

学生時代に何かクラブ活動をしましたか。
학창시절에 무슨 동아리 활동을 했습니까?

どのクラブに属していますか。
어느 동아리에 소속되어 있습니까?

> どのクラブに属していますか。
> 어느 동아리에 소속되어 있습니까?
>
> 柔道部に属しています。
> 유도부에 소속되어 있습니다.

テニス部で4年間頑張りました。
테니스 부에서 4년간 열심히 했습니다.

아르바이트에 대해서

アルバイトはしているの?
아르바이트는 하고 있니?

パートで働いているんですか。
파트타임으로 일하고 있습니까?

家庭教師をしています。週に3回教えています。
가정교사를 하고 있습니다. 1주일에 3번 가르치고 있습니다.

□ 週に1回、本屋でアルバイトをやっています。
1주일에 한 번, 책방에서 아르바이트를 하고 있습니다.

□ 学生時代、アルバイトをしたことがありますか。
학창시절, 아르바이트를 한 적이 있습니까?

😊 学生時代、アルバイトをしたことがありますか。
학창시절, 아르바이트를 한 적이 있습니까?
😊 ええ、学費稼ぎのために中学生に英語を教えました。
예, 학비를 벌기 위해서 중학생에게 영어를 가르쳤습니다.

□ 夏休みにはデパートで荷物の配達をやりました。
여름방학에는 백화점에서 짐 배달을 했습니다.

□ 卒業したらどうするんですか。
졸업하면 어떻게 할 겁니까?

😊 卒業したらどうするんですか。
졸업하면 어떻게 할 겁니까?
😊 まだ決めていません。
아직 정하지 않았습니다.

학교생활에 대해서

□ 学生さんですか。
학생입니까?
❖ 유치원생이나 초등학생은 보통 児童(じどう)라고 말하고, 중·고등학생은 生徒(せいと)라고 한다. 우리가 말하는 学生(がくせい)은 흔히 대학생을 일컫는다.

□ 何年生ですか。
몇 학년입니까?

😊 何年生ですか。
몇 학년입니까?
😊 3年生です。
3학년입니다.

❖ 일본어에서 학년을 말할 때는 반드시 …年生(ねんせい)라고 표현해야 한다.

□ 来年卒業します。
내년에 졸업합니다.

□ 学校は家から近いですか。
학교는 집에서 가깝습니까?

> ☺ 学校は家から近いですか。
> 학교는 집에서 가깝습니까?
> ☺ いいえ。電車で1時間ぐらいかかります。
> 아뇨. 전철로 1시간 정도 걸립니다.

□ 学校までは何で通学していますか。
학교까지는 무엇으로 통학합니까?

□ どの学校に通っていますか。
어느 학교에 다니고 있습니까?

> ☺ どの学校に通っていますか。
> 어느 학교에 다니고 있습니까?
> ☺ 私は大学院に通っています。
> 저는 대학원에 다니고 있습니다.

□ 今、通っている学校はどうですか。
지금 다니고 있는 학교는 어때요?

> ☺ 今、通っている学校はどうですか。
> 지금 다니고 있는 학교는 어때요?
> ☺ 大変、満足しています。
> 무척 만족합니다.

□ キャンパスは広くて静かです。
캠퍼스는 넓고 조용합니다.

□ この学校は男女共学です。
이 학교는 남녀공학입니다.
❖ 男子学生(だんしがくせい) 남학생 ↔ 女子学生(じょしがくせい) 여학생

□ あれが図書館ですか。
저게 도서관입니까?

□ 食堂もありますか。
식당도 있습니까?

□ 運動場はなかなか広いですね。
운동장은 상당히 넓군요.

실용 회화(Advanced 편)

□ いつから中間テストが始まりますか。
언제부터 중간고사가 시작됩니까?

□ 明日から期末試験です。
내일부터 기말시험입니다.

□ 試験勉強はしましたか。
시험공부는 했습니까?

😊 試験勉強はしましたか。
시험공부는 했습니까?

😊 やるだけのことはしたから、あとは運に任せる。
할 만큼 했으니까 뒤는 운에 맡기겠어.

□ 一夜漬けしかありませんよ。
벼락치기로 공부할 수밖에 없어요.

□ 徹夜で勉強しなければいけません。
밤새 공부해야 합니다.

□ 今度の試験はどうでしたか。
이번 시험은 어땠어요?

😊 今度の試験はどうでしたか。
이번 시험은 어땠어요?

😊 なかなか難しかったですよ。
상당히 어려웠어요.

□ 予想以外に易しかったです。
예상 이외로 쉬웠습니다.

□ 試験の結果はどうでしたか。
시험 결과는 어땠어요?

😊 試験の結果はどうでしたか。
시험 결과는 어땠어요?

😊 予想どおりうまくいったよ。
예상대로 잘 됐어.

□ まぐれで当たったよ。
요행으로 붙었어.

□ 合格でした。
합격했습니다.
❖ 試験(しけん)に受(う)かる 시험에 붙다 ↔ 試験にしくじる 시험에 실패하다

□ 不合格しましたよ。
불합격했어요.

□ 学校の成績はあまり良くありませんでした。
학교 성적은 그다지 좋지 않았습니다.

☺ 木村さんの学校の成績はどうでしたか。
기무라 씨의 학교 성적은 어땠습니까?
☺ 学校の成績はあまり良くありませんでした。
학교 성적은 그다지 좋지 않았습니다.

□ 彼女は英語で特にいい点数を取りました。
그녀는 영어에서 특히 좋은 점수를 받았습니다.
❖ 点数を取る 점수를 따다, 점수를 받다

□ 彼は優秀な学生でした。
그는 우수한 학생이었습니다.

□ 当時、学校の成績はまあまあでした。
당시 학교 성적은 그저 그랬습니다.

□ 一生懸命勉強して奨学金をもらいました。
열심히 공부해서 장학금을 받았습니다.

□ 4年間首席でした。
4년간 수석이었습니다.

□ 単位が足りなくて留年しました。
학점이 부족하여 유급했습니다.
❖ 単位を取(と)る 학점을 따다

□ 彼はクラスでビリで卒業しました。
그는 반에서 꼴찌로 졸업했습니다.

□ クラスで一度も1番になったことがありません。
반에서 한 번도 1등을 한 적이 없습니다.

□ このテープをよく聞いてください。
이 테이프를 잘 들으세요.

□ 黒板をよく見てください。
칠판을 잘 보세요.

□ 何ですか、言ってください。
뭡니까? 말하세요.

> ☺ 先生、質問があります。
> 선생님, 질문이 있습니다.
> ☺ はい、何ですか、言ってください。
> 네, 뭡니까? 말하세요

□ よく読んでから答えてください。
잘 읽고 나서 대답해 주세요.

□ 5ページまで読んでください。
5쪽까지 읽으세요

□ 黒板の字を書いてください。
칠판의 글씨를 쓰세요.

□ 15ページを開けてください。
15쪽을 펼치세요.

□ 本を閉じてください。
책을 덮으세요.
❖ 本(ほん)を開ける 책을 펴다 ↔ 本を閉(と)じる 책을 덮다

□ この内容を全部覚えてください。
이 내용을 전부 외우세요

□ もう一度説明してください。
다시 한번 설명해 주세요

□ 一緒に読んでください。
함께 읽으세요.

□ ゆっくり話してください。
천천히 말해 주세요

□ みなさん、よく聞こえますか。
여러분, 잘 들립니까?

□ 後ろからよく見えますか。
뒤에서 잘 보입니까?

□ 分かりますか。
알겠습니까?

□ 質問はありませんか。
질문은 없습니까?

□ ちょっと休みましょう。
잠깐 쉽시다.

□ 始めましょう。
시작합시다.

□ 今日はこれて終わりましょう。
오늘은 이만 마치겠어요.

전화는 상대를 얼굴을 보지 않기 때문에 처음에는 불안하지만, 2, 3번 횟수를 반복하는 사이에 자신감이 붙는다. 여기서는 일정한 패턴에 익숙해지도록 하여 차분하게 메모를 할 수 있도록 한다.
전화를 받을 때는 우선 もしもし, ○○でございますが라고 자신의 이름이나 회사의 이름 등을 밝혀 상대가 확인하는 수고를 덜어주는 것도 전화 에티켓의 하나이다. 전화 상대를 바꿔줄 때는 ちょっとお待ちください라고 한다.

Q&A 무조건 따라하기

Q: もしもし、ヒロセ協会でございますが、ご用件は？

A: もしもし、総務部の春山さんをお願いします。

Q: ちょっとお待ちください。おつなぎします。…申し訳ございません。お話し中です。お待ちになりますか。それとも、春山の秘書におつなぎしましょうか。

A: 春山さんに直接お話ししたいから、あとでかけなおします。

Q: かしこまりました。お名前をうかがえれば、お電話があったことを伝えますが。

A: ありがとう。ソウルからのホンギルドンです。

Q: 여보세요, 히로세 협회입니다. 무슨 일이십니까?

A: 여보세요, 총무부 하루야마 씨를 부탁합니다.

Q: 잠시 기다려 주십시오. 연결해 드리겠습니다. …죄송합니다, 통화중입니다. 기다리시겠습니까, 아니면 하루야마 비서에게 연결해 드릴까요?

A: 하루야마 씨에게 직접 말씀을 드리고 싶으니까 나중에 다시 걸겠습니다.

Q: 알겠습니다. 성함을 말씀해 주시면 전화가 왔다는 걸 전해 드리겠습니다만.

A: 감사합니다. 서울에서 홍길동입니다.

❶ 동사의 중지형에 お…する를 접속하면 겸양 표현이 된다.
❷ 동사의 중지형에 お…なる를 접속하면 존경 표현이 된다.

□ 電話が鳴っているわ。
전화가 울려.
❖ ベルが鳴る 벨이 울리다

□ 私が電話に出ましょう。
제가 전화 받을게요

□ 私は今、出られないよ。
나는 지금 받을 수 없어.

> ☺ 君、出てくれる?
> 너, 전화 받아 줄래?
> ☺ 私は今、出られないよ。
> 나는 지금 받을 수 없어.

❖ 電話に出る 전화를 받다

□ もしもし、こちらは木下です。
여보세요, 기노시타입니다.

□ はい、私です。
네, 접니다.

> ☺ もしもし、井上さんはいますか。
> 여보세요, 이노우에 씨는 있습니까?
> ☺ はい、私です。
> 네, 접니다.

□ どなたでしょうか。
누구신가요?

> ☺ もしもし、井上恵子さんとお話ししたいのですが。
> 여보세요, 이노우에 케이코 양과 이야기를 나누고 싶은데요
> ☺ はい、どちら様でしょうか。
> 네, 누구십니까?
> ☺ 韓国のキムです。
> 한국에서 온 김입니다.
> ☺ キムさんですね。ちょっとお待ちください。
> 김씨이군요. 잠시 기다려 주십시오

□ 野村貿易です。ご用件をどうぞ。
노무라 무역입니다. 용건을 말씀하십시오.

□ とくに誰か話したい人がいますか。
특별히 누군가 통화하고 싶은 사람이 있습니까?

□ こちらに鈴木という者は3人おりますが。
여기에 스즈키라는 사람이 세 명 있습니다만.

> ☺ 鈴木さんをお願いしたいのですが。
> 스즈키 씨를 부탁하고 싶은데요.
> ☺ こちらに鈴木という者は3人おりますが。
> 여기에 스즈키라는 사람이 세 명 있습니다만.

□ 内線の103番におつなぎします。
내선 103번으로 연결해 드리겠습니다.
❖ 상대를 위해 뭔가를 해 줄 때 …てあげる는 직접적이기 때문에 완곡한 표현을 좋아하는
일본인은 お…する의 겸양 표현을 주로 사용한다.

□ ご用件をうかがえますか。
용건을 여쭤도 되겠습니까?

> ☺ 社長をお願いします。
> 사장님을 부탁합니다.
> ☺ ご用件をうかがえますか。
> 용건을 여쭤도 되겠습니까?

전화를 바꿔줄 때

□ ちょっとお待ちください。
잠시 기다려 주십시오.
❖ お…ください는 …てください의 존경 표현이다.

□ 電話をお回しします。
전화를 돌려 드리겠습니다.

□ 電話を担当者に回します。
전화를 담당자에게 돌리겠습니다.

> ☺ 営業部のどなたかとお話ししたいんですが。
> 영업부 누구하고 이야기를 나누고 싶은데요.
> ☺ 電話を担当者に回します。
> 전화를 담당자에게 돌리겠습니다.

□ ただいま田村さんと代わります。
곧 다무라 씨를 바꿔드리겠습니다.

□ 代わりました。田村です。
바꿨습니다. 다무라입니다.

□ ちょっと待って、彼女を呼んできます。
잠깐 기다려요, 그녀를 불러올게요

□ 総務部です。何でございましょうか。
안녕하세요 총무부입니다. 무슨 일이십니까?

□ どちら様でしょうか。もう一度言っていただけますか。
누구신가요? 다시 한번 말씀해 주시겠습니까?
❖ どちらさまでしょうかは 전화나 방문하는 사람을 확인할 때 주로 쓰인다.

□ ちょっと確認させてください。
잠깐 확인하겠습니다.

□ 木村さん、田中先生からお電話です。
기무라 씨, 다나카 선생님한테 전화입니다.

□ 韓国のキムさんから電話です。
한국에서 온 김씨에게 전화가 왔습니다.

□ 木村さんが1番にかかっています。
1번 전화에 기무라 씨 전화가 왔습니다.

전화를 받을 상대가 없을 때

□ 今おりません。3時頃には帰ると思いますが‥。
지금 없습니다. 3시 무렵에는 돌아올 것 같습니다만…

☺ もしもし、井上です。
여보세요, 이노우에입니다.

☺ もしもし、恵子さんをお願いします。
여보세요, 케이코 양을 부탁합니다.

☺ 今いないようですが。
지금 없는 것 같은데요

☺ いつ頃お帰りでしょうか。
언제 돌아올까요?

☺ 3時頃には帰ると思いますが。
3시 무렵에는 돌아올 것 같은데요.

❖ おりませんは いません(ありません)의 겸양어이다.

☐ あとでかけなおしていただけませんか。
나중에 다시 걸어 주시겠습니까?
❖ なおすは 動詞의 中止形에 접속하여 「다시 …하다」의 뜻을 나타낸다.

☐ すみません、今別の電話に出ております。
미안합니다. 지금 다른 전화를 받고 있습니다.

> ☺ 木村さんをお願いします。
> 기무라 씨를 부탁합니다.
> ☺ すみません、今別の電話に出ております。
> 미안합니다. 지금 다른 전화를 받고 있습니다.

❖ …ておりますと 状態를 나타내는 …ています의 겸양표현이다.

☐ お待たせしてすみません。木村は今会議中です。
기다리게 해서 미안합니다. 기무라는 지금 회의중입니다.

☐ すみません、社長はただいま電話中です。
죄송합니다. 사장님은 지금 통화중입니다.

> ☺ すみません、社長はただいま電話中です。
> 죄송합니다. 사장님은 지금 통화중입니다.
> ☺ わかりました。またあとで電話します。
> 알았습니다. 다시 나중에 전화하겠습니다.

☐ すみません、今彼女は手がはなせないそうです。
미안합니다. 지금 그녀는 몹시 바쁘답니다.

☐ すみません、彼女は今接客中です。
미안합니다. 그녀는 지금 접객중입니다.

☐ このままお待ちになりますか。
이대로 기다리시겠습니까?

> ☺ このままお待ちになりますか。
> 이대로 기다리시겠습니까?
> ☺ いえ、結構です。また後でかけなおします。
> 아니오, 괜찮습니다. 나중에 다시 걸겠습니다.

❖ お…になる 존경표현, お…する 겸양표현

☐ 課長はただいま席をはずしております。
과장님은 지금 자리를 비우셨습니다.

□ すいません、ただいま外出しております。
죄송합니다, 지금 외출하셨습니다.

□ 彼はいつごろ戻られますか。
그는 언제쯤 돌아오십니까?
❖ …(ら)れる는 수동의 뜻만 아니라 존경의 뜻을 나타내는 경우도 있다.

□ 彼は今日病気で休んでいます。
그는 오늘 아파서 쉬고 있습니다.

□ 彼はただいま出張中です。
그는 지금 출장중입니다.

□ ただいま昼食に出ています。
지금 점심을 먹으러 나갔습니다.

> ☺ こんにちは。こちらABC銀行です。
> 안녕하세요. ABC은행입니다.
> ☺ こんにちは。木村さんはおられますか。
> 안녕하세요. 기무라 씨는 계십니까?
> ☺ いいえ、ただ今昼食に出ておりますが、ご伝言ございますか。
> 아뇨, 지금 점심 먹으로 나갔는데요, 전할 말씀 있으십니까?

□ 彼は今日は休みです。
그는 오늘 쉽니다.

□ 伝言をお伝えしましょうか。
메시지를 전해 드릴까요?

□ 帰ったら電話するように言いましょうか。
돌아오면 전화하도록 말할까요?

> ☺ 帰ったら電話するように伝えましょうか。
> 돌아오면 전화하도록 전할까요?
> ☺ はい、お願いします。
> 예, 부탁합니다.

❖ …ように …하도록

□ 木村さんに伝言をお願いできますか。
기무라 씨에게 전언을 부탁드릴 수 있습니까?

□ 木村から電話があったとお伝えください。
기무라한테 전화가 왔었다고 전해 주십시오.

□ あなたの連絡先はどこですか。
당신의 연락처는 어디입니까?
❖ 先는 동작이 미치는 상대나 행선지를 나타낸다.

□ あなたの電話番号をお願いします。
당신 전화번호를 부탁드립니다.

□ 携帯電話はどうなりますか。
휴대폰은 어떻게 됩니까?
❖ 携帯電話는 간편하게 줄여서 흔히 ケータイ라고 한다.

□ 戻ったら電話させましょうか。
돌아오면 전화하도록 할까요?

□ 吉村です。お帰りなったらお電話お願いします。
요시무라입니다. 돌아오시면 전화 부탁드립니다.

□ 番号をお間違えのようですが。
번호가 틀린 것 같습니다만.

☺ もしもし、木村医院でしょうか。
여보세요, 기무라 의원입니까?
☺ いいえ、こちら木下です。番号が違うんじゃないでしょうか。
아뇨, 여기는 기노시타입니다. 번호가 틀린 것 아닙니까?

□ 何番へおかけですか。
몇 번에 거셨습니까?

□ 内線の何番へかけたのですか。
내선 몇 번에 걸었습니까?

□ すみません、番号をかけ間違えました。
미안합니다, 번호를 잘못 걸었습니다.
❖ 間違える 착각하다, 잘못 알다

□ 失礼しました。切れてしまいました。
실례했습니다. 끊어져 버렸습니다.

❑ お騒がせしてすみませんでした。
귀찮게 해서 죄송합니다.

☺ 番号をお間違えのようですが。
번호가 틀린 것 같습니다만
☺ お騒がせしてすみませんでした。
귀찮게 해서 죄송합니다.

❖ …てすみませんでした …해서 죄송합니다

❑ その名前の者はここにおりません。
그런 이름을 가진 사람은 여기에 없습니다.

☺ もしもし、木村さんをお願いできますか。
여보세요, 기무라 씨를 부탁드릴 수 있나요?
☺ すみませんが、その名前の者はここにおりません。
미안하지만, 그런 이름을 가진 사람은 여기에 없습니다.

여기서는 전화를 거는 입장에서의 표현이다. 익숙해질 때까지는 전해야 할 용건을 미리 메모해두어 그것을 보면서 말하면 확실한 의사전달이 이루어진다. 언제 걸려올지 모르는 전화를 기다리는 것보다 이쪽에서 직접 거는 것이 마음 편한 경우도 있다. 전화를 걸 때는 반드시 もしもし, キムですが, 田中さんをお願いします라고 먼저 자신의 신분이나 소속단체를 밝히고 전화통화를 할 상대를 부탁한다. 상대가 직접 받을 때는 もしもし, そちらは田中さんでしょうか라고 하면 된다.

Q&A　무조건 따라하기

Q : もしもし、木村さんですか。

A : いいえ、母は外出中です。私は太郎です。

Q : ああ、こんにちは。実はお父さまにお電話したんですが、❶いらっしゃいますか。

A : いいえ、あいにくですが。父も母も一緒に出ているんです。伝言しましょうか。

Q : ええ。私から電話があったことと、お電話くださる❷ようにお伝えください。私は大久保。お父さまは私の電話番号をご存じです。

A : 承知しました。伝えます。ごめんください。

Q : 여보세요. 기무라 씨입니까?

A : 아뇨. 어머니는 외출중입니다. 저는 타로입니다.

Q : 아, 안녕하세요. 실은 아버님께 전화를 드렸는데 계십니까?

A : 아뇨. 지금 마침 아버지도 어머니도 나가 계십니다. 전해 드릴까요?

Q : 예. 나한테 전화가 있었다고 하고, 전화 주시도록 말씀해 주세요. 나는 오쿠보입니다. 아버님은 내 전화번호를 아십니다.

A : 알았습니다. 전하겠습니다. 죄송합니다.

---

❶ いらっしゃる는 行く(가다), 来る(오다), いる(있다)의 존경어이다.

❷ …ように …하도록

☐ この辺に公衆電話はありますか。
이 주변에 공중전화가 있습니까?

☐ 電話をお借りできますか。
전화를 빌릴 수 있습니까?
❖ お…できる는 가능을 나타내는 …ことができる의 존경 표현이다.

☐ もしもし、そちらは木村さんでしょうか。
여보세요, 기무라 씨인가요?

☐ もしもし、吉田さんのお宅ですか。
여보세요, 요시다 씨 댁입니까?

☺ もしもし、吉田さんのお宅ですか。
여보세요, 요시다 씨 댁입니까?
☺ はい、そうですが、どなた様でしょうか。
네, 그렇습니다만, 누구신가요?

☐ 田中先生はいらっしゃいますか。
다나카 선생님은 계십니까?

☐ 松本とお話ししたいのですが。
마츠모토와 통화하고 싶은데요.

☐ こちらは井上洋子と申します。
저는 이노우에 요코라고 합니다.

☺ もしもし、吉田先生はいらっしゃいますか。
여보세요, 요시다 선생님은 계십니까?
☺ はい、どなた様でしょうか。
네, 누구신가요?
☺ こちらは井上洋子と申します。
저는 이노우에 요코라고 합니다.

❖ …と言います는 …と申します의 겸양 표현이다.

☐ もしもし、佐藤さんをお願いしたいのですが。
여보세요, 사토 씨와 통화하고 싶은데요.

☐ 営業部の木村さんをお願いします。
영업부 기무라 씨를 부탁해요.

❏ もしもし、二郎かい？
여보세요, 지로냐?

> ☺ もしもし、二郎かい？
> 여보세요, 지로냐?
>
> ☺ うん、僕だ。
> 응, 나야.
>
> ☺ こちら裕司。洋子の電話番号を教えてくれるかい。
> あした会合のことを伝えないといけないんだ。
> 나 유지. 요코 전화번호 가르쳐 주겠니? 내일 모임에 대해
> 꼭 전해야 하는데.
>
> ☺ わかった。ちょっと待ってくれよ。…彼女の電話番号は
> 3460-0718だ。
> 알았어. 잠깐 기다려. …그녀 전화번호는 3460-0718이야.
>
> ☺ どうもありがとう。
> 고마워.
>
> ☺ どういたしまして。じゃあ、あした。
> 천만에. 그럼 내일 봐.
>
> ☺ うん、さよなら。
> 응, 잘 있어.

❏ こんな夜遅く電話して申し訳ありません。
이렇게 밤늦게 전화를 드려 죄송합니다.
❖ 申し訳ありません은 더욱 정중하게 말할 때는 申し訳ございません이라고 한다.

❏ 起こしたのでなければいいのですが。
잠을 깨우지나 않았으면 좋겠습니다만.
❖ …なければいいのですが …지 않았으면 좋겠는데요

❏ 木村さんに至急連絡をとりたいのですが。
기무라 씨와 급히 연락을 취하고 싶은데요

❏ その件について申し上げたいことがあります。
그 건에 대해서 말씀드리고 싶은 것이 있습니다.
❖ 申し上げる(말씀드리다) 言う(말하다)의 겸양어이다.

❏ 広報部の吉田さんはいらっしゃいますか。
홍보부 요시다 씨는 계십니까?

❏ 営業部のどなたかとお話ししたいのですが。
영업부 사람과 통화하고 싶은데요.

□ 編集部へつないでいただけませんか。
편집부로 연결해 주시겠습니까?

> ☺ 編集部へつないでいただけませんか。
> 편집부로 연결해 주시겠습니까?
>
> ☺ かしこまりました。どちら様でしょうか。
> 알겠습니다. 누구신가요?
>
> ☺ K大学の石田です。
> K대학 이시다입니다.
>
> ☺ ちょっとお待ちください。…はい、つながりました。
> 잠시 기다려 주십시오 …네, 연결되었습니다.

□ それは午後ファックスでお送りします。
그건 오후에 팩스로 보내드리겠습니다.

□ 内線の10番をお願いします。
내선 10번을 부탁합니다.

상대가 없을 때

□ あとでもう一度かけなおします。
나중에 다시 한번 걸게요

> ☺ すみません、昼食で外へ出ております。伝言をなさいますか。
> 미안합니다. 점심 먹으로 나갔습니다. 전하실 말씀은 있으십니까?
>
> ☺ いや、結構です。
> 아요. 괜찮습니다.
>
> ☺ K大学の石田です。あとでもう一度かけなおしますから。
> さようなら。
> K대학 이시다입니다. 나중에 다시 한번 걸 테니까요 안녕히 계세요
>
> ☺ さようなら
> 안녕히 계세요

□ いつお戻りになりますか。
언제 돌아오십니까?

□ 何時にお戻りになるかわかりますか。
몇 시에 돌아오시는지 아십니까?

□ 彼女に連絡できる他の番号はありませんか。
그녀에게 연락할 수 있는 다른 번호는 없습니까?

□ <ruby>何<rt>なん</rt></ruby>とか<ruby>連絡<rt>れんらく</rt></ruby>する<ruby>方法<rt>ほうほう</rt></ruby>はありませんか。
어떻게 연락할 방법은 없습니까?

☺ <ruby>何<rt>なん</rt></ruby>とか<ruby>連絡<rt>れんらく</rt></ruby>する<ruby>方法<rt>ほうほう</rt></ruby>はありませんか。
어떻게 연락할 방법은 없습니까?

☺ <ruby>携帯電話<rt>けいたいでんわ</rt></ruby>を<ruby>持<rt>も</rt></ruby>っていますが、<ruby>番号<rt>ばんごう</rt></ruby>を<ruby>教<rt>おし</rt></ruby>えてあげましょうか。
휴대전화를 갖고 있는데, 번호를 가르쳐 드릴까요?

□ <ruby>木村<rt>きむら</rt></ruby>さんの<ruby>携帯電話<rt>けいたいでんわ</rt></ruby>の<ruby>番号<rt>ばんごう</rt></ruby>を<ruby>教<rt>おし</rt></ruby>えてもらえますか。
기무라 씨 휴대폰 번호를 가르쳐 주겠어요?

□ <ruby>伝言<rt>でんごん</rt></ruby>していただけますか。
전해 주시겠습니까?

☺ <ruby>伝言<rt>でんごん</rt></ruby>していただけますか。
전해 주시겠습니까?

☺ はい、どうぞ。
네, 말씀하세요

☺ <ruby>戻<rt>もど</rt></ruby>りましたら、<ruby>私<rt>わたし</rt></ruby>に<ruby>電話<rt>でんわ</rt></ruby>をくれるように<ruby>言<rt>い</rt></ruby>ってください。
돌아오면 나에게 전화를 주도록 말해 주세요

□ <ruby>木村<rt>きむら</rt></ruby>から<ruby>電話<rt>でんわ</rt></ruby>があったとお<ruby>伝<rt>つた</rt></ruby>えください。
기무라한테 전화가 있었다고 전해 주십시오

국제전화를 할 때

□ ソウルへ<ruby>国際電話<rt>こくさいでんわ</rt></ruby>をかけたいのですが。
서울에 국제전화를 걸고 싶은데요.

□ <ruby>韓国<rt>かんこく</rt></ruby>のソウルに<ruby>電話<rt>でんわ</rt></ruby>したいのですが。
한국 서울로 전화를 하고 싶은데요

□ <ruby>指名通話<rt>しめいつうわ</rt></ruby>にしてください。
지명통화로 해 주세요.

□ ソウルへコレクト・コールにしてくれますか。
서울에 컬렉트콜로 해 주세요.

□ すみません、<ruby>別<rt>べつ</rt></ruby>の<ruby>人<rt>ひと</rt></ruby>につながってしまいました。
미안합니다. 다른 사람에게 연결되어 버렸습니다.

□ すみません、<ruby>通話<rt>つうわ</rt></ruby>を<ruby>取<rt>と</rt></ruby>り<ruby>消<rt>け</rt></ruby>してもらえますか。
미안합니다, 통화를 취소해 주겠어요?

□ 韓国へ直接電話する方法を教えてくれますか。
한국에 직접 전화하는 방법을 가르쳐 주겠어요?

□ 切ってしまったので、もう一度つないでください。
끊어져 버렸는데, 다시 한번 연결해 주세요.

□ 相手につながらないのですが、どうしたらいいでしょうか。
상대에게 연결이 되지 않는데, 어떻게 하면 될까요?

□ かかった時間と料金を教えてくれませんか。
통화한 시간과 요금을 알려 주겠어요?

팩스를 일본어로 표기할 때는 ファクシミリ라고 하며 줄여서 ファックス라고도 한다. 현대인의 필수품인 휴대전화는 줄여서 ケイタイ라고 하며, ピッチ는 PHS의 약자로 우리 나라의 016, 019와 마찬가지이고, ケイタイ는 011 같은 번호로 이용료가 비싼 대신에 잘 터진다는 장점을 가지고 있다. 또한 인터넷의 발달로 인해 E메일는 컴퓨터에서 휴대폰으로 보낼 수도 있고 휴대폰으로 메시지를 보내듯 다른 전화나 휴대폰으로 메일을 보낼 수가 있다.

Q&A 무조건 따라하기

Q：Eメールでお送りした情報はすべて届きましたでしょうか。

A：ああ、ご連絡しようと思ってたんですが、うまく受信できな かったんです。添付のファイルで送ってくださった❶んですが、 あいにく私のEメールのソフトがそちらと合わないようなんで す。届いたのは、どのページもでたらめな記号ばかりでした。

Q：お使いになっているのはマックですよね。

A：ええ。添付ファイルでほかのパソコンから送ってもらうと、と きどきこれが起こるんです。

Q：이메일로 보내드린 정보는 모두 도착했습니까?

A：아, 연락드리려고 했습니다만, 잘 수신이 안 되었습니다. 첨부파일로 보내 주셨는데, 공교롭게도 제 이메일 소프트가 그쪽과 맞지 않는 것 같습니다. 도착한 것은 모든 페이지에서 엉뚱한 기호뿐이었습니다.

Q：사용하고 계신 것은 맥(매킨토시)이죠?

A：예. 첨부파일에서 다른 컴퓨터로 받으면 가끔 이런 일이 일어납니다.

❶ 존경의 동사 くださる, なさる, いらっしゃる, おっしゃる는 특수5단동사로 명령형과 정중형(ます)의 경우는 어미 る가 り(れ)로 바뀌지 않고 い로 변한다.

□ ファックス番号は何番ですか。
팩스 번호는 몇 번입니까?

> ☺ ファックス番号は何番ですか。
> 팩스 번호는 몇 번입니까?
> ☺ ファックス番号は名刺に書いてありますが。
> 팩스 번호는 명함에 적혀 있는데요.

□ 今、ファックスで送ってもいいですか。
지금 팩스로 보내도 되겠습니까?
❖ ファックスを入(い)れる 팩스를 넣다

□ これはファックスでお送りたいのですが。
이건 팩스로 보내 드리고 싶은데요.

□ 今、これをそちらの方にファックスします。
지금 이것을 그쪽 팩스로 보내겠습니다.

□ その件に関することはファックスでお送りしたいの
ですが。
그 건에 관한 것은 팩스로 보내드리고 싶은데요.

□ 今、ファックスでお送りします。
지금 팩스로 보내 드리겠습니다.

> ☺ 今、ファックスでお送りします。
> 지금 팩스로 보내 드리겠습니다.
> ☺ こちらのファックス番号はご存じですか。
> 이쪽 팩스 번호는 아십니까?
> ☺ はい、名刺を持っています。
> 네, 명함을 가지고 있습니다.

□ 略図をファックスで送ってもらえますか。
약도를 팩스로 보내 주시겠습니까?

□ ファックスが届いたのですが、読めません。
팩스가 도착했는데 읽을 수 없습니다.
❖ ファックスが届く 팩스가 도착하다. ファックスが入ってくる 팩스가 들어오다

□ ファックスが鮮明ではありません。
팩스가 선명하지 않습니다.

□ 届きましたが、印刷が細かすぎて読めません。
도착했습니다만, 인쇄가 너무 작아서 읽을 수 없습니다.

> ☺ ファックスは届きましたか。
> 팩스는 도착했습니까?
> ☺ はい。届きましたが、印刷が細かすぎて読めません。
> 네. 도착했습니다만, 인쇄가 너무 작아서 읽을 수 없습니다.

□ 文字がにじんでいるので読めません。
문자를 번져 있어서 읽을 수 없습니다.

□ ファックスがまだ届いてないのですが。
팩스가 아직 도착하지 않았는데요.

□ ファックスが1部しか届いてないんですよ。
팩스가 1부밖에 도착하지 않았어요.
❖ …しかは 뒤에 부정어가 딸리어 「…밖에, …뿐」의 뜻으로 오직 그것뿐임을 나타낸다.

□ ページの一部が欠けています。
페이지의 일부가 빠졌습니다.

□ お送りしたファックスについて説明しておきたいことがあるのですが。
보내드린 팩스에 대해서 설명해 드리고 싶은 게 있습니다만.

휴대전화에 대해서

□ 携帯を持っていますか。
휴대폰을 가지고 있습니까?

> ☺ 携帯を持っていますか。
> 휴대폰을 가지고 있습니까?
> ☺ ごめん、携帯は持っていない。
> 미안, 휴대폰이 없어.

❖ 携帯는 간편하게 ケータイ로 표현한다.

□ ピッチと携帯どっちがいいかな。
PHS와 휴대폰 어느 쪽이 좋을까?

□ 着メロは何にしよう。
착신 멜로디는 뭘로 할까?

□ 携帯電話がほしいのですが。
휴대전화가 필요한데요.

□ ここではマナーモードにしてください。
여기서는 진동으로 해 주세요.

□ メッセージを入れてください。
메시지를 남겨 주세요.

□ こういう時は携帯って便利ですね。
이럴 때는 휴대폰이 편리하군요.

□ 誰かの携帯が鳴っているよ。
누구 휴대폰이 울리고 있어.

이메일에 대해서

□ メールアドレスを教えてください。
이메일 주소를 가르쳐 주세요.

□ メル友はいますか。
메일 친구는 있습니까?

□ 掲示板に書き込みしますね。
게시판에 메시지 남기겠습니다.

□ メールは届きましたか。
메일은 도착했습니까?

□ メール、ありがとう。
메일, 고마워.

□ メールはまだ読んでいません。
메일은 아직 읽지 않았습니다.

CHAPTER 29 우체국과 은행

여기서는 우표를 사거나 편지나 소포를 부칠 때, 환전을 하거나 예금구좌를 만들 때 우체국이나 은행 창구에서 쓰이는 표현에 대해서 최소한의 지식을 익히게 된다. 원하는 창구를 모를 때는 …窓口はどこですか라고 물으면 된다. 일본 郵便局의 로고는 〒이며, 우표를 뜻하는 切手(キッテ)의 テ에서 유래되었다. 은행에서 구좌를 개설할 때는 キャッシュカード도 만들어두면 편리하다. 은행 창구 이외도 캐시코너가 있어서 현금 입출금과 송금을 거의 여기에서 해결할 수 있다.

Q&A 무조건 따라하기

Q : おはようございます。韓国へのはがき5通分の切手をください。

A : 航空便ですか。

Q : はい。ドルのトラベラーズ・チェックをここで現金に両替❶できますか。

A : はい。いくら両替されますか。

Q : 500ドル分❷お願いします。今日の為替❸レートはいくらですか。

A : ええと…。1ドルに108円50銭ですね。手数料が少しかかります。

Q : 안녕하세요. 한국으로 보낼 엽서 5통 분 우표를 주세요.

A : 항공편입니까?

Q : 네. 달러 여행자수표를 여기서 환전할 수 있나요?

A : 네. 얼마 환전하시는데요?

Q : 500달러짜리입니다. 오늘 환율은 얼마입니까?

A : 예…, 1달러에 108엔 50전이군요. 수수료가 조금 듭니다.

❶ 両替 환전, 돈을 바꿈
❷ …分은 어떤 것에 상당하는 분량을 나타낸다.
❸ 為替レート 환율

❑ すみません、郵便局はどこにありますか。
미안합니다, 우체국은 어디에 있습니까?
❖ ポストにはがきを出(だ)す 우체통에 엽서를 넣다

❑ 切手はどこで買えますか。
우표는 어디서 삽니까?

❑ 切手を売る窓口は何番ですか。
우표를 파는 창구는 몇 번입니까?

☺ 切手を売る窓口は何番ですか。
우표를 파는 창구는 몇 번입니까?
☺ 1番の窓口へ行ってください。
1번 창구로 가십시오

❑ 切手を5枚ください。
우표를 5장 주세요.

❑ この手紙には、いくら分の切手を貼らないといけませんか。
이 편지에는 얼마짜리 우표를 붙여야 합니까?
❖ 手紙を出(だ)す 편지를 부치다

편지를 부칠 때

❑ 書留の窓口はどこですか。
등기 창구는 어디입니까?

❑ 船便で送りたいんですが。
선편으로 보내고 싶은데요

❑ この手紙の送料はいくらですか。
이 편지 송료는 얼마입니까?

☺ 航空便ですね。
항공편이군요.
☺ そうです。料金はいくらですか。
그렇습니다. 요금은 얼마입니까?
☺ はい、200百円です。
네, 200엔입니다.

□ 航空便だといくらかかりますか。
항공편이라면 얼마나 듭니까?

□ これを書留にしてください。
이걸 등기로 보내 주세요.

□ 書留郵便を出したいんですけど。
등기우편을 부치고 싶은데요.

> 😊 どんなご用件でしょうか。
> 무슨 용건이십니까?
>
> 😊 書留郵便を出したいんですけど。
> 등기우편을 부치고 싶은데요
>
> 😊 はい、この用紙に記入してください。
> 네, 이 용지에 기입해 주십시오

❖ けれども는 회화체에서 けれど, けど, けども로도 쓰이며 「…데 …만 …마는」의 뜻으로 사실이나 자신의 생각을 부드러운 어조로 나타낸다.

□ 速達でお願いします。
속달로 부탁합니다.

□ ソウルまで着くのにどのくらいかかりますか。
서울까지 도착하는 데 어느 정도 걸립니까?
❖ 동사의 기본형에 …のに가 접속하면 「…하는 데」의 뜻이다.

□ もっと速い方法で送りたいんですが。
더 빠른 방법으로 보내고 싶은데요

□ これを韓国に送るのにいくらかかりますか。
이걸 한국에 보내는 데에 얼마나 듭니까?

□ ここには何を記入したらいいですか。
여기에는 무엇을 기입하면 됩니까?
❖ …たらいいですか …하면 됩니까?

□ 発信人の名前と住所はどこに書いたらいいですか。
발신인 이름과 주소는 어디에 쓰면 됩니까?

□ 郵便ポストはどこにありますか。
우체통은 어디에 있습니까?

□ この近くに包装センターがありますか。
이 근처에 포장센터가 있습니까?

□ この小包の重さを計ってください。
이 소포의 무게를 달아 주세요.
❖ 형용사나 형용동사의 어간에 붙어 명사를 만드는 さ는 상태나 성질·정도 그 자체를 뜻하는 반면, み는 그런 느낌이 있다는 것을 뜻한다. 또한 さ는 거의 대부분의 형용사와 형용동사에 붙지만 み가 붙는 경우는 매우 작다.

□ この小包の料金はいくらですか。
이 소포 요금은 얼마입니까?

☺ これを韓国に送りたいんですけど。
이걸 한국으로 보내고 싶은데요.
☺ 航空便ですか、船便ですか。
항공편입니까, 선편입니까?
☺ あのう、航空便だといくらですか。
저, 항공편이라면 얼마입니까?

□ 中身は印刷物です。郵送料はいくらですか。
안에 든 것은 인쇄물입니다. 우송료는 얼마입니까?

☺ 中身は何ですか。
내용물은 뭡니까?
☺ 印刷物です。郵送料はいくらですか。
인쇄물입니다. 우송료는 얼마입니까?
☺ それでは、1000円です。
그럼, 1000엔입니다.

□ この小包に保健をかけますか。
이 소포에 보험을 들겠습니까?

□ 現金書留を送れますか。
현금을 등기로 보낼 수 있나요?

□ 韓国へ郵便為替を送りたいんですが。
한국에 우편환을 보내고 싶은데요.

□ 郵便貯金はどこで扱っていますか。
우편저금은 어디서 취급하나요?

□ 電報はどこで打ちますか。
전보는 어디서 칩니까?
❖ 電報を打つ 전보를 치다

□ 電報頼信紙をください。
전보용지를 주세요.

□ 慶弔に関する電報も取り扱いますか。
경조에 관한 전보도 취급합니까?
❖ …に関する …에 관한

□ 祝電を送りたいんですが。
축전을 보내고 싶은데요.

은행에서 돈을
바꿀 때

□ ここで両替してもらえますか。
여기서 환전해 줍니까?

☺ ここで両替してもらえますか。
여기서 환전해 줍니까?
☺ いいえ、5番の窓口へおいでください。
아뇨, 5번 창구로 가세요

□ 1万円をくずしてもらえますか。
1만엔을 바꿔 주겠어요?

□ この小切手を現金に換えてもらえますか。
이 수표를 현금으로 바꿔 주겠어요?

□ 旅行者用小切手を現金に換えたいのですが。
여행자용 수표를 현금으로 바꾸고 싶은데요.
❖ トラベラーズチェック 여행자수표

□ 小切手の1枚1枚に署名が必要ですか。
수표 전부 서명이 필요합니까?
❖ 署名する 서명하다 = サインする 사인하다

□ 外国貨幣の交換窓口はどこですか。
외국화폐 교환창구는 어디입니까?

□ 今日の交換レートはいくらですか。
오늘 교환율은 얼마입니까?

□ 預金したいのですが。
예금하고 싶은데요.
❖ お金を下(お)ろす 돈을 찾다

□ 口座を設けたいのですが。
구좌를 개설하고 싶은데요.

> 😊 いらっしゃいませ。何のご用件でしょうか。
> 어서 오십시오. 무슨 용건이십니까?
> 😊 口座を設けたいのですが。
> 구좌를 개설하고 싶은데요.
> 😊 では、この用紙にご記入してください。
> 그럼, 이 용지에 기입해 주십시오.
> 😊 はい、…書きました。
> 네, …적었습니다.
> 😊 何か身分証明書はお持ちですか。
> 무슨 신분증은 가지고 계십니까?
> 😊 パスポートがあります。
> 여권이 있습니다.

□ 普通預金口座にしてください。
보통예금구좌로 해 주세요.

□ 口座をこの銀行に移したいんですが。
구좌를 이 은행으로 옮기고 싶은데요.

□ 定期預金と積立預金ではどちらがいいでしょうか。
정기예금과 적금 중에 어느 것이 좋을까요?

□ 利息は何パーセントですか。
이율은 몇 퍼센트입니까?

□ 5万円引き出したいのですが。
5만엔을 인출하고 싶은데요.

□ 現金自動支払機はどこにありますか。
현금자동지급기는 어디에 있습니까?

상대의 건강을 물을 때는 気分はどうですか라고 한다. 또 어딘가 건강이 안 좋아 보일 때는 どうしましたか?로 질문을 하면, 이에 대한 응답으로 괜찮을 때는 大丈夫です, ご心配なく, 좋지 않을 때는 体調がひどく悪いんです라고 하면 된다. 상대가 아팠을 때 위로하는 표현으로는 早くよくなるといいですね나 どうぞお大事に 등이 있다. 여기서는 건강에 대한 표현과 감기기운 두통 등 몸이 안 좋을 때의 표현에 자신감을 갖도록 하였다.

Q&A 무조건 따라하기

Q : 今日は少しよくなった？ きのうはひどく悪そうだったけど。

A : ものすごく気分が悪かったわ。今朝は少しましだけど、また悪くなってきたみたい。

Q : 風邪ひいたんだろうか。

A : よくわからない。のどはすごく痛いし、鼻はつまるし、寒気もしてきたわ。熱があるかもしれない。

Q : 体が痛む？

A : ええ、どこもかしこも❶。インフルエンザ菌のせいかもね。いま、インフルエンザが大流行らしい❷から。

Q : 오늘은 좀 좋아졌니? 어제는 심하게 안 좋은 것 같던데.
A : 무척 아팠어. 오늘 아침에는 조금 좋아졌지만, 다시 안 좋아진 것 같아.
Q : 감기에 걸린 걸까?
A : 잘 모르겠어. 목은 무척 아프고, 코는 막히고 오한도 들었어. 열이 있을지도 몰라.
Q : 몸이 아프니?
A : 응, 몸 전체가 다 아파. 독감바이러스가 때문일지도 모르겠어. 지금 독감이 무척 유행하고 있는 것 같아.

❶ どこもかしこも 어디나 모두, かしこ 저기
❷ …らしい는 「…인 듯하다, …것 같다」의 뜻으로 근거 있는 추정이나 완곡한 단정을 나타낸다.

□ 私、すごく健康だよ。
나, 무척 건강해.

□ 体調はいいの？
컨디션은 좋니?
❖ 体調 몸의 상태, 体調を整(ととの)える 컨디션을 조절하다

□ 健康には自信があるんだ。
건강에는 자신이 있어.

□ 体力をつけなくちゃ。
체력을 길러야 해.

☺ 来年はハーフマラソンを走ろうよ。
내년에는 하프마라톤을 달리자.
☺ いいよ。体力をつけなくちゃ。
좋지. 체력을 길러야 해.

□ 健康のために何かやってる？
건강을 위해 뭔가 하고 있니?

☺ 健康のために何かやってる？
건강을 위해 뭔가 하고 있니?
☺ 毎朝、ジョギングをしているよ。
매일 아침 조깅을 하고 있어.

□ このごろ体力の衰えを感じるよ。
요즘 체력이 떨어진 느낌이야.
❖ 体力が衰える 체력이 떨어지다

□ 階段を上がると息がきれるんだ。
계단을 오르면 숨이 차.

□ 医者から酒をやめるように言われたんだ。
의사가 술을 끊으라고 했어.

☺ 飲みに行こうよ。
술 마시러 가자.
☺ ダメなんだよ。医者から酒をやめるように言われたんだ。
안 돼. 의사가 술을 끊으라고 했어.

❖ 酒(タバコ)をやめる 술(담배)을 끊다

□ 禁煙したんだ。
담배를 끊었어.
❖ 禁煙 금연 ↔ 喫煙 흡연. 禁酒(きんしゅ) 금주

□ 今、ダイエットをしているの。
지금 다이어트를 하고 있어.

□ 木村さんはダイエットをしたことがありますか。
기무라 양은 다이어트를 한 적이 있습니까?

□ どれぐらい体重を減らしたいの?
어느 정도 체중을 줄이고 싶니?

> ☺ どれぐらい体重を減らしたいの?
> 어느 정도 체중을 줄이고 싶니?
> ☺ 最低でも3キロは減らしたいわ。
> 적어도 3킬로그램은 줄이고 싶어.

□ 早寝早起きは健康の元です。
일찍 자고 일찍 일어나는 것은 건강의 비결입니다.

운동에 관한 화제

□ いつも運動していますか。
늘 운동합니까?

□ 運動することが大好きです。
운동하는 것을 무척 좋아합니다.

□ 少なくとも週2回は水泳に行くことにしています。
적어도 1주일에 두 번은 수영을 가도록 하고 있습니다.
❖ …ことにする …하기로 하다

□ 毎日少しでも運動するよう心掛けています。
매일 조금이라도 운동하려고 마음을 먹고 있습니다.

□ 最近はゴルフをやっています。
요즘에는 골프를 하고 있습니다.

□ 運動は健康と長生きの鍵です。
운동은 건강과 장수의 열쇠입니다.
❖ 長生き 오래 삶, 장수 = 長寿(ちょうじゅ) 장수

□ 元気はどう？
건강은 어때?

> 😊 元気はどう？
> 건강은 어때?
> 😊 大丈夫だよ。ありがとう。
> 괜찮아. 고마워.

□ 今朝の気分はどうですか。
오늘 아침 기분은 어떻습니까?
❖ 気分은 추상적이며 어렴풋한 상태를 말한다.

□ 元気がないみたいだね。
기운이 없어 보이네.

> 😊 元気がないみたいだね。
> 기운이 없어 보이네.
> 😊 うん、気分が悪いんだ。
> 응, 몸이 안 좋아.

❖ …みたいだ는 불확실한 단정을 나타내는 …ようだ의 회화체이다.

□ ご気分でも悪いんですか。
어디 편찮으세요?

□ 木村さん、大丈夫ですか。
기무라 씨, 괜찮습니까?

> 😊 木村さん、大丈夫ですか。だいぶ気分が悪そうですよ。
> 기무라 씨, 괜찮습니까? 무척 몸이 안 좋은 것 같은데요.
> 😊 ええ、気分がすぐれません。実は体調がひどく悪いんですよ。
> 예, 기운이 없습니다. 실은 컨디션이 무척 안 좋습니다.

□ どこか悪いんですか。
어디 아프세요?

□ どうかしましたか。
어디 안 좋으세요?

> 😊 どうかしましたか。
> 어디 안 좋으세요?
> 😊 いや、何でもありません。ご心配なく。
> 아뇨, 아무 것도 아닙니다. 걱정 마세요.

□ どこか具合が悪いんですか。
어디 몸이 안 좋으세요?
❖ 具合が悪い 컨디션(건강 상태)이 안 좋다

□ 熱がありそうですね。
열이 있는 것 같군요.
❖ そうだ는 눈에 보이는 것을 확실히 단정하지 않고 말할 때 쓰인다.

□ 顔色がよくないですね。
안색이 안 좋군요.

□ お顔が赤いですよ。
얼굴이 빨개요.

□ 声がしわがれてますよ。
목소리가 잠겼어요.

□ 医者に診てもらうようにしましょうか。
의사에게 진찰을 받도록 할까요?

☺ 医者に診てもらうようにしましょうか。
의사에게 진찰을 받도록 할까요?
☺ いや、結構です。何とか大丈夫ですから。
아뇨, 됐습니다. 이제 괜찮으니까요.

❖ 医者に診てもらう 의사에게 진찰을 받다

□ 今日は少し良くなりましたか。
오늘은 조금 좋아졌습니까?

☺ 今日は少し良くなりましたか。
오늘은 조금 좋아졌습니까?
☺ ええ、ちょっと。
예, 조금요.
☺ それはよかった。きのうは本当に具合が悪かったようです。
그거 다행입니다. 어제는 정말로 몸이 안 좋았던 것 같습니다.

□ 具合が悪くて大変ですね。
몸이 좋지 않아서 힘들겠군요.

□ 早く良くなるといいですね。
빨리 나으면 좋겠군요.

□ 少し休んだらどうです？
좀 쉬는 게 어때요?

□ しばらく横になったほうがいいですよ。
잠시 눕는 게 좋겠어요.
❖横になる 자다, 몸을 눕히다

□ 1日仕事を休むといいですよ。
하루 일을 쉬면 좋겠어요

□ お互いに体に気をつけなくては、もう年ですからね。
이제 서로 건강에 신경을 써야 될 나이이니까요.
❖気を付ける 조심하다, 주의하다

□ どこもおかしくありません。
아무데도 이상이 없습니다.

□ 大丈夫です。ご心配なく。
괜찮습니다. 걱정 마세요.

☺ 完全に治りましたか。
완전히 나았습니까?
☺ 大丈夫です。ご心配なく。
괜찮습니다. 걱정 마세요

□ 体調はいいです。
컨디션은 좋습니다.

□ 今日はだいぶ良くなりました。
오늘은 많이 좋아졌습니다.

□ すっかり回復しました。
완전히 회복되었습니다.

□ この頃、体の調子がいいです。
요즘 컨디션이 좋습니다.

□ いつになく気分がいいです。
여느 때와 달리 기분이 좋습니다.
❖いつにない 전에 없다, 여느 때와는 다르다

□ とてもコンディションがいいです。
컨디션이 매우 좋습니다.

□ 大変元気です。
무척 건강합니다.

☺ ご機嫌いかがですか。
건강하십니까?
☺ 大変元気です。
무척 건강합니다.

□ この頃、すぐ疲れます。
요즘 금방 피곤합니다.

□ 疲労感がとれません。
피로감이 가시지 않습니다.
❖ 疲労がとれる 피로가 풀리다

□ 家に帰って寝たほうがいいよ。
집에 가서 쉬는 게 좋겠어.

☺ 元気が悪いの。
몸이 안 좋아.
☺ 家に帰って寝たほうがいいよ。
집에 가서 쉬는 게 좋겠어.

□ あまり元気がありません。
별로 기운이 없습니다.

□ 朝から体が重いです。
아침부터 몸이 무겁습니다.
❖ 体が重い 몸이 무겁다 ↔ 体が軽(かる)い 몸이 가볍다

□ 食欲が全然ありません。
식욕이 전혀 없습니다.

□ 二日酔いで頭が痛いです。
숙취 때문에 머리가 아픕니다.

□ 胃が悪いので気分がすぐれないよ。
위가 안 좋아서 기분이 개운치 않아.
❖ すぐれない (건강·기분·병 따위가) 좋은 상태가 아니다, 시원치 않다

□ 風邪を引いちゃった。
감기에 걸렸어.
❖ 風邪を引く 감기에 걸리다, ひいちゃった = 引いてしまった

□ 少し風邪気味なの。
조금 감기기운이 있어.

☺ あまり調子がよくないようですね。どうしました?
별로 몸이 안 좋은 것 같군요 어디 아프세요?
☺ いや、大したことはありません。ちょっと風邪気味なだけで
すよ。ご心配なく。
아뇨, 대수로운 건 아닙니다. 좀 감기기운이 있어요 걱정 마세요

❖ …気味는 접미어적으로「기미, 경향, 티, 기색」을 나타낸다.

□ あなたの風邪が移ったみたい。
너한테 감기를 옮은 것 같아.

□ インフルエンザにかかったんだと思うわ。
독감에 걸린 것 같아.

□ 風邪がなかなか抜けなくてね。
감기가 좀처럼 떨어지지 않아.

□ 風邪を引かないように気をつけてね。
감기에 걸리지 않도록 조심해.

□ 寒気がします。
오한이 납니다.

□ 鼻水が出ます。
콧물이 나옵니다.

□ せきが止まりません。
기침이 멈추지 않아요.

☺ 顔色がとてもよくないけど、大丈夫?
안색이 무척 안 좋은데, 괜찮니?
☺ いや、せきが止まらない。熱もある。
아니, 기침이 안 멈춰. 열도 있어.

의학의 전문지식을 제쳐두고라도 医院과 病院에서 필요한 표현을 익혀 일상적인 증상을 일본어로 정확히 전할 수 있도록 만일의 경우에 대비하자. 여기서는 병원을 들어서서 진료를 받으면서 증상을 호소하고 설명하는 표현에서부터 검진, 병문안, 입퇴원에 이르기까지의 과정을 익히도록 하였다.
일본에서도 모든 진료과목을 설치하고 최신의료기기를 갖춘 종합병원과 일명 동네병원이라 불리는 開業医(かいぎょうい)가 있다.

Q&A 무조건 따라하기

Q: すみません。受付はどこですか。

A: 内科ですか、❶外科ですか。

Q: 内科です。

A: 内科の受付は1番の窓口です。

Q: おはようございます。2時に木村先生に予約したキムです。

A: そうですか。保険証をお願いします。

Q: はい、ここにあります。

Q : 여보세요. 접수처는 어디입니까?
A : 내과입니까, 외과입니까?
Q : 내과입니다.
A : 내과 접수는 1번 창구입니다.
Q : 안녕하세요. 2시에 기무라 선생님께 예약한 김입니다.
A : 그러세요. 보험증을 주세요.
Q : 네, 여기 있습니다.

❶ 下는 주로 か로 발음하지만, 外科(げか), 下痢(げり) 등은 げ로 발음한다.

☐ この<ruby>近<rt>ちか</rt></ruby>くに<ruby>病院<rt>びょういん</rt></ruby>はありますか。
이 근처에 병원은 있습니까?
❖ 近く 근처, 가까운 곳, 가까이 ↔ 遠(とお)く 멀리, 먼 곳

☐ <ruby>病院<rt>びょういん</rt></ruby>へ<ruby>連<rt>つ</rt></ruby>れて<ruby>行<rt>い</rt></ruby>ってください。
병원으로 데려가 주세요.

☐ <ruby>予約<rt>よやく</rt></ruby>が<ruby>必要<rt>ひつよう</rt></ruby>ですか。
예약이 필요한가요?

☐ <ruby>今日<rt>きょう</rt></ruby>の<ruby>午後<rt>ごご</rt></ruby><ruby>診<rt>み</rt></ruby>ていただけますか。
오늘 오후에 진찰을 받을 수 있습니까?

☺ <ruby>今日<rt>きょう</rt></ruby>の<ruby>午後<rt>ごご</rt></ruby><ruby>診<rt>み</rt></ruby>ていただけますか。
오늘 오후에 진찰을 받을 수 있습니까?
☺ <ruby>今日<rt>きょう</rt></ruby>の<ruby>午後<rt>ごご</rt></ruby>は、2<ruby>時半<rt>じはん</rt></ruby>か3<ruby>時<rt>じ</rt></ruby>なら<ruby>空<rt>あ</rt></ruby>いています。
오늘 오후에는 2시반이나 3시라면 비어 있습니다.

☐ いい<ruby>歯医者<rt>はいしゃ</rt></ruby>さんを<ruby>知<rt>し</rt></ruby>っている?
좋은 치과의사를 알고 있니?

☺ いい<ruby>歯医者<rt>はいしゃ</rt></ruby>さんを<ruby>知<rt>し</rt></ruby>っている?
좋은 치과의사를 알고 있니?
☺ ええ、<ruby>私<rt>わたし</rt></ruby>は10<ruby>年以上<rt>ねんいじょう</rt></ruby>、<ruby>今<rt>いま</rt></ruby>の<ruby>歯医者<rt>はいしゃ</rt></ruby>さんに<ruby>診<rt>み</rt></ruby>てもらっているわよ。
응, 나는 10년 이상 지금 치과의사에게 진료를 받고 있어.

☐ かかりつけの<ruby>医者<rt>いしゃ</rt></ruby>は<ruby>誰<rt>だれ</rt></ruby>ですか。
담당의사는 누구입니까?
❖ かかりつけ 언제나 정해진 의사의 치료나 진찰을 받는 일. 단골 의사(주치의)

☐ <ruby>医者<rt>いしゃ</rt></ruby>に<ruby>診<rt>み</rt></ruby>てもらいたいんですが。
의사에게 진찰을 받고 싶은데요.

☐ <ruby>外来<rt>がいらい</rt></ruby>の<ruby>入口<rt>いりぐち</rt></ruby>はどこでしょうか。
외래환자 입구는 어디입니까?

☐ <ruby>受付<rt>うけつけ</rt></ruby>はどちらでしょうか。
접수는 어디에서 합니까?

□ 今日が初めてです。
オ늘이 처음입니다.
❖ 初診(しょしん) 초진

□ 受付用紙はどこにありますか。
접수용지는 어디에 있습니까?

□ 健康保険証です。
의료보험증입니다.

□ 保険証はこちらへ提出するのですか。
보험증은 여기에 제출합니까?

□ 先ほど予約の電話をした今村ですが。
아까 전화로 예약한 이마무라인데요.

😊 先ほど予約の電話をした今村ですが。
아까 전화로 예약한 이마무라인데요.
😊 あ、今村さんですね。どうぞおかけになってお待ちください。
先生は少々したら診てくださいますから。
아, 이마무라 씨이군요. 자 앉아서 기다리십시오.
선생님은 잠시 지나면 진료해 드릴 테니까요.

□ 10時に診ていただく予約がしてあります。
10시에 진찰 예약이 되어 있습니다.

□ 病歴を書き込む必要がありますか。
병력을 기입할 필요가 있습니까?
❖ 書き込む 적어넣다, 기입하다 = 記入(きにゅう)する 기입하다

□ この病院は何時から何時までですか。
이 병원은 몇 시부터 몇 시까지입니까?

□ 耳鼻咽喉科の先生に診ていただきたいのですが。
이비인후과 선생님에게 진찰을 받고 싶은데요.

□ 診察室はどこですか。
진찰실은 어디입니까?

□ 往診していただけますか。
왕진해 주실 수 있습니까?

□ すぐ息切れがします。
금방 숨이 찹니다.
❖ 息切れ 호흡이 고르지 않고 답답함 息苦(いきぐる)しい 숨막히다

□ いつも疲れている感じでよく眠れません。
항상 피로감을 느끼고 잠도 잘 자지 못합니다.

> ☺ どうなさいましたか。
> 어디가 안 좋습니까?
> ☺ いつも疲れている感じでよく眠れません。
> 항상 피로감을 느끼고 잠도 잘 자지 못합니다.

□ 頭痛がするんです。
머리가 아픕니다.
❖ する (자연 또는 사람에게 상태·현상 등이) 일어나다 物音(ものおと)がする 소리가
나다, 寒気(さむけ)がする 오한이 들다, 頭痛(ずつう)がする 두통이 나다

□ あまり食欲がありません。
별로 식욕이 없습니다.

□ 別に変わったものは食べていません。
별로 색다른 것은 먹지 않습니다.

> ☺ 昨日、何を食べましたか。
> 어제 무엇을 먹었습니까?
> ☺ 別に変わったものは食べていません。
> 별로 색다른 것은 먹지 않습니다.

□ 昨夜から痛くなりました。
어젯밤부터 아팠습니다.

□ 2週間ぐらいこの痛みが続いています。
2주일 정도 이 통증이 계속되고 있습니다.

> ☺ いつ頃から痛いのですか。
> 언제부터 아픕니까?
> ☺ 2週間ぐらいこの痛みが続いています。
> 2주일 정도 이 통증이 계속되고 있습니다.

□ ここが痛いんです。
여기가 아픕니다.

□ このあたりを押すと痛みます。
여기 주위를 누르면 아픕니다.

□ ときどき吐き気がします。
가끔 구역질이 납니다.

□ 夜、痛みで目が覚めることがあります。
밤에 통증으로 잠을 깨는 경우도 있습니다.
❖ 目が覚める 눈이 뜨다, 잠을 깨다

□ 身体がだるいんです。
몸이 나른합니다.

□ 最近、疲れやすくて。
요즘 쉬 피곤해져서요.

> 😊 最近、疲れやすくて。
> 요즘 쉬 피곤해져서요
> 😊 睡眠は十分にとっていますか。
> 수면은 충분히 취하고 있습니까?

□ よく眠れません。
잠을 잘 못 잡니다.

□ 便秘しています。
변비가 있습니다.

□ 消化不良に悩んでいます。
소화불량으로 고생하고 있습니다.

□ ときどき目眩がします。
가끔 현기증이 납니다.

□ 貧血に悩んでいます。
빈혈로 고생하고 있습니다.

통증을 호소할 때
□ 頭ががんがん痛みます。
머리가 지끈지끈 아픕니다.

□ 下腹がしくしく痛みます。
아랫배가 살살 아픕니다.

□ 左の眼がちくちく痛みます。
왼쪽 눈이 따끔따끔 아픕니다.

□ 胃の痛みがひどくて我慢できません。
위가 너무 쓰려서 참을 수 없습니다.

□ 腰のまわりが痛みます。
허리 주위가 아픕니다.

□ あごを動かすとひどく痛いです。
턱을 움직이면 몹시 아픕니다.

□ 息をすると胸が痛いのです。
숨을 쉬면 가슴이 아픕니다.

□ ちょっと腫れるだけでも痛いです。
약간 붓기만 해도 아픕니다.

□ 押すとときどき痛いんです。
누르면 가끔 아픕니다.

□ 歩くと足の付け根が痛いのです。
걸으면 발목이 아픕니다.

□ ずきずきする痛みです。
욱신거려요.

□ きりきりする痛みです。
쑤시듯이 아파요.

□ 刺すような痛みです。
찌르듯이 아파요.

진찰을 받을 때

□ 私はどこが悪いのですか。
저는 어디가 안 좋은가요?

☻ 私はどこが悪いのですか。
저는 어디가 안 좋은가요?

☺ インフルエンザのようです。
독감인 것 같습니다.

ただの風邪ですか。
단지 감기입니까?

この痛みの原因は何ですか。
이 통증의 원인은 무엇입니까?

薬を飲む必要がありますか。
약을 먹을 필요가 있습니까?

☺ 薬を飲む必要がありますか。
약을 먹을 필요가 있습니까?
☺ ええ、薬を処方しましょう。
예, 약을 처방하지요.

抗生物質にアレルギーがあります。
항생물질에 알레르기가 있습니다.

☺ 何かアレルギーはありますか。
무슨 알레르기가 있습니까?
☺ ええ、抗生物質にアレルギーがあります。
예, 항생물질에 알레르기가 있습니다.

今、薬を飲んでいます。
지금 약을 먹고 있습니다.

今まで大きな病気のしたことはありません。
지금까지 크게 아픈 적은 없습니다.

健康診断はしばらく受けていません。
건강진단은 한참 받지 않았습니다.

健康診断では、異常はありませんでした。
건강진단으로는 이상은 없었습니다.

検査を受ける必要がありますか。
검사를 받을 필요가 있습니까?

☺ 検査を受ける必要がありますか。
검사를 받을 필요가 있습니까?
☺ ええ、血液と尿の検査をします。
예, 혈액과 소변 검사를 합니다.

□ 検査の結果を教えてください。
검사 결과를 가르쳐 주세요.

□ どんな治療をするのですか。
어떤 치료를 하는 겁니까?

□ すぐに良くなりますか。
곧 좋아지겠습니까?

□ どれぐらいで良くなりますか。
어느 정도면 좋아지겠습니까?

□ お酒を飲んでもかまいませんか。
술을 마셔도 상관없습니까?

□ 今度はいつ来ればいいのですか。
다음에는 언제 오면 됩니까?

□ 入院する必要がありますか。
입원할 필요가 있습니까?

□ 運動をしてもいいですか。
운동을 해도 됩니까?

□ 母は病気が再発して入院しました。
어머니는 병이 재발해서 입원했습니다.

□ 入院にはどんな手続きが必要でしょうか。
입원에는 어떤 수속이 필요합니까?

□ 入院にも保険がきくでしょうか。
입원도 보험이 됩니까?

□ できれば個室がいいのですが。
가능하면 1인실이 좋겠는데요.

□ 手術の前にどのくらい入院してないといけませんか。
수술 전에 어느 정도 입원해야 합니까?

□ 個人の看護婦さんをつけてもよろしいですか。
개인 간호사를 딸려도 되겠습니까?

□ 今日は何時に先生に診ていただけますか。
오늘은 몇 시에 선생님에게 진찰을 받을 수 있습니까?

□ 入院患者病棟はどこでしょうか。
입원환자 병동은 어디에 있나요?

□ 外科病棟の何号室ですか。
외과병동은 몇 호실입니까?

□ 見舞いに行って彼女を元気づけてあげることにしよう。
병문안을 가서 그녀를 위로하도록 하자.

□ この病院の面会時間を知りたいのですが。
이 병원의 면회시간을 알고 싶은데요.

□ 今日の具合はどうですか。
오늘은 몸이 어때요?

> ☺ 今日の具合はどうですか。
> 오늘은 몸이 어때요?
>
> ☺ ずっと良くなりました。ありがとう。
> 훨씬 좋아졌습니다. 고마워요

□ 花束を持ってきました。
꽃다발을 가지고 왔습니다.

□ 思ったよりずっと元気そうですね。
생각보다 훨씬 건강해 보이네요.

□ きっとすぐ元気になりますよ。
꼭 곧 건강해질 거예요.

□ 何でも気楽に考えて、ゆったりしてください。
무엇이든 편히 생각하고, 느긋하게 마음먹으세요.

□ しっかりして病気に負けないでください。
굳게 마음먹고 병과 싸워 이기세요.

□ 今月末までにまた来ます。
이번 달 말까지 또 오겠습니다.

□ くれぐれもお大事に。
아무쪼록 몸조리 잘 하세요.

□ 退院はいつになりますか。
퇴원은 언제 됩니까?

□ あさって退院できるそうですよ。
모레 퇴원할 수 있답니다.

☺ あさって退院できるそうですよ。
모레 퇴원할 수 있답니다.

☺ それはいい知らせだ。
그거 좋은 소식이군.

CHAPTER 32

다양한 진료과목

여기서는 内科, 外科, 産婦人科, 小児科, 皮膚科, 泌尿器科, 歯科, 眼科, 耳鼻咽喉科, 精神科, 神経外科 등의 각 진료과목에 대한 표현을 익힌다 접수창구에서 どの科におかかりですか고 물었을 때 확실히 모를 경우에는 증상을 말하면 된다 초진일 경우에는 자세한 증상을 설문지에 기입하여 제출하고 접수가 끝나면 受診(じゅしん)カード를 만들어 준다 이 카드는 이후에 병원에 갈 때도 잊지 말고 지참하도록 하자

Q&A 무조건 따라하기

Q : 木村さん、おはようございます。入って腰かけて。さて、どうしました？

A : 頭痛がひどくて…。

Q : いつから？

A : 1週間近くなります。アスピリンを飲みましたけど、効かないようで。

Q : なるほど。どんな痛みですか。

A : 重苦しくズキンズキンと痛むんです。ちょうどこのへん、頭のてっぺんを痛みが走るんです。

Q : 기무라 씨, 안녕하세요. 들어와 앉으세요. 자 어디가 아프세요?

A : 두통이 심해서…

Q : 언제부터?

A : 1주일 가까이 됩니다. 아스피린을 먹었는데 안 듣는 것 같아서요.

Q : 그래요. 통증은 어때요?

A : 묵직하게 욱신거리며 아픕니다. 자 여기가요. 머리 꼭대기에 통증이 있습니다.

❶ 腰かける (의자 따위에) 걸터앉다
❷ 重苦しい 답답하다, 짓눌리는 듯 괴롭다

내과에서

□ 少し熱があります。
조금 열이 있습니다.

□ 熱はありませんが、全身がだるいです。
열은 없습니다만, 전신이 나른합니다.

□ 軽い頭痛ですが、なかなか治りません。
가벼운 두통인데, 좀처럼 낫지 않습니다.

□ 頭が割れるように痛みます。
머리가 깨지듯이 아픕니다.
　❖ …ように …한 것처럼, …한 듯이

□ 頭がずきずき痛みます。
머리가 쿡쿡 쑤십니다.

□ 胸につかえる感じがあります。
가슴이 막히는 느낌이 있습니다.

□ ちくちく刺すようにおなかが痛みます。
쿡쿡 쑤시듯이 배가 아픕니다.

□ 下腹が突っ張っています。
아랫배가 땅깁니다.

□ 痛みは治りましたが、下痢が止まりません。
통증이 나았습니다만, 설사가 멈추지 않습니다.

□ おなかを壊しました。
배탈이 났습니다.
　❖ お腹を壊す 배탈이 나다

□ 牛乳を飲むと下痢します。
우유를 마시면 설사합니다.
　❖ 下痢をする 설사를 하다

□ 消化不良です。
소화불량입니다.

□ 腹にガスがたまります。
배에 가스가 찹니다.

□ 便秘がなかなか治りません。
변비가 좀처럼 낫지 않습니다.

□ 胃が刺すように痛みます。
위가 찌르듯이 아픕니다.

□ いつも胃に不快感があります。
항상 위에 불쾌감이 있습니다.

□ 胃が膨らんだような感じがします。
속이 더부룩한 느낌이 듭니다.
   ❖ 感じがする 느낌이 들다

□ お酒を飲んだ翌朝は必ず胃が痛みます。
술을 마신 다음 날 아침에는 꼭 속이 쓰립니다.

외과에서

□ 腰を抜かしました。
허리를 삐었습니다.

□ 腰が痛くて動けません。
허리가 아파서 움직일 수 없습니다.

□ 歩くとすねが痛みます。
걸으면 정강이가 아픕니다.

□ このごろ、いつも起きがけに肩が痛みます。
요즘 늘 일어나려면 어깨가 아픕니다.
   ❖ がけ는 동사의 중지형에 접속하여 「…길(에), …하다가」의 뜻으로 그 동작을 하는 도중임을 나타낸다.

□ 首が堅くなって動かせません。
목이 뻣뻣해져 움직일 수 없습니다.

□ 腕の骨を折りました。
팔이 부러졌습니다.
   ❖ 骨を折る(뼈가 부러지다)는 「고생하다, 수고하다, (남을 위해) 애쓰다」의 뜻으로도 쓰인다.

□ 足首を捻挫したらしいのですが。
발목을 삔 것 같은데요.

□ 足首 をくじきました。
발목을 삐었습니다.

□ 左腕 を脱臼したらしいのです。
왼팔이 빠진 것 같습니다.

□ 擦 りむいたところがひりひりします。
스쳐서 까진 곳이 얼얼합니다.

□ とげが深 く刺 さって取 れません。
가시가 깊이 박혀 빠지지 않습니다.

□ 手 を火傷 しました。
손을 데었습니다.
❖ 火傷する 화상을 입다, 데다

□ 虫 に刺 された跡 がはれました。
벌레에 물린 자국이 부었습니다.
❖ 虫(むし)にさされる 벌레에 물리다

산부인과에서

□ 月経 が不純 です。
월경이 고르지 못합니다.

□ 妊娠 したのではないでしょうか。
임신한 게 아닐까요?

□ 子供 がほしいのに、生 まれないのです。
아이를 갖고 싶은데 생기지 않습니다.

□ つわりがひどいのです。
입덧이 심합니다.

□ 人工受精 をしたいです。
인공수정을 하고 싶습니다.

□ 足 が冷 えます。
다리가 차갑습니다.

□ 尿意 をしばしば催 します。
요의를 가끔 느낍니다.

□ うちの子供が頭が痛いと言うのです。
우리 아이가 머리가 아프다고 합니다.

□ 子供が耳が痛いと言います。
아이가 귀가 아프다고 합니다.

□ 子供が高熱を出しました。
아이가 열이 많이 납니다.

□ 息づかいが荒くて、苦しそうです。
숨소리가 거칠고 괴로워 보입니다.

□ 熱と咳が出て、息をするのが苦しそうです。
열과 기침이 나와 숨을 쉬는 것이 괴로운 것 같습니다.
❖ 咳をする 기침을 하다, 息をする 숨을 쉬다

□ 発作的にせき込んだりするので心配です。
발작적으로 심하게 기침을 하기 때문에 걱정입니다.

□ もう何日も咳が止まらないのです。
벌써 수일간 기침이 멈추지 않습니다.

□ 食べ物がのどを通るとき、痛いそうです。
음식이 목을 지날 때 아프답니다.

□ 子供がひきつけを起こしました。
아이가 경련을 일으켰습니다.

□ 発疹がひどいのです。
발진이 심합니다.
❖ 発疹(はっしん)은 ほっしん으로도 읽는다.

□ 大変かゆそうです。
무척 가려운 것 같습니다.

□ この子が急に意識を失ってしまったのです。
이 아이가 갑자기 의식을 잃어 버렸습니다.

□ ゆうべから下痢をします。
어젯밤부터 설사를 합니다.

□ 水虫がひどいのです。
무좀이 심합니다.

□ 海水浴でひどい日焼けを起こしました。
해수욕으로 피부가 심하게 탔습니다.
❖ 日焼けする 태우다

□ お尻におできができました。
엉덩이에 종기가 생겼습니다.

□ 手のひらに水疱ができました。
손바닥에 수포가 생겼습니다.

□ 肌に赤いボツボツがあります。
살갗에 빨간 점이 있습니다.

□ 手の霜焼がひどいのです。
손에 동상이 심합니다.

□ ここに湿疹ができました。
여기에 습진이 생겼습니다.

□ にきびが治りません。
여드름이 낫지 않습니다.
❖ にきびができる 여드름이 나다

□ 化粧品でかぶれました。
화장품 때문에 피부가 헐었습니다.

□ 子供のあせもがひどいのです。
아이의 땀띠가 심합니다.

□ じん麻疹がひどいのです。
두드러기가 심합니다.

□ 魚アレルギーです。
생선 알레르기입니다.

□ かゆみが止まりません。
가려움이 멈추지 않습니다.
❖ かゆい 가렵다

□ 尿が出にくいのです。
소변이 잘 나오지 않습니다.
❖ 尿 = 小便(しょうべん) 소변, 오줌, 오줌

□ 排尿するときに、尿道がすごく痛むのです。
배뇨할 때에 요도가 무척 아픕니다.

□ 尿がまったく出ず、下腹が苦しいのです。
오줌이 전혀 나오지 않고 아랫배가 답답합니다.

□ 性病に感染しているかもしれません。
성병에 감염되었는지도 모르겠습니다.

□ 冷たい水を飲むたびに歯がひどく痛いんです。
차가운 물을 마실 때마다 이가 몹시 아픕니다.
❖ 糸切(いとき)り歯(は) 송곳니, 前歯(まえば) 앞니, 奥歯(おくば) 어금니, 知恵歯(ちえば) 사랑니, 虫歯(むしば) 충치, 八重歯(やえば) 덧니

□ その歯は甘い物を食べると痛みます。
그 이는 단 것을 먹으면 아픕니다.

□ 歯茎にときどき鈍い痛みがあります。
잇몸은 가끔 약간의 통증이 있습니다.

□ 虫歯が何本かあると思います。
충치가 몇 개 있는 것 같습니다.

□ 歯が一本ぐらぐらしています。
이가 하나 흔들거립니다.

□ その歯は助かりませんか。
그 이는 치료가 안 됩니까?

□ すみません、歯が抜かれるのはいやなんですが。
미안합니다. 이가 빠지는 것은 싫습니다.

□ 食べ物がよく歯に挟まります。
음식물이 자주 이에 끼입니다.

□ 虫歯の一本を詰めていただきたいのですが。
충치 하나를 때워 주셨으면 하는데요.

□ 歯ぎしりすることがあります。
이를 갈 때가 있습니다.

□ どんな歯ブラシを使うといいでしょうか。
어떤 칫솔을 쓰면 좋을까요?
❖ 歯(は)を磨(みが)く 이를 닦다, 歯磨(はみがき粉(こ) 치약

□ 目が痛くなったり、頭痛がしたりします。
눈이 아파지거나 머리가 아프기도 합니다.
❖ …たり…たりする …하기도 하고 …하기도 하다

□ 目が痛くて涙が出てきます。
눈이 아파서 눈물이 나옵니다.

□ 目がちかちかします。
눈이 부십니다.

□ 右目がずきずきします。
오른쪽 눈이 쑤십니다.

□ 痛くて目を開けていられません。
아파서 눈을 뜰 수 없습니다.
❖ 目を開ける 눈을 뜨다 ↔ 目を閉(と)じる 눈을 감다

□ 目がかゆいです。
눈이 가렵습니다.

□ 目が充血しています。
눈이 충혈되어 있습니다.

□ 視野がかすみます。
시야가 침침합니다.

□ 目脂がたまります。
눈곱이 낍니다.

□ 視力が落ちたようです。
시력이 떨어진 것 같습니다.

□ 遠くがぼやけて見えます。
먼 곳이 흐려 보입니다.

실용회화

□ 右耳がうずいて痛みます。
오른쪽 귀가 쑤시고 아픕니다.

□ 片方の耳がゴロゴロ鳴ります。
한쪽 귀가 윙윙 울립니다.
❖ ゴロゴロ는 コロコロ보다 소리나 동작이 크다

□ このごろ少し耳が遠くなりました。
요즘 약간 귀가 멀었습니다.
❖ 耳が遠い 귀가 멀다

□ 耳垂れが出ます。
귀에서 고름이 나옵니다.

□ 耳鳴りがします。
귀가 울립니다.

□ 鼻が詰まって頭まで痛くなります。
코가 막혀 머리까지 아파집니다.

□ 鼻の中がかゆい感じがします。
콧속이 가려운 느낌이 듭니다.

□ 鼻汁の中に血が混じっているんです。
콧물 속에 피가 섞여 있습니다.

□ 毎朝鼻血が出ます。
매일아침 코피가 나옵니다.

□ 喉がひりひりします。
목이 얼얼합니다.
❖ ひりひり 날카로운 통증이나 매운맛이 느끼는 모양. 따끔따끔

□ 喉に何か詰まっているような感じがします。
목에 뭔가 막힌 듯한 느낌이 듭니다.

□ 喉につかえた魚の骨がとれません。
목에 걸린 생선가시가 빠지지 않습니다.

□ 唾を飲むのも苦しいのです。
침을 삼키는 것도 괴롭습니다.

□ 気持ちがふさぎこんでいます。
마음이 울적합니다.

□ いつもくよくよしています。
늘 불안합니다.

□ 考えがまとまりません。
생각이 정리되지 않습니다.

□ 怒りっぽくなりました。
쉽게 화를 냅니다.

□ 感情の起伏が激しいのです。
감정의 기복이 심합니다.

□ 何をやっても熱中できません。
무엇을 해도 집중이 안 됩니다.

□ 小さいことばかりにこだわっています。
사소한 일에 집착합니다.
❖ …にこだわる …에 얽매여 마음을 쓰다, …에 구애되다

□ 不眠症に悩んでいます。
불면증에 시달리고 있습니다.

□ 顔がむくんでいます。
얼굴이 붓습니다.

□ 肩がこります。
어깨가 결립니다.

□ 手足がしびれます。
손발이 저립니다.

□ 手足が麻痺しました。
손발이 마비되었습니다.

□ こむらがえりを起こします。
쥐가 납니다.

CHAPTER 33

약의 조제와 구입

처방전을 가지고 약국에서 약을 조제할 때는 この処方せんで調剤してください라고 하며, 필요한 약을 구입할 때는 …によく効く薬をください라고 하면 된다. 일본은 우리보다 앞서 의약분업이 실시되어 약국에서 의사의 처방이 없이 임의로 약을 조제할 수 없다. 또 우리와는 달리 미국의 드럭스토어(drugstore)처럼 일반 약은 물론 세제, 샴푸, 크림, 치약, 화장품, 심지어는 개나 고양이의 사료도 취급하는 곳이 많다.

Q&A 무조건 따라하기

Q: こんにちは。下痢の薬、なんかありますか。

A: はい。この錠剤がとてもよく効くようです。

Q: それ、もう❶飲んだんですけど、あまりよく効かなかったんです。別のあります？

A: この薬もあるんですけど、それほど強くないので、ふつうはお子さまにおすすめしてるんです。お❷薬が効かないようでしたら、お医者さまに行かれて処方してもらったほうがいいと思いますが。

Q: 안녕하세요. 설사약 있습니까?

A: 네. 이 정제가 무척 잘 듣는 것 같습니다.

Q: 그거 벌써 먹었는데, 별로 잘 듣지 않았습니다. 다른 것은 있나요?

A: 이 약도 있는데, 그다지 독하지 않기 때문에 보통 어린이에게 권하고 있습니다. 약이 듣지 않는 것 같으면, 의사 선생님께 가셔서 처방을 받는 게 좋을 것 같은데요.

❶ 薬を飲む 약을 먹다
❷ 薬が効く 약이 듣다

❑ こちらで調剤してもらえますか。
여기서 조제해 줍니까?

❑ この処方せんで調剤してください。
이 처방전으로 조제해 주세요.

❑ 何回くらい服用するのですか。
몇 번 정도 복용하는 겁니까?

> ☺ 何回くらい服用するのですか。
> 몇 번 정도 복용하는 겁니까?
> ☺ 4時間おきに飲んでください。
> 4시간 간격으로 먹으세요.

❖ 薬(くすり)を服用する 약을 복용하다, 薬を飲(の)む 약을 먹다. 직역하여 食(た)べる 라고 하지 않도록 주의한다.

❑ 1回に何錠飲めばいいですか。
한 번에 몇 알 먹으면 됩니까?

> ☺ 1回に何錠飲めばいいですか。
> 한 번에 몇 알 먹으면 됩니까?
> ☺ 毎食後30分に2錠ずつ服用してください。
> 매식후 30분에 두 알씩 복용하십시오.

❑ 痛み止めは入っていますか。
진통제는 들어 있습니까?

❑ このカプセルは何に効くのですか。
이 캡슐은 무엇에 듣습니까?

❑ これは何の薬ですか。
이건 무슨 약입니까?

> ☺ これは何の薬ですか。
> 이건 무슨 약입니까?
> ☺ それは消化剤です。
> 그건 소화제입니다.

❑ これは腹痛に効きますか。
이건 복통에 듣습니까?
❖ 薬(くすり)が効く 약이 듣다

□ 風邪薬はありますか。
감기약은 있습니까?

□ 便秘には何がいいでしょうか。
변비에는 무엇이 좋을까요?

□ この錠剤は何錠入りですか。
이 정제는 몇 알 들어 있습니까?
❖ 錠 정제를 세는 말, 알

□ よく効くせき止めはありますか。
잘 듣는 기침약은 있습니까?

> ☺ よく効くせき止めはありますか。
> 잘 듣는 기침약은 있습니까?
> ☺ これがいちばん一般的なものです。
> 이게 가장 일반적인 것입니다.

□ この薬で痛みがとれますか。
이 약으로 통증이 가라앉을까요?
❖ 痛みがとれる 통증이 가라앉다

□ 疲れ目には何か効きますか。
피로에는 무엇이 잘 듣습니까?

□ 塗り薬がほしいのですが。
바르는 약이 필요한데요.

□ ひびに効く薬はありませんか。
살갗이 튼 곳에 잘 듣는 약은 없습니까?

□ この薬は私には効きません。
이 약은 나에게는 듣지 않습니다.

> ☺ この薬は私には効きません。
> 이 약은 나에게는 듣지 않습니다.
> ☺ それでは、この薬がいいと思いますが。
> 그렇다면 이 약이 좋을 것 같은데요.

□ 包帯と脱脂綿をください。
붕대와 탈지면을 주세요.

□ ガーゼと絆創膏をください。
거즈와 반창고를 주세요.

□ 処方なして睡眠薬を買えるでしょうか。
처방 없이 수면제를 살 수 있을까요?

□ 漢方薬は扱ってないのです。
한방약은 취급하지 않습니다.

□ 最近疲れぎみなので栄養ドリンクをください。
요즘 피곤한 것 같은데 영양 드링크를 주세요.

□ 胃が痛いので胃腸薬をください。
속이 아픈데 위장약을 주세요.

□ 怪我のときに塗る薬はありますか。
다쳤을 때 바르는 약은 있습니까?

□ 湿布薬をもらえますか。
파스를 주겠어요?

□ 酔い止めには何がいちばん効きますか。
멀미약에는 무엇이 가장 잘 듣습니까?

□ ビタミンの栄養剤を見せてもらえますか。
비타민 영양제를 보여 주겠어요?

□ 副作用はありませんか。
부작용은 없습니까?

□ 消化剤にはこれをお勧めします。
소화제로는 이걸 권해드리겠습니다.

☺ 消化不良には何がいいですか。
소화불량에는 무엇이 좋습니까?
☺ 消化剤にはこれをお勧めします。
소화제로는 이걸 권해드리겠습니다.

CHAPTER 34 스포츠와 레크리에이션

여가와 스포츠에 관한 화제는 상대와의 공통점을 발견할 수 있는 좋은 기회로 쉽게 친해질 수 있는 계기가 된다. 한가할 때 무엇을 하는지를 물을 때는 お暇なときは何をなさいますか 어떤 스포츠를 하느냐고 물을 때는 どんなスポーツをやっていますか 어떤 스포츠를 좋아하느냐고 물을 때는 どんなスポーツがお好きですか 스포츠 관전을 권유할 때는 今度の週末に東京ドームへ行きませんか라고 하면 된다.

Q&A 무조건 따라하기

Q : ひまな時間、ふだんはどう過ごしてるの？

A : いろいろ、いまは料理にけっこう❶のめり込んでるんだ。

Q : 料理？ どんな食べ物？

A : 何でもだけど、いまはイタリア料理のコースをとってる。

Q : スポーツはどう？ なんかやってるの？

A : チームスポーツはやってないけど、ジョギングとサイクリングは少しやってるよ。

Q : 한가할 때 보통 어떻게 지내니?
A : 여러 가지 하는데, 지금은 요리에 상당히 몰두하고 있어.
Q : 요리? 어떤 음식?
A : 모두 다 하는데. 지금은 이탈리아 요리 코스를 밟고 있어.
Q : 스포츠는 어때? 뭔가 하니?
A : 단체경기는 안 하지만, 조깅과 사이클은 조금 하고 있어.

❶ けっこう가 부사로 쓰일 때는 「꽤, 상당히」의 뜻을 나타낸다.

□ 何をして余暇を楽しみますか。
무엇을 하면 여가를 즐기십니까?

□ 気晴らしにどんなことをなさいますか。
기분전환으로 어떤 것을 하십니까?
❖ 気晴らし ＝ 気分転換(きぶんてんかん) 기분전환

□ お暇な時は何をなさいますか。
한가한 때는 무엇을 하십니까?

> ☺ お暇な時は何をなさいますか。
> 한가한 때는 무엇을 하십니까?
> ☺ 時間があればいつもハイキングかピクニックに行きます。
> 시간이 있으면 늘 하이킹이나 피크닉을 갑니다.

□ よく近所を散歩してます。
자주 근처를 산책하고 있습니다.

□ 私はあまり運動は得意じゃないようです。
저는 별로 운동은 잘하지 못하는 편입니다.

□ このところ運動不足です。
요즘 운동부족입니다.

> ☺ このところ運動不足です。
> 요즘 운동부족입니다.
> ☺ 何かスポーツをやってみたらどうですか。
> 무슨 운동을 해 보면 어떨까요?

□ 水泳は気晴らしになるし、体にとてもいいですよ。
수영은 기분전환이 되고 건강에도 매우 좋습니다.
❖ …し는 하나 또는 둘 이상의 사실이나 조건을 나타내 뒷말의 원인·이유가 된다.

□ 仕事が終わってからは、何をしますか。
일이 끝나고 나서는 무엇을 합니까?
❖ …てからは …하고 나서는

□ 週末には、主に何をなさいますか。
주말에는 주로 무엇을 하십니까?

□ たいていは家で、ごろごろ一日つぶします。
대개는 집에서 빈둥거리며 하루를 보냅니다.

□ 何<ruby>なに</ruby>かスポーツをおやりですか。
뭔가 운동을 하십니까?

☺ 何<ruby>なに</ruby>かスポーツをおやりですか。
뭔가 운동을 하십니까?
☺ 以前<ruby>いぜん</ruby>はバレーボールとバスケットボールをやっていました。
이전에는 배구와 농구를 했습니다.

❖ やる는 「주다」의 뜻 이외에 「하다」의 뜻으로도 쓰인다. やる는 する에 비해 구체적인 행위에 관해서 말할 때 쓰인다.

□ どんなスポーツをおやりになりますか。
어떤 스포츠를 하십니까?

☺ どんなスポーツをおやりになりますか。
어떤 스포츠를 하십니까?
☺ 時間<ruby>じかん</ruby>があれば何<ruby>なに</ruby>かしらスポーツをやっています。
시간이 있으면 뭔가 운동을 합니다.

❖ お…になる(하시다) 일본어의 대표적인 존경표현

□ スポーツに興味<ruby>きょうみ</ruby>がありますか。
스포츠에 흥미가 있습니까?

☺ スポーツに興味<ruby>きょうみ</ruby>がありますか。
스포츠에 흥미가 있습니까?
☺ ええ、大<ruby>おお</ruby>いに。自由<ruby>じゆう</ruby>な時間<ruby>じかん</ruby>はたいてい何<ruby>なん</ruby>かしらやってます。
예, 무척요. 자유 시간에는 대개 뭔가 합니다.

□ ゴルフと野球<ruby>やきゅう</ruby>をやります。
골프와 야구를 합니다.

□ スポーツなら何<ruby>なん</ruby>でもござれです。
스포츠라면 뭐든지 합니다.

☺ どんなスポーツをやるんですか。
어떤 스포츠를 합니까?
☺ ほとんどどんなものでもやります。水泳<ruby>すいえい</ruby>、スキー、テニス、
サッカー、そのほか何<ruby>なん</ruby>でもござれです。
거의 모든 것을 합니다. 수영, 스키, 테니스, 축구, 그밖에 무엇이든 합니다.

❖ …なら(…이라면)는 단정을 나타내는 だ의 가정형이다.

□ 柔道<ruby>じゅうどう</ruby>、空手<ruby>からて</ruby>、弓道<ruby>きゅうどう</ruby>をやります。
유도, 가라데, 궁도를 합니다.

□ 夏は水泳に、冬はスキーやスケートに行きます。
여름에는 수영하러, 겨울에는 스키나 스케이트를 타러 갑니다.
❖ 동작성 명사…に行く …하러(를) 가다

□ 最近スカッシュを始めました。
최근에 스쿼시를 시작했습니다.

□ サイクリングと乗馬が好きです。
사이클과 승마를 좋아합니다.

□ 以前は陸上競技を得意にしていました。
이전에는 육상경기를 잘했습니다.

□ 今はゴルフに夢中になっています。
지금은 골프에 빠졌습니다.

□ ボクシングをやりますか。
복싱을 합니까?

☺ ボクシングをやりますか。
권투를 합니까?
☺ いいえ、やりません。でも柔道、剣道がかなりできます。
아뇨, 안 합니다. 하지만, 유도, 검도를 상당히 잘합니다.

□ 子供のころから登山が好きでした。
어렸을 때부터 등산을 좋아했습니다.

스포츠 관전과 중계

□ スポーツは好きですか。
스포츠는 좋아합니까?

☺ スポーツは好きですか。
스포츠는 좋아합니까?
☺ スポーツは自分でやるより観るほうが好きですね。
스포츠는 직접 하는 것보다 보는 것을 좋아합니다.

□ ボクシングの試合を観るのは好きですか。
복싱 시합을 보는 것은 좋아합니까?

□ 柔道の試合をご覧になったことがありますか。
유도 시합을 보신 적이 있습니까?
❖ ご覧になる (보시다) 見る의 존경어

□ 特に野球とサッカーを観るのが好きです。
특히 야구와 축구를 보는 것을 좋아합니다.

☺ どんなスポーツがお好きですか。
어떤 스포츠를 좋아하십니까?
☺ 特に野球とサッカーを観るのが好きです。
특히 야구와 축구를 보는 것을 좋아합니다.

□ 今度の週末に東京ドームへ行きませんか。
이번 주말에 도쿄돔에 가지 않을래요?

□ ときどき球場へ試合を観に行きます。
가끔 구장에 시합을 보러 갑니다.
❖ 生中継(なまちゅうけい) 생중계, 生放送(なまほうそう) 생방송

□ 球場の雰囲気が大好きなんです。
구장 분위기를 무척 좋아합니다.
❖ …が大好きだ …을 무척 좋아하다

□ テレビのスポーツ中継はよく見ます。
텔레비전 스포츠 중계는 자주 봅니다.

□ どことどこの試合ですか。
어디와 어디 시합입니까?

☺ どことどこの試合ですか。
어디와 어디 시합입니까?
☺ もちろん、ジャイアンツ対ドラゴンズですよ。
물론, 자이언트와 드래곤즈이죠.

□ 相撲をご覧になったことがありますか。
스모를 보신 적이 있습니까?

☺ 相撲をご覧になったことがありますか。
스모를 보신 적이 있습니까?
☺ ええ。でも、テレビで見ただけです。
예. 하지만, 텔레비전으로 보았을 뿐입니다.

❖ …たことがある …한 적이 있다

□ 機会があればぜひ観に行きたいのですが。
기회가 있으면 꼭 보러 가고 싶은데요.

□ 相撲の番付表です。
ス모 대진표입니다.
  ❖ 相撲を取(と)る 스모를 하다

□ ゆうべはテレビのサッカー中継を見ていて、夜更か
しちゃったよ。
어젯밤은 텔레비전 축구 중계를 보느라 밤을 샜어.

□ 明日はテニスの試合を観るために早起きしなくちゃ。
내일은 테니스 시합을 보기 위해 일찍 일어나야 해.
  ❖ …ために는 동사의 기본형에 접속하여「…하기 위해서」의 뜻으로 목적을 나타낸다.

축구를 즐길 때

□ サッカーはお好きですか。
축구는 좋아하십니까?

☺ サッカーはお好きですか。
축구는 좋아하십니까?
☺ ええ。やるのも大好きです。
예, 하는 것도 무척 좋아합니다.

□ どちらのチームを応援しますか。
어느 팀을 응원합니까?

□ 素晴らしいシュートですね。
멋진 슛이군요.

□ あの選手、わざと足を引っかけたよ。
저 선수 일부러 발을 걸었어.
  ❖ わざと 일부러, 고의로

□ あの選手は足も速いし、パスも上手ですね。
저 선수는 발도 빠르고 패스도 잘하는군요.

□ 最近サッカーの人気がすごいですね。
요즘 축구 인기가 대단하군요.

☺ 最近サッカーの人気がすごいですね。
요즘 축구 인기가 대단하군요
☺ ええ、ワールドカップの影響もありますよ。
예, 월드컵 영향도 있어요

□ 気を抜いちゃだめだ。
긴장을 늦추면 안 된다.
❖ …ちゃだめだ = …てはだめだ …해서는 안 된다

□ 守備より攻撃に力を入れよう。
수비보다 공격에 힘을 기울이자.
❖ 力を入れる 주력하다, 힘을 쏟다

□ 相手を振り切ってシュートしろ。
상대를 제치고 슛해.

□ あの選手に気をつけろ。
저 선수를 조심해.

야구를 즐길 때

□ 日本でいちばん人気のあるスポーツは何ですか。
일본에서 가장 인기가 있는 스포츠는 뭡니까?

😊 日本でいちばん人気のあるスポーツは何ですか。
일본에서 가장 인기가 있는 스포츠는 뭡니까?
😊 野球ですが、今はサッカーも人気があります。
야구입니다만, 지금은 축구도 인기가 있습니다.

□ ジャイアンツは誰が登板するのかな。
자이언츠는 누가 등판할까?

😊 ジャイアンツは誰が登板するのかな。
자이언츠는 누가 등판할까?
😊 上原の先発かもしれませんね。
우에하라의 선발일지도 모르겠군요.

❖ …かもしれない …일지도 모른다

□ あのピッチャーのカーブよく切れるよ。
저 투수는 커브를 잘 던져.

□ 満塁になったよ。
만루가 되었어.

□ また三振！このままじゃ逆転もむずかしいよ。
또 삼진! 이대로는 역전도 어려워.

□ そろそろピッチャー交代でしょう。
슬슬 투수를 교체해야겠지요.

□ 隙を見て盗塁します。
틈을 봐서 도루하겠습니다.

□ いい当たりですね。
잘 맞았어요.

□ これは面白くなってきましたね。
이거 재미있어지는데요.
❖ …なってくる …되어지다

□ いま得点は何点ですか。
지금 득점은 몇 점입니까?

> 😊 いま得点は何点ですか。
> 지금 득점은 몇 점입니까?
> 😃 ジャイアンツが2点負けています。
> 자이언트가 2점 지고 있습니다..

❖ …に勝(か)つ …에(을) 이기다 ↔ …に負(ま)ける …에 지다

□ とても接戦だったんだよ。
무척 접전이었어.

□ 今、3打数2安打です。
지금 3타수 2안타입니다.

□ ボールをよく見て打てばホームラン間違いなしだ。
볼을 잘 보고 치면 홈런이 틀림없어.

□ 今9回裏ですか。
지금 9회말입니까?

> 😊 今9回裏ですか。
> 지금 9회말입니까?
> 😊 はい、9回の裏になりました。
> 예, 9회말이 되었습니다.

❖ 야구에서「…회초」는 …表(おもて)로 표기하고,「…회말」은 …裏(うら)로 표기한다.

□ ゴルフをしたいんですが。
골프를 치고 싶은데요.

□ 予約をお願いします。
예약을 부탁합니다.

□ 今日、プレーできますか。
오늘 플레이할 수 있습니까?

□ グリーンフィーはいくらですか。
그린피는 얼마입니까?

□ その料金はカート代込ですか。
그 요금은 카트 대금도 포함됩니까?
❖ …込み 포함해서 계산한 것

□ 何時にティーオフできますか。
몇 시에 시작할 수 있습니까?

□ ゴルフは何といっても基礎が大事ですよ。
골프는 뭐니 해도 기초가 중요해요
❖ 何と言っても 뭐라고 해도, 뭐니 해도

□ ゴルフはお好きですか。
골프는 좋아하십니까?

□ いつからゴルフを始めましたか。
언제부터 골프를 시작했습니까?

□ ゴルフはお金がかかるでしょう。
골프는 돈이 들지요?
❖ お金がかかる 돈이 들다, 時間(じかん)がかかる 시간이 걸리다

□ ゴルフの会員権を持っていますか。
골프 회원권을 갖고 있습니까?

□ 素晴らしいショットですね。
멋진 샷이군요.

□ 次のホールは200ヤードです。
다음 홀은 200야드입니다.

☐ 主(おも)にどんな泳(およ)ぎをしますか。
주로 어떤 수영을 합니까?

☐ 私(わたし)はまったくの金(かな)づちです。
저는 전혀 수영을 못합니다.

> 😊 どれくらい泳(およ)げますか。
> 어느 정도 헤엄칠 수 있습니까?
> 😊 私(わたし)はまったくの金(かな)づちです。
> 저는 전혀 수영을 못합니다.

❖ 金づち(쇠망치)는 수영을 전혀 못하는 사람을 빗대어 일컫는다.

☐ 平泳(ひらおよ)ぎがもっとも自信(じしん)があります。
평영이 가장 자신이 있습니다.
❖ 平泳ぎ 평형, 개구리헤엄

☐ 耳(みみ)に水(みず)が入(はい)ったみたいです。
귀에 물이 들어간 것 같습니다.

☐ 泳(およ)ぐ前(まえ)にまず準備体操(じゅんびたいそう)しましょう。
헤엄치기 전에 우선 준비체조를 합시다.

☐ 水着(みずぎ)がよく似合(にあ)いますね。
수영복이 잘 어울리는군요.

☐ 人(ひと)が多(おお)すぎて泳(およ)げませんね。
사람이 너무 많아서 헤엄칠 수 없군요.
❖ 5단동사의 가능형은 어미 う단을 え단으로 바꿔 동사형 어미 る를 접속하여 표현한다.

☐ 馬(うま)に乗(の)ってみたいのですが。
말을 타보고 싶은데요.

☐ 私(わたし)は初心者(しょしんしゃ)です。
저는 초보입니다.

☐ 初心者(しょしんしゃ)でも大丈夫(だいじょうぶ)ですか。
초보자라도 괜찮습니까?

☐ どのくらいの時間(じかん)乗(の)るのですか。
어느 정도 시간 동안 탑니까?

□ スキーをやったことがありますか。
스키를 탄 적이 있습니까?

😊 スキーをやったことがありますか。
스키를 탄 적이 있습니까?

😊 ええ。ウインタースポーツはやはりスキーが最高です。
예. 겨울 스포츠는 역시 스키가 최고입니다.

□ レッスンを受けたいのですが。
레슨을 받고 싶은데요.

□ スキー用具はどこで借りることができますか。
스키 용품은 어디서 빌릴 수 있습니까?
❖ 동사의 기본형에 …ことができる를 접속하면「…할 수가 있다」의 뜻으로 가능을 나타낸다.

□ 荷物預かりはどこですか。
짐은 어디에 맡깁니까?

□ 回数券はいくらですか。
회수권을 얼마입니까?

□ 初心者向けの斜面はどこですか。
초보자용 사면은 어디입니까?
❖ …向는 명사에 붙어 대상이나 행선지를 나타낸다.

□ あのリフトに乗ってください。
저 리프트를 타세요.
❖ …に乗る …을(를) 타다 ↔ …を降りる …에서 내리다

□ どうやって止まりますか。
어떻게 섭니까?

□ また転んだのね。
또 넘어졌네.

□ 私もかっこよく滑ってみたいですね。
나도 폼 나게 타보고 싶군요.

□ この人たち、みんなリフトを待っていますか。
이 사람들 모두 리프트를 기다리고 있습니까?

□ 尻餅ばかりついて痛いよ。
엉덩방아를 찧기만 해서 아파.

□ ライセンスはすぐに手に入りますか。
라이선스는 금방 받습니까?
❖ 手に入る(入れる) 입수하다, 손에 넣다

□ 何か釣れるのですか。
무엇이 낚입니까?

□ ガイドつきのボートをお願いします。
가이드가 딸린 보트를 부탁합니다.
❖ …付き는 명사에 접속하여「딸림, …부」를 나타낸다.

□ 釣り道具とエサも必要です。
낚시도구와 미끼도 필요합니다.

□ どんな種類のクルージングがありますか。
어떤 종류의 크루징이 있습니까?

□ そのクルージングの内容を教えてください。
그 크루징 내용을 가르쳐 주세요.

□ 何時に出発しますか。
몇 시에 출발합니까?

□ 何時に戻ってきますか。
몇 시에 돌아옵니까?

□ サーフィンをしたいのですが。
서핑을 하고 싶은데요.

□ いいダイビングスクールを知りませんか。
좋은 다이빙 스쿨을 모릅니까?

□ このポイントで注意することは何ですか。
이 포인트로 주의할 점은 뭡니까?

□ 今日の風はどうですか。
오늘 바람은 어떻습니까?

□ 初心者向けのポイントはどこですか。
초보자용 포인트는 어디입니까?
❖ 素人(しろうと) 아마추어, 비전문가 ↔ 玄人(くろうと) 프로, 전문가

□ 今日はいい山登りの日和ですね。
오늘은 등산하기에 좋은 날씨이군요

> ☺ 今日はいい山登りの日和ですね。
> 오늘은 등산하기에 좋은 날씨이군요.
> ☺ 山登りは好きですか。
> 등산은 좋아하십니까?
> ☺ ええ。休みの日は必ず山登りをします。
> 예. 쉬는 날에는 반드시 등산을 합니다.

❖ 山登り는 가볍게 운동삼아 산에 오르는 것을 말한다.

□ 登山に行くには何を準備したらいいですか。
등산을 가려면 무엇을 준비하면 될까요?
❖ 登山은 전문적으로 산을 등반하는 것을 말한다. 발음에 주의할 것

□ 安全なコースがありますか。
안전한 코스가 있습니까?

□ 頂上まであとどれくらいかかりますか。
정상까지 앞으로 어느 정도 걸립니까?

□ 疲れたので少し休んで行きませんか。
지쳤는데 조금 쉬었다 가지 않을래요?

□ のどが乾いたので水をください。
목이 마른데 물을 주세요

□ 今日は登山客が多いですね。
오늘은 등산객이 많군요.

□ 今日は家族でピクニックに行きます。
오늘은 가족끼리 피크닉을 갑니다.

□ ピクニックに最適な場所はどこでしょう。
피크닉에 가장 좋은 장소는 어디죠?

□ お弁当、お茶、敷物も忘れないでね。
도시락, 차, 돗자리도 잊지 말아요.
❖ 가볍게 의뢰나 부탁을 할 때는 ください를 생략하고 …て(ないで)ね의 형태로 쓴다.

□ 海辺でキャンプしましょう。
해변에서 캠프를 칩시다.

□ ここにテントを張りましょう。
여기서 텐트를 칩시다.

□ 大自然のふところに抱かれている気分ですね。
대자연의 품에 안겨 있는 기분이군요.

□ 花見をするのは本当に楽しいですね。
꽃구경을 하는 것은 정말로 즐겁군요.

□ 遊園地へ行ってみませんか。
유원지에 가보지 않을래요?

□ 久しぶりに郊外に出てドライブでもしませんか。
오랜만에 교외로 나가 드라이브라도 하지 않을래요?

해수욕을 즐길 때

□ 海は好きですか。
바다는 좋아합니까?

□ 毎年、夏は海水浴に行きます。
매년 여름에는 해수욕을 갑니다.

□ 潮風が心地好いですね。
바닷바람이 상쾌하군요.
❖ 潮 조수, 밀물, 썰물

□ 砂が熱くて裸足で歩けませんね。
모래가 뜨거워 맨발로 걸을 수 없군요.

□ 日焼けで背中がぴりぴりしますよ。
햇볕에 그을려 등이 따가워요.

□ 顔まで真っ黒に日焼けしましたね。
얼굴까지 새카맣게 그을렸군요.
❖ 真っ白(しろ)だ 새하얗다, 真っ青(さお)だ 새파랗다, 真っ赤(か)だ 새빨갛다

□ 砂浜で思い切り遊びましょう。
모래사장에서 실컷 놉시다.

상대와의 대화를 자연스럽게 풀어나가기 위해서는 자신이나 상대가 좋아하는 것과 흥미를 가지고 있는 것에 대한 화제를 삼으면 된다 좋아하는 오락 등에 대해서 이야기 하다 보면 짧은 시간에 허물없는 사이가 되어 있을 것이다 취미와 오락만큼 다양한 소재를 가지고 있는 화제도 많지 않으므로 ご趣味は何ですか로 시작해서 여러 상황에 응용할 수 있도록 여기에 언급된 표현을 잘 익혀두길 바란다

Q&A 무조건 따라하기

Q：遊びは何をするのが好き？ 仕事をしてないとき。

A：前はテレビゲームにいっぱい時間を使ってたけど、このごろは
　ネットサーフィンを楽しんでいる。

Q：インターネット？ なんか仕事してるみたいじゃない？
　コンピューター画面を見てるだけなんて。

A：多少はね。だけどずっと楽しんでる。

Q：外出は好きじゃないの？

A：そんなことないけど、いつも結局、同僚と出かけることになっ
　ちゃうだろ。そっちのほうがもっと仕事の続きみたいだよ。❶

Q：무슨 오락을 좋아하니? 일을 안 할 때.
A：전에는 텔레비전 게임으로 시간을 보냈는데, 요즘은 인터넷 서핑을
　즐기고 있어.
Q：인터넷? 뭔가 일하고 있는 것 같지 않니? 컴퓨터 화면을 보고 있을 뿐인데.
A：조금은 하지만 무척 재미있어.
Q：외출은 안 좋아하니?
A：그렇지 않지만, 항상 결국은 동료와 외출하게 되서 말이야 그게 더 일의
　연장인 것 같아.

❶ みたいだ는 불확실한 추측, 비유, 예시를 나타내는 …ようだ의 회화체이다.

□ ご趣味は何ですか。
취미는 무엇입니까?

□ 何かご趣味はありますか。
무슨 취미가 있습니까?

> 何かご趣味はありますか。
> 무슨 취미가 있습니까?
>
> ええ、釣が好きです。
> 예, 낚시를 좋아합니다.

□ 何か面白いことをなさってますか。
무슨 재미있는 일을 하십니까?

> 何か面白いことをなさってますか。
> 무슨 재미있는 일을 하십니까?
>
> これと言って何もしません。たいていの時間は友だちと
> おしゃべりをするか、テレビでも見ています。
> 특별한 것은 하지 않습니다. 대개의 시간은 친구와 수다를 떨거나
> 텔레비전을 봅니다.

□ お暇なときはどんなふうに過ごされてますか。
한가한 때는 어떤 식으로 보내십니까?

> お暇なときはどんなふうに過ごされてますか。
> 한가한 때는 어떤 식으로 보내십니까?
>
> どのくらい暇があるかによりますね。時間があればよく旅行
> しますが。
> 어느 정도 시간이 있으면요. 시간이 있으면 곧잘 여행을 하지만요.

❖ …ふうに …식으로, …による …에 의하다(따르다)

□ 仕事の後はどうやって楽しんでますか。
일이 끝난 후에는 어떻게 즐기십니까?

> 仕事の後はどうやって楽しんでますか。
> 일이 끝난 후에 어떻게 즐기십니까?
>
> 同僚とよくカラオケ・バーかディスコへ行きます。
> 동료와 자주 카라오케바나 디스코장에 갑니다.

❖ カラオケ는 空(から)에 오케스트라(orchestra)를 합성한 조어이다.

□ 週末はいつもどう過ごされてますか。
주말에는 항상 어떻게 보내십니까?

□ 仕事以外に何か特に興味のあることはありますか。
일 이외에 무슨 특별한 흥미가 있습니까?

> ☺ 仕事以外に何か特に興味のあることはありますか。
> 일 이외에 무슨 특별한 흥미가 있습니까?
> ☺ ええ。いま生け花を習っているところです。
> 예. 꽃꽂이를 배우고 있는 중입니다.

❖ 花(はな)を生(い)ける 꽃을 꽂다

□ 趣味のひとつは記念切手を集めることです。
취미 중에 하나는 기념우표를 모으는 것입니다.

□ 骨董品集めに興味があります。
골동품 수집에 흥미가 있습니다.

□ 料理はわりと得意です。
요리는 비교적 잘합니다.
❖ わりとは わりにとも 쓰이며 「비교적, 다른 것에 비해」의 뜻이다.

□ スナップ写真を撮るのに興味があります。
스냅 사진을 찍는 것에 흥미가 있습니다.

□ 僕の趣味はギターをひくことです。
내 취미는 기타를 치는 것입니다.

□ 特に趣味と言えるのはありません。
특별히 취미라고 할 수 있는 것은 없습니다.

오락에 대해서 말할 때

□ どんなゲームをしたいんですか。
어떤 게임을 하고 싶으세요?

> ☺ どんなゲームをしたいんですか。
> 어떤 게임을 하고 싶으세요?
> ☺ そうですね、トランプかマージャンはどうですか。
> 글쎄요, 트럼프나 마작은 어때요?

□ ポーカーのやり方を教えてくれますか。
포커 치는 법을 가르쳐 줄래요?

□ ジャンケンで順番を決めましょう。
가위바위보로 차례를 정합시다.

□ カードを配（くば）ってください。
카드를 나눠주세요.

□ 私（わたし）は室内（しつない）ゲームは苦手（にがて）です。
저는 실내에서 하는 게임은 못합니다.
❖ 苦手 잘하지 못함, 서투름, 싫음

□ テレビ・ゲームに夢中（むちゅう）になっています。
텔레비전 게임에 빠져 있습니다.

□ 私（わたし）たちの家（いえ）で何回（なんかい）かやってみて病（や）みつきになりました。
우리 집에서 몇 번인가 해 보고 고질이 되었습니다.
❖ 病みつきになる 고질이 되다, 습관이 되어 끊을 수 없다

□ ときどき花札（はなふだ）をやります。
가끔 화투를 칩니다.

□ パチンコをやってみましたか。
파친코를 해 보았습니까?

□ 将棋（しょうぎ）をやってみたら、面白（おもしろ）くてやめられませんよ。
장기를 두어 보았더니, 재미있어서 그만둘 수 없어요.
❖ 将棋を指（さ）す 장기를 두다

□ 碁（ご）は好（す）きですが、腕（うで）が鈍（にぶ）ってます。
바둑은 좋아합니다만, 실력이 떨어졌습니다.
❖ 碁を打（う）つ 바둑을 두다

□ 碁（ご）の基本（きほん）ルールは簡単（かんたん）ですが、奥（おく）は深（ふか）いようです。
바둑의 기본 룰은 간단하지만, 심오한 것 같습니다.

□ 他（ほか）に室内（しつない）でやるゲームにはどんなのがありますか。
그밖에 실내에서 하는 게임은 어떤 것이 있습니까?

□ 私（わたし）の楽（たの）しみはバイクに乗（の）ることです。
저의 즐거움은 오토바이를 타는 것입니다.

□ 私（わたし）は時々（ときどき）車（くるま）でちょっとしたドライブに出（で）かけます。
저는 가끔 차로 잠깐 드라이브를 나갑니다.

□ 別（べつ）に大（たい）したこともしてません。昼寝（ひるね）か庭弄（にわいじ）りぐらいです。
별로 대단한 것도 하지 않습니다. 낮잠이나 정원 손질 정도입니다.

CHAPTER 36 일상의 문화생활

취미와 오락, 교양의 대상이 되는 범위는 무척 넓다. 독서, 텔레비전, 라디오뿐만 아니라, 음악, 영화, 연극이나 회화, 미술 일반에 이르기까지 실로 다양하다. 어떤 분야에 흥미가 있는지를 물을 때는 どんな…が好きですか라고 하며, 이에 대해 좋아하면 …が好きです, 반대로 싫어하면 …が嫌いです라고 응답을 하면 된다. 매우 좋아하거나 싫어할 때는 …が大好き(大嫌い)です라고 하면 된다.

Q&A 무조건 따라하기

Q：子供たちがもう少し読んでくれるといいんだけどねえ。

A：私のところもよ。興味がありそうなのはテレビを見ることだけなんですもの。

Q：うちも同じ。教育になる番組ならいいんだけど、バカなクイズショーだの暴力アニメばっかし見てるみたいだ。

A：ああいうアニメってひどくない？　子供たちが持ち帰るマンガ本もどうしようもないわ。

Q：うちの子たちは隠そうとするよ。見つかったら、捨てられるってわかってるから。

Q：아이들이 좀더 책을 읽었으면 좋겠는데.
A：우리 애들도. 흥미가 있는 것은 오직 텔레비전을 보는 것뿐이야.
Q：우리 집도 마찬가지야. 교육이 될만한 프로그램이라면 좋겠는데, 엉터리 같은 퀴즈쇼나 폭력 애니메이션만 보는 것 같아.
A：그런 애니메이션 심하지 않니? 아이들이 가져오는 만화책도 마찬가지야.
Q：우리 아이들은 감추려고 해. 발각되면 버린다는 것을 알고 있어서.

❶ 우리말의 「…이(가) 되다」는 …になる로 표현한다.
❷ 범위를 한정하는 뜻을 나타내는 ばかり는 강조해서 ばっかり라고 하며, ばっかし는 속어이다.

□ 本をたくさん読みますか。
책을 많이 읽습니까?

> ☺ 本をたくさん読みますか。
> 책을 많이 읽습니까?
> ☺ それほど読みません。読める時間と言えば電車に乗って
> いるときくらいでしょうね。
> 별로 안 읽습니다. 읽을 수 있는 시간이라면 전철을 타고 있을 때 정도이지요.

□ 忙しくて、ゆっくり読書する時間がありません。
바빠서 차분히 독서할 시간이 없습니다.

□ 週末はよく本屋へ行きます。
주말에는 자주 책방에 갑니다.
　❖ 本屋 책방 = 書店(しょてん) 서점

□ 図書館も利用します。
도서관도 이용합니다.

□ いつもどんな本を読みますか。
평소에 어떤 책을 읽습니까?

> ☺ いつもどんな本を読みますか。
> 평소에 어떤 책을 읽습니까?
> ☺ 手当たりしだい何でも読みます。
> 닥치는 대로 무엇이든 읽습니다.

□ 大衆文学が好きです。
대중문학을 좋아합니다.

□ 日本の作家の小説を読んだことがありますか。
일본 작가의 소설을 읽은 적이 있습니까?
　❖ …た(だ)ことがある는 「…한 적이 있다」의 뜻으로 과거의 경험을 나타낸다.

□ どんな本の選び方をなさってますか。
어떤 책을 고르십니까?

> ☺ どんな本の選び方をなさってますか。
> 어떤 책을 고르십니까?
> ☺ 新聞の書評や広告を必ず読むようにしています。
> 신문의 서평이나 광고를 반드시 읽도록 하고 있습니다.

□ なかなかの文学通です。
상당한 문학통입니다.
  ❖ なかなかは 정도가 높을 것을 말할 때 쓰이고, けっこう는 생각했던 것보다는 좋았지만
  최고는 아니라는 뜻을 나타낸다.

□ 好きな作家はだれですか。
좋아하는 작가는 누구입니까?

□ 現在のベストセラーは何ですか。
현재의 베스트셀러는 무엇입니까?

□ 新聞は何をとってますか。
신문은 무엇을 구독하고 있습니까?

☺ 新聞は何をとってますか。
  신문은 무엇을 구독하고 있습니까?
☺ 何もとってません。会社で第一面をきっと眺めるだけです。
  아무것도 보지 않습니다. 회사에서 제1면을 반드시 볼 뿐입니다.

□ 一般紙と経済紙を毎日読んでいます。
일반신문과 경제신문을 매일 읽고 있습니다.

□ スポーツ新聞もときどき読みますよ。
스포츠신문도 가끔 읽어요.

□ 新聞は毎朝、駅の売店で買います。
신문은 매일 아침 역 매점에서 삽니다.
  ❖ 일본의 신문은 朝刊(ちょうかん)과 夕刊(ゆうかん)을 함께 발행한다.

□ 広告と漫画に目を通してから社説を読みます。
광고와 만화를 대충 보고 나서 사설을 읽습니다.
  ❖ 目を通す 대충 보다, 대충 읽다

□ どんな雑誌が好きですか。
어떤 잡지를 좋아합니까?

□ 日本でも韓国の新聞を購読できますか。
일본에서도 한국 신문을 구독할 수 있습니까?

□ ノンフィクションとか、漫画週刊誌も読みます。
논픽션이라든가 만화주간지도 읽습니다.

□ テレビはよく見ますか。
텔레비전은 자주 봅니까?

😊 テレビはよく見ますか。
테레비전은 자주 봅니까?

😊 そうしないように心がけています。
그렇게 하지 않도록 마음먹고 있습니다.

□ テレビは平均で1日 2~3時間見ます。
텔레비전은 하루에 평균 2~3시간 봅니다.

□ 家に帰ると、まず最初にテレビをつけますね。
집에 오면 우선 먼저 텔레비전을 켭니다.
❖ テレビをつける 텔레비전을 켜다 ↔ テレビを消(け)す 텔레비전을 끄다

□ 実際に見ているわけではないけれど、習慣なんです。
실제로 보는 건 아니지만, 습관입니다.
❖ …わけではない는 부드러운 부정을 나타낸다.

□ どんな番組が好きですか。
어떤 프로그램을 좋아합니까?

😊 どんな番組が好きですか。
어떤 프로그램을 좋아합니까?

😊 バラエティー番組が好きです。
버라이어티 프로그램을 좋아합니다.

❖ 番組 방송용 프로그램

□ リモコンはどこに置いたっけ?
리모콘은 어디 두었지?

□ テレビで今何をやってますか。
텔레비전에서 지금 무엇을 하고 있습니까?

□ ここではどんなチャンネルが見られますか。
여기에서는 어떤 채널을 볼 수 있습니까?

□ テレビをつけてくれますか。
텔레비전을 켜 줄래요?

□ ボリュームを下げてください。
볼륨을 줄여 주세요

- この連続ドラマは若い女性に人気があるんですよ。
이 연속극은 젊은 여성에게 인기가 있어요.
❖ 時代劇(じだいげき) 사극

- ニュース番組を見るだけです。
뉴스 프로그램만 봅니다.

- こんな番組を見るなんて、時間のムダだわ。
이런 프로그램을 보다니 시간 낭비야.
❖ なんて는 뜻밖임, 경시함, 어처구니없음 등의 기분을 나타낸다.

- 時々レンタルビデオの店から借りてくることもあります。
가끔 비디오가게에서 빌려오는 경우도 있습니다.

- 見たい番組は録画しておいて、あとでゆっくり見るんです。
보고 싶은 프로그램은 녹화해 두고 나중에 차분히 봅니다.

- 今夜は出かけるから、ビデオに録画しておかなくちゃ。
오늘밤에는 외출하니까 비디오에 녹화해 두어야 해.
❖ おかなくちゃ ＝ おかなくては

- 今夜9時半から日本テレビでやる時代劇を録画しておいてください。
오늘밤 9시 반부터 니혼테레비에서 하는 사극을 녹화해 두세요.

- このラジオで海外放送がいくつか受信できるんですよ。
이 라디오로 해외방송을 몇 개 수신할 수 있어요.

- ラジオはよく聴きますか。
라디오는 자주 듣습니까?

☺ ラジオはよく聴きますか。
라디오는 자주 듣습니까?
☺ いいえ、運転しながら聴くだけです。
아니오, 운전하면서 들을 뿐입니다.

- 東京FMは何をやってますか。
도쿄FM은 무엇을 하고 있습니까?

□ 音楽を聴くことか好きです。
음악을 듣는 것을 좋아합니다.

□ 音楽はお好きですか。
음악은 좋아하십니까?

> ☺ 音楽はお好きですか。
> 음악은 좋아하십니까?
>
> ☺ ええ、時間があればたいてい音楽を聴いています。ちょっとしたマニアかもしれませんね。
> 예, 시간이 있으면 대개 음악을 듣습니다. 약간 마니아일지도 모르겠어요
>
> ☺ それはすばらしい。私もそうなんですよ。
> 그거 멋져요 나도 그래요

□ どんな音楽か好きですか。
어떤 음악을 좋아합니까?

> ☺ どんな音楽が好きですか。
> 어떤 음악을 좋아합니까?
>
> ☺ クラシックが好きで、特にモーツァルトに目がないんです。
> 클래식을 좋아하고, 특히 모차르트를 무척 좋아합니다.

❖ 目がない 몹시 좋아한다, 눈이 뒤집히다

□ 家にいるときは、いつも音楽を聴いています。
집에 있을 때는 늘 음악을 듣고 있습니다.

□ 子供の頃から音楽が大好きなんです。
어릴 때부터 음악을 무척 좋아합니다.

□ あらゆる種類の音楽を聴きます。
여러 종류의 음악을 듣습니다.

□ 現代音楽はさっぱりわかりません。
현대음악은 도무지 모르겠습니다.
❖ さっぱりは 뒤에 부정어가 오면 「도무지, 전혀, 조금도, 통」의 뜻을 나타낸다.

□ ギター音楽なら何でも好きです。
기타 음악이라면 무엇이든 좋아합니다.

□ 何か音楽をかけましょうか。
음악을 좀 틀까요?

□ ご自分で何か楽器を弾きますか。
직접 다루는 악기는 있습니까?

> 🙂 ご自分で何か楽器を弾きますか。
> 직접 다루는 악기는 있습니까?
>
> 🙂 はい、ピアノを弾けます。
> 네, 피아노를 칩니다.

❖ 楽器を弾く 악기를 타다, 켜다, 치다

□ 今晩のリサイタルは何時からですか。
오늘밤 리사이틀은 몇 시부터입니까?

□ 韓国でよく歌われる民謡をひとつ歌ってくれますか。
한국에서 많이 불리는 민요를 하나 불러 주겠어요?
❖ 歌を歌(うた)う 노래를 부르다

□ 私は音痴なものですから…。
저는 음치라서요…
❖ 十八番(じゅうはちばん) 일반적으로 자신있는 장기, 십팔번

영화와 연극에 관한 화제

□ 今どんな映画をやってますか。
지금 어떤 영화를 합니까?

□ どんな映画がお好きですか。
어떤 영화를 좋아하십니까?

□ 映画にはよく行きますか。
영화는 자주 보러 갑니까?

> 🙂 映画にはよく行きますか。
> 영화는 자주 보러 갑니까?
>
> 🙂 はい、月に5本以上見ます。映画狂なのかもしれませんね。
> 네, 월 5편 이상 봅니다. 영화광인지도 모르겠어요

□ その映画はどうでした？
그 영화는 어땠어요?

□ 好きな男優、女優は誰ですか。
좋아하는 남자 배우, 여자 배우는 누구입니까?

□ 週末に映画館へ行きませんか。
주말에 극장에 안 갈래요?
❖ 일본에서 映画館은 영화를 전문으로 상영하는 곳이다. 반면 우리가 말하는 劇場(げきじょう)는 무대가 있는 곳으로 전통극이나 연극 등을 공연하는 곳을 말한다.

□ 歌舞伎へ行こう。この前見られなかったから。
가부키를 보러 가자. 요전에 보지 못했으니까.

□ 何かいい芝居をやっていますか。
뭔가 좋은 연극을 합니까?
❖ 芝居(연극)은 주로 歌舞伎를 말한다. 演劇(えんげき) 연극

그림과 골동품 수집에 관한 화제

□ 絵を描くのが大好きです。
그림을 그리는 것을 무척 좋아합니다.

□ 油絵と水彩画をやります。
유화와 수채화를 합니다.

□ 美術館にちょくちょく行きます。
미술관에 가끔 갑니다.

□ 今週は何かいい美術展をやってますか。
이번 주에는 뭔가 좋은 미술전을 합니까?

😊 今週は何かいい美術展をやってますか。
이번 주에는 뭔가 좋은 미술전을 합니까?
😊 現代美術展があって有名な芸術家も何人か出品してます。
현대미술전이 있어서 유명한 예술가도 몇 사람인가 출품하고 있습니다.

□ 墨絵の微妙な筆使いと線が大好きです。
묵화의 미묘한 붓놀림과 선을 무척 좋아합니다.

□ 趣味のひとつは彫刻を鑑賞することです。
취미 중에 하나는 조각을 감상하는 것입니다.

□ ときおり骨董屋に立ち寄ることがあります。
가끔 골동품 가게에 들를 때가 있습니다.

□ 私は世界中からガラクタ品を集めています。
저는 전 세계에서 잡동사니를 모으고 있습니다.

여기서는 길을 잃었을 때 길을 묻는 방법과 다른 사람이 길을 물어왔을 때 안내하는 요령 등도 제시되어 있다. 길을 물을 때 많이 쓰이는 패턴으로는 …へ行く道を教えてください가 있다. 일본의 경우는 도로의 표지판이나 주소지 등이 명확하게 정리되어 있어 지도 한 장만 있어도 어디든 원하는 목적지에 혼자서도 찾아갈 수 있다. 만약 길을 잘 모르거나 잃었을 때는 지도를 펴 보이며 물어봐도 되고 인근 파출소(交番)에 가서 물어보면 친절하게 안내를 해준다.

Q&A 무조건 따라하기

Q : すみませんが、駅へ行く❶にはこの道でいいですか。

A : いいえ、駅は逆方向ですよ。

Q : え、そうなんですか。

A : このまま今来た道を戻られると、❷踏切があります。そのすぐ手前に左に行く細い道があるんです。そこをまっすぐ行くと、T字路にぶつかります。そこを右に曲がると、正面が駅です。ここから歩いて5分くらいですよ。

Q : 踏切で左折、T字路で右折ですね。どうもありがとうございました。

Q : 미안하지만, 역으로 가려면 이 길로 가면 됩니까?
A : 아뇨, 역은 반대 방향입니다.
Q : 에, 그렇습니까?
A : 이대로 지금 온 길을 돌아가면 건널목이 있습니다. 그 바로 앞에서 왼쪽으로 가는 좁은 길이 있습니다. 거기를 곧장 가면 T자 길이 나옵니다. 거기를 오른쪽으로 돌면 정면이 역입니다. 여기서 걸어서 5분 정도입니다.
Q : 건널목에서 좌회전, T자 길에서 우회전이군요. 감사합니다.

❶ 동사의 기본형에 …には가 접속하면 「…하려면」의 뜻을 나타낸다.
❷ 踏切 철도 건널목

□ デパートはどこにありますか。
백화점은 어디에 있습니까?

□ 歩_あいて何分_{なんぷん}かかりますか。
걸어서 몇 분 걸립니까?
  ❖ 歩いて 걸어서 = 徒歩(とほ) 도보

□ どこて曲_まがればいいんですか。
어디서 꺾으면 됩니까?
  ❖ 曲がる 돌다, 방향을 바꾸다

□ すみません、駅_{えき}へはどう行_いったらよいでしょうか。
미안합니다, 역은 어떻게 가면 좋을까요?

> ☺ すみません、駅へはどう行ったらよいでしょうか。
> 미안합니다, 역은 어떻게 가면 좋을까요?
> ☺ この道をまっすぐ行って突き当たりを左へ曲がればいいん
> ですよ。
> 이 길을 곧장 가서 막다른 곳에서 왼쪽으로 돌면 됩니다.

□ パレス・ホテルへ行_いく道_{みち}を教_{おし}えてくれますか。
팔레스 호텔로 가는 길을 가르쳐 줄래요?

□ 病院_{びょういん}へはどう行_いったらいいでしょうか。
병원에는 어떻게 가면 좋을까요?

□ ここは初_{はじ}めてなんですが、女子大_{じょしだい}へはどう行_いったら
いいでしょうか。
여기는 처음인데, 여대는 어떻게 가면 좋을까요?

> ☺ ここは初めてなんですが、女子大へはどう行ったらいい
> でしょうか。
> 여기는 처음인데, 여대는 어떻게 가면 좋을까요?
> ☺ 今来た道を戻って2番目の道路を左へ行ってください。
> 지금 온 길을 돌아서 2번째 도로에서 왼쪽으로 가세요

  ❖ はじめ는 최초의 부분을 뜻하는 명사이고, はじめて는 그것의 첫회임을 뜻하는 부사이다.

□ 上野公園_{うえのこうえん}はこの道_{みち}でいいんでしょうか。
우에노 공원은 이 길로 가면 됩니까?

□ このあたりに地下鉄_{ちかてつ}の駅_{えき}はありますか。
이 주위에 지하철역은 있습니까?

□ すみません、あの白い建物は大学ですか。
미안합니다. 저 하얀 건물은 대학입니까?

❖ すみませんは 모르는 사람에게 말을 걸거나 부탁할 때도 쓰인다.

□ ここはどこですか。
(지도를 펴고) 여기는 어디입니까?

□ 地図にしるしをつけてください。
지도에 표시를 해 주세요.

□ ここから近いのですか。
여기서 가깝습니까?

□ そこまで歩いて行けますか。
거기까지 걸어갈 수 있습니까?

□ 私は方向音痴なんです。
저는 방향치입니다.
❖ 音痴(음치) 특정 감각이 둔함, 그런 사람. 味覚(みかく) 音痴 미각이 둔함

길을 가르쳐줄 때

□ どこかお探しですか。
어디 찾으십니까?

□ お困りのようですが、お役に立つでしょうか。
난처하신 것 같은데, 도와 드릴까요?
❖ 役に立つ 도움이 되다, 役立(だ)つ로도 표현한다.

□ どこへいらっしゃるのですか。
어디에 가십니까?

😊 どこへいらっしゃるのですか。
어디에 가십니까?
😊 新宿駅へ行きます。
신주쿠 역에 갑니다.
😊 新宿駅はここから5分ぐらい歩くと見えます。
신주쿠 역은 여기서 5분 정도 걸으면 보입니다.

□ おうちの住所を見せてもらえますか。
집 주소를 보여 주시겠어요?

□ 3つ目のブロックです。
세 번째 블록입니다.

□ 2つ目の角を左へ行きなさい。
두 번째 모퉁이에서 왼쪽으로 가세요.
❖ 左 왼쪽 ↔ 右(みぎ) 오른쪽

□ この道を真っ直ぐ行ってください。
이 길로 곧장 가세요.

□ この角を左に曲がりなさい。
이 모퉁이에서 왼쪽으로 도세요.

□ 交番の所を左折すれば右側に事務所があります。
파출소 있는 곳에서 좌회전하면 오른쪽에 사무실이 있습니다.

😊 今どこですか。
지금 어디세요?
😊 事務所の近くにいると思いますが。
사무실 근처에 있는 것 같은데요
😊 あ、そうですか。交番の所を左折すれば右側に事務所があります。
아, 그래요. 파출소 있는 곳에서 좌회전하면 오른쪽에 사무실이 있습니다.

❖ 左折する 좌회전하다 ↔ 右折する 우회전하다

□ 線路と平行の道を行って踏切を渡ってください。
선로와 평행인 길로 가서 건널목을 건너세요.

□ 今来た道を戻らないといけません。
지금 온 길을 돌아가야 합니다.

> ☺ すみません、病院へ行くのはこの道でいいですか。
> 미안합니다, 병원에 가는 것은 이 길로 가면 됩니까?
> ☺ いや、今来た道を戻らないと いけません。
> 아뇨, 지금 온 길을 돌아가야 합니다.

□ 私もそちらの方向へ行きますから、お連れしましょう。
저도 그쪽 방향으로 가니까, 같이 갑시다.

> ☺ すみません、デパートへ行こうと思いますが、道がよくわかりませんので。
> 미안합니다, 백화점에 가려고 하는데, 길을 잘 몰라서요
> ☺ あ、私もそちらの方向へ行きますから、お連れしましょう。
> 아, 저도 그쪽 방향으로 가니까, 같이 갑시다.
> ☺ あ、よかったですね。どうもすみません。
> 아, 다행이네요. 죄송합니다.

길을 잘 모를 때

□ すみません。よく分かりません。
미안합니다. 잘 모르겠습니다.

□ 私は旅行者なのです。
저는 여행자입니다.

□ 私も知らないんです。
저도 모릅니다.

□ だれかほかの人に聞いてください。
누구 다른 사람에게 물어 보세요.

□ 地図を持っていますか。
지도를 갖고 있습니까?

□ あそこにいるお巡りさんに聞いたらどうですか。
저기에 있는 순경에게 물으면 어떨까요?

□ 残念ながら、私もよくわからないんですよ。
유감스럽지만, 저도 잘 모릅니다.

□ 私もここは初めてなものですから。
저도 여기는 처음이라서요

□ すみませんが、この辺りはあまりよく知らないんです。
미안하지만, 이 주변은 그다지 잘 모릅니다.

길을 잃었을 때

□ すみません。これは何という通りですか。
여보세요, 이건 무슨 거리입니까?

□ どこに行くのですか。
어디에 갑니까?

□ すみません。道に迷ってしまいました。
미안합니다. 길을 잃어버렸습니다.
❖ 道に迷う 길을 잃다, 길을 헤매다

□ 中央駅はどちらの方向ですか。
중앙역은 어느 방향입니까?

□ この道は違うのですか。
이 길은 다릅니까?

대중교통의 이용

여기서는 열차, 전철, 지하철, 버스, 택시, 비행기를 이용하는 경우에 필요한 표현을 다루었다. 역이나 차 안에서 일본인이 말을 걸어왔을 때 대처하는 방법도 포함되어 있으므로 실제로 응용해보자. 정류장이나 역을 물을 때는 電車駅・バス停・タクシー乗り場はどこですか라고 한다. 택시를 이용할 때는 …までお願いします라고 기사에게 말하면 목적지까지 실어다 준다. 목적지를 잘 모르를 때는 주소를 보이며 この住所までお願いします라고 하면 된다.

Q&A   무조건 따라하기

Q : 京都へはなんで行こうか。ぼくの車で行く？

A : 時間はどのくらいかかるの？

Q : 東京から車だと5時間で行けるって叔父が言ってただけど、もちろん混み具合によるね。10時間かかる**かも**。❶

A : そう。渋滞で座りきっているのはあんまり好きじゃないわ。ほかに交通手段はないの？

Q : 新幹線なら2時間半しかかからないよ。バスもあるらしい。これはずっと安いよ。

Q : 교토에는 무엇으로 갈까? 내 차로 갈래?

A : 시간은 어느 정도 걸리니?

Q : 도쿄에서 차로 5시간 걸린다고 아저씨가 말했는데, 물론 혼잡 정도에 따라서 말이야. 10시간 걸릴지도 몰라.

A : 그래. 차가 막혀 앉아 있는 것은 별로 안 좋아해. 다른 교통수단은 없니?

Q : 신칸센이라면 2시간 반밖에 안 걸려. 버스도 있는 것 같고 이게 훨씬 싸.

❶ …かも는 …かもしれない를 줄인 표현으로 「…일(할)지도 모른다」의 뜻으로 추측을 나타낸다.

□ 銀座へ行くのにいちばんいい方法は何でしょうか。
긴자로 가는 데 가장 좋은 방법은 무엇일까요?

> 銀座へ行くのにいちばんいい方法は何でしょうか。
> 긴자로 가는 데 가장 좋은 방법은 무엇일까요?
>
> タクシーでもいいですけど、地下鉄がいちばん速いですよ。
> 택시로도 괜찮지만, 지하철이 가장 빨라요.

❖ 동사의 기본형에 …のに가 접속하면「…하는 데, …하려면」의 뜻으로 목적을 나타낸다.

□ 成田空港へはどう行ったらいいでしょうか。
나리타공항은 어떻게 가면 좋을까요?

> 成田空港へはどう行ったらいいでしょうか。
> 나리타공항은 어떻게 가면 좋을까요?
>
> タクシーは渋滞で巻き込まれるおそれがありますから、電車で行ったほうがいいですよ。
> 택시는 교통체증으로 늦을 우려가 있으니까, 전철로 가는 게 좋아요.

□ すみません、この電車は原宿へ行きますか。
미안합니다, 이 전철은 하라주쿠에 갑니까?

> すみません、この電車は原宿へ行きますか。
> 미안합니다, 이 전철은 하라주쿠에 갑니까?
>
> いいえ、行きません。新宿で渋谷行きの山の手線へ乗り換えないといけません。
> 아뇨, 안 갑니다. 신주쿠에서 시부야 행 야마노테선으로 갈아타야 합니다.

□ あなたは電車を間違えたようですよ。
당신은 전철을 잘 못 탄 것 같군요.
❖ ようだ가 추측의 뜻으로 쓰일 때는 어떤 것에 대해서 그 때의 상황이나 주어진 정보를 바탕으로 하여 불확실하지만, 그렇게 볼 수 있는 상황이라는 판단이 설 때 쓴다.

□ あなたの降りる駅はここから5つ目です。
당신이 내릴 역은 여기에서 다섯 번째입니다.

□ その列車はどこから出ますか。
그 열차는 어디에서 출발합니까?

> その列車はどこから出ますか。
> 그 열차는 어디에서 출발합니까?
>
> 20分後に12番線から出ます。
> 20분 후에 12번선에서 출발합니다.

열차를 이용할 때

□ 特急に乗らないように。その駅には停車しませんから。
특급을 타지 않도록 하세요. 그 역에는 정차하지 않으니까요.
❖ …ないように …지 않도록

□ これは急行ですか、鈍行ですか。
이건 급행입니까, 완행입니까?

□ この機械で切符を買ってはだめです。地下鉄用ですから。
이 기계에서 표를 사면 안 됩니다. 지하철용이니까요.

□ ちょっと待って。車掌さんに聞いてあげましょう。
잠깐 기다려요. 차장에게 물어 볼게요.

□ すみません。切符売場はどこですか。
여보세요. 매표소는 어디입니까?

□ 大阪行きの切符はどの窓口ですか。
오사카행 표는 어느 창구입니까?
❖ …行き는 장소를 나타내는 말에 붙어 그곳으로 감을 나타낸다.

□ この列車の座席を予約したいんですが。
이 열차 좌석을 예약하고 싶은데요.

□ 東京までの指定券をお願いします。
도쿄까지 지정석을 부탁합니다.

□ 片道をください。
편도를 주세요.

☺ 片道ですか、往復ですか。
편도입니까, 왕복입니까?
☺ 片道をください。
편도를 주세요.

□ グリーン車の切符を2枚ください。
일등석 표를 두 장 주세요.
❖ グリーン車 철도여객 차량 중 서비스나 설비가 좋아 특별 요금을 징수하는 객차

□ この列車は神戸に止まりますか。
이 열차는 코베에 섭니까?

□ 大阪行きの列車はどこから出ますか。
오사카행 열차는 어디서 출발합니까?

□ あしたの大阪行きの切符はありますか。
내일 오사카행 표는 있습니까?

□ 11時の列車に空席はありますか。
11시 열차에 빈자리는 있습니까?

□ 大阪まで往復1枚ください。
오사카까지 왕복 한 장 주세요.

□ 東京まで大人2枚、子供1枚ください。
도쿄까지 어른 두 장, 어린이 한 장 주세요.

□ 指定席をとる必要がありますか。
지정석을 잡을 필요가 있습니까?

> ☺ 指定席をとる必要がありますか。
> 지정석을 잡을 필요가 있습니까?
> ☺ 列車が混んでいるかもしれませんので、そうしたほうがいい
> と思いますよ。
> 열차가 붐빌지도 모르니까 그렇게 하는 게 좋을 겁니다.

□ この急行はどこに行きますか。
이 급행은 어디로 갑니까?

□ 何分おきに列車が来ますか。
몇 분 간격으로 열차가 옵니까?
❖ …おきに (시간·거리·수량 등을 나타내는 말에 붙어) …간격으로, …걸러

□ この切符でこの急行に乗れますか。
이 표로 이 급행을 탈 수 있습니까?

□ 食堂車はついていますか。
식당차는 딸려 있습니까?

□ 別料金はどこで払ったらいいですか。
별도의 요금은 어디서 내면 됩니까?

□ 中途下車はできますか。
중도에 하차할 수 있습니까?

□ 次の列車は何時ですか。
다음 열차는 몇 시입니까?

□ 新幹線にはヒカリとコダマがあります。
신칸센에는 히카리와 고다마가 있습니다.

□ 東京から大阪まで何時間ですか。
도쿄에서 오사카까지 몇 시간입니까?

□ 時刻表はどこで売っていますか。
시각표는 어디서 팝니까?

□ 改札は何時からですか。
개찰은 몇 시부터입니까?

□ 何時にホームに入りますか。
몇 시에 홈에 들어옵니까?

□ 大阪行きの列車は何番ホームですか。
오사카행 열차는 몇 번 홈입니까?

□ これは大阪行きの列車ですか。
이건 오사카행 열차입니까?

□ この切符はキャンセルできますか。
이 표를 취소할 수 있습니까?
❖ キャンセルする ＝ 取(と)り消(け)す 취소하다

□ 今、どこを走っていますか。
지금 어디를 달리고 있습니까?

□ 席を替わっていただけますか。
자리를 바꿔 주시겠습니까?

□ ここにはどのくらい停車しますか。
여기서는 어느 정도 정차합니까?

□ 切符をなくしてしまいました。
표를 잃어버렸습니다.

□ 乗り越したようです。
지나쳐 버린 것 같습니다.

☐ お忘れ物ないように、お降りください。
잃으신 물건이 없도록 내리십시오.
  ❖ ないように 없도록

☐ 最寄りの駅はどこですか。
가장 가까운 역은 어디입니까?
  ❖ 最寄り 가장 가까운 곳

☐ すみません。新宿駅はどこですか。
미안합니다. 신주쿠 역은 어디입니까?

☐ 南口はどこですか。
남쪽 출구는 어디입니까?
  ❖ 일본의 지하철이나 전철역의 출입구는 동서남북으로 표시되어 있다.
  東口(ひがしぐち) 西口(にしぐち) 南口(みなみぐち) 北口(きたぐち)

☐ 切符売場はどこですか。
매표소는 어디입니까?

☐ 自動販売機はどこにありますか。
자동매표기는 어디에 있습니까?

☐ 次に止まりますか。
다음에 섭니까?

☐ 終点はどこですか。
종점은 어디입니까?

☐ 山の手線は何色ですか。
야마노테선은 무슨 색입니까?

😊 山の手線は何色ですか。
야마노테선은 무슨 색입니까?
😊 緑色です。
녹색입니다.

☐ いちばん近い地下鉄駅はどこですか。
가장 가까운 지하철역은 어디입니까?
  ❖ 一番(いちばん)이 부사어로 쓰일 때는「제일, 가장」이라는 뜻으로 히라가나로 표기한다.

□ どこで乗り換えたらいいですか。
어디서 갈아타면 됩니까?

□ 何分おきに来ますか。
몇 분 간격으로 옵니까?

> ☺ 何分おきに来ますか。
> 몇 분 간격으로 옵니까?
> ☺ 10分おきに来ます。
> 10분 간격으로 옵니다.

□ 上野に行くには何線に乗ればいいのですか。
우에노에 가려면 무슨 선을 타면 됩니까?

> ☺ 上野に行くには何線に乗ればいいのですか。
> 우에노에 가려면 무슨 선을 타면 됩니까?
> ☺ 次の駅で中央線に乗ってください。
> 다음 역에서 중앙선을 타세요.

□ 地下鉄の路線図を1枚もらえますか。
지하철 노선도를 한 장 줄래요?
❖ 일본에서는 지하로 달리는 전동열차를 地下鉄(ちかてつ)라고 하고, 지상으로 달리는 전동열차를 電車(でんしゃ)라고 구분하여 부른다.

□ 銀座へ行くのはどの線ですか。
긴자로 가는 것은 어느 선입니까?

□ どこの駅で降りればいいのですか。
어느 역에서 내리면 됩니까?

□ 急行はこの駅に止まりますか。
급행은 이 역에 섭니까?
❖ 急行은 모든 역에 서지 않고 큰 역에만 서는 전철을 말한다. 반대로 모든 역에 서는 전철을 各駅停車라고 한다.

□ 各駅停車に乗れば1時間ぐらいかかります。
완행전철을 타면 1시간 정도 걸립니다.
❖ 時間がかかる 시간이 걸리다

□ 終電は何時でしょうか。
마지막 전철은 몇 시인가요?

□ すみません。バス停はどこにありますか。
여보세요. 버스 정류장은 어디에 있습니까?

😊 すみません。バス停はどこにありますか。
여보세요. 버스 정류장은 어디에 있습니까?

😊 通りの向こう側ですよ。
길 맞은편입니다.

❖ バス停留所(ていりゅうじょ)를 줄여서 흔히 バス停라고 한다.

□ 上野は何番のバスに乗ればいいですか。
우에노는 몇 번 버스를 타면 됩니까?

😊 上野は何番のバスに乗ればいいですか。
우에노는 몇 번 버스를 타면 됩니까?

😊 14番のバスにお乗りください。
14번 버스를 타십시오.

□ このバスで公園へ行けますか。
이 버스로 공원에 갈 수 있습니까?

□ 切符はどこで買えますか。
표는 어디서 삽니까?

□ 料金は乗る前に払いますか。
요금은 타기 전에 지불합니까?
❖ …前に …하기 전에

□ どこで降りればいいですか。
어디서 내리면 됩니까?

□ 公園に着いたら教えてください。
공원에 도착하면 가르쳐 주세요.

□ 上野駅で止まりますか。
우에노역에서 섭니까?

😊 このバスは上野駅で止まりますか。
이 버스는 우에노역에 섭니까?

😊 いいえ、止まりません。バスを乗り違えました。
아요. 서지 않습니다. 버스를 잘못 탔습니다.

□ ちょっと通してください。降りますので。
잠깐 지나가겠습니다. 내려야 하니까요.

□ ここで降ろしてください。
여기서 내려 주세요.

□ すみません。降ります。
여보세요. 내립니다.

□ すみません、乗り過ごしました。
미안합니다. 지나쳤습니다.

□ 最終バスは何時ですか。
마지막 버스는 몇 시입니까?

관광버스를 이용할 때

□ 日光を訪れるツアーはありますか。
닛코를 방문하는 투어는 있습니까?
❖ 観光(かんこう)バス 관광버스, 貸(か)し切(き)りバス 전세(대절) 버스

□ 昼食つきですか。
점심이 나옵니까?

□ 自由時間はありますか。
자유시간은 있습니까?

□ 市内ツアーには何がありますか。
시내 투어에는 무엇이 있습니까?

❖ 見物는 즐기기 위해 보는 것을 말하고, 見学(けんがく)는 지식을 얻기 위해 보는 것을 말한다.

□ 何時に戻ってくるのですか。
몇 시에 돌아옵니까?

□ ツアーは何時にどこから始まりますか。
투어는 몇 시에 어디서 시작됩니까?

□ タクシーで行こうよ。
택시로 가자.

□ タクシーはどこで拾えますか。
택시는 어디서 잡습니까?

□ タクシー乗り場はどこですか。
택시 승강장은 어디에 있습니까?

□ タクシーを呼んでくれますか。
택시를 불러 주겠어요?

□ 近くにタクシー乗り場はありますか。
근처에 택시 승강장이 있습니까?

□ どちらまでいらっしゃいますか。
어디까지 가십니까?

> ☺ どちらまでいらっしゃいますか。
> 어디까지 가십니까?
> ☺ 東京駅までお願いします。
> 도쿄 역까지 부탁합니다.

□ 私たちは全員乗れますか。
우리들 전원이 탈 수 있나요?

□ プリンス·ホテルまでお願いします。
프린스 호텔까지 부탁합니다.

□ 空港まで行ってください。
공항까지 가 주세요

□ この住所までお願いします。
이 주소까지 가 주세요.

> ☺ どちらまで?
> 어디까지?
> ☺ この住所までお願いします。
> 이 주소까지 가 주세요

□ 真っ直ぐ行ってください。
직진해 주세요.

□ 次の角を左折してください。
다음 모퉁이에서 좌회전하세요.

□ 銀座までかなりかかりますか。
긴자까지 상당히 걸립니까?

□ 急いでいるので近道してください。
급해서 그러는데 빠른 길로 가 주세요.

> ☺ 急いでいるので近道してください。
> 급해서 그러는데 빠른 길로 가 주세요
> ☺ 裏道も混んでいますよ。
> 뒷길도 복잡해요

□ ここから市内までの運賃はいくらですか。
여기서 시내까지의 운임은 얼마입니까?

□ ここで止めてください。
여기서 세워 주세요

□ ここで下ろしてください。
여기서 내려 주세요

□ トランクを開けてください。
트렁크를 열어 주세요.

□ ここで待っていてください。
여기서 기다려 주세요.

□ 料金はいくらですか。
요금은 얼마입니까?

□ はい、3千円です。お釣りは結構です。
자, 3천 엔입니다. 거스름돈은 됐습니다.

국내선 비행기를 이용할 때

□ 国内線はどこですか。
국내선은 어디입니까?

□ 日本航空のカウンターはどこですか。
일본항공 카운터는 어디입니까?

□ 今チェックインできますか。
지금 체크인할 수 있습니까?

□ 窓際席をお願いします。
창쪽 좌석을 부탁합니다.

□ 禁煙席の通路側をお願いします。
금연석의 통로 쪽을 부탁합니다.

□ この荷物は機内持ち込みですか。
이 짐은 기내로 가지고 들어갑니까?

□ 何番ゲートに行けばいいのですか。
몇 번 게이트로 가면 됩니까?

□ これは大阪行きのゲートですか。
이건 오사카행 게이트입니까?

☺ これは大阪行きのゲートですか。
이건 오사카행 게이트입니까?
☺ いいえ、大阪行きのゲートは3番です。
아뇨, 오사카행 게이트는 3번입니다.

□ フライトは定刻どおりに出発しますか。
비행기는 정각대로 출발합니까?

드라이브와 여객선 이용

여기서는 렌터카를 빌릴 때, 주유소(ガソリンスタンド)에 기름을 넣을 때, 운전을 하면서 부딪치는 교통위반이나 사고, 주정차, 세차, 보험 등을 포함해 선박 여행을 즐길 때 쓰이는 표현을 익힌다. 사고가 났을 때 유용하게 쓸 수 있는 표현으로는 事故よ! 助けて!가 있다. 차를 빌려서 관광을 할 경우에는 우리와 교통의 흐름이 반대이므로 주의해서 운전을 해야 한다. 따라서 운전석도 우리는 왼쪽에 있지만, 일본은 영국식으로 오른쪽에 있다.

Q&A 무조건 따라하기

Q：日本の道路の制限速度ってどのくらい？

A：道路による❶けど、地方の高速道路は時速100キロがふつうだ。でも、あちこちで80キロに制限される個所があるよ。

Q：時速たった50マイルってこと？

A：うん。でも、みんな表示された制限速度は低すぎると思ってるみたいだ。警察もあまり厳しく取り締まっていないよ。制限速度を20キロオーバーくらいなら捕まらないんじゃないかな。

Q：일본의 도로 속도제한은 어느 정도야?
A：도로에 따라 다르지만, 지방 고속도로는 시속 100킬로미터가 보통이야. 하지만, 여기저기서 80킬로미터로 제한된 곳도 있어.
Q：시속이 겨우 50마일이라는 거야?
A：응. 하지만 모두 표시된 제한속도는 너무 낮다고 생각하는 것 같아. 경찰도 별로 엄하게 단속하지 않아. 제한속도를 20킬로미터 초과하는 정도라면 안 잡을 거야.

❶ …による …에 의하다, …によって …에 의해서(따라서), …によると …에 의하면

□ 車を借りたいのですが。
차를 빌리고 싶은데요.

□ 今、借りられる車はありますか。
지금 빌릴 수 있는 차는 있습니까?

□ レンタカーを予約したいのですが。
렌터카를 예약하고 싶은데요.

☺ レンタカーを予約したいのですが。
렌터카를 예약하고 싶은데요
☺ はい、いつからですか。
네, 언제부터입니까?

□ どのような車をご希望ですか。
어떤 차를 원하십니까?

☺ どのような車をご希望ですか。
어떤 차를 원하십니까?
☺ 小型車をお願いします。
소형차를 부탁합니다.

❖ 小型車 소형차 ↔ 大型車(おおがたしゃ) 대형차

□ 安くて運転しやすい車を教えてくれませんか。
싸고 운전하기 쉬운 차를 가르쳐 주지 않을래요?
❖ …やすい는 동사의 중지형에 접속하여 「…하기 쉽다(편하다)」의 뜻을 가진 형용사가
된다. 반대로 …にくい는 「…하기 어렵다(힘들다)」의 뜻이다.

□ 料金表を見せてください。
요금표를 보여 주세요.

□ 1日あたりの料金はいくらですか。
하루에 요금은 얼마입니까?

☺ 1日あたりの料金はいくらですか。
하루에 요금은 얼마입니까?
☺ 13000円と税金が別にかかります。
13000엔과 세금은 별도로 부과됩니다.

□ 運転するのは私だけです。
운전은 저만 합니다.

□ ほかの<ruby>人<rt>ひと</rt></ruby>が<ruby>運転<rt>うんてん</rt></ruby>することもできますか。
다른 사람이 운전할 수도 있습니까?
❖ …ことが(は・も)できる …할 수가(는・도) 있다

□ <ruby>割引料金<rt>わりびきりょうきん</rt></ruby>はありますか。
할인요금은 있습니까?

□ <ruby>料金<rt>りょうきん</rt></ruby>に<ruby>保険<rt>ほけん</rt></ruby>は<ruby>含<rt>ふく</rt></ruby>まれていますか。
요금에 보험은 포함되어 있습니까?

□ <ruby>保証金<rt>ほしょうきん</rt></ruby>はいくらですか。
보증금은 얼마입니까?

□ <ruby>保険<rt>ほけん</rt></ruby>は<ruby>全部<rt>ぜんぶ</rt></ruby>かけてください。
보험은 전부 들어 주세요

☺ <ruby>保険<rt>ほけん</rt></ruby>はかけますか。
보험은 들겠습니까?
☺ <ruby>保険<rt>ほけん</rt></ruby>は<ruby>全部<rt>ぜんぶ</rt></ruby>かけてください。
보험은 전부 들어 주세요

❖ 保険をかける 보험을 들다

□ <ruby>書類<rt>しょるい</rt></ruby>に<ruby>記入<rt>きにゅう</rt></ruby>しました。これでいいですか。
서류에 기입했습니다. 이거면 됐습니까?

□ これが<ruby>私<rt>わたし</rt></ruby>の<ruby>国際免許証<rt>こくさいめんきょしょう</rt></ruby>とクレジット・カードです。
이것이 제 국제면허증과 신용카드입니다.

□ ガソリンは<ruby>満<rt>まん</rt></ruby>タンにして<ruby>返<rt>かえ</rt></ruby>すのですか。
휘발유는 가득 채워서 반납합니까?
❖ 満タン 탱크에 가득 채움, 탄은 탱크(tank)의 약어

□ <ruby>走行距離<rt>そうこうきょり</rt></ruby>は<ruby>無制限<rt>むせいげん</rt></ruby>ですか。
주행거리는 무제한입니까?

□ <ruby>事故<rt>じこ</rt></ruby>の<ruby>場合<rt>ばあい</rt></ruby>は、どこに<ruby>連絡<rt>れんらく</rt></ruby>すればいいのですか。
사고가 났을 경우에는 어디로 연락하면 됩니까?

□ <ruby>車<rt>くるま</rt></ruby>を<ruby>返<rt>かえ</rt></ruby>します。
차를 돌려드리겠습니다.

□ 駅まで乗せてあげましょう。
역까지 태워 드리지요.

□ 私の運転はとても慎重だと思ってますよ。
제 운전은 매우 차분하다고 생각합니다.

□ 高速道路を使いましょう。
고속도로를 탑시다.

□ 前の車に追い付こう。
앞차를 따라붙자.

□ スピードを落として。でこぼこ道だから。
속도를 줄여요. 요철이 있는 길이니까.
❖ 凸凹(でこぼこ) 요철, 울퉁불퉁, 울룩불룩

□ 気をつけて。道路がちょっと滑りやすいから。
조심해요. 도로가 좀 미끄러우니까.

> ☺ 気をつけて。道路がちょっと滑りやすいから。
> 조심해요. 도로가 좀 미끄러우니까.
>
> ☺ わかったよ。ゆっくり走ってるから。
> 알았어. 천천히 달리고 있으니까.

□ 少なくとも80キロで走らなくては。
적어도 80킬로로 달려야 해.

> ☺ この道路では、少なくとも80キロで走らなくては。
> 이 도로에서는 적어도 80킬로로 달려야 해.
>
> ☺ 知ってるよ。他の車のスピードに合わせているだけさ。
> 알고 있어. 다른 차와 속도를 맞추고 있을 뿐이야.

□ あの赤信号のところを右折しますよ。
저 적색신호가 있는 곳에서 우회전해요.
❖ 赤信号 적신호 ↔ 青信号(あおしんごう) 청신호

□ 最高速度は時速100キロでしょ？
최고속도는 시속 100킬로이죠?

□ 後ろからパトカーが来てますよ。
뒤에 순찰차가 오고 있어요.
❖ パトロールカー(patrol car)를 줄여서 パトカー라고 한다.

□ スピード違反でつかまったことは？
속도위반으로 잡힌 적은?

□ 次のサービスエリアまでだいぶありますか。
다음 휴게소까지 꽤 됩니까?
❖ ある는 수량을 나타내는 말에 붙어 그만한 수량이 된다는 것을 나타낸다.

□ 今度の表示板を見てくれますか。
다음 표지판을 봐 주겠어요?

주차를 할 때

□ どこに車を寄せましょうか。
어디에 차를 세울까요?

□ ちょっとの間ここに駐車してもいいですか。
잠깐 여기에 주차해도 됩니까?

□ この辺に駐車場はありますか。
이 주변에 주차장이 있습니까?

□ 路上駐車するしかないな。
노상주차를 할 수밖에 없어.

❖ ～しかない ～밖에 없다

□ 車を道路わきに寄せましょう。
차를 도로 옆으로 세웁시다.
❖ わき 옆, 곁, 한쪽

□ 駐車場は満車だ。
주차장이 가득 찼어.

☐ ガソリンがなくなってきたな。
기름이 다됐어.

☐ そろそろガソリンが切れかかってる
점점 휘발유가 다 떨어지고 있어.
　❖ …かかる는 동사의 중지형에 붙어 「이제 곧 …할 듯한 상태이다」의 뜻을 나타낸다.

☐ この近くにガソリンスタンドはありますか。
이 근처에 주유소는 있나요?

> ☺ この近くにガソリンスタンドはありますか。
> 　이 근처에 주유소는 있나요?
>
> ☺ ガソリンスタンドまでほんの2、3キロです。
> 　주유소까지 약 2, 3킬로입니다.

　❖ ほんの 단지 그것뿐임, 단지 그 정도에 불과한

☐ 満タンにしてください。
가득 채워 주세요.

☐ レギュラー・ガソリンを10リットル入れてください。
레귤러 가솔린을 10리터 넣어 주세요

☐ このガソリンスタンドでも洗車できますか。
이 주유소에서도 세차할 수 있나요?

☐ ワックスがけ洗車をしてください。
왁스를 뿌려 세차해 주세요

☐ 車の故障です。取りに来てください。
차가 고장입니다. 견인하러 오세요
　❖ …に来る …하러 오다

☐ 故障した場合の連絡先を教えてくれますか。
고장 났을 경우 연락처를 가르쳐 줄래요?

☐ 車に保険はかかってますか。
차는 보험을 들었습니까?

☐ タイヤの空気圧を調べてください。
타이어 공기압을 살펴 주세요.

☐ パンクしたので、修理してください。
펑크가 났는데, 수리해 주세요.

☐ バッテリーがあがっちゃったので充電してください。
배터리가 떨어졌는데, 충전해 주세요.
❖ バッテリーがあがる 배터리가 떨어지다(다 닳다)

☐ ちぇっ、エンジンがかからない。
제기랄, 시동이 안 걸려.
❖ エンジンをかける 시동을 걸다

☐ オイル・水・バッテリー・タイヤともすべてOKです。
오일·물·배터리·타이어 모두 좋습니다.

> ☺ 車を全体的に調べてください。
> 차를 전체적으로 점검해 주세요
>
> ☺ ええ。…オイル・水・バッテリー・タイヤともすべてOKです。
> 예. … 오일·물·배터리·타이어 모두 좋습니다.

☐ ブレーキのどこかが具合か悪いです。
브레이크 어딘가가 상태가 좋지 않습니다.
❖ ブレーキをかける 브레이크를 걸다

☐ パンクしました。
펑크가 났습니다.

☐ 修理できますか。
수리할 수 있습니까?

☐ 救急車をお願いします! 自動車事故です。
구급차를 부탁합니다! 자동차 사고입니다.

☐ 助けて! 事故よ!
도와줘요! 사고예요!

☐ けが人がいます。
다친 사람이 있습니다.

☐ ひき逃げ事故よ。早くナンバーをひかえて!
뺑소니 사고예요. 빨리 번호를 적어요!

□ 正面衝突事故です。
정면충돌 사고입니다.

□ 警察の人を呼んでください。
경찰을 불러 주세요

□ 大丈夫ですか。お怪我はありませんか。
괜찮습니까. 다치신 데는 없습니까?

😊 大丈夫ですか。お怪我はありませんか。
괜찮습니까. 다치신 데는 없습니까?

😊 あっ、右腕の骨が折れたようです。
앗, 오른팔이 부러진 것 같습니다.

😊 ちょっと見せてください。痛みますか。
잠깐 보여 주세요. 아픕니까?

😊 動かそうとすると、激しい痛みが感じます。
움직이려고 하면 통증이 무척 심합니다.

❖ 怪我する 다치다, 부상을 입다

□ 状況を説明してください。
상황을 설명해 주세요.

□ この方が事故の目撃者です。
이 분이 사고 목격자입니다.

□ 私の方には過失はありません。
저는 과실이 없습니다.

□ この子供がいきなり道に飛び出したんです。
이 아이가 갑자기 길로 뛰어들었습니다.

□ あの人が信号を無視したんです。
저 사람이 신호를 무시했습니다.

□ 相手の車が車線を越えてぶつかってきました。
상대의 차가 차선을 넘어서 부딪쳤습니다.

□ 追い越しミスで対向車にぶつかりました。
추월 실수로 상대 차와 부딪쳤습니다.
❖ …にぶつかる …에 부딪치다

□ 後ろの車に追突されました。
뒤차에 추돌 당했습니다.
❖ 追突(ついとつ) 뒤에서 부딪치는 것, 衝突(しょうとつ) 마주보고 부딪치는 것

□ 雨で車がスリップしてしまいました。
비가 와서 차가 미끄러졌습니다.

□ 警察ですが、免許証をお見せください。
경찰입니다만, 면허증을 보여 주십시오.

□ スピード違反です。
속도위반입니다.

☺ 免許証を見せてください。
면허증을 보여 주세요

☺ どうもすみません。大目に見てください。
대단히 죄송합니다. 한번만 봐 주세요

☺ スピード違反です。
속도위반입니다.

☺ どうか、今回は許してください。今後は注意しますから。
제발 이번만 용서해 주세요 앞으로는 주의할 테니까요

☺ 違反切符です。
위반딱지입니다.

❖ 大目に見る (다소의 부정·결점을) 너그럽게 보아주다

□ 信号無視です。
신호무시입니다.

□ 飲酒運転で捕まったら、免許取消です。
음주운전으로 잡히면 면허취소입니다.

□ 踏切で、一旦停止を無視しました。
건널목에서 일단정지를 무시했습니다.

□ また駐車違反で切符を渡されました。
또 주차위반으로 딱지를 떼었습니다.

□ 私の車がレッカー車で牽引されて行きました。
제 차가 레커차로 견인되어 갔습니다.

□ 船旅はお好きですか。
선박여행은 좋아하십니까?

> ☺ 船旅はお好きですか。
> 선박 여행은 좋아하십니까?
>
> ☺ いいえ。船酔いしますから。
> 아뇨, 뱃멀미를 하니까요

□ 小さなボートに乗っても船酔いしてしまいます。
작은 보트를 타도 뱃멀미를 하고 맙니다.

□ 船旅はこれが初めてです。
선박여행은 이것이 처음입니다.

□ 乗船時間は何時ですか。
승선시간은 몇 시입니까?

□ プサン行きの船は何番埠頭から出ますか。
부산행 배는 몇 번 부두에서 떠납니까?

> ☺ プサン行きの船は何番埠頭から出ますか。
> 부산행 배는 몇 번 부두에서 떠납니까?
>
> ☺ 3番波止場です。
> 3번 선착장입니다.

❖ 波止場(はとば) 선착장

□ フェリーは何時に出帆しますか。
훼리는 몇 시에 출항합니까?

□ 停泊中に街を見物したいんですが。
정박 중에 거리를 구경하고 싶은데요.

□ この横振れは激しいね。
이 배는 심하게 흔들리네요

□ もうじき入港します。
이제 곧 입항합니다.
❖ 入港する 입항하다 ↔ 出航(しゅっこう)する 출항하다

□ 甲板へ行って新鮮な空気を吸いましょうか。
갑판에 가서 신선한 공기를 마실까요?

호텔에서의 숙박

호텔의 예약과 체크인, 프런트나 보이와의 대화에서 지불을 마치고 체크아웃할 때까지 일본을 여행하면서 관광을 즐기는 데 필요한 표현을 익히도록 하자. 호텔에 도착하면 프런트에 가서 予約しましたが라며 이름을 말하고 예약을 확인한다. 호텔에 머물면서 필요한 것을 부탁하고자 할 때는 …をお願いします라고 하면 된다. 호텔에는 안내문 및 룸서비스에 대한 세부사항이 적힌 리스트가 놓여 있는데 이것을 잘 이용하도록 하자.

Q&A 무조건 따라하기

Q: おはようございます。今夜予約してあります。ホンギルドンです。

A: 少々お待ちください❶。はい、バスつきのシングルでございますね。申し訳ございません。お部屋の準備がまだなんです。チェック・インの時刻が2時なものですから。

Q: わかりました。では、スーツケースを預かってくれますか。それから、ホテルから歩いて行けるところで、どこか名所があったら教えてください。

A: かしこまりました。このパンフレットがお役に立つと思います。

Q: 안녕하세요. 오늘밤 예약한 홍길동입니다.

A: 잠시 기다려 주십시오. 네, 욕실이 딸린 싱글 룸이군요. 죄송합니다만, 방 준비가 아직 안 되었습니다. 체크인 시각이 2시라서요.

Q: 알겠습니다. 그럼 슈트케이스를 맡아 주겠어요? 그리고 호텔에서 걸어서 갈 수 있는 곳으로 어디 명소가 있으면 가르쳐 주세요.

A: 알겠습니다. 이 팸플릿이 도움이 될 겁니다.

---

❶ お…ください는 의뢰·요구를 나타내는 …てください의 존경 표현이다.

□ 東京ではどこに留まろうか。
도쿄에서는 어디에서 머물까?

□ 大阪のホテルはどこがいいですか。
오사카의 호텔은 어디가 좋습니까?

□ いいホテルを紹介してくださいませんか。
좋은 호텔을 소개해 주시겠어요?

□ 東京ではたいていプリンス・ホテルに泊まります。
도쿄에서는 대개 프린스 호텔에 머뭅니다.

□ こぢんまりした、居心地のいいホテルですよ。
아담하고 있기에 편한 좋은 호텔입니다.

> ☺ どんなホテルですか。
> 어떤 호텔입니까?
>
> ☺ こぢんまりした、居心地のいいホテルですよ。
> 아담하고 있기에 편한 좋은 호텔입니다.

❖ こぢんまり 작아도 잘 정돈되고 느낌이 좋은 모양

□ 繁華街にある手頃な値段のホテルを探してください。
번화가에 있는 적당한 가격의 호텔을 찾아 주세요.

□ 街の中心部にあるホテルがいいのですが。
거리 중심부에 있는 호텔이 좋겠는데요.

□ ホテルの予約をしてもらえますか。
호텔 예약을 해 주시겠어요?

□ 空港の近くにあるホテルを予約してください。
공항 근처에 있는 호텔을 예약해 주세요.

□ 観光に便利な場所のホテルですか。
관광하기에 편리한 장소에 있는 호텔입니까?

> ☺ 観光に便利な場所のホテルですか。
> 관광하기에 편리한 장소에 있는 호텔입니까?
>
> ☺ ええ、大変便利です。
> 예, 무척 편리합니다.

□ 予約をお願いしたいんですが。
예약을 부탁드리고 싶은데요.

> ☺ 予約をお願いしたいんですが。
> 예약을 부탁드리고 싶은데요.
>
> ☺ いつお泊まりですか。
> 언제 머무르시겠습니까?

□ 今晩、空き部屋はあるんですか。
오늘 밤, 빈방은 있습니까?

> ☺ 今晩、空き部屋はあるんですか。
> 오늘 밤, 빈방은 있습니까?
>
> ☺ 今晩シングル部屋が空いています。
> 오늘밤 싱글 룸이 비어 있습니다.

□ バス付きのシングルを予約したいのですが。
목욕탕이 딸린 싱글 룸을 예약하고 싶은데요.
❖ …付き (명사 뒤에 붙어) 딸림, …부

□ 今晩、ツインルームをお願いしたいんですが。
오늘밤 트윈 룸을 부탁드리고 싶은데요.

□ 今晩のダブルを予約したいのですが。
오늘밤 더블을 예약하고 싶은데요.

□ 4月9日のツインを予約したいのですが。
4월 9일 트윈을 예약하고 싶은데요.

□ 何泊のご予定ですか。
몇 박 예정이십니까?

> ☺ 何泊のご予定ですか。
> 몇 박 예정이십니까?
>
> ☺ 1泊ですが、おいくらですか。
> 1박인데요, 얼마입니까?

❖ 一泊(いっぱく) 三泊(さんぱく) 六泊(ろっぱく) 八泊(はっぱく) 十泊(じっぱく)의 발음에 주의한다.

□ もっと安い部屋はありませんか。
더 싼 방은 없습니까?

□ 税金とサービス料が入っていますか。
세금과 봉사료가 포함되어 있습니까?

☺ 税金とサービス料が入っていますか。
세금과 봉사료가 포함되어 있습니까?
☺ いいえ、それは部屋代に加算されます。
아뇨, 그건 방값에 가산됩니다.

❖ …代는 접미어적으로 쓰이어 「대금, 요금」을 나타낸다.

□ では、お名前をどうぞ。
그럼, 성함을 말씀해 주십시오.

□ 何時ごろお着きになりますか。
몇 시쯤에 도착하십니까?

☺ 何時ごろお着きになりますか。
몇 시쯤에 도착하십니까?
☺ 4時ごろになると思います。
4시쯤이 될 것 같습니다.

□ 予約を取り消してください。
예약을 취소해 주세요.
❖ 取り消す ＝ キャンセルする 취소하다

호텔 체크인할 때

□ 予約しているのですが、到着が遅れます。
예약했는데 늦게 도착합니다.

☺ 予約しているのですが、到着が遅れます。
예약했는데 늦게 도착합니다.
☺ わかりました。予約を残しておきます。
알겠습니다. 예약을 남겨두겠습니다.

□ チェックインをお願いします。
체크인을 부탁합니다.

□ 予約はしてありますか。
예약은 하셨습니까?

□ 予約を確認したいのですが。
예약을 확인하고 싶은데요.

□ 旅行会社を通じて予約しました。
여행사를 통해서 예약했습니다.
　❖ …を通じて …을 통해서

□ 申し訳ございません。ご予約はなさっておりません。
죄송합니다. 예약은 되어 있지 않았습니다.

　☺ 申し訳ございません。ご予約はなさっておりません。
　　죄송합니다. 예약은 되어 있지 않았습니다.
　☺ たしかに予約はしましたけれど。
　　분명 예약은 했는데요

　❖ なさる(하시다)는 する의 존경어이다.

□ もう一度確かめてくださいませんか。
다시 한번 확인해 주시지 않겠어요?

□ では、空いている部屋はありませんか。
그럼, 비어 있는 방은 없습니까?

□ 料金の確認をしたいんですが。
요금을 확인하고 싶은데요

　☺ 料金の確認をしたいんですが。
　　요금을 확인하고 싶은데요
　☺ 少々、お待ちください。確かめてみますから。
　　잠시 기다려 주십시오 확인해 볼 테니까요

□ 宿泊料は前払いしてあります。
숙박료는 미리 지불했습니다.

　☺ 宿泊料は前払いしてあります。
　　숙박료는 미리 지불했습니다.
　☺ 宿泊券をいただけますか。
　　숙박권을 주시겠습니까?

　❖ 前払い 선불 ↔ 後払(あとばら)い 후불

□ 眺めのいい部屋をお願いします。
전망이 좋은 방을 주세요

□ 海がよく見える部屋にしてください。
바다가 잘 보이는 방으로 해 주세요.

□ ダブルの部屋でもいいです。
더블 룸도 괜찮습니다.

□ ここにお名前と電話番号を記入してください。
여기에 성함과 전화번호를 기입해 주세요.

□ こちらへどうぞ。お部屋までご案内いたします。
이쪽으로 오십시오 방까지 안내해 드리겠습니다.
❖ ご…いたす는 ご…する보다 더 겸양스런 표현이다.

□ 荷物をお願いします。
짐을 부탁해요.

□ こちらがお部屋でございます。
여기가 방입니다.
❖ …でございます는 …です의 정중한 표현이다.

호텔 프런트에서

□ 貴重品を預かってください。
귀중품을 맡아 주세요.

□ 外出しますが。
외출하는데요.

□ 鍵を預かってください。
열쇠를 맡아주세요.
❖ 鍵を預(あず)ける 열쇠를 맡기다

□ 東京の観光案内図はありますか。
도쿄 관광안내도는 있습니까?

□ 観光バスはこのホテルの前に停まりますか。
관광버스는 이 호텔 앞에 섭니까?

□ このホテルの近くに電車の駅はありますか。
이 호텔 근처에 전철역은 있습니까?

□ わたし宛ての伝言はありませんか。
내 앞으로 온 메시지는 없습니까?

> 😊 わたし当ての伝言はありませんか。
> 　　내 앞으로 온 메시지는 없습니까?
> 🙂 山田さんからの電話がございました。
> 　　야마다 씨한테 전화가 있었습니다.

❖ …宛て 수신처, 수신인명, …앞

□ 非常口はどこですか。
비상구는 어디입니까?

□ ただいま、560号室の鍵をください。
다녀왔습니다. 560호실 열쇠를 주세요

□ 貴重品預かりからパスポートを出してください。
귀중품 보관소에서 여권을 꺼내 주세요.
❖ パスポート ＝ 旅券(りょけん) 여권

□ 朝食はどこで食べられますか。
아침은 어디서 먹을 수 있습니까?

> 😊 朝食はどこで食べられますか。
> 　　아침은 어디서 먹을 수 있습니까?
> 🙂 1階にコーヒーショップがあります。
> 　　1층에 커피숍이 있습니다.

□ 食堂は何時に開きますか。
식당은 몇 시에 엽니까?

□ ビールはどこで買えますか。
맥주는 어디서 살 수 있습니까?

□ 両替をお願いします。
환전을 부탁합니다.

□ 現金に替えてください。
현금으로 바꿔 주세요.

□ 韓国語を話せる人はいますか。
한국어를 할 줄 아는 사람은 있습니까?

□ この書類をコピーしてもらえますか。
이 서류를 복사해 주시겠어요?

□ この小包を韓国に送りたいのですが。
이 소포를 한국으로 보내고 싶은데요.

룸서비스를 이용할 때

□ ルームサービスをお願いします。
룸서비스를 부탁해요.

□ ルームサービスです。ご用は何でしょうか。
룸서비스입니다. 무슨 일이십니까?

☺ ルームサービスです。ご用は何でしょうか。
룸서비스입니다. 무슨 일이십니까?
☺ コーヒー2つとサンドイッチ2つ持ってきてください。
커피 두 잔과 샌드위치 두 개 가져오세요.
☺ かしこまりました。何号室でしょうか。
알겠습니다. 몇 호실입니까?
☺ 750号室です。
750호실입니다.
☺ すぐお持ちいたします。
곧 가져다 드리겠습니다.

□ あしたの朝食をお願いできますか。
내일 아침 식사를 부탁할 수 있습니까?

□ 朝食は部屋まで運んでいただけますか。
아침 식사는 방까지 갖다 주시겠어요?

□ 朝食は朝7時半に持ってきてください。
아침식사는 7시반에 가지고 오세요.

□ コーヒーとサンドイッチをお願いします。
커피와 샌드위치를 부탁합니다.

□ モーニングコールをお願いします。
모닝콜을 부탁합니다.

□ 滞在中、毎朝 7時に起こしてあげましょうか。
체재하는 동안에 매일 아침 7시에 깨워 드릴까요?

□ 必ずお願いします。忘れないでください。
꼭 부탁합니다. 잊지 마세요.

□ ドライヤーを借りたいのですが。
드라이어를 빌리고 싶은데요.

클리닝을 부탁할 때

□ クリーニングをお願いします。
클리닝을 부탁해요.
❖ 일본에서의 クリーニング屋(세탁소)는 드라이클리닝과 손빨래 모두를 취급한다.

□ いつ仕上がりますか。
언제 됩니까?

□ 洗濯についてお尋ねしたいんですが。
세탁에 대해서 묻고 싶은데요.

□ ワイシャツ三枚とズボンがあります。
와이셔츠 3장과 바지가 있습니다.

□ このしみは取れるでしょうか。
이 얼룩은 질까요?

□ 明日の朝 9時までにできますか。
내일 아침 9까지 됩니까?

☺ 明日の朝 9時までにできますか。
내일 아침 9까지 됩니까?
☺ 今夜中にお届けします。
오늘밤 중으로 가져다 드리겠습니다.

□ このズボンをプレスしてもらいたいんですが。
이 바지를 다려 주셨으면 하는데요.
❖ プレスする ＝ アイロンをかける 다림질하다

**호텔 방에서
국제전화를 할 때**

□ 国際電話をかけたいのですが。
국제전화를 걸고 싶은데요

□ ソウルへ電話したいのですが。
서울에 전화하고 싶은데요

> ☺ ソウルへ電話したいのですが。
> 서울에 전화하고 싶은데요
> ☺ 番号をそうぞ。
> 번호를 말씀하십시오

□ ソウルへ国際電話をコレクトコールでかけたいんです。
서울에 국제전화를 컬렉트콜로 걸고 싶습니다.

□ 直通でかけられますか。
직통으로 걸 수 있습니까?

□ コレクトコールのかけ方を教えてください。
컬렉트콜 거는 법을 가르쳐 주세요

□ 指名通話にしてください。
지명통화로 해주세요.

□ 今ソウルへの通話はいくらですか。
지금 서울에 한 통화는 얼마입니까?

□ 言付けをお願いできますか。
전언을 부탁할 수 있습니까?

□ このホテルから外線はどうやってかけるんですか。
이 호텔에서 외선은 어떻게 겁니까?

호텔에서의 트러블

□ 鍵をどこかで忘れてしまいました。
열쇠를 어디서 잃어버렸습니다.

□ もうひとつ部屋の鍵をいただけませんか。
방 열쇠를 하나 더 주시겠습니까?

□ 部屋に鍵を置き忘れたのですが。
방에 열쇠를 두고 나왔는데요.

☐ 部屋に鍵を置いたまま閉めてしまいました。
방에 열쇠를 둔 채로 잠가 버렸습니다.

❖ …まま …한 채(로), (그 동작·상태) 그대로

☐ 部屋からカメラをなくなりました。
방에서 카메라가 없어졌습니다.

☐ 隣の部屋がうるさいんですが。
옆방이 시끄러운데요.

☐ 部屋の周りがうるさいのですが。
방 주위가 시끄러운데요.

☐ 部屋を替えてください。
방을 바꿔 주세요.

☐ トイレの水が止まりません。
화장실 물이 멈추지 않습니다.

☐ トイレの水がよく流れません。
화장실 물이 잘 흐르지 않습니다.

☐ エアコンか故障していますよ。
에어컨이 고장 났어요.
❖ 故障する 고장나다

☐ テレビがよく見えません。
텔레비전이 잘 보이지 않습니다.

□ 電球が切れています。
전구가 나갔어요

□ すぐ点検してください。
곧장 점검해 주세요

☺ 部屋のテレビがつかないのですが。すぐ点検してください。
방 텔레비전이 켜지지 않는데요. 당장 점검해 주세요.
☺ 申し訳ございません。ただ今直してあげます。
죄송합니다. 즉시 고쳐 드리겠습니다.

□ お湯が出ませんよ。
뜨거운 물이 나오지 않아요
❖ お湯 뜨거운 물, 水(みず) 물의 총칭, 차가운 물

□ 部屋をもっと暖かくしてください。
방을 더 따뜻하게 해 주세요.

□ 部屋の温度はどうやって調節するのですか。
방 온도는 어떻게 조절합니까?

□ 部屋が掃除してありません。
방청소가 안 되었습니다.

□ ボーイをよこしてください。
보이를 보내 주세요

☺ ボーイをよこしてください。
보이를 보내 주세요
☺ 何か問題でもあるのですか。
무슨 문제라도 있습니까?

□ 部屋にあるファックスの使い方がわかりません。
방에 있는 팩스 사용법을 모르겠습니다.

□ 朝食がまだ届かないのですが。
아침식사가 아직 안 오는데요.

□ 毛布をもう1枚ほしいんですが。
모포가 한 장 더 필요한데요.

□ 部屋にタオルと石けんが見つかりません。
방에 타월과 비누가 보이지 않습니다.

☐ 1日早く発ちたいんですが。
하루 일찍 떠나고 싶은데요

☐ もう1泊、泊まりたいんですが。
하룻밤 더 묵고 싶은데요

☺ 滞在をもう1泊延長したいのですが。
1박 더 연장하고 싶은데요
☺ では、23日にご出発ですね。承知しました。
그럼, 23일에 출발하시는군요. 알겠습니다.

☐ チェックアウトの時間は何時ですか。
체크아웃은 시간은 몇 시입니까?

☐ 明日の朝、チェックアウトします。
내일 아침에 체크아웃합니다.
❖ 明日の朝 = 明朝(みょうちょう) 내일 아침

☐ 今夜のうちに請求書を用意してください。
오늘 밤 중으로 청구서를 준비해 주세요.
❖ 用意(ようい) 용의, 채비, 준비 = 準備(じゅんび) 준비

☐ 7時にタクシーを手配してください。
7시에 택시를 수배해 주세요

☐ 荷物を下まで運んでください。
짐을 아래까지 옮겨 주세요

☐ シャトルバスは朝、何時からありますか。
셔틀버스는 아침 몇 시부터 있습니까?

☺ シャトルバスは朝、何時からありますか。
셔틀버스는 아침 몇 시부터 있습니까?
☺ 最初のバスは6時にここを出ます。
첫 버스는 6시에 여기를 출발합니다.

☐ チェックアウトをお願いします。
체크아웃을 부탁해요

☐ これが私の部屋のキーです。
이것이 내 방 키입니다.

□ 会計をお願いします。
계산을 부탁합니다.

> 😊 会計をお願いします。
> 계산을 부탁합니다.
>
> 😊 はい、どうぞ。こちらが請求書です。
> 자, 여기 있습니다. 이것이 청구서입니다.

□ この金額は何ですか。
이 금액은 무엇입니까?

□ 請求書に間違いがあるようです。
청구서에 착오가 있는 것 같습니다.

□ 支払い方法はどうなさいますか。
지불 방법은 어떻게 하시겠습니까?

□ ここにサインをお願いします。
여기에 사인을 부탁합니다.

□ タクシーを呼んでさしあげましょうか。
택시를 불러 드릴까요?

□ お忘れ物はございませんか。
잃으신 물건을 없으십니까?

CHAPTER 41 일본 여행

여행 목적지에 도착해서 세관통과와 입국심사를 받을 때의 주고받는 대화 등에 대해서 예비지식을 갖출 필요가 있다. 外国人이라고 표시한 곳에 줄을 서서 여권과 출입국신고서를 제출하면 입국심사에서는 여권·비자의 유효기간을 검사하고 입국목적, 체재기간 등을 묻는다. 그러나 미리 출입국신고서에 방문목적, 체제기간, 묵을 곳의 주소 이름, 전화 등을 정확히 기재하면 별도의 질문을 받지 않는다. 입국허가 스탬프를 받고 세관검사를 받게 된다.

Q&A 무조건 따라하기

Q : こんにちは。パスポートを拝見します。日本にはどのくらい
滞在されますか。

A : 4日間です。仕事の旅です。

Q : わかりました。当地ではどこにお泊まりですか。

A : 市内のパーク・ホテルです。

Q : 一人旅ですか。

A : いいえ、妻と一緒です。私の次に並んでいます。

Q : 안녕하세요. 여권을 보여 주십시오. 일본에는 어느 정도 머무십니까?
A : 4일간입니다. 일 때문에 왔습니다.
Q : 알겠습니다. 여기서는 어디에 머무십니까?
A : 시내 파크호텔입니다.
Q : 여행은 혼자이십니까?
A : 아뇨, 아내와 함께 왔습니다. 제 뒤에 서 있습니다.

---

❶ 拝見する (삼가) 보다, 見る의 겸양어

□ 私の席はどこでしょう。
제 자리는 어디죠?

□ 私の席まで案内してくださいませんか。
제 자리까지 안내해 주시겠어요?

□ 座席番号をどうぞ。
좌석번호를 알려 주세요.

□ このカバン、荷物棚に入りません。
이 가방, 선반에 안 들어갑니다.

□ もうほかの人の荷物でいっぱいなんです。
이미 다른 사람 짐으로 다 찼습니다.

□ どこかに預かっておいてください。
어디에 맡겨 두세요.

> ☺ どこかに預かっておいてください。
> 어디에 맡겨 두세요.
> ☺ はい。置ける場所を探します。
> 네. 둘 장소를 찾겠습니다.

□ 席を替わってもいいですか。
자리를 바꿔도 되겠습니까?

> ☺ 席を替わってもいいですか。
> 자리를 바꿔도 되겠습니까?
> ☺ すみませんが、この便は満席なんです。
> 죄송합니다만, 이 비행기는 자리가 다 찼습니다.

□ すみませんが、もう一度おっしゃってください。
미안하지만, 다시 한번 말씀해 주세요.
❖ 言(い)う의 존경어는 おっしゃる이고, 겸양어는 申(もう)す이다.

□ 機内でコンピューターを使ってもいいですか。
기내에서 컴퓨터를 써도 됩니까?
❖ …てもいいですか …해도 됩니까

□ すみません。ちょっと通してください。
미안합니다. 잠깐 지나가겠습니다.

□ どんな飲み物がありますか。
어떤 음료가 있나요?

> ☺ 飲み物はいかがですか。
> 음료를 드릴까요?
>
> ☺ どんな飲み物がありますか。
> 어떤 음료가 있나요?
>
> ☺ ジュース・コーヒー・紅茶・ビールなどがあります。
> 주스·커피·홍차·맥주 등이 있습니다.
>
> ☺ では、コーヒーをお願いします。
> 그럼, 커피를 주세요.

□ 何か飲み物をもらえますか。
무슨 마실 것을 주시겠어요?

□ コーヒーに砂糖を入れないでください。
커피에 설탕을 넣지 마세요.
❖ …ないでください …하지 마세요

□ すみません、ビールをお願いします。
여보세요, 맥주를 부탁합니다.

□ 大きいグラスで水を一杯ください。
큰 글라스에 물을 한 잔 주세요.

□ のどがとても乾いています。
목이 무척 마릅니다.
❖ 喉(のど)が乾く 목이 마르다

□ 毛布をもう一枚お願いします。
모포를 한 장 더 부탁합니다.

□ ヘッドホンが聞こえません。
헤드폰이 안 들려요.

□ 座席が作動しません。
좌석이 작동하지 않습니다.

□ 韓国語の新聞か雑誌はありますか。
한국어 신문이나 잡지는 있습니까?
❖ …か…か, …か…, …かどうかの 형태로 여럿 중에 하나를 선택하거나 어느 것인지
확실하지 않은 모양을 나타낸다.

□ タバコを吸ってもいいですか。
담배를 피워도 되겠습니까?

□ 免税品の販売はありますか。
면세품 판매는 있나요?

□ ウイスキーは 一本 いくらですか。
위스키는 한 병에 얼마입니까?
❖ 本(ほん)은 가늘고 긴 것을 셀 때 쓰이는 조수사로, 一本(いっぽん) 三本(さんぼん)
六本(ろっぽん) 八本(はっぽん) 十本(じっぽん) 등은 탁음・반탁음이 된다.

□ 今どこを飛んでいますか。
지금 어디를 날고 있습니까?

입국심사를 받을 때

□ 入国審査はどちらですか。
입국심사는 어디입니까?

□ パスポートを見せてください。
여권을 보여 주세요

☺ パスポートを見せてください。
여권을 보여 주세요
☺ はい、どうぞ。
네, 여기 있습니다.

❖ パスポート(passport) = 旅券(りょけん) ビザ(visa) = 入国査証(にゅうこくさしょう)

□ 入国カードを見せてください。
입국카드를 보여 주세요.

□ 入国カードはお持ちですか。
입국카드는 가지고 계십니까?

□ 入国の目的は何ですか。
입국 목적은 무엇입니까?

☺ 入国の目的は何ですか。
입국 목적은 무엇입니까?
☺ 観光です
관광입니다.

□ 旅行目的は何ですか。
여행 목적은 무엇입니까?

□ どのくらい滞在の予定ですか。
어느 정도 머무를 예정입니까?

> ☺ どのくらい滞在の予定ですか。
> 어느 정도 머무를 예정입니까?
> ☺ およそ1週間です。
> 약 1주일입니다.

□ どちらに宿泊されますか。
어디에 숙박하십니까?
❖ 수동의 의미를 나타내는 …(ら)れる는 간편한 존경의 표현으로 곧잘 쓰인다.

□ どこにお泊まりですか。
어디에 머무십니까?

> ☺ どこにお泊まりですか。
> 어디에 머무십니까?
> ☺ パークホテルに滞在します。
> 파크 호텔에 머뭅니다.

□ まだ決めておりません。
아직 정하지 않았습니다.
❖ まだ…ていません 아직 …하지 않았습니다

짐을 찾을 때

□ 荷物はどちらで取り扱っていますか。
짐은 어디서 취급합니까?

□ すみませんが、荷物はどこで受け取りますか。
미안하지만, 짐은 어디서 찾습니까?

> ☺ すみませんが、荷物はどこで受け取りますか。
> 미안하지만, 짐은 어디서 찾습니까?
> ☺ あちらです。
> 저쪽입니다.

□ どこで荷物を受け取ればいいんですか。
어디서 짐을 찾으면 됩니까?

□ 私のスーツケースが見つかりません。
제 여행 가방이 보이지 않습니다.
   ❖ スーツケース(suit case) 슈트케이스, 여행 가방

□ 私たちの荷物がないんですよ。
저희들의 짐이 없어요.

□ 荷物預り証はこれです。
수화물 보관증은 여기 있습니다.

□ 税関はどこにありますか。
세관은 어디에 있습니까?

□ スーツケースが壊れていますよ。
여행 가방이 망가졌어요.

□ スーツケースがこじ開けられていますよ。
여행 가방이 억지로 열려 있어요.
   ❖ こじ開ける (틈 등에 무언가를 넣어) 억지로 열다, 비집어 열다

세관검사를 받을 때

□ これは全部 あなたのバッグですか。
이것은 전부 당신 가방입니까?

□ バッグを開けてください。
가방을 열어 주세요.

□ 何か申告するものはありませんか。
무슨 신고할 것은 없습니까?

> 😊 何か申告するものはありませんか。
> 무슨 신고할 것은 없습니까?
> 😊 はい。申告するものは何もありません。
> 네. 신고할 것은 아무 것도 없습니다.

□ これは友達へのお土産です。
이것은 친구에게 줄 선물입니다.

□ それは私物です。
그것은 개인 물건입니다.
   ❖ 日用品(にちようひん) = 身(み)の回(まわ)り品(ひん) 일용품

□ 所持品です。
소지품입니다.

☺ これは何ですか。
이건 뭡니까?
☺ 所持品です。
소지품입니다.

□ すみません、荷物を運んでくれませんか。
여보세요, 짐을 옮겨 주겠어요?
❖ 手荷物(てにもつ) 수화물

□ この荷物をお運びいたしましょうか。
이 짐을 운반해 드릴까요?

☺ この荷物をお運びいたしましょうか。
이 짐을 운반해 드릴까요?
☺ お気持ちはありがたいんですが、私が持って行きます。
마음은 고맙습니다만, 제가 들고 가겠습니다.

□ これをタクシー乗り場までお願いします。
이것을 택시 승강장까지 부탁합니다.

□ この荷物に注意してください。
이 짐은 조심하세요

□ 壊れやすい物だから、丁寧に扱ってください。
깨지기 쉬운 것이니까, 조심히 다뤄 주세요.
❖ 丁寧 정성껏 주의를 기울여 함

□ どこかよいホテルを紹介してくれませんか。
어디 좋은 호텔을 소개해 주겠어요?

□ 東京にはどう行けば速いんですか。
도쿄는 어떻게 가면 빠릅니까?

□ すみませんが、公衆電話はどこにありますか。
미안하지만, 공중전화는 어디에 있습니까?
❖ 電話(でんわ) ボックス 전화박스

□ すみませんが、観光案内所はどこですか。
미안합니다만, 관광안내소는 어디입니까?

□ すみません、東京の案内図を1枚 お願いします。
여보세요, 도쿄 안내도를 한 장 부탁합니다.

□ 無料の観光地図をいただけますか。
무료 관광지도를 주시겠어요?

□ この町の見所を教えてください。
이 도시에서 볼만한 곳을 가르쳐 주세요.
❖ 見所 볼만한 곳, 볼만한 장면, 하이라이트

□ 何に興味をお持ちですか。
무엇에 흥미를 가지고 계십니까?

☺ 何に興味をお持ちですか。
무엇에 흥미를 가지고 계십니까?
☺ 建築に興味があります。
건축에 흥미가 있습니다.

□ どんなツアーがあるんですか。
어떤 투어가 있습니까?

□ 道順を教えてください。
코스를 가르쳐 주세요.
❖ 道順 목적지로 가는 길(순서), (넓은 뜻으로 모든 일의) 순서

□ 観光バスはありますか。
관광버스는 있나요?

□ タクシーで観光したいのですが。
택시로 관광하고 싶은데요

□ ガイドが欲しいのですが。
가이드가 필요한데요.

□ 韓国語の話せるガイドを頼みたいのですが。
한국어를 할 줄 아는 가이드를 부탁하고 싶은데요

□ 料金は一日いくらですか。
요금은 하루에 얼마입니까?

실용회화

□ 観光ツアーに参加したいのですが。
관광투어에 참가하고 싶은데요.

□ どんな種類のツアーがありますか。
어떤 종류의 투어가 있나요?

□ ツアーのパンフレットを下さい。
투어 팸플릿을 주세요.

□ 市内のツアーはありますか。
시내 투어는 있나요?

□ 一日(半日)のコースはありますか。
하루(반나절) 코스는 있나요?

□ 午前(午後)のコースはありますか。
오전(오후) 코스는 있나요?

□ ナイトツアーはありますか。
야간관광은 있나요?

□ そのツアーはどこを回りますか。
그 투어는 어디를 돕니까?

□ 日帰りできるところがいいんですが。
당일치기할 수 있는 곳이 좋겠는데요.

□ 東京を一回りできるバスはありますか。
도쿄를 한바퀴 돌 수 있는 버스는 있나요?

☺ 東京を一回りできるバスはありますか。
도쿄를 한바퀴 돌 수 있는 버스는 있나요?

☺ ええ。はとバスに乗ると東京見物が安心してできます。
예. 하토 버스를 타면 도쿄 구경을 안심하고 할 수 있습니다.

□ ツアーの内容が知りたいんですが。
투어 내용을 알고 싶은데요

□ 一人でもかまいませんか。
혼자도 괜찮습니까?
❖ …でもかまわない …해도 상관없다(괜찮다)

□ 人気の高いツアーを紹介してください。
인기가 높은 투어를 소개해 주세요

□ ツアーは何時間かかりますか。
투어는 몇 시간 걸립니까?

> ☺ ツアーは何時間かかりますか。
> 투어는 몇 시간 걸립니까?
> ☺ 5時間ぐらいかかります。
> 5시간 정도 걸립니다.

□ 食事は付いていますか。
식사는 나옵니까?

□ 出発は何時ですか。
출발은 몇 시입니까?

□ 名所は何か所ありますか。
명소는 몇 군데 있나요?

□ そこで自由時間はありますか。
거기서 자유시간은 있나요?

□ 料金はいくらですか。
요금은 얼마인가요?

□ 別のツアーはありませんか。
다른 투어는 없나요?

관광을 할 때

□ 午後3時までにお乗りください。
오후 3시까지 타십시오.

□ 入場料はいくらですか。
입장료는 얼마입니까?

□ チケットを2枚ください。
표를 두 장 주세요.

□ あの建物は何ですか。
저 건물은 무엇입니까?

□ どのくらい古いのですか。
어느 정도 오래되었습니까?

□ 中に入れますか。
안에 들어갈 수 있습니까?

> 😊 中に入れますか。
> 안에 들어갈 수 있습니까?
> 🙂 いいえ。そこは立入禁止です。
> 아뇨. 여기는 출입금지입니다.

□ 城を見に行きましょう。
성을 보러 갑시다.

□ すばらしい景色！
경치가 멋지다!

□ もっとここにいたいな。
여기에 더 있고 싶군.

□ ちょっと休みたいです。
좀 쉬고 싶습니다.

□ お土産屋はどこですか。
선물 파는 가게는 어디입니까?

> 😊 お土産屋はどこですか。
> 선물 파는 가게는 어디입니까?
> 🙂 駐車場の近くにたくさんありますよ。
> 주차장 근처에 많이 있어요.

□ お手洗いはどこですか。
화장실은 어디입니까?

□ 東京でいちばん高いビルは何ですか。
도쿄에서 가장 높은 빌딩은 무엇입니까?

□ お寺へ行きたいんですが。
절에 가고 싶은데요.

□ このお寺が日本でいちばん古いです。
이 절이 일본에서 가장 오래되었습니다.

□ 広々としてきれいな公園ですね。
무척 넓고 깨끗한 공원이군요.

□ わあ、立派な建物ですね。
와, 훌륭한 건물이군요.

□ このような搭は韓国にもありますよ。
이런 탑은 한국에도 있어요.

□ ずいぶん古いんですね。
무척 오래 되었군요.

□ これが東京タワーですか。
이것이 도쿄타워입니까?

사진을 찍을 때

□ 写眞、一枚お願いできますか。
사진 한 장 부탁할 수 있습니까?

□ 一緒に写しましょうか。
함께 찍을까요?

□ はい、撮ります。チーズ。
네, 찍습니다. 치즈.

□ こちらを向いてください。
이쪽을 향하세요.

□ この辺でいいですか。
이쯤이면 되겠습니까?

□ もう少し左に寄ってください。
좀더 왼쪽으로 다가서세요.

□ こちらを見てください。
이쪽을 보세요.

□ 動かないでください。
움직이지 마세요.

□ はい、結構です。
네, 좋습니다.

□ きれいに撮ってください。
예쁘게 찍어 주세요.

□ 建物が見えるように撮ってください。
건물이 보이도록 찍어 주세요.
❖ …ように …하도록

□ 顔が木陰になるから前に出てください。
얼굴에 나무그늘이 지니까 앞으로 나오세요.
❖ 陰になる 그늘이 지다

□ ここで写眞を撮ってもいいですか。
여기서 사진을 찍어도 됩니까?

□ 私たちの写眞を撮っていただけませんか。
우리들 사진을 찍어 주시겠습니까?

□ いっしょに写眞を撮ってもいいですか。
함께 사진을 찍어도 될까요?

□ ここは撮影禁止区域です。
여기는 촬영금지 구역입니다.

여행을 마치고 귀국할 때

□ 明日韓国に帰ります。
내일 한국에 돌아갑니다.

□ とても楽しい旅行でした。
매우 즐거운 여행이었습니다.

□ また来たいです。
다시 오고 싶습니다.

□ 予約の再確認をしたいんですが。
예약 재확인을 하고 싶은데요.

□ 何時に出発するか確かめたいんですが。
몇 시에 출발하는지 확인하고 싶은데요.

□ 結構です。予約は確認しました。
됐습니다. 예약은 확인되었습니다.

□ 航空券をお持ちですか。
항공권은 가지고 계십니까?

□ 搭乗時間に遅れないように気をつけてください。
탑승시간에 늦지 않도록 조심하세요
　❖ …ないように …하지 않도록

□ 急いでください。遅れているんです。
빨리 가 주세요. 늦었습니다.

□ これは機内に持ち込めますか。
이건 기내로 가지고 들어 갈 수 있습니까?

□ この便のゲートはどちらですか。
이 편 게이트는 어딥니까?

□ 規定重量を越えています。
규정 중량을 초과했습니다.
　❖ オーバーチャージ(over charge)는 비행기를 탈 때 개인당 주어진 화물의 중량이 초과
　　되어 내는 추가비용을 말한다.

□ 航空券を拝見致します。
항공권을 보겠습니다.

CHAPTER 42

긴급 상황의 대처

어떤 위급한 상황에서도 침착함을 잃어서는 안 된다. 특히 외국에 나가서 불의의 재난과 사고를 당했을 때 유용하게 쓸 수 있는 말이 避難しなさい! / 事故よ! / 救急車を呼んで! 등이 있으며, 강도를 만났을 때는 強盗ッ! / 警察を呼ぶぞ! / 助けて! 따위가 있다. 또 물건을 분실했을 때는 당황하지 말고 침착하게 대처한 후 バッグをなくしてしまったんです。 どうしたらいいでしょうか라고 도움을 요청해야 한다.

Q&A 무조건 따라하기

Q : 財布を盗まれました。

A : いつ、どこで盗まれましたか。

Q : 1時間前に電車の中です。

A : 当時の状況を説明してください。

Q : 満員電車でした。おそらく後ろに立っていた男に財布をすられたようです。

A : その男の人相を覚えてますか。

Q : ええ、背が高く、やせていました。人相が悪かったです。❶

Q : 지갑을 도둑맞았습니다.
A : 언제, 어디서 도둑맞았습니까?
Q : 1시간 전에 전철 안에서입니다.
A : 당시의 상황을 설명해 주세요.
Q : 전철 안이 가득했습니다. 아마도 뒤에 서 있던 남자가 지갑을 소매치기한 것 같습니다.
A : 그 남자의 인상을 기억합니까?
Q : 예, 키가 크고 말랐습니다. 인상이 안 좋았습니다.

❶ 人相(にんそう) 인상, 관상 人相見(にんそうみ) 관상가 手相(てそう) 수상, 손금

□ トイレはどこですか。
화장실은 어디에 있습니까?

> ☺ トイレはどこですか。
> 화장실은 어디에 있습니까?
> ☺ 階段を降りて、左手にあります。
> 계단을 내려가서 왼쪽에 있습니다.

□ 今大変困ってるんです。
지금 무척 난처합니다.

> ☺ 今大変困ってるんです。
> 지금 무척 난처합니다.
> ☺ どうしたのですか。
> 어떻게 된 겁니까?

□ どうしたらいいでしょうか。
어떻게 하면 좋을까요?

> ☺ どうしたらいいでしょうか。
> 어떻게 하면 좋을까요?
> ☺ 力になりますよ。
> 도와 드릴게요

□ 何かいい方法はないですか。
무슨 좋은 방법은 없습니까?

> ☺ 何かいい方法はないですか。
> 무슨 좋은 방법은 없습니까?
> ☺ 今のところどうしようもありません。
> 지금 상황에선 어쩔 도리가 없습니다.

□ 何とかしてください。
어떻게 해 주세요.

> ☺ お役に立てないと思います。
> 도움이 되어 드릴 수 없을 것 같습니다.
> ☺ 何とかしてください。
> 어떻게 해 주세요

❖ 何とか 어떻게든

□ 近づかないで!
다가오지 말아요!
❖ …ないでは …ないでください를 줄인 형태이다.

口 火山が噴火しました。
화산이 분화했습니다.

口 火山活動が始まりました。
화산활동이 시작되었습니다.

口 あの山は今でも活動中です。
저 산은 지금도 활동 중입니다.

口 きのうの夜、地震があったのを知ってる?
어젯밤 지진이 있었던 걸 아니?

☺ きのうの夜、地震があったのを知ってる?
어젯밤 지진이 있었던 걸 아니?
☺ うん、北海道の西岸でかなり大きな地震があったそうね。
응, 홋카이도 서안에 상당히 큰 지진이 있었다고 하더군.

口 きのう震度4の地震がありました。
어제 진도 4의 지진이 있었습니다.

口 全員が無事に逃れました。
전원이 무사히 피했습니다.

口 台風が接近しているそうです。
태풍이 접근하고 있답니다.

☺ 台風が接近しているそうです。
태풍이 접근하고 있답니다.
☺ ええ、今度の台風は非常に大型だそうですね。
예, 이번 태풍은 상당히 크다고 하더군요.

❖ 大型 대형 ↔ 小型(こがた) 소형. 전문을 나타내는 조동사 そうだ가 명사에 접속할
때는 …だそうだ의 형태를 취한다.

口 台風は熱帯低気圧に衰えました。
태풍은 열대성기압으로 약해졌습니다.

口 洪水警報が出ています。
홍수 경보가 났습니다.

口 町全体が水につかっています。
도시 전체가 물에 잠겼습니다.

□ <ruby>川<rt>かわ</rt></ruby>が<ruby>氾濫<rt>はんらん</rt></ruby>する<ruby>恐<rt>おそ</rt></ruby>れがあります。
강이 범람할 우려가 있습니다.
❖ おそれ 염려, 우려

□ <ruby>猛吹雪<rt>もうふぶき</rt></ruby>で<ruby>交通<rt>こうつう</rt></ruby>がストップしています。
강한 눈보라로 교통이 마비되었습니다.

□ <ruby>火事<rt>かじ</rt></ruby>だ!
불이야!

□ <ruby>火事<rt>かじ</rt></ruby>はまだ<ruby>鎮火<rt>ちんか</rt></ruby>していません。
화재는 아직 진화되지 않았습니다.

□ ご<ruby>心配<rt>しんぱい</rt></ruby>いりません。これは<ruby>訓練<rt>くんれん</rt></ruby>です。
걱정하실 필요가 없습니다. 이건 훈련입니다.

□ <ruby>地下室<rt>ちかしつ</rt></ruby>に<ruby>避難<rt>ひなん</rt></ruby>しなさい。
지하실로 피난하시오.

□ ガスを<ruby>止<rt>と</rt></ruby>めろ!
가스를 잠가!

□ ガス<ruby>漏<rt>も</rt></ruby>れしてるぞ!
가스가 샌다!
❖ ぞ는 자신의 판단을 강하게 말하거나 주장할 때에 쓴다.

□ <ruby>爆発<rt>ばくはつ</rt></ruby>するぞ!
폭발한다!

□ <ruby>何度<rt>なんど</rt></ruby>も<ruby>爆発<rt>ばくはつ</rt></ruby>がありました。
몇 차례 폭발이 있었습니다.

□ <ruby>交通機関<rt>こうつうきかん</rt></ruby>が<ruby>麻痺<rt>まひ</rt></ruby>しています。
교통기관이 마비되었습니다.
❖ 麻痺する 마비되다

□ すべての<ruby>便<rt>びん</rt></ruby>が<ruby>運行中止<rt>うんこうちゅうし</rt></ruby>になりました。
모든 편이 운행중지가 되었습니다.
❖ …になる …이(가) 되다

□ 危ない！
위험해!

□ 動くな！
움직이지 마!
❖ …なは 동사의 기본형에 접속하여 강한 금지를 나타낸다.

□ 止まれ！
멈춰!
❖ 일본어의 명령형은 남자들이 친한 사이에서나 거칠게 이야기할 때 쓰는 정도이다.

□ 撃つな！
쏘지 마!

□ 黙れ！
닥쳐!

□ 騒ぐな！
떠들지 마!

□ 手を上げろ！
손들어!
❖ 상1단·하1단동사의 명령형은 る를 ろ로 바꾸면 된다.

□ 落ち着け！
침착해!

□ 白状しろ！
자백해!
❖ する의 명령형은 しろ와 せよ가 있으나, せよ는 주로 문장체에서 쓰인다.

□ 逮捕する！
체포하겠다!

□ あぶない。伏せろ！
위험해. 엎드려!

□ 誰か来て！
누가 와 줘요!

□ 助けて！
도와 줘요!

□ あっちへ行け!
저리 가!

□ 何者だ?
뭐하는 놈이야!

□ 警察を呼ぶぞ!
경찰을 부르겠다!

□ 私のせいです。
제 탓입니다.
❖ せいにする 탓으로 돌리다

□ 誠に申し訳ありません。
정말로 죄송합니다.

□ ごめんなさい。二度としません。
죄송합니다. 두 번 다시 하지 않겠습니다.

□ 偶発的な出来事なんです。
우발적인 사건입니다.

□ 意図的にしたのではないです。
의도적으로 한 것이 아닙니다.

□ ごめんなさい。悪気でしたんじゃないんです。
미안해요. 악의로 한 게 아닙니다.
❖ 悪気는 상대방에게 나쁜 짓을 하려는 마음을 뜻한다. 悪気はない 악의는 없다

□ 私の落ち度ではないですよ。
제 과실이 아니에요.

□ 君の落ち度だよ。
네 과실이야.

□ 他人に責任転嫁をするなよ。
남에게 책임전가를 하지 마라.

□ まるで違いますよ!
전혀 달라요!

□ それは事実ではありません。
그것은 사실이 아닙니다.

□ 正直に言いなさい。
솔직히 말해라.

경찰에게 잡혔을 때

□ 車から出てきてください。
차에서 나와 주세요
❖ 警察(けいさつ)に捕(つか)まえる 경찰에 잡히다

□ 何度もあなたに警告を与えました。
몇 차례 당신에게 경고를 주었습니다.

□ あなたは警告を無視したんです。
당신은 경고를 무시했습니다.

□ 運転免許証を見せてください。
운전면허증을 보여 주세요

□ 韓国大使館に連絡を取らせてください。
한국대사관에 연락을 취하게 해 주세요.
❖ 領事館(りょうじかん) 영사관

강도를 만났을 때

□ 強盗ッ!
강도야!

□ 金を出せ!
돈을 내놔!

□ 襲われました。
습격당했습니다.

□ お金を奪われました。
돈을 빼앗겼습니다.

□ 言ったとおりにしろ!
말한 대로 해!
❖ …とおりに …대로

□ 金をよこせ。さもないと殺すぞ！
돈을 내놔. 그렇지 않으면 죽이겠다!

> 😊 金をよこせ。さもないと殺すぞ！
>   돈을 내놔. 그렇지 않으면 죽이겠다!
>
> 😊 ええ、全部あげます。
>   예, 전부 주겠습니다.

❖ さもないと = そうではなければ 그렇지 않으면

□ お金は持っていません！
돈은 안 갖고 있어요!

> 😊 お金は持っていません！
>   돈은 안 갖고 있어요!
>
> 😊 そんなことを信じないぞ。
>   그런 말 안 믿어.

도둑을 맞았을 때

□ 泥棒ッ！
도둑이야!

□ 返してくれ！
돌려 줘!

□ あいつが私のバッグを取ったんです！
저 놈이 내 가방을 훔쳤어요!

□ 交番まで連れて行ってください。
파출소까지 데려가 주세요

□ 私のバックが見当たらないんですが。
제 가방이 보이지 않은데요

□ 電車の中で財布をすられました。
전철 안에서 지갑을 소매치기 당했습니다.

> 😊 電車の中で財布をすられました。
>   전철 안에서 지갑을 소매치기 당했습니다.
>
> 😊 相手の顔は見ましたか。
>   상대의 얼굴은 보았습니까?

□ カメラを盗まれました。
카메라를 도둑맞았습니다.

□ 泥棒が入ったようなんです。
도둑이 든 것 같습니다.

□ 盗難届けを出したいんですが。
도난신고를 내고 싶은데요

□ 何をすられましたか。
무엇을 소매치기 당했습니까?
❖ すり 소매치기

□ ここでカメラを見ませんでしたか。
여기서 카메라를 보지 않았습니까?

□ 何をなくされたのですか。
무엇을 잃으셨습니까?

☺ 何をなくされたのですか。
무엇을 잃으셨습니까?

☺ クレジットカードを無くしてしまったんです。
신용카드를 잃어버렸습니다.

□ タクシーの中にバックを忘れてしまいました。
택시 안에 가방을 놓고 내렸습니다.

□ どこで無くしたのか覚えていますか。
어디서 잃었는지 기억합니까?

☺ 何をなくされたのですか。
무엇을 잃으셨습니까?

☺ 今朝、そちらの店で黒い財布を忘れたんですが。
오늘 아침에 그쪽 가게에서 검정색 지갑을 잃었는데요

□ 遺失物係はどこですか。
유실물 담당은 어디입니까?

□ 番号を控えてありますか。
번호를 적어 두었습니까?

□ この書類に書き込んでください。
이 서류에 기입해 주세요.

□ 何が入っていましたか。
무엇이 들어있었습니까?

□ 見つかったら連絡します。
찾으면 연락하겠습니다.

□ 韓国大使館はどこですか。
한국대사관은 어디입니까?

□ 帰りの航空券を再発行してください。
돌아가는 항공권을 재발행해 주세요

> ☺ 帰りの航空券を再発行してください。
> 돌아가는 항공권을 재발행해 주세요.
> ☺ なくされた航空券のコピーはお持ちですか。
> 잃어버린 항공권의 복사본은 가지고 계십니까?

□ カードを無効にしてください。
카드를 정지시켜 주세요.
❖ …にする (사람이나 물건이) 어떤 상태가 되게 하다

□ 今すぐ、取りにうかがいます。
지금 곧 찾으러 가겠습니다.

CHAPTER 43 직장에서의 커뮤니케이션

여기서는 일이 바쁠 때 도움을 청하거나 업무진행의 확인, 서류작성, 회의, 휴가 등 직장에서 일어나는 다양한 표현을 익히도록 하였다. 참고로 일본에서는 자신이 속해 있는 사람을 외부 사람에게 말을 할 경우에는 우리와는 달리 자신의 상사라도 높여서 말하지 않는다. 예를 들면 「…부장님은 지금 회의중이십니다」라고 일본어로 표현할 때는 …部長はただいま会議中です라고 해야 한다. 비록 외부 사람이 부장보다 직위가 낮더라도 자신이 속한 회사의 사람을 낮추어 말하는 것이다.

Q&A 무조건 따라하기

Q：小林君。新製品の売れ行きがよくないそうだが。

A：すみません。販売課全員をセールスに行かせているんですが…。

Q：先月の売り上げが知りたいから、報告書を持って来てくれないか。

A：はあ、今、川口君にまとめさせております。

Q：明日の10時から新製品についての❶会議があるから、その前に目を通したいんだが…。

A：はい、明朝❷9時にかならず持ってきます。

Q：고바야시, 신제품 판매가 별로 좋지 않다고 하던데.

A：죄송합니다. 영업부 전원을 판촉시키고 있습니다만…

Q：지난달 매상을 알고 싶으니까, 보고서를 가지고 오게.

A：네, 지금 가와쿠치가 정리하고 있습니다.

Q：내일 10시부터 신제품에 대한 회의가 있으니까, 그 전에 대강 훑어보고 싶은데…

A：네. 내일 아침 9시에 반드시 가지고 오겠습니다.

---

❶ …についての …에 대한
❷ 明朝 = あしたの朝(あさ) 내일 아침

□ 今日のスケジュールはどうなっていますか。
오늘 스케줄은 어떻게 되어 있습니까?
❖ スケジュールを組(く)む 스케줄을 짜다

□ 新しい秘書の候補者の面接があります。
새 비서 후보의 면접이 있습니다.

□ 木村さんと昼食の約束があります。
기무라 씨와 점심 약속이 있습니다.

□ 午後はずっと外出します。
오후에는 쭉 외출합니다.

☺ 午後はずっと外出します。
오후에는 쭉 외출합니다.
☺ それなら、いまのうちに打ち合わせをしましょう。
그럼, 지금 협의합시다.

□ 君はABC社との会議に出るの?
자네는 ABC사와의 회의에 참석하나?

☺ 君はABC社との会議に出るの?
자네는 ABC사와의 회의에 참석하나?
☺ いや、今日はクライアントを訪問するんだ。
아냐, 오늘은 거래처를 방문해.

□ 僕の代わりに木村が出席するよ。
내 대신에 기무라가 출석해.
❖ …の代わりに …의 대신에

□ 来週の予定はどうなっていますか。
다음 주 예정은 어떻게 되어 있습니까?

□ 来週は、かなり予定が詰まっています。
다음 주에는 예정이 상당히 빡빡합니다.

□ 来週は比較的余裕があります。
다음 주에는 비교적 여유가 있습니다.

□ 来月、ホンコンに出張します。
다음 달에 홍콩으로 출장 갑니다.

□ 出張の目的は何ですか。
출장 목적은 무엇입니까?

😊 出張の目的は何ですか。
출장 목적은 무엇입니까?

😊 ソウルのクライアントを回るんです。
서울 거래처를 돕니다.

□ まだ予定がはっきりしていません。
아직 예정이 확실하지 않습니다.

□ 木村さんからの返事待ちです。
기무라 씨의 답변을 기다리고 있습니다.

😊 XYZ社を訪問するのはいつかな?
XYZ사의 방문은 언제지?

😊 まだわかりません。木村さんからの返事待ちです。
아직 모릅니다. 기무라 씨의 답변을 기다리고 있습니다.

❖ 返事 대답, 답변, 편지 답장

일의 진행상황을 점검할 때

□ 状況はどう?
상황은 어때?

😊 状況はどう?
상황은 어때?

😊 全般的には順調です。
전반적으로는 순조롭습니다.

□ いまのところ順調です。
현재 상황으로는 순조롭습니다.

😊 新製品の売り上げはどう?
신제품 매상은 어때?

😊 いまのところ順調です。
현재 상황으로는 순조롭습니다.

□ 予定より順調に進んでいます。
예정보다 순조롭게 진행되고 있습니다.

□ 新しい企画にはいつからとりかかれますか。
새로운 기획은 언제부터 착수할 수 있습니까?

> ☺ 新しい企画にはいつからとりかかれますか。
> 새로운 기획은 언제부터 착수할 수 있습니까?
> ☺ XYZ社と契約を結んだら、すぐに始めます。
> XYZ사와 계약을 맺으면 곧바로 시작합니다.

□ 新しいプロジェクトはどうなっているの?
새로운 프로젝트는 어떻게 되었나?

> ☺ 新しいプロジェクトはどうなっているの?
> 새로운 프로젝트는 어떻게 되었나?
> ☺ そのための専門チームをつくりました。
> 그걸 위해 전문 팀을 만들었습니다.

□ その契約は今、保留になっています。
그 계약은 지금 보류되어 있습니다.

□ 部長の決定を待っています。
부장의 결정을 기다리고 있습니다.

□ 見本市まで、あと2週間しかないよ。
전시회까지 앞으로 2주일밖에 없어.
  ❖ …しかない …밖에 없다

□ すべての準備は整えなければ。
모든 준비를 다 해야 해.

> ☺ すべての準備は整えなければ。
> 모든 준비를 다 해야 해.
> ☺ 全力でやっています。
> 전력을 다해 하고 있습니다.

  ❖ …なければならない …하지 않으면 안 된다, …해야 한다

□ 準備完了です。
준비완료입니다.

□ 市場分析の締め切りはいつですか。
시장분석 마감은 언제입니까?
  ❖ 締め切り (기한의) 마감, 〆切(しめきり)

□ その仕事はいつ終わりますか。
그 일은 언제 끝납니까?

> 😊 その仕事はいつ終わりますか。
> 그 일은 언제 끝납니까?
> 🙂 昼休みまでにはできると思います。
> 점심때까지는 될 것 같습니다.

□ いまのところ、予定より早く進んでいます。
지금으로서는 예정보다 빨리 진행되고 있습니다.

□ もう少しで終わります。
조금만 있으면 끝납니다.

□ 期限には間に合いそうにありません。
기한까지는 맞출 수 없을 것 같습니다.
❖ 양태를 나타내는 そうだ의 부정형은 そうではない가 아니라, そうにない나 そうもない
로 표현한다.

도움을 요청할 때

□ その仕事、手伝ってくれない。
그 일 안 도와줄래?

□ スケジュールがとてもきついよ。
스케줄이 무척 빡빡해.

□ ひとりでは無理だね。
혼자서는 무리야.

□ 僕の手に余るよ。
힘에 벅차.

> 🙂 仕事をたくさんかかえているのね。
> 일에 파묻혀 있군.
> 😊 そうなんだ。僕の手に余るよ。
> 그래. 힘에 벅차.

> ❖ 手に余る 힘에 겹다

□ この分をやってくれるとありがたいのですが。
이것을 해 주면 고맙겠는데요.

☐ この調査を手伝ってくれる時間はありますか。
이 조사를 거들어 줄 시간은 있습니까?

☐ プレゼンテーションの資料づくりに人手が必要なんだ。
프레젠테이션 자료를 만드는 데 일손이 필요해.
❖ …づくりは 앞에 나온 말을 재료로 하여 만드는 것을 말한다.

☐ セミナーの準備を手伝ってくれる人はいる？
세미나 준비를 거들어 줄 사람은 있나?

☐ 君の専門知識が必要なんだ。
자네의 전문지식이 필요해.

☐ マーケティング部に支援を頼もう。
마케팅부에 도움을 요청하자.

😊 市場データが必要です。
시장 데이터가 필요합니다.

😊 マーケティング部に支援を頼もう。
마케팅부에 도움을 요청하자.

☐ あなたが手伝ってくれなければ、締め切りに間に合わないの。
네가 도와주지 않으면 미감날짜를 맞출 수 없어.
❖ 間に合う 시간에 대다

☐ 人手不足ですよね。
일손이 부족해요

☐ その仕事をお手伝いします。
그 일을 도와드리겠습니다.

☐ 今、手が空いているんです。
지금, 손이 비어 있습니다.

😊 手伝ってくれる時間はある？
거들어 줄 시간은 있니?

😊 今、手が空いているんです。
지금, 손이 비어 있습니다.

❖ 手が空く (일단 일이 끝나) 손이 비다

□ 今日の残業できるんです。
오늘 잔업할 수 있습니다.

□ ふたりでやれば、今日中に終わりますよ。
둘이서 하면 오늘 중으로 끝납니다.

□ 悪いけれど、今は手の一杯なの。
미안하지만, 지금은 무척 바빠.

□ 急な仕事で手が離せないんだ。
급한 일로 손을 놓을 수 없어.

회의에 관해서

□ 企画部との会議を設定してください。
기획부와의 회의를 설정해 주세요.

□ 会議を始めましょう。
회의를 시작합시다.

□ 今日の議題は、来期の営業戦略です。
오늘 의제는 다음 회기의 영업전략입니다.

□ この会議の目的は宣伝活動について話し合うことです。
이 회의의 목적은 광고활동에 대해서 의논하는 것입니다.

□ 率直なご意見をお聞かせください。
솔직한 의견을 말씀하십시오.

□ 売上げ実績の検討から始めましょう。
매상 실적의 검토부터 시작합시다.

□ この件に関してどう思いますか。
이 건에 관해서 어떻게 생각합니까?

□ 何かご意見はありますか。
무슨 의견은 있습니까?

□ 提案したいことがあります。
제안하고 싶은 것이 있습니다.

□ 思いきった戦略の転換が必要です。
괴감한 전략의 전환이 필요합니다.

□ 計画の実行方法について検討しましょう。
계획의 실행방법에 대해서 검토합시다.

□ 問題点を挙げてみましょう。
문제점을 들어봅시다.

□ 基本的には賛成です。
기본적으로는 찬성입니다.

☺ 計画に賛成ですか、反対ですか。
계획에 찬성입니까, 반대입니까?
☺ 基本的には賛成です。
기본적으로는 찬성입니다.

□ その点については賛成できません。
그 점에 대해서는 찬성할 수 없습니다.

□ その計画は修正が必要です。
그 계획은 수정이 필요합니다.

☺ これは実行可能な計画だと思いますか。
이건 실행 가능한 계획이라고 생각합니까?
☺ その計画は修正が必要です。
그 계획은 수정이 필요합니다.

□ そんなリスクは取れません。
그런 위험감수는 할 수 없어요.

☺ 直接販売を検討するべきだと思います。
직접 판매를 검토해야 한다고 생각합니다.
☺ そんなリスクは取れません。
그런 위험감수는 할 수 없어요

□ 別の観点から検討してみましょう。
다른 관점에서 검토해봅시다.

□ 議論をまとめましょう。
의논을 정리합시다.

실용 회화 (Advanced 편)

□ 毎朝、9時に出勤します。
매일 아침 9시에 출근합니다.
❖ 出勤 출근 ↔ 欠勤(けっきん) 결근

□ 今朝もかろうじて間に合ったぞ。
오늘 아침에도 간신히 제시간에 도착했어.

□ タイムカードは押した?
타임카드는 찍었니?

> 😊 タイムカードは押した?
> 타임카드는 찍었니?
> 😊 あっ、もう少しで忘れるところだったよ。
> 앗, 하마터면 잊을 뻔했어.

□ 毎朝、仕事の前にコーヒーを飲むんだ。
매일 아침 일하기 전에 커피를 마셔.

□ 木村はまだ出社していないの?
기무라는 아직 출근하지 않았니?

> 😊 木村はまだ出社していないの?
> 기무라는 아직 출근하지 않았니?
> 😊 午前中は、XYZ社を訪問しています。
> 오전중에는 XYZ사를 방문하고 있습니다.

❖ 出社(しゅっしゃ) 회사에 출근함 ↔ 退社(たいしゃ) 회사에서 퇴근함

□ 永井さんは今日、病気で休むそうです。
나가이 씨는 오늘 아파서 쉰답니다.

□ ひと休みしよう。
잠깐 쉬자.

□ 今日はこれで切り上げよう。
오늘은 이만 끝내자.

□ 残りは明日やるよ。
나머지는 내일 할게.

□ 今日、仕事は何時に終わる?
오늘 일은 몇 시에 끝나?

□ 今日は6時ちょうどに失礼します。
오늘은 6시 정각에 먼저 가겠습니다.

□ 今日は残業しなくちゃ。
오늘은 잔업해야 해.

😊 今夜は何時に帰るの?
오늘은 몇 시에 오니?
😊 今日は残業しなくちゃ。
오늘은 잔업해야 해.

❖ …なくちゃ ＝ なくては(ならない, いけない)

□ 今週は毎日残業だよ。
이번 주는 매일 잔업이야.

휴가에 대해서

□ 明日は半休をとります。
내일은 반나절 쉽니다.

□ 今度の金曜日、休みを取りたいのですが。
이번 금요일에 휴가를 얻고 싶습니다만.

□ 8月15日から1週間、休暇を取ってもいいですか。
8월 15일부터 1주일간 휴가를 받아도 됩니까?
❖ 休暇を取る 휴가를 얻다

□ 休暇中は、久保さんが私の仕事を引き続きます。
휴가중에는 쿠보 씨가 내 일을 맡아서 계속합니다.

동료와 대화를 나눌 때

□ 今日は仕事がはかどったね。
오늘은 일이 잘 진척되었어.
❖ 捗(はかど)る 진척되다, 잘 되어가다

□ この調子で頼むよ。
이 상태로 부탁해.

□ 仕事が進まないなぁ。
일이 진척이 안돼.

□ 仕事に集中できないんだ。
일에 집중할 수 없어.

☺ 仕事に集中できないんだ。
일에 집중할 수 없어.
☺ 何か問題でもあるの?
무슨 문제라도 있니?

□ 何かいい企画を思いついた?
무슨 좋은 기획이 생각났니?

□ あの書類、どこに置いた?
그 서류 어디에 두었나?

☺ あの書類、どこに置いた?
그 서류 어디에 두었나?
☺ あなたがファイルに入れて持っていると思うわ。
네가 파일에 넣어 가지고 있는 것 같은데.

□ また部長に叱られちゃったよ。
또 부장님에게 꾸중 들었어.

□ 部長はどうして僕にはこんなに厳しいのかな?
부장님은 왜 나에게는 이렇게 엄하지?

□ 部長は木村をひいきしていると思わない?
부장님은 기무라를 편애하고 있는 것 같지 않니?
❖ ひいきする 편애하다, 역성을 들다, 각별히 아끼고 돌봐주다

□ 何もかも私に押し付けないでよ。
무엇이든 나에게 맡지 마.

□ この頃、ストレスがたまっているんだ。
요즘 스트레스가 쌓여.

□ それも仕事のうちだよ。
그것도 일이야.

☺ コピーとりなんて、もううんざり。
복사하는 건 이제 질렸어.
☺ 文句を言わないで。それも仕事のうちだよ。
불평하지 마. 그것도 일이야.

□ 参加者は何人なの?
참석자는 몇 명이야?

□ 幹事をやってくれない?
간사를 맡아줄래?

> ☺ 幹事をやってくれない?
> 간사를 맡아줄래?
> ☺ なんで僕なんだよ?
> 왜 나야?

□ 休暇はどうだった?
휴가는 어땠어?

□ 休暇はどうやって過ごしたの?
휴가는 어떻게 보냈니?

컴퓨터 조작에 대해서

□ このソフトウェアの使い方を教えてください。
이 소프트웨어 사용법을 가르쳐 주세요.

> ☺ このソフトウェアの使い方を教えてください。
> 이 소프트웨어 사용법을 가르쳐 주세요
> ☺ いいわよ。難しくはないわ。
> 좋아. 어렵지는 않아.

□ このソフトウェア、少し複雑なのよ。
이 소프트웨어, 좀 복잡해.
❖ ソフトウェア ↔ ハードウェア

□ 慣れれば問題ないと思うわ。
익숙해지면 문제가 없을 거야.

□ パスワードは持っている?
패스워드는 가지고 있니?

> ☺ パスワードは持っている?
> 패스워드는 가지고 있니?
> ☺ このソフトを使うのにパスワードが必要なの?
> 이 소프트웨어를 사용하는 데 패스워드가 필요하니?

□ このデータベースを使ったことはありますか。
이 데이터베이스를 사용한 적이 있습니까?

□ このデータベースの使い方がわからないのですが。
이 데이터베이스 사용법을 모르겠는데요.

> ☺ どうしたの?
> 어떻게 된 거니?
>
> ☺ このデータベースの使い方がわからないのですが。
> 이 데이터베이스 사용법을 모르겠는데요.

❖ …方는 동사의 중지형에 접속하여 「…하는 방법」을 나타낸다.

□ 操作方法を忘れちゃった。
조작방법을 잊어버렸어.

□ 複雑すぎて覚えられないよ。
너무 복잡해서 외울 수 없어.
❖ 형용동사에 어간 すぎる가 접속하면 「너무 …하다」의 뜻으로 동사가 된다.

□ このソフト、便利な機能がたくさんあるんだよ。
이 소프트, 편리한 기능이 많이 있어.

□ あれ、コンピューターがフリーズしちゃった。
어, 컴퓨터가 다운되었어.

□ まったく動かないぞ。
전혀 작동을 안 해.

□ 再起動するしかないわ。
재시동할 수밖에 없어.

□ 再起動したら、データは全部なくなってしまうよ。
재시동하면 데이터는 전부 날아가 버려.

> ☺ 再起動したら、データは全部なくなってしまうよ。
> 재시동하면 데이터는 전부 날아가 버려.
>
> ☺ だからまめに保存しておかなければいけないのよ。
> 그래서 잘 보존해두어야 해.

□ このコンピューター、メモリーが足りないよ。
컴퓨터 메모리가 부족해.

□ このコンピューター、ウィルスに感染しています。
이 컴퓨터, 바이러스에 감염되어 있습니다.

□ セキュリティ対策を強化しなければ。
보안 대책을 강화해야 해.

인터넷 활용에 대해서

□ 御社にはホームページがありますか。
귀사에는 홈페이지가 있습니까?

□ 詳しいことは、弊社のホームページをご覧ください。
상세한 것은 저희 회사의 홈페이지를 보십시오.

□ この情報はインターネットで集めたんです。
이 정보는 인터넷에서 모았습니다.

CHAPTER 44

거래처와의 커뮤니케이션

거래처를 방문할 때는 먼저 時間があればお会いしたいんですが라고 전화로 약속을 해야 한다. 비서나 당사자가 아닌 다른 사람을 통해 약속을 정할 때는 자신의 신분과 용건, 만나고자 하는 시간 등을 밝혀두는 것이 좋다. 거래처에 들어서면 안내처에 こんにちは, 韓国のキムです라고 자신의 신분을 밝히고 만날 상대를 부탁한다. 비즈니스의 핵심은 商談과 계약체결이다. 따라서 상담 내용과 계약서를 사전에 작성해두고 예상되는 질문에 대해서도 철저한 준비가 필요하다.

Q&A　무조건 따라하기

Q : すみません。総務部の佐藤部長にお目にかかりたいんですが、❶ おいでになりますか。

A : 失礼ですが、どちらさまでいらっしゃいますか。

Q : 韓国貿易会社のキムと申します。

A : お約束でございますか。

Q : はい。2時の約束なんです。

A : 少々お待ちください。ただいま連絡いたしますので❷。

キムさま。おそれいりますが、応接室へいらっしゃってください。

Q : 미안합니다. 총무부 사토 부장님을 뵙고 싶은데요. 계십니까?
A : 실례지만, 누구십니까?
Q : 한국무역회사의 김이라고 합니다.
A : 약속은 하셨습니까?
Q : 네. 2시 약속입니다.
A : 잠시 기다려 주십시오. 즉시 연락할 테니까요.
　　김 선생님. 죄송하지만, 응접실로 가십시오.

❶ おいでになる는 行く(가다), 来る(오다), いる(있다)의 높임말이다.
❷ …ので는 원인·이유를 나타내는 접속조사로 주로 객관적인 사실을 말할 때 쓰며, 어감이 から보다 부드러워 여성들이 많이 사용한다.

□ 木村さんとお会いする約束したいのですが。
기무라 씨와 면회 약속을 하고 싶은데요.

□ お話ししたいことがあるのですが。
말씀드릴 게 있는데요.
  ❖ お…したい …을 하고 싶다

□ 契約の変更についてお話ししたいと思います。
계약 변경에 대해서 말씀드리고 싶습니다.

□ 新製品をお見せしたいと思います。
신제품을 보여드리고 싶습니다.

□ 新しい担当者をご紹介したいと思います。
새 담당자를 소개하고 싶습니다.

□ お時間があれば、明日お会いしたいのですが。
시간이 있으면, 내일 뵙고 싶은데요.

□ 明日の2時はいかがでしょうか。
내일 2시는 어떠세요?

> 😊 明日の2時はいかがでしょうか。
> 내일 2시는 어떠세요?
> 🙂 結構です。
> 좋습니다.

□ あしたの3時に御社におうかがいします。
내일 3시에 귀사로 찾아뵙겠습니다.
  ❖ 御社 귀사 ↔ 弊社(へいしゃ) 저희 회사, 当社(とうしゃ) 당사, わが社(しゃ) 우리 회사

□ こんにちは。ABC社のキムと申します。
안녕하세요. ABC사의 김이라고 합니다.

□ 企画部の久保さんにお会いしたいのですが。
기획부 쿠보 씨를 뵙고 싶은데요.

> 😊 企画部の久保さんにお会いしたいのですが。
> 기획부 쿠보 씨를 뵙고 싶은데요.
> 🙂 お約束はありますか。
> 약속은 있으십니까?

□ 久保さんと10時にお約束しています。
쿠보 씨와 10시에 만나기로 약속했습니다.

□ お客様がいらっしゃったことを伝えます。
손님이 오셨다고 전하겠습니다.

□ 久保には、ただいま別の来客がありまして…。
쿠보 씨는 지금 다른 손님이 와 계셔서….
❖ 일본어에서는 자신의 회사 사람을 상대에게 소개할 때는 존칭을 생략한다.

□ 少しお待ちいただけますか。
잠시 기다려 주시겠습니까?

□ お忙しいようであれば、明日出直します。
바쁘신 것 같으면 내일 다시 오겠습니다.
❖ …ようであれば는 …ようである의 가정형이며, ようだ의 가정형은 ようなら(ば)이다.

□ 彼と同じ部署の方にお会いできますか。
그와 같은 부서의 분을 뵐 수 있습니까?
❖ お…する의 가능 표현은 お…できる이다.

회사를 소개할 때

□ それでは、仕事の話に入りましょうか。
그럼, 일에 관한 대화로 들어갈까요?

□ まず、当社の概要と事業についてご説明します。
우선 당사의 개요와 사업에 대해서 설명 드리겠습니다.

□ ABC社は、韓国の大手食品会社です。
ABC사는 한국의 대형 식품회사입니다.

□ XYZ社は、革新的なネットワーク事業会社です。
XYZ사는 혁신적인 네트워크 사업을 하는 회사입니다.

□ 当社は各種の革新的なサービスで知られています。
당사는 각종 혁신적인 서비스로 알려져 있습니다.

□ パソコンの販売では、韓国で第3位です。
퍼스널컴퓨터 판매로는 한국에서 제3위입니다.

□ 当社は、業務用ソフトウェアを専門としています。
당사는 업무용 소프트웨어를 전문으로 하고 있습니다.

□ 大手自動車メーカーに製品を供給しています。
대형 자동차 메이커에 제품을 공급하고 있습니다.
❖ 大手 경영 규모가 큰 회사
大企業(だいきぎょう) 대기업, 中小企業(ちゅうしょうきぎょう) 중소기업

□ 全国規模のサービス網を整備しています。
전국 규모의 서비스망을 구축하고 있습니다.

□ 今年は中国市場に進出しました。
올해는 중국시장에 진출했습니다.

□ アメリカのXYZ社の韓国総代理店を務めています。
미국 XYZ사의 한국 총대리점을 맡고 있습니다.

제품을 소개할 때

□ おそらく、当社の製品名をお聞きになったことがあると思います。
아마, 당사의 제품명을 들으셨을 거라고 생각합니다.

□ これに似た製品をお使いになったことはありますか。
이것과 비슷한 제품을 사용하신 적은 있습니까?

> ☺ これに似た製品をお使いになったことはありますか。
> 이것과 비슷한 제품을 사용하신 적은 있습니까?
> ☺ ええ、でも満足できるものはありません。
> 예, 하지만 만족할만한 것은 없습니다.

□ 今日は、当社の新製品をご紹介したいと思います。
오늘은 당사의 신제품을 소개해드리고 싶습니다.

□ これが当社の最新製品です。
이것이 당사의 최신제품입니다.

□ 先週、発売されたばかりです。
지난주에 갓 발매되었습니다.
❖ ばかりだが 완료를 나타내는 …た에 접속하여 쓰일 때는 「막…했다」의 뜻으로 동작이
끝난 지 얼마 안 되었음을 나타낸다.

□ こちらか製品のカタログです。
이것이 제품 카탈로그입니다.

□ この製品の特長についてご説明します。
이 제품의 특장에 대해서 설명 드리겠습니다.
❖ 長所(ちょうしょ) 장점 ↔ 短所(たんしょ) 단점

□ これは革新的な製品です。
이것은 혁신적인 제품입니다.

□ 最先端の技術を取り入れています。
최첨단의 기술을 도입하고 있습니다.

□ この製品にはかなりの需要が見込まれます。
이 제품은 상당한 수요가 전망됩니다.

□ 大きな注目を集めています。
커다란 주목을 받고 있습니다.

□ この製品では市場シェアの拡大を見込んでいます。
이 제품으로 시장 점유율의 확대를 전망하고 있습니다.
❖ 市場(いちば)는 소규모이고 구체적인 물건을 사고파는 공간·시설을 가리키고, 市場
(しじょう)는 상품의 수요와 공급에 따라 가격이 결정되는 추상적인 개념을 나타낸다.

□ この製品が広く受け入れられることを確信しています。
이 제품이 널리 받아들여지리라 확신하고 있습니다.

□ たくさんの新機能が追加されています。
많은 새로운 기능이 추가되어 있습니다.

□ この製品が御社のニーズを満たすことを確信してい
ます。
이 제품이 귀사의 욕구를 충족시키리라 확신하고 있습니다.

□ この製品は、20代から30代の人に人気があります。
이 제품은 20대에서 30대 사람에게 인기가 있습니다.

□ あらゆる年齢層の方にお使いいただけます。
여러 연령층이 사용하실 수 있습니다.

☺ この製品の主なユーザーはどういう層ですか。
이 제품의 주요 사용자는 어떤 층입니까?
☺ あらゆる年齢層の方にお使いいただけます。
여러 연령층이 사용하실 수 있습니다.

□ 他社の製品に比べ、耐久力がすぐれています。
타사의 제품에 비해 내구성이 뛰어납니다.
❖ …に比べて …に比べて，…に比べると …に比べれば

□ 操作はとても簡単です。
조작은 매우 간단합니다.

□ 驚くほど効率が高いのです。
놀라울 정도로 효율이 높습니다.

□ この製品を使えば、ビジネスの効率が向上します。
이 제품을 사용하면 비즈니스 효율이 향상됩니다.

□ この製品の有効性は実証されています。
이 제품의 유효성은 실증되어 있습니다.

□ きっとご満足いただけることと思います。
틀림없이 만족시켜드릴 수 있을 겁니다.

□ アフターサービスが充実しています。
애프터서비스가 충실합니다.

□ 当社の製品は海外でもよく売れています。
당사의 제품은 해외에서도 잘 팔리고 있습니다.

판매 대응할 때

□ 興味深いご提案です。
흥미로운 제안입니다.

□ 確認したい点がいくつあります。
확인하고 싶은 점이 몇 가지 있습니다.

□ 前のに比べてどんな点が向上しているのですか。
이전 것에 비해 어떤 점이 향상되어 있습니까?

☺ 前のモデルに比べてどんな点が向上しているのですか。
이전 모델에 비해 어떤 점이 향상되어 있습니까?

☺ たくさんの新しい機能が備わっています。
많은 새로운 기능이 갖추어져 있습니다.

□ 例を挙げていただけますか。
예를 들어 주시겠습니까?
❖ 例を挙げる 예를 들다

□ もっと具体的に説明していただけますか。
더 구체적으로 설명해 주시겠습니까?

☺ 当社の製品は、ほかのものよりはるかにすぐれています。
당사의 제품은 다른 것보다 훨씬 뛰어납니다.

☺ もっと具体的に説明していただけますか。
더 구체적으로 설명해 주시겠습니까?

□ ほかのメーカーも同じような製品を出していますね。
다른 메이커도 같은 제품을 내고 있습니다.

□ これとほかの製品との違いは何ですか。
이것과 다른 제품과의 차이점은 무엇입니까?

☺ これとほかの製品との違いは何ですか。
이것과 다른 제품과의 차이점은 무엇입니까?

☺ 具体的なデータを使ってご説明します。
구체적인 데이터를 사용해서 설명하겠습니다.

□ この製品の耐用年数はどれぐらいですか。
이 제품의 내구성 연수는 어느 정도입니까?

□ それを説明するデータはありますか。
그것을 설명할 데이터는 있습니까?

☺ それを説明するデータはありますか。
그것을 설명할 데이터는 있습니까?

☺ はい、このグラフを見てください。
네, 이 그래프를 보세요.

□ この製品に対する消費者の反応はどうですか。
이 제품에 대한 소비자의 반응은 어떻습니까?

> ☺ この製品に対する消費者の反応はどうですか。
> 이 제품에 대한 소비자의 반응은 어떻습니까?
> ☺ 高い関心が集まっています。
> 관심을 많이 가지고 있습니다.

□ ほかの会社からも売り込みがきています。
다른 회사에서도 의뢰가 오고 있습니다.

□ 各社のオファーを比較する必要があります。
각사의 오퍼를 비교할 필요가 있습니다.

> ☺ 各社のオファーを比較する必要があります。
> 각사의 오퍼를 비교할 필요가 있습니다.
> ☺ 当社の製品が御社にとって最高のものだと確信しています。
> 당사의 제품이 귀사에 있어서 최고의 것이라고 확신하고 있습니다.

□ 今、そのようなサービスに興味はありません。
지금 그와 같은 서비스에 흥미는 없습니다.

가격과 조건의 교섭

□ 価格についてお話ししたいのですが。
가격에 대해서 말씀드리고 싶은데요

□ 価格についてはどれくらいお考えですか。
가격에 대해서는 어느 정도 생각하십니까?

□ 御社の最低価格を提示してください。
귀사의 최저 가격을 제시해 주십시오.

□ 見積もりをつくってください。
견적도 내 주십시오

□ 単価はいくらですか。
단가는 얼마입니까?

□ 1台当たり20万円でいかがでしょうか。
1대 당 20만 엔이면 어떨까요?

□ その価格ではお受けできません。
그 가격으로는 받아들일 수 없습니다.

□ 値引きをお願いします。
할인을 부탁합니다.

□ 割引率を上げてください。
할인율을 올려 주세요.

□ 10台以上のご注文であれば、5%値引きします。
10대 이상 주문하면 5% 할인하겠습니다.

□ 10%の値上げを考えています。
10% 할인을 생각하고 있습니다.

□ その他の条件を決定したいのですが。
그밖의 조건을 결정하고 싶은데요.

□ 前回の注文と同じ条件でお願いします。
전번 주문과 같은 조건으로 부탁합니다.

□ 配送料はどちらの負担になりますか。
배송료는 어느 쪽이 부담하게 됩니까?

□ 納品はいつになりますか。
언제 납품이 됩니까?

□ 納品にはどれぐらい時間がかかりますか。
납품에는 어느 정도 시간이 걸립니까?

□ この条件でよろしければ、すぐに発注します。
이 조건으로 괜찮으면 당장 발주하겠습니다.

□ 保証は納品後 1年間とします。
보증은 납품후 1년간으로 합니다.
❖ …とする = …にする …으로 하다

□ 別料金で、保証期間の延長も可能です。
다른 요금으로 보증기간의 연장도 가능합니다.

□ アフターサービスはどうなっていますか。
애프터서비스는 어떻게 되어 있습니까?

계약을 할 때

□ 大筋で合意できましたね。
대략 합의가 되었군요.
❖ 大筋 대강의 줄거리, 대략 = あらまし

□ 合意した内容にはご満足ですか。
합의한 내용에는 만족하십니까?

> ☺ 合意した内容にはご満足ですか。
> 합의한 내용에는 만족하십니까?
> ☺ 注文の数量についてもう一度検討したいのですが。
> 주문 수량에 대해서 다시 한번 검토하고 싶은데요

□ すべての点で合意できたようですね。
모든 점에서 합의가 된 것 같군요.
❖ すべて 전부, 일체, 모두

□ 契約の詳細について話し合いましょう。
구체적인 계약의 내용에 대해서 의논합시다.

□ 契約条件を再検討したいのですが。
계약 조건을 재검토하고 싶은데요.

□ この契約は3年間有効です。
이 계약은 3년간 유효합니다.

> ☺ 契約期間はどれくらいでしょうか。
> 계약 기간은 어느 정도입니까?
> ☺ この契約は3年間有効です。
> 이 계약은 3년간 유효합니다.

□ 契約の発効日はいつですか。
계약 발효일은 언제입니까?

□ 御社との契約を終了させたいのですが。
귀사와의 계약을 끝내고 싶은데요.

□ 契約の更新についてはどのようにお考えですか。
계약의 갱신에 대해서는 어떻게 생각하십니까?

☺ 契約の更新についてはどのようにお考えですか。
계약의 갱신에 대해서는 어떻게 생각하십니까?
☺ 検討の上、後日ご連絡します。
검토하고 나서 다음에 연락드리겠습니다.

❖ …の上(で) …한 후, …의 결과

□ 契約業者に関する規定が承諾できないのですが。
계약업자에 관한 규정을 승낙할 수 없는데요.
❖ …に関する …에 관한

□ この条項にいくつか付け加えたいことがあるのですが。
이 조항에 몇 가지 덧붙이고 싶은 점이 있는데요.

□ 機密保持の規定を付け加える必要があります。
기밀 유지의 규정을 덧붙일 필요가 있습니다.

□ この条項は、合意した内容とは違うと思います。
이 조항은 합의한 내용과는 다른 것 같습니다.

□ この件については、弁護士に相談してみます。
이 건에 대해서는 변호사와 상의해보겠습니다.

□ もう契約書にサインできると思います。
이제 계약서에 서명할 수 있을 것 같습니다.

□ 御社と契約ができて、とてもうれしいです。
귀사와 계약이 성립되어 무척 기쁩니다.

□ 今後、御社との関係が発展していくことを願っています。
앞으로 귀사와의 관계가 발전해가기를 바라고 있습니다.

□ 御社の製品についてうかがいたいのですが。
귀사의 제품에 대해서 여쭙고 싶은데요.

□ 御社の業務用プリンターの最新モデルは何ですか。
귀사의 업무용 프린터의 최신 모델은 무엇입니까?
❖ 最新型(さいしんがた) 최신형

□ RC-707は在庫がありますか。
RC-707은 재고가 있습니까?

☺ RC-707は在庫がありますか。
RC-707은 재고가 있습니까?
☺ すぐに在庫をお調べいたいます。
당장 재고를 조사해드리겠습니다.

□ 金曜日までに10台納品していただけますか。
금요일까지 10대 납품해 주시겠습니까?

□ できるだけ早く必要なのですが。
될 수 있으면 빨리 필요한데요.
❖ できるだけ = なるべく 가능하면, 될 수 있으면

□ 今、CF-303は在庫が切れています。
지금 CF-303은 재고가 없습니다.
❖ 在庫が切れる 재고가 떨어지다

□ 来週には入荷する予定です。
다음 주에는 입하할 예정입니다.

☺ その部品はすぐに入荷しますか。
그 부품은 곧바로 입하합니까?
☺ 来週には入荷する予定です。
다음 주에는 입하할 예정입니다.

❖ 入荷する 입하하다 ↔ 出荷(しゅっか)する 출하하다

□ クレームがあるのですが。
클레임이 있는데요.

□ クレームを扱っているのはどなたですか。
클레임을 담당하는 사람은 누구입니까?

□ 御社の製品に問題があります。
귀사의 제품에 문제가 있습니다.

□ 責任者と話をしたいのですが。
책임자와 이야기를 하고 싶은데요.

□ 先週注文した商品がまだ届きません。
지난 주 주문한 상품이 아직 도착하지 않았습니다.

□ 注文した品物が届きましたが、1ケース足りません。
주문한 물건이 도착했는데, 1케이스 부족합니다.

□ 至急対応してください。
당장 조치해 주세요
❖ 至急 지급, 몹시 급함 = 大急(おおいそ)ぎ

□ なぜこんなことが起きたのかを説明してください。
왜 이런 일이 일어났는지를 설명해 주세요

**클레임에 대해
대응할 때**

□ お調べして、折り返しご連絡します。
조사해서 즉시 연락드리겠습니다.

□ すぐにそう致します。
당장 그렇게 하겠습니다.

□ その問題は、私どもで処理致します。
그 문제는 저희들이 처리하겠습니다.

□ 手違いで別の商品をお送りしてしまいました。
실수로 다른 상품을 보내고 말았습니다.

□ すぐに不足分をお送り致します。
곧바로 부족분을 보내드리겠습니다.

□ 破損しているものをご返送いただけますか。
파손된 것을 반송해 주시겠습니까?

□ 直ちに代替品をお送りいたします。
곧바로 대체품을 보내드리겠습니다.

❑ すぐに正しい品物をお送りいたします。
곧바로 올바른 물건을 보내드리겠습니다.

> 
> ☺ 注文とは違う品物が送られてきました。
> 주문한 것과는 다른 물건이 왔습니다.
> ☺ すぐに正しい品物をお送りいたします。
> 곧바로 올바른 물건을 보내드리겠습니다.

❑ 私どもの手違いでした。
저희들의 실수였습니다.

❑ ご迷惑をおかけして申し訳ありません。
폐를 끼쳐드려 죄송합니다.
❖ 迷惑をかける 폐를 끼치다

인사이동·면접과 취직

여기서는 직장에서의 평가 인사이동, 승진뿐만 아니라 일본에서 일자리를 구할 때 응모에서 면접에 이르기까지 다양한 표현을 예문으로 설정하여 많은 참고가 되도록 하였다 구인광고를 보고 御社の求人についてうかがいたいのですが라고 정중하게 전화로 응모를 한다 다음으로 면접을 보러갈 때는 面接にうかがいました라고 접수처에 이야기를 한다 면접을 볼 때 자신이 해야 할 일이 궁금하면 それはどのような仕事ですか라고 물으면 된다

Q&A 무조건 따라하기

Q: 部長、いろいろお世話になりました。

　来週ソウル支店に転勤することになりました。

A: あ、そう。来週ですか。

　ソウル支店は、今とても忙しいから大変だろうと思いますよ。

Q: はい。

A: まあ、いい経験になるだろうと思う**から**❶、頑張ってください。

Q: ありがとうございます。

Q: 부장님, 여러모로 신세가 많았습니다. 다음 주에 서울지점으로 전근을 가게 되었습니다.

A: 아, 그래요. 다음 주입니까?

　서울지점은 지금 무척 바쁘니까 힘들 거라고 생각해요.

Q: 예.

A: 글쎄, 좋은 경험이 될 테니까, 힘내세요.

Q: 감사합니다.

❶ …から는 원인·이유나 판단의 근거를 나타낼 때 쓰이며, 주관적인 측면이 강하다.

☐ あいつは仕事ができる。
저 녀석은 일을 잘해.

☐ 君はいい仕事をしているわよ。
너는 좋은 일을 하고 있어.
❖ わ는 주로 여성이 사용하며 스스로 다짐하거나 상대를 납득시키는 뜻을 나타낸다.

☐ いい仕事がしたいね。
좋은 일을 하고 싶어.

☐ 発想がユニークだね。
발상이 독특하군.

☐ 彼はとても有能だよ。
그는 매우 유능해.

☐ 優秀な技術者だ。
우수한 기술자야.

☐ 彼女は仕事熱心だ。
그녀는 일을 열심히 해.

☐ 彼は飲み込みが早いんだ。
그는 이해가 빨라.
❖ 飲み込む 삼키다, 이해하다, 납득하다

☐ 今度の部長はなかなかのやり手だよ。
이번 부장은 상당히 수완가야.
❖ やり手 수완가, 민완가

☐ 彼は実行力があるんだ。
그는 추진력이 있어.

☺ 木村にこの仕事を任せられるのかな?
기무라에게 이 일을 맡길 수 있을까?
☺ 信用していい。彼は実行力があるんだ。
믿어도 돼. 그는 추진력이 있어.

☐ 彼女はプロだよ。
그녀는 프로야.
❖ プロ 프로 ↔ アマチュア 아마추어

□ 仕事が速いんだ。
일이 빨라.

□ 彼は経験が豊かだ。
그는 경험이 많아.

□ 彼はすごく計算高いんだ。
그는 굉장히 계산적이야.
❖ 計算高い = 勘定高(かんじょうだか)い 셈속이 빠르다, 타산적이다

□ 売上げの増加は、彼の手柄だよ。
매출의 증가는 그의 공훈이야.

□ あいつは使いものにならないよ。
저 녀석은 쓸모가 없어.

□ 彼って自身過剰だわ。
그는 너무 자신만만해.

□ 偉そうなことばかり言うよ。
잘난 척만 해.

□ 彼女、仕事が雑だよ。
그녀는 일이 거칠어.

□ 彼には責任感がまったくないんだ。
그는 책임감이 전혀 없어.
❖ 責任を負(お)う 책임을 지다

□ まったく頼りにならないよ。
전혀 도움이 안 돼.

일에 몰두할 때

□ その仕事、私にやらせてください。
그 일 제가 하겠습니다.

□ 私、数学には強いんです。
나는 수학에는 강합니다.
❖ …に強い …에 강하다 ↔ …に弱(よわ)い …에 약하다

□ やってみましょう。
해 봅시다.

□ こういった仕事は得意なんです。
이런 일은 잘합니다.

> ☺ 君、本当にこの仕事を処理できるの?
> 자네, 정말로 이 일을 처리할 수 있나?
>
> ☺ こういった仕事は得意なんです。
> 이런 일은 잘합니다.

□ やりがいのある仕事です。
해볼만한 일입니다.
❖ 甲斐(かい) 보람, 효과

□ 任せてください。
맡겨 주세요

> ☺ プレゼンテーションをやってくれるかな?
> 프레젠테이션을 해 주겠나?
>
> ☺ はい、任せてください。
> 네, 맡겨 주세요

□ 長い間やりたかった仕事なんです。
오랫동안 하고 싶었던 일입니다.

□ ベストを尽くします。
최선을 다하겠습니다.
❖ 最善(さいぜん)を尽くす 최선을 다하다

□ 期待を裏切らないように頑張ります。
기대에 어긋나지 않도록 분발하겠습니다.

> ☺ すべてを君に任せるよ。
> 모든 것을 자네에게 맡기겠네.
>
> ☺ 期待を裏切らないように頑張ります。
> 기대에 어긋나지 않도록 분발하겠습니다.

❖ …ないように …지 않도록

□ 簡単な仕事だよ。
간단한 일이야.

□ この仕事は 私ひとりでは無理です。
이 일은 저 혼자서는 무리입니다.

□ 何てことないよ。
아무것도 아냐.

> ☺ その仕事、本当にひとりでできるの?
> 그 일, 정말로 혼자서 할 수 있나?
> ☺ もちろん。何てことないよ。
> 물론이지. 아무것도 아냐.

□ 誰かに手伝わせようか。
누구에게 도움을 받자.

□ それほど簡単じゃないよ。
그다지 쉽지 않아.

□ 口で言うのは簡単だけどね。
말로 하는 것은 쉽지만.

□ 難しい交渉になりますよ。
어려운 교섭이 될 것입니다.

> ☺ XYZ社との契約はとれそうかな。
> XYZ사와 계약이 이루어질 것 같나?
> ☺ そうですね。難しい交渉になりますよ。
> 글쎄요. 어려운 교섭이 될 것입니다.

□ コンピューターは苦手なんだ。
컴퓨터는 못해.

□ 経理の仕事は性に合わないんだ。
경리 일은 적성에 안 맞아.

□ その仕事には、田中さんが適任だと思います。
그 일에는 다나카 씨가 적임이라고 생각합니다.

> ☺ このプロジェクトは、誰に任せたらいいだろう?
> 이 프로젝트는 누구에게 맡기면 좋을까?
> ☺ その仕事には、田中さんが適任だと思います。
> 그 일에는 다나카 씨가 적임이라고 생각합니다.

□ 今日までにはどうも出来そうにないです。
오늘까지는 도저히 할 수 없을 것 같습니다.
❖ そうに(も)ない는 양태를 나타내는 そうだ의 부정형으로 동사에만 접속한다.

□ 来月、大阪支社に転勤するんだ。
다음달 오사카 지점으로 전근을 가.
❖ 支社 지사 ↔ 本社(ほんしゃ) 본사

□ ほかの部署へ移動したいなぁ。
다른 부서로 옮기고 싶군.

☺ ほかの部署へ移動したいなぁ。
다른 부서로 옮기고 싶군.
☺ 移動の申請をしてみたら?
이동 신청을 해보면 어때?

□ 海外拠点への移動を希望します。
해외거점으로 이동을 희망합니다.

☺ 海外拠点への移動を希望します。
해외거점으로 이동을 희망합니다.
☺ どこの拠点に興味があるの?
어느 거점에 흥미가 있나?

□ 本社から移動してきたばかりです。
본사에서 온지 얼마 안 되었습니다.
❖ …たばかりだ 막 …했다

□ 彼、田舎の支店にとばされたのよ。
그는 시골 지점으로 밀려났어.
❖ 支店 지점 ↔ 本店(ほんてん) 본점

□ 課長に昇進したよ!
과장으로 승진했어!
❖ 進級(しんきゅう)する 진급하다

□ 彼女の昇進は意外だね。
그녀의 승진은 의외야.

□ 私の昇進を考えていただきたいのですが。
제 승진을 고려해 주셨으면 합니다만.

□ 昇進、おめでとう!
승진, 축하해!

☐ 彼、クビになったのよ。
그이 해고되었어.
❖ 首(くび)になる 해고되다 = 解雇(かいこ)される

☐ この契約がまとまらなければ、僕はクビかもしれないな。
이 계약이 성립되지 않으면 나는 해고될지도 몰라.

☺ これは会社にとって、とても重要な取引だね。
이것은 회사에 있어서 매우 중요한 거래이군.
☺ うん、この契約がまとまらなければ、僕はクビかもしれないな。
응, 이 계약이 성립되지 않으면 나는 해고될지도 몰라.

☐ 木村さんは来月、定年退職されます。
기무라 씨는 다음 달에 정년퇴직하십니다.

☐ 私は定年後も非常勤で仕事を続けます。
나는 정년 후에도 비상근으로 일을 계속합니다.

☐ 当社の定年は60歳です。
당사의 정년은 60세입니다.

☐ 村井さん、ライバル会社に引き抜かれたのよ。
무라이 씨는 경쟁사에 스카우트됐어.

☐ 加藤は先月、退職しました。
카토는 지난달 퇴직했습니다.

☐ 退職することになりましたので、ご報告します。
퇴직하게 되어서 보고 드립니다.
❖ …ことになる …하기로 되다

☐ 退職の理由は何ですか。
퇴직의 이유는 무엇입니까?

☺ 退職の理由は何ですか。
퇴직의 이유는 무엇입니까?
☺ アメリカの大学に留学するんです。
미국에 있는 대학으로 유학을 갑니다.

❖ 引退(いんたい)する 은퇴하다

□ 新聞に掲載された求人の件でお電話しました。
신문에 게재된 구인 건으로 전화했습니다.

□ 御社の求人についてうかがいたいのですが。
귀사의 구인에 대해서 여쭙고 싶은데요.

□ どんな職種に空きがあるのですか。
어떤 직종이 비어 있나요?

> ☺ どんな職種に空きがあるのですか。
> 어떤 직종이 비어 있나요?
> ☺ 今は営業担当者を募集しています。
> 지금은 영업 담당자를 모집하고 있습니다.

□ 秘書の職に空きはありますか。
비서직은 비어 있습니까?

□ 経理の仕事に興味があるのですが。
경리 일에 흥미가 있는데요

> ☺ どの職種へのお問い合わせですか。
> 어느 직종이 궁금하십니까?
> ☺ 経理の仕事に興味があるのですが。
> 경리 일에 흥미가 있는데요

□ まだ募集していますか。
아직 모집하고 있습니까?

□ 管理職を募集しているのですか。
관리직을 모집하고 있습니까?

□ 広報の職に応募したいのですが。
광고직에 응모하고 싶은데요.

□ その職種の経験が必要ですか。
그 직종의 경험이 필요합니까?

> ☺ その職種の経験が必要ですか。
> 그 직종의 경험이 필요합니까?
> ☺ 経験は問いません。
> 경험은 묻지 않습니다.

□ 応募の条件は何ですか。
응모 조건은 무엇입니까?

□ 勤務はいつからになりますか。
근무는 언제부터입니까?

□ 応募するためにはどうすればいいのですか。
응모하기 위해서는 어떻게 하면 됩니까?

☺ 応募するためにはどうすればいいのですか。
응모하기 위해서는 어떻게 하면 됩니까?
☺ 写真を貼った履歴書を送ってください。
사진을 붙인 이력서를 보내 주세요.

□ 英語と日本語の履歴書が必要ですか。
영어와 일본어 이력서가 필요합니까?

□ Eメールで履歴書を受け付けてますか。
이메일로 이력서를 접수합니까?

□ 面接の予約をしたいのですが。
면접 예약을 하고 싶은데요

면접을 받을 때

□ 人事部の木村さんにお会いしたいのですが。
인사부 기무라 씨를 뵙고 싶은데요

□ 面接にうかがいました。
면접을 보러 왔습니다.

□ 御社の事業には、ずっと興味を持っていました。
귀사의 사업에 무척 흥미를 가지고 있습니다.

□ 御社はとても革新的な技術をお持ちだと思います。
귀사는 매우 혁신적인 기술을 가지고 있다고 생각합니다.

☺ 当社についてどう思いますか。
당사에 대해서 어떻게 생각합니까?
☺ 御社はとても革新的な技術をお持ちだと思います。
귀사는 매우 혁신적인 기술을 가지고 있다고 생각합니다.

□ 今はABC社で営業をしています。
지금은 ABC사에서 영업을 하고 있습니다.

□ 会社の重要なプロジェクトに関わってきました。
회사의 중요한 프로젝트에 종사해왔습니다.

□ 業務用ソフトウェアの営業では5年の経験があります。
업무용 소프트웨어의 영업으로는 5년의 경험이 있습니다.

□ 担当は市場調査です。
담당은 시장조사입니다.
❖ 担当 = 受(う)け持(も)ち 담당

□ この業界についてはよく知っています。
이 업계에 대해서는 잘 알고 있습니다.

□ 3年間、営業のアシスタントをしています。
3년간 영업을 보조하고 있습니다.
❖ アシスタント(assistant) 어시스턴트, 조수, 보조역

□ それはどのような仕事ですか。
그것은 어떤 일입니까?

□ もっと責任のある仕事がしたいのです。
더 책임 있는 일을 하고 싶습니다.

□ どのような職務になるのですか。
직무는 어떻게 됩니까?

□ 残業は多いですか。
잔업은 많습니까?

□ どのような肩書きになりますか。
직함은 어떻게 됩니까?

😊 どのような肩書きになりますか。
직함은 어떻게 됩니까?
☺ 肩書きは副部長です。
직함은 부부장입니다.

□ 健康状態は良好です。
건강상태는 양호합니다.

□ 日本語を話すのに大きな問題はありません。
일본어를 말하는 데 커다란 문제는 없습니다.

□ 去年、日本語能力試験の1級を取りました。
작년에 일본어능력시험 1급을 땄습니다.

😊 日本語力はどれぐらいですか。
일본어 실력은 어느 정도입니까?
☺ 去年、日本語能力試験の1級を取りました。
작년에 일본어능력시험 1급을 땄습니다.

□ TOEICのスコアは700点です。
토익 점수는 700점입니다.

😊 当社では英語も必要ですが。
당사에서는 영어도 필요한데요
☺ TOEICのスコアは700点です。
토익 점수는 700점입니다.

응모자를 면접할 때

□ 面接に来ていただき、ありがとうございます。
면접을 와 주셔서 감사합니다.

□ 簡単に自己紹介をしていただけますか。
간단히 자기소개를 해 주시겠습니까?

□ あなたの業務経験についてお話ししてください。
당신의 업무 경험에 대해서 말씀해 주십시오.

❑ 現在のお仕事についてうかがいたいのですが。
지금 하시는 일에 대해서 여쭙고 싶은데요

☺ 現在のお仕事についてうかがいたいのですが。
지금 하시는 일에 대해서 여쭙고 싶은데요
☺ はい、ABC社で経理を担当しています。
네, ABC사에서 경리를 담당하고 있습니다.

❑ 転職を考えているのはなぜですか。
전직을 생각하고 있는 이유는 뭡니까?

❑ これは当社の新規事業のためのポストです。
이것은 당사의 신규사업을 위한 자리입니다.

☺ 仕事について説明していただけますか。
일에 대해서 설명해 주시겠습니까?
☺ これは当社の新規事業のために新設されたポストです。
이것은 당사의 신규사업을 위해 신설된 자리입니다.

❑ あなたの経歴はこの仕事にぴったりです。
당신의 경력은 이 일에 딱 맞습니다.

❑ この仕事には、幅広い能力が求められます。
이 일은 폭넓은 능력이 요구됩니다.

❑ お客様との接触が多い仕事です。
고객과의 접촉이 많은 일입니다.

❑ この仕事であなたの能力をどのように活用しますか。
이 일에서 당신의 능력을 어떻게 활용하겠습니까?

❑ 市場開発の仕事に興味はありますか。
시장개발의 일에 흥미는 있습니까?

☺ 市場開発の仕事に興味はありますか。
시장개발의 일에 흥미는 있습니까?
☺ はい、それについては多少経験があります。
네, 그것에 대해서는 다소 경험이 있습니다.

❑ 日本語はどれぐらい話せますか。
일본어는 어느 정도 합니까?

□ 日本語意外の外国語は話せますか。
일본어 이외의 외국어는 합니까?

□ コンピューターの操作は得意ですか。
컴퓨터는 잘 다룹니까?

> 😊 コンピューターの操作は得意ですか。
> 컴퓨터는 잘 다룹니까?
> 😊 はい、事務用の主なソフトは、たいてい操作できます。
> 네, 업무용의 주된 소프트는 대개 다룰 수 있습니다.

□ いつから仕事を始められますか。
언제부터 일을 시작할 수 있습니까?

> 😊 いつから仕事を始められますか。
> 언제부터 일을 시작할 수 있습니까?
> 😊 すぐに始められます。
> 곧바로 시작할 수 있습니다.

입사조건을 설명할 때

□ 直属の上司は営業部長になります。
직속상관은 영업부장이 되겠습니다.

□ 福利厚生について教えてください。
사원복지에 대해서 알려 주십시오.

□ 就業時間はどうなっていますか。
업무시간은 어떻게 됩니까?

> 😊 就業時間はどうなっていますか。
> 업무시간은 어떻게 됩니까?
> 😊 月曜日から金曜日の9時から5時までです。
> 월요일부터 금요일 9시부터 5시까지입니다.

□ 転勤の可能性はありますか。
전근 가능성은 있습니까?

□ 就業規模について説明しましょう。
취업 규모에 대해서 설명하겠습니다.

❑ 入社した年の有給休暇は10日間です。
입사한 해의 유급휴가는 10일간입니다.

❑ 賞与は年2回です。
상여는 년 2회입니다.
  ❖ ボーナス 보너스

❑ 現在の給料はいくらですか。
현재의 급료는 얼마입니까?

> 😊 現在の給料はいくらですか。
> 현재의 급료는 얼마입니까?
> 😊 税込みで年収500万円です。
> 세금 포함해서 연봉 500만엔입니다.

❑ 給料の規模はどれぐらいですか。
급료의 규모는 어느 정도입니까?
  ❖ 月給(げっきゅう) 월급, 年俸(ねんぽう) 연봉

❑ 最初の3か月は試用期間です。
처음 3개월은 수습기간입니다.